KB215216

家族法研究 Ⅵ

김 상 용 저

法 文 社

머리말

2019년 말에 「가족법연구 V」가 출간된 후 약 5년의 세월이 흘렀다. 이 기간 동안 가족법 분야에서는 여러 가지 중요한 변화가 있었다.

베이비박스의 역할을 대체하는 수단으로 보호출산제가 도입되고, 아동학대를 방지한다는 명분으로 민법에서 징계권이 삭제되었다. 헤이그 국제아동탈취협약에 따른 아동반환청구 사건에 있어서는 자녀의 거부에도 불구하고 강제집행이 가능하다는 대법원예규가 제정되었으며, 출생신고에서 누락되는 아동이 발생하지 않도록 출생통보제가 도입되었다. 아동학대처벌법 시행 당시에는 아동보호전문기관이 피해아동보호명령을 청구할 수 있었으나, 그 후 법이 개정되어 아동학대전담공무원이 아동보호전문기관의 역할을 대체하였다. 이러한 변화는 모두 아동의 복리 향상이라는 대의를 위하여 이루어진 것이겠지만, 구체적인 내용을 면밀하게 살펴보면 검토해야 할 점이 적지 않음을 알 수 있다. 제1장 「미성년자녀의 보호에 관한 쟁점」에서는 위의 주제들에 대하여 분석하고, 대안을 제시하였다.

최근 우리 사회에서는 생부가 자녀를 양육하고 있으면서도 출생신고를 하지 못하여 어려움을 겪는 사례들이 알려지면서, 사회적으로 이목을 끌었다. 이 문제를 해결하기 위하여 가족관계등록법이 개정되었으나, 문제를 완전히 해결하기에는 역부족이었고, 결국 헌법재판소에서 관련 규정을 개정하라는 취지의 결정을 하는 데 이르렀다. 법이 이와 같이 불합리한 현실을 쉽게 개선하지 못한 이유는 이 문제가 친생추정 및 친생부인제도와 밀접하게 관련되어 있기 때문이다. 제2장 「친생부인과 인지에 관한 쟁점」에서는 친생추정, 친생부인 및 인지제도에 대해서 자세히 살펴봄으로써 위와 같은 문제의 해결방안을 모색하였다.

가족법 분야에서 최근에 가장 큰 관심을 모았던 이슈 중의 하나는 양육의무를 이행하지 않은 부모의 상속자격 제한에 관한 것이었다고 할 수 있다. 이러한 사회적 요구에 따라 법무부에서는 상속권상실선고제도의 도입을 골자로 하는 개정안을 마련하였는데, 이 법안에 대해서는 학회 차원에서도 비판적인 의견이 적지 않게 개진되었다. 가족으로서의 의무를 전혀 이행하지 않은 상속인의 상속자격을 박탈해야 한다는 점에 대해서는 어렵지 않게 사회적 공감대가 형성되었으나, 이를 구체적으로 어떻게 법제도의 틀에 담을 것인지에 대해서는 의견이 일치하지 않았던 것이다. 제3장 「상속에 관한 쟁점」에서는 이러한 문제를 중점적으로 조명하여, 법무부개정안의 문제점을 검토하고 대안을 제시하였다.

끝으로 제4장에서는 유럽에서 혼인제도와 더불어 또 하나의 가족제도로 자리 잡기 시작한 등록동반자관계에서 대해서 살펴보았다. 오랜 역사를 가진 혼인제도가 동요하는 이유, 그에 대한 대안으로서 등록동반자관계가 새롭게 떠오르게 된 배경과 구체적인 입법례를 소개하고, 이러한 가족제도의 변화가 우리에게 시사하는 바를 모색하였다.

이번에도 역시 이 책이 출판되기까지 많은 분들의 수고와 협조가 있었다. 법문사 편집부의 노윤정 차장님, 영업부의 유진걸 과장님께 감사의 인사를 드린다. 그리고 연구와 강의로 바쁜 와중에도 성실하게 교정작업을 도와준 안문희 박사에게도 감사의 인사를 전한다. 끝으로 조판소와 인쇄소에서 이 책의 출판을 위하여 수고하신 모든 분들께도 고개 숙여 인사드린다.

2025년 3월
김상용

차 례

제 2 장 친생부인과 인지에 관한 쟁점

제 3 장　상속에 관한 쟁점

제4장 그 밖의 쟁점

제 1 장

미성년자녀의
보호에 관한 쟁점

1. 베이비박스, 익명출산, 신뢰출산
- 끝나지 않는 논쟁*

Ⅰ 들어가는 말

2009년에 한 종교기관에 의해 서울에 베이비박스가 설치되고[1] 2012년에 개정 입양특례법이 시행된 후 우리사회에서는 베이비박스와 익명출산에 관한 논쟁이 시작되었다.[2] 이 논쟁의 중심에는 '자녀의 친생부모를 알 권리'와 '자녀의 생명권'이 한 치의 양보도 없이 대립하고 있다. 베이비박스와 익명출산에 반대하는 입장에서는 베이비박스에 영아를 두고 가는 것을 허용하거나 의료기관에서 익명출산을 할 수 있는 가능성을 제공할 경우 친생부모에 대한 정보가 아무것도 남지 않아서 자녀는 '자신의 친생부모를 알 권리'를 원천적으로 박탈당한다고 주장한다. 반면에 베이비박스를 찬성하는 측에서는 유기되는 영아의 생명을 보호하기 위해서는 베이비박스와 같이 생모의 익명성을 보장하는 시설이 불가피하다고 한다. 또한 의료기관에서 적절한 의료서비스와 상담을 받으며 출산을 할 수 있는 익명출산은 산모와 아기의 건강, 생명을 보호하

---

* 이 논문은 안문희 박사와 공동으로 작성하였음.

1) 우리사회에서는 2009년 관악구의 한 교회에서 베이비박스를 설치하여 운영하기 시작하였으며, 그 후 군포에도 베이비박스가 설치되었다. 2013년 9월 27일 국가인권위원회는 베이비박스가 아동의 인권을 침해하지 않는다고 판단하였다.

2) 2013년에 김상용, "베이비박스와 익명의 출산", 『법학연구』 제54권 제4호(2013)이라는 논문이 발표된 이래로 이 주제에 대해서는 다음과 같은 논문들이 발표되고 논의가 이어졌다. 권재문, "입양특례법 재개정론에 대한 비판적 고찰-베이비박스와 익명출산-", 『법학연구』 제22권 제1호(2014); 서종희, "익명출산제도에 관한 비교법적 고찰-베이비박스를 둘러싼 논의를 중심으로-", 『법학논총』 제27권 제2호(2014); 신옥주, "독일의 입법례를 중심으로 살펴본 제한적 익명출산제도의 도입 필요성에 관한 연구", 『한양법학』 제25권 제4집(2014); 이지은, "프랑스 비밀출산제도 (l'accouchement secret)의 현황", 『유럽연구』 제33권 제1호(2015); 신동현, "독일에서의 베이비박스와 비밀출산법제", 『비교사법』 제22권 제4호(2015); 권재문, "익명출산에서 익명상담으로"『동북아법연구』 제8권 제3호(2015); 엄주희, "영아의 생명권을 위한 규범적 고찰-베이비박스에 관한 영아유기 문제를 중심으로-", 『서울법학』 제23권 제3호(2016); 안경희, "독일법상 신뢰출산제도에 관한 소고", 『젠더법학』 제9권 제1호(2017); 안소영, "미국의 'Safe Haven Law'와 우리나라의 친생모 익명성 보장에 대한 연구", 『가족법연구』 제32권 제1호(2018); 윤진숙, "한국의 베이비박스에 관한 비교법적 고찰", 『원광법학』 제35권 제3호(2019); 최행식, "베이비박스와 비밀출산에 관한 소고", 『의생명과학과 법』 제22호(2019).

기 위해서 필요한 제도라고 주장한다. 이에 대해 반대하는 입장에서는 베이비박스와 익명출산이 영아유기나 영아살해를 방지한다는 주장은 아무런 근거가 없고, 오히려 유기를 조장할 뿐이라고 반박하고 있다. 이와 같이 베이비박스와 익명출산에 관한 찬반론은 오늘날까지도 줄곧 평행선을 달리고 있으며, 타협의 가능성은 거의 보이지 않는 것이 현실이다.

이와 같이 찬반론이 첨예하게 대립하는 현실을 고려하여 이 논문에서는 베이비박스, 익명출산에 관하여 가능한 한 객관적인 시각에서 논의를 정리하고 필요한 한도에서 개인적인 의견을 서술하고자 한다. 베이비박스와 익명출산에 대해서 아직까지 확고한 의견을 가지고 있지 않은 분들이 이 주제에 대한 자신의 생각을 정리하는 데 조금이라도 도움이 될 수 있다면 다행이겠다.

Ⅱ 베이비박스, 익명출산, 신뢰출산의 개요

베이비박스의 기원은 유럽에서 중세시대로 거슬러 올라간다. 12세기부터 19세에 이르기까지 유럽의 가톨릭 지역에서 많은 수의 수도원과 고아원은 담장에 회전되는 아기상자를 설치하였으며, 외부에서 아기를 상자에 놓고 종을 울리면 내부에서 사람이 나와 상자를 회전시켜 아기를 받았다. 당시에 수도원 등에서 베이비박스를 설치한 이유는 미혼모에 의한 영아살해와 유기를 막으려는 데 있었다. 19세기 후반 이후 유럽에서 사라졌던 베이비박스가 다시 등장한 것은 1990년대에 들어와서이다. 독일, 오스트리아, 스위스 등에서 영아유기치사와 영아살해의 방지를 목적으로 민간기관에서 베이비박스를 설치하여 다른 유럽국가들로 확산되었다.

익명출산은 20세기에 들어와 프랑스에서 베이비박스를 대체하는 수단으로 시작되었으며, 역시 그 목적은 영아살해를 방지하려는 데 있었다. 출산 전후에 전문적인 의료서비스와 상담을 받을 수 있으므로, 산모와 아기의 건강과 생명을 보호할 수 있다는 점에서 베이비박스보다 진보한 방식이라고 할 수 있다. 단점은 베이비박스와 마찬가지로 생모의 익명성이 보장되는 결과, 자녀의 친생부모를 알 권리가 실현되는 데 한계가 있다는 점이다. 익명출산 역시 1990년대에 들어와 유럽의 다른 나라들로 확산되는 현상이 나타났다.

신뢰출산은 익명출산의 단점을 보완하고 장점을 승계한 방식이라고 할 수 있는데, 2004년에 체코에서 처음으로 시작되었지만 본격적인 제도의 틀을 갖춘 것은 2014년 독일의 입법을 통해서였다. 임신여성에 대해서 의료 및 상담 서비스를 기본적으로 제공하면서 생모의 익명성과 자녀의 친생부모를 알 권리의 조화를 시도한 것이 특징이다. 그러나 신뢰출산 역시 자녀의 친생부모를 알 권리를 완전히 실현하지는 못한다는 점에서 한계가 있다.

베이비박스, 익명출산, 신뢰출산은 모두 영아살해와 영아유기치사를 방지한다는 명분으로 시작된 것이지만, 위에서 본 바와 같이 구체적인 방식에는 적지 않은 차이가 있다. 이어서 좀 더 자세히 살펴보기로 한다.

1. 베이비박스

베이비박스란 미혼모 등이 아무와도 접촉하지 않고 아기를 두고 갈 수 있는 시설을 말한다. 우리나라를 비롯하여 베이비박스가 설치, 운영되고 있는 대부분의 나라에는 이에 관한 법규정이 없으므로, 베이비박스가 어떤 요건을 갖추어야 하는가에 대한 기준은 없다.[3] 다만 외국의 예를 보면 일반적으로 베이비박스는 유리와 금속으로 만들어져 있으며, 그 안에 따뜻한 침구가 깔려있고, 외부에서 문을 열고 그곳에 아기를 넣은 후 닫으면 자동으로 문이 잠기는 구조로 되어 있다(일단 문이 잠기면 아기의 안전을 위해서 외부에서는 문을 열 수 없다). 베이비박스의 문이 잠기면 자동으로 건물 내부에서 알람이 울리도록 되어 있어서 베이비박스에 놓인 아기를 데려가 보호하게 된다.

베이비박스가 합법화되어 있는 나라로는 헝가리, 슬로바키아, 오스트리아가 있으며, 독일, 스위스, 이탈리아, 벨기에, 폴란드, 체코, 러시아, 캐나다 등에서는 사실상 용인되고 있다.[4] 반면에 영국과 스페인에서는 베이비박스가 금지되어 있다. 한편 미국의 모든 주에서는 생모가 신상에 관한 정보를 밝히지 않고 지정된 보호시설에서 직원과 대면하여 아기를 인도하는 방식이 제도화되어 있어서 실질적으로는 베이비박스와 같은 역할을 하고 있다(Safe Haven Law). 네덜란드와 독일에서도 이러한 방식으로 생모가 아기를 보호시설에 인도하는 것이 가능하다.

---

3) 베이비박스에 관한 법규정을 두고 있는 헝가리에는 베이비박스에 대한 표준화된 규격이 마련되어 있다. Wiesner-Berg, Anonyme Kindesabgabe in Deutschland und der Schweiz, 2009, S. 19; Nederlands Instituut voor de Documentatie van Anoniem Afstanddoen(Netherlands Institute for the Documentation of Anonymous Abandonment), https://www.nidaa.nl/landen dossier-a-o.

4) 이외에 아시아에서는 중국과 일본, 파키스탄 등지에 베이비박스가 설치, 운영되고 있다. Krell, Anonyme Kindesabgabe in anderen Ländern und Rechtskreisen, in: Busch, Krell, Will(Hrsg.), Eltern (voresrt) unbekannt: anonyme und vertrauliche Geburt in Deutschland, 2017, S. 40f.

베이비박스에 영아를 두고 가는 경우에는 생모에 관한 정보가 남지 않아서 생모의 익명성은 완벽하게 보장된다. 그러나 베이비박스를 이용하여 생모의 익명성을 보장하는 방법은 다음과 같은 이유에서 찬성하기 어렵다. 우선 베이비박스는 미혼모 등 스스로 자녀를 양육할 수 없는 생모가 사회에서 고립된 상태에서 출산하는 것을 전제로 한다는 점에서 문제가 있다. 가장 큰 문제는 이와 같이 고립된 출산을 하는 경우 출산 전후에 적절한 의료서비스를 받지 못하여 산모와 아기의 건강이 위태롭게 될 수 있다는 점이다. 또한 임신 기간 동안 출산, 양육(생모에 의한 양육 가능성), 입양 등에 관한 상담과 지원을 받지 못하여 정확한 정보도 없이 최후의 선택으로 베이비박스를 찾게 되는 경우가 일반적이라고 할 수 있는데, 이와 같이 고립된 임신과 출산과정을 그대로 방치하여 둔 채 베이비박스를 통하여 생모와 아기가 쉽게 분리될 수 있도록 허용하는 것은 생모를 위해서도 아기를 위해서도 좋지 않다. 또한 베이비박스를 이용하는 경우에는 생모에 대하여 아무런 정보도 남지 않으므로, 자녀의 친생부모를 알 권리는 실현되기 어렵다.

2. 익명출산

익명출산이란 임신여성이 의료기관에서 자신의 신상에 관한 정보를 밝히지 않고 자녀를 출산할 수 있는 제도를 말한다.[5] 출산 전후에 상담과 의료서비스를 제공하며 출산에 관한 비용은 국가나 의료기관이 부담한다. 생모의 익명성이 보장된다는 점에서는 베이비박스와 차이가 없으나, 의료기관에서 자녀를 출산하므로 산모와 아기의 건강과 생명이 보호된다는 것이 장점이다. 익명출산이 공식적으로 허용되는 나라에서는 상담과정에서 생모의 인적사항에 관한 정보를 남기도록 권유하기도 하지만, 최종적인 결정은 생모의 판단에 따르며 강요하지 않는다. 만약 생모가 자신의 신상에 관한 정보를 남기면 봉투에 밀봉하여 국가기관이나 자녀를 출산한 의료기관에서 보관하고, 나중에 자녀가 생모의 신상에 관한 정보를 원하는 경우 생모의 동의를 받아 자녀에게 공개한다. 그러나 생모가 자신의 신상에 관한 정보의 공개에 반대하는 경우에는 자녀에게 생모에 관한 정보를 제공하지 않는다(다만 생모의 성명과 주소 등 생모가 누구인지를 알 수 있는 정보를 제외한 출산 당시의 상황, 익명출산을 하게 된 이유 등에 관한 정보는 제공할 수 있다). 이와 같이 모가 익명출산을 선택한 경

---

5) 산모가 아기를 출산한 의료기관 등에는 산모의 신상정보를 남기지만, 대외적으로는 공개하지 않는 방식의 출산도 익명출산의 범주에 포함시킬 수 있다. Hepting, "Babyklappe" und "anonyme Geburt", FamRZ, 2001, 1573.

우에는 자녀의 친생부모를 알 권리가 충분히 실현될 수 없다는 문제가 있다. 그럼에도 불구하고 익명출산은 임신여성과 자녀의 건강과 생명을 보호하는 데 도움이 된다는 이유로 여러 나라에서 시행되고 있다. 익명출산이 국가에 의해서 공식적으로 허용되고 있는 나라로는 프랑스(1941), 룩셈부르크(1993), 이탈리아(1997), 오스트리아(2001) 등이 있으며,[6] 독일, 스위스, 네덜란드, 헝가리, 슬로바키아 등에서는 사실상 용인되고 있다.

3. 신뢰출산

신뢰출산[7]은 임신한 여성에게 의료기관에서 익명(또는 가명)으로 자녀를 출산할 수 있는 기회를 보장한다는 점에서는 익명출산과 같지만, 생모의 신상에 관한 정보를 반드시 남기도록 한다는 점에서 차이가 있다. 자녀의 출생등록부에는 생모의 가명이 기록되지만, 이와 별도로 생모의 신상에 관한 정보(성명, 주소 등)는 봉투에 밀봉되어 국가기관이나 자녀가 출생한 의료기관에 보관된다. 자녀는 일정한 연령에 이르면 그 봉투에 담긴 생모의 인적사항을

---

6) 프랑스와 룩셈부르크에는 베이비박스가 없으나, 이탈리아와 오스트리아에는 익명출산 외에 베이비박스도 존재한다. 다만 이탈리아에서는 베이비박스가 법적으로 허용되는 것은 아니고, 사실상 용인되고 있을 뿐이다(이탈리아 전역에 51개의 베이비박스가 설치되어 있으며, 2006년에 로마의 Santo Spirito 병원에 처음으로 베이비박스가 설치되었다). Krell, Anonyme Kindesabgabe in anderen Ländern und Rechtskreisen, in: Busch, Krell, Will(Hrsg.), Eltern (voresrt) unbekannt: anonyme und vertrauliche Geburt in Deutschland(2017), S. 31f.

7) 독일어 원어는 'vertrauliche Geburt'로 임신여성이 출산과 관련하여 법률에 의하여 제공되는 각종 상담과 지원을 신뢰하면서 출산을 하게 된다는 의미에서 신뢰출산으로 번역하였다(김상용, "베이비박스와 익명의 출산", 법학연구 제54권 제4호, 2013, 332면 참조. 신옥주, "독일의 입법례를 중심으로 살펴본 제한적 익명출산제도의 도입필요성에 관한 연구", 『한양법학』 제25권 제4집(2014); 안경희, "독일법상 신뢰출산제도에 관한 소고", 『젠더법학』 제9권 제1호(2016); 한명진, "독일법상 신뢰출산제도의 시행과 평가에 관한 소고", 『법학논총』, 제43권 제1호(2019) 등의 논문에서도 신뢰출산이라는 용어를 사용하고 있다. 이에 대해서 신동현, "독일에서의 베이비박스와 비밀출산법제", 『비교사법』 제22권 제4호(2015); 최행식, "베이비박스와 비밀출산에 관한 소고", 『의생명과학과 법』 제22권(2019); 오종근, 홍윤선, 김수정 역, 독일민법전 가족법(제1674조의a), 2020 등에서는 비밀출산으로 번역한다. 비밀출산은 'vertrauliche Geburt'의 직역에 가까운 번역이라고 할 수 있다. 한편 독일연방 가족·노인·여성·청소년부가 신뢰출산을 소개하기 위하여 발간한 소책자(Bundesministerium für Familie, Senioren, Frauen und Jugend, Die vertrauliche Geburt. 2023. 1. 25. 발간)의 안내문 첫머리에는 "Keine schwangere Frau muss in Deutschland ihr Kind alleine und heimlich zur Welt bringen. Jede Frau hat das Recht, während und nach der Schwangerschaft bei Schwangerschaftsberatungsstellen anonym und beschützt Hilfe in Anspruch zu nehmen"("독일에서는 어떠한 임신여성도 홀로 비밀리에 자녀를 출산할 필요가 없습니다. 모든 여성은 임신 중과 후에 임신상담소에 익명으로 도움을 구할 수 있습니다"라는 문구가 나와 있다. https://www.bmfsfj.de/bmfsfj/service/publikationen/die-vertrauliche-geburt-80950?view=. 밑줄은 필자가 임의로 그은 것임). 신뢰출산의 특징을 한마디로 요약한 위 문구에 비추어 볼 때, 'vertrauliche Geburt'란 단어는 '비밀출산' 그 이상의 의미를 담고 있는 것으로 생각된다.

열람할 수 있으나, 생모가 반대의사를 표시하는 경우 정보의 공개여부는 법원이 판단한다. 신뢰출산은 익명출산과 마찬가지로 임신여성이 전문적인 상담과 의료서비스를 받으며 안전하게 출산할 수 있는 기회를 제공하므로, 산모와 아기의 건강과 생명을 보호할 수 있다는 것이 장점이다. 또한 익명출산과 달리 생모의 인적사항이 보존되므로, 자녀의 친생부모를 알 권리가 실현될 가능성이 높다는 것도 장점이라고 할 수 있다. 그러나 자신의 신상에 대한 정보를 남기고 싶지 않은 생모의 경우에는 신뢰출산의 가능성을 기피할 가능성이 있다는 점도 고려될 필요가 있다. 실제로 2014년에 신뢰출산제도를 도입한 독일에서는 신뢰출산 서비스의 제공이 익명출산이나 베이비박스의 수요를 완전히 흡수하지 못하는 현상이 나타나고 있다(현재 독일에는 신뢰출산과 익명출산, 베이비박스가 공존하고 있다. 물론 익명출산과 베이비박스는 공식적으로 인정되지 않고 사실상 용인되고 있는 상태이다).[8]

독일 이외에 신뢰출산을 도입한 나라로는 체코가 있다. 체코는 2004년(2004년 9월 1일 시행)에 신뢰출산제도를 도입하여 임신여성에게 자신의 인적사항을 공개하지 않고 자녀를 출산할 수 있는 권리를 인정하였다.[9] 생모의 신상에 관한 정보는 밀봉되어 자녀를 출산한 의료기관에 보관된다. 이와 같이 봉인된 서류는 법원의 재판에 의해서만 공개될 수 있으며, 진료 및 출산과정에서 산모의 개인정보를 알게 된 의료진은 비밀유지의 의무가 있다. 출생등록부에는 자녀의 출생연월일과 출생장소, 성별, 성명 등이 기록되며, 부모의 성명, 주소 등 부모의 신상에 관한 정보는 기록되지 않는다.[10]

Ⅲ 외국의 입법례

베이비박스, 익명출산, 신뢰출산에 관하여는 여러 입법례가 있으나, 필자는 베이비박스의 제도화에는 원칙적으로 반대하는 입장이므로, 이를 제외하고 신

---

8) Sommer, Aktualisierung von Daten über Beratung zur vertraulichen Geburt sowie über Auswikungen des SchwHiAusbauG auf anonyme Formen der Kindesabgabe, 2019, S. 6f; WELT 2017. 4. 15. "Drei Jahre vertrauliche Geburt: Ist die Babyklappe noch nötig?"

9) 체코국민건강보호법 제67조b 제2항. 체코에서 장기간 체류한 독신여성에게만 인정되는 권리이다. 따라서 체코국적의 보유를 요건으로 하지 않는다. Hrusakova, Anonyme und geheimgehaltene Mutterschaft in der tschechieschen Republik, in: Hoffer, Klippel, Walter (Hrsg.), Perspektiven des Familienrechts, FS für Schwab, 2005, S. 1402f. 체코에서는 낙태율의 감소, 영아살해의 방지, 영아유기의 방지를 목적으로 신뢰출산제도를 도입하였다고 한다.

10) 체코신분등록부에 관한 법률 제14조, 제17조.

뢰출산과 익명출산에 관한 대표적인 입법례인 독일의 신뢰출산제도와 프랑스의 익명출산제도에 대하여 소개한다.

1. 독일의 신뢰출산제도

(1) 신뢰출산제도의 도입 이전

독일에는 2000년부터 베이비박스가 설치되기 시작하여 2010년 무렵에는 독일 전역에 약 100개소의 베이비박스가 설치되었고, 130개의 병원에서는 익명의 출산이 가능하였다.[11] 2000년에 베이비박스에 맡겨지거나(대면으로 자녀를 인도한 경우 포함) 익명출산으로 태어난 자녀는 46명이었는데, 2013년에는 147명으로 증가하여 약 3배의 증가세를 보였다. 2000년부터[12] 2013년까지 독일에서는 약 1312명의 아동이 베이비박스에 맡겨지거나 병원에서 생모의 익명하에 출생한 것으로 추산된다.[13](이 중 익명의 출산으로 태어난 아동이 약 2/3, 베이비박스에 맡겨진 아동이 1/3 정도 된다고 한다). 베이비박스와 익명의 출산을 합법화하려는 입법적 시도가 몇 차례 있었으나, 자녀의 친생부모를 알 권리를 침해한다는 이유로 번번이 좌절되었다.[14]

---

11) 독일에서 익명의 출산에 들어가는 비용은 전액 기부금과 병원자체 예산으로 충당된다.

12) 독일에서 베이비박스가 처음으로 설치된 것은 2000년(함부르크)이지만, 이미 1999년에 바이에른 주에서 가톨릭여성단체가 생모의 인적 사항을 묻지 않고 아기를 산모로부터 직접 인도받는 시설을 개원하여 운영하기 시작하였다(베이비박스와 다른 점은 산모의 얼굴을 보고 직접 손으로 아기를 인도받았다는 것이다). Coutinho/Krell, Anonyme Geburt und Babyklappen in Deutschland—Fallzahlen, Angebote, Kontexte, Hrsg. Deutsches Jugendinstitut e.V., 2011, S. 27f; 2000년 12월 Flensburg에 있는 한 병원에서 독일 최초의 익명출산이 이루어졌다. Grünewald, Anonyme Kindesabgabe in der Retrospective, in: Busch, Krell, Will(Hrsg.), Eltern (voresrt) unbekannt: anonyme und vertrauliche Geburt in Deutschland, 2017, S. 25.

13) Sommer, Aktualisierung von Daten über Beratung zur vertraulichen Geburt sowie über Auswikungen des SchwHiAusbauG auf anonyme Formen der Kindesabgabe, 2019, S. 6; Coutinho/Krell, Anonyme Geburt und Babyklappen in Deutschland—Fallzahlen, Angebote, Kontexte, Hrsg. Deutsches Jugendinstitut e.V., 2011, S. 11f.

14) 독일에서는 2000년부터 여러 차례에 걸쳐 익명출산과 베이비박스를 합법화하기 위한 법안이 제출된 바 있다(Wolf, Über Konsequenvenzen aus den gescheiterten Versuchen, Babyklappen und "anonyme" Geburten durch Gesetz zu legalisieren, FPR 2003, 113ff; Will, Vertrauliche Geburt in Deutschland - die Genese des Gesetzes, in: Busch, Krell, Will(Hrsg.), Eltern (voresrt) unbekannt: anonyme und vertrauliche Geburt in Deutschland, 2017, S. 50ff.). 특히 2002년 4월에는 기민당과 사민당, 녹색당 등 보수정당과 진보정당이 연합하여 익명출산과 베이비박스에 관한 법안을 제출하여 기대를 모았으나, 장기간의 토론 끝에 회기 종료와 함께 폐기되었다. BT-Drucks. 14/8856. 당시 제출된 법안은 익명출산의 가능성을 제공함으로써 익명성을 원하는 임신여성을 대화로 유도하고, 상담을 통하여 임신여성을 심리적 압박에서 해방시킬 수 있다는 희망에 기초한 것이었다. BT-Drucks. 14/8856, S. 5; Wiesner-Berg, Anonyme Kindesabgabe in Deutschland und der Schweiz, 2009, S. 400ff. 참조.

(2) 신뢰출산제도의 도입

독일 사회에서 아무런 법적 근거 없이 베이비박스가 설치, 운영되고 익명출산이 이루어지는 문제를 해결하기 위하여 2013년 3월에 신뢰출산에 관한 법안이 의회에 제출되었으며(임신여성 지원확대 및 신뢰출산에 관한 법률안[15]), 2013년 6월에 의회에서 통과되어 2014년 5월 1일부터 시행되고 있다.[16] 이에 따라 임신여성이 원하는 경우에는 병원에서 익명(가명)으로 자녀를 출산을 하는 것이 법적으로 가능하게 되었다.[17] 이 경우에는 자녀의 출생등록부에 생모의 가명만이 기록되므로, 생모의 익명성이 보장된다(따라서 자녀의 출생증명서를 보아서는 생모를 알 수 없다).

신뢰출산으로 아기를 출산한 생모의 친권은 정지되며(독일민법 1674조의a),[18] 자녀를 위하여 후견이 개시된다(독일민법 제1773조). 신뢰출산으로 태어난 자녀를 입양시키는 데 생모의 승낙은 필요하지 않다. 독일민법에 의하면 부모가 소재불명인 때에는 법원은 부모의 승낙이 없어도 입양심판을 할 수 있는데, 신뢰출산을 선택한 생모는 소재가 불명한 것으로 간주되기 때문이다(독일민법 제1747조 제4항). 임신여성이 신뢰출산을 선택하여 아기를 출산한 경우에도 입양심판이 확정되기 전까지는[19] 그 결정을 번복하고 아기를 돌려받아 직접 아기를 양육할 수 있다. 다만 그 전제로서 생모는 자녀의 출생등록에 필요한 자신의 인적 사항(성명, 주소 등)을 밝혀야 하고, 생모가 아기를 직접 양육하는 것이 자녀의 복리를 위태롭게 하지 않아야 한다.

생모의 신상에 관한 정보(성명, 주소 등)는 별도의 봉투에 밀봉되어 국가기관[20]으로 이송되어 그곳에서 보존되며, 자녀는 16세가 되면 그 봉투에 담긴

---

15) Entwurf eines Gesetzes zum Ausbau der Hilfen für Schwangere und zur Regelung der vertraulichen Geburt.

16) BT−Drucks. 17/12814; BT−Drucks. 17/13062; BT−Drucks. 17/13391; BR−Drucks. 214/13; 독일 신뢰출산제도에 관한 자세한 내용은 신옥주, "보호출산제의 도입을 위한 법률제정의 필요성", 보호출산제와 출생통보제 병행도입 토론회 자료집, 2022. 7. 4., 16면 이하 참조.

17) 신뢰출산에 관한 비용은 독일연방정부가 부담한다. §34 Gesetz zur Vermeidung und Bewältigung von Schwangerschaftskonflikten (Schwangerschaftskonfliktgesetz-SchKG).

18) 친권이 정지되면 생모는 친권 그 자체를 상실하지는 않지만, 친권을 행사할 수 없게 된다(독일민법 제1675조).

19) 보통 1년 정도 걸린다고 한다. 독일에서는 아동청이 입양을 알선하며(입양알선에 관한 법률 제2조), 양부모로서 적합한 지원자에게 아기를 인도하여 입양심판이 확정될 때까지 그 가정에서 적응기간을 보내도록 한다(입양알선에 관한 법률 제8조). 입양을 원하는 예비 양부모가 1년 정도 아기를 양육하는 경우에는 아기가 예비 양부모에 대하여 애착을 형성하게 되므로, 아기를 이들로부터 분리하여 생모에게 돌려보내는 것이 자녀의 복리를 침해할 수 있다는 비판이 있다. BT-Drucks. 13/13391, S. 3.

20) Das Bundesamt für Familie und zivilgesellschaftliche Aufgabe. 독일연방 가족 · 노인 ·

생모에 대한 인적 사항을 열람할 수 있다(봉투의 표면에는 생모의 가명, 자녀의 출생장소와 일시, 아기를 출산한 의료기관 등을 기록한다). 그러나 생모는 자녀가 15세가 되면(즉 자녀가 생모에 관한 정보를 열람할 수 있게 되기 1년 전부터) 자신의 신상에 관한 정보의 열람을 반대한다는 의사를 표시할 수 있다. 이런 경우에는 가정법원은 익명성 유지에 관한 생모의 이익이 자녀의 친생부모를 알 권리 보다 더 보호되어야 할 만한 특별한 사정이 있는가를 고려하여, 자녀에게 생모에 관한 정보의 열람을 허용할 것인가의 여부를 결정한다.

(3) 신뢰출산제도의 시행 이후

이 제도가 도입된 이후 2018년까지 536명의 자녀가 신뢰출산의 방식으로 태어났다(그러나 신뢰출산 후 모가 익명성을 포기한 사례가 7.8%에 이른다. 그중에는 모가 스스로 자녀를 양육하기로 한 사례와 법절차에 따라 입양을 시키기로 결정한 사례가 혼재한다. 따라서 이러한 사례를 제외하면 결과적으로 신뢰출산으로 태어난 자녀의 수는 499명이다).[21] 신뢰출산제도가 도입된 이후 베이비박스에 맡겨지는 아기와 익명출산으로 태어나는 자녀의 수는 연간 약 33.3% 감소한 것으로 평가된다.[22] 신뢰출산제도가 도입된 이후 2014년 5월부터 2018년 12월까지 임심상담소[23]에서 신뢰출산에 관하여 상담을 받은 임신여성의 수는 2249명에 이른다.[24] 상담의 목적은 단지 신뢰출산에 대한 안내의 수준을 넘어 곧

여성·청소년부의 산하기관으로 가족, 노인, 여성, 청소년의 보호와 지원업무를 담당하고 있다.

21) Sommer, Aktualisierung von Daten über Beratung zur vertraulichen Geburt sowie über Auswikungen des SchwHiAusbauG auf anonyme Formen der Kindesabgabe, 2019, S. 4; ZEIT ONLINE 2017. 7. 12; Bericht der Bundesregierung zu den Auswirkungen des Gesetzes zum Ausbau der Hilfen für Schwangere und zur Regelung der vertraulichen Geburt. BT-Drucks. 13/13100, S. 5.

22) Sommer, Aktualisierung von Daten über Beratung zur vertraulichen Geburt sowie über Auswikungen des SchwHiAusbauG auf anonyme Formen der Kindesabgabe, 2019, S. 7; BT-Drucks. 18/13100, S. 28f. 이는 신뢰출산제도가 없었다면 베이비박스나 익명출산을 이용했을 임신여성들 중 상당수가 신뢰출산을 선택하였다는 사실을 의미하는 것으로 분석된다. 베이비박스는 의료기관에서 적절한 서비스를 받지 못하고 고립된 출산을 한 산모들이 이용하게 되는데, 이와 같이 사회적으로 고립된 출산은 아기와 산모의 건강과 생명을 위태롭게 한다는 점에서 큰 문제가 있다. 베이비박스 대신 신뢰출산을 선택하는 임신여성이 늘었다는 사실은 고립된 출산의 감소와 의료서비스를 동반하는 출산의 증가를 의미한다는 점에서 고무적으로 평가된다.

23) 독일 전역에 국가로부터 공인된 상담소의 수는 1800개소가 넘으며, 24시간 상담이 가능하다. Busch, Ungewollte Schwangerschaft: Handlungsoptionen und Unterstüzungssysteme jenseits von anonymer Kindesabgabe, in: Busch, Krell, Will(Hrsg.), Eltern (voresrt) unbekannt: anonyme und vertrauliche Geburt in Deutschland, 2017, S. 94.

24) Sommer, Aktualisierung von Daten über Beratung zur vertraulichen Geburt sowie über Auswikungen des SchwHiAusbauG auf anonyme Formen der Kindesabgabe, 2019, S. 10; 신뢰출산제도 도입 이전에도 임신여성에 대해서는 무상으로 상담과 의료서비스가 제공되고 있었으나, 익명성이 보장되지 않아서 그 이용율이 저조했던 것으로 평가된다(Müller-Magdeburg,

경에 처한 임신여성들에게 필요한 정보와 지원을 제공함으로써 스스로 합리적인 선택을 할 수 있도록 도와주는 데 있다. 실제로 신뢰출산에 관한 상담을 받은 임신여성들 중 24.2%는 자녀를 스스로 양육하는 삶을 선택하였고,[25] 13.7%는 자녀의 출산 후 법절차에 따른 입양을 선택했다(이 경우 자녀의 출생등록부에 모의 인적사항이 기록되고, 자녀는 16세가 되면 관련 기록을 열람할 수 있다). 결과적으로 상담을 받은 여성들 중 신뢰출산을 선택한 비율은 21.8%에 지나지 않았다(또한 상담을 받은 여성들 중 익명출산을 선택한 비율은 4.5%에 그쳤다).[26] 이는 신뢰출산을 매개로 이루어지는 상담의 효과를 보여주는 중요한 예라고 할 수 있다.

신뢰출산제도는 베이비박스와 익명출산을 대체할 목적으로 도입된 것이지만, 그 목적은 오늘날까지 달성되지 않고 있다. 신뢰출산제도의 도입 이후에도 베이비박스와 익명출산은 당국의 묵인 하에 존속되고 있다.

2. 프랑스의 익명출산제도

(1) 연혁

1780년경에 프랑스에는 약 250여 개소의 베이비박스가 있었다고 한다.[27] 프랑스에서는 19세기 중반에 와서야 베이비박스가 사라지기 시작하여 1869년에는 마지막 베이비박스가 철거되었다. 베이비박스 대신 생모가 직접 영유아 포기사무소를 방문하여 1세 미만의 아이를 놓고 갈 수 있는 제도가 새로 도입되었다. 아이를 포기하기 위하여 사무소를 방문한 생모가 어느 범위에서 자신의 인적 사항에 관한 정보를 남겨야 하는가에 대해서는 명확한 규정이 없었다. 이 문제는 1904년에 입법적으로 해결되었다. 즉 생모는 자신의 인적 사항에 대하여 아무런 정보도 남기지 않고 아이를 사무소에 두고 떠날 수 있게

Recht auf Leben - Die anonyme Geburt, FPR, 2003, 110). 상담과 의료서비스 제공과정에서의 익명성 보장은 임신여성에게 상담의 문턱을 낮추는 데 기여한 것으로 보인다.
25) 쾰른에 소재한 가톨릭 여성 사회복지단체의 경험에 따르면 익명의 상담 후 평균 75%의 여성이 자녀와 함께 하는 삶을 선택하였다고 한다. BT-Drucks. 17/190, S. 10.
26) Sommer, Aktualisierung von Daten über Beratung zur vertraulichen Geburt sowie über Auswikungen des SchwHiAusbauG auf anonyme Formen der Kindesabgabe, 2019, S. 11.
27) 프랑스에서의 베이비박스의 역사에 대하여는 Frank, Die unterschiedliche Bedeutung der Blutverwandtschaften im deutschen und französischen Familienrecht, FamRZ 1992, 1365/1368f.; Frank, Helms, Rechtliche Aspekte der anonymen Kindesabgabe in Deutschland und Frankreich, FamRZ 2001, 1340/1343f.; Helms, Die Feststellung der biologischen Abstammung - Eine rechtsverleichende Untersuchung zum deutschen und französischen Recht, 1999, S. 13ff.

되었다. 그 후 영유아포기사무소는 임신여성보호소로 대체되었다. 갈 곳이 없는 임신여성들은 임신여성보호소에서 머물면서 출산을 할 수 있었다.[28) 그 후 1941년 9월 2일 독일군 점령하에서 비시(Vichy) 정부의 법령[29]에 의하여 모든 여성이 익명으로 의료기관에서 아이를 출산할 수 있는 권리가 보장되었으며, 출산에 관한 비용은 국가가 부담하였다. 이 규정은 당시 독일군의 아이를 출산한 여성을 보호하려는 목적으로 도입된 것으로서(프랑스 여성 중 성매매 피해자와 강간피해자를 보호하려는 데 주된 목적이 있었다), 익명의 출산을 보장하고 있는 현행 프랑스민법 제326조의 모태가 되었다.

(2) 익명의 출산에 관한 프랑스 민법규정

프랑스에서는 익명의 출산이 합법화되어 있어서(프랑스민법 제326조) 생모는 자신의 신상에 관한 어떠한 기록도 남기지 않고 아기를 남겨둔 채 의료기관을 떠날 수 있다. 임신한 여성이 출산 전에 공공의료시설이나 개인병원에 입원하여 익명을 요구하는 경우, 입원비와 출산비는 전액 사회보조금으로 지출된다.[30] 이와 같은 경우에는 병원에서 산모 개인의 신상에 관하여 기록할 수 없다.[31] 이렇게 태어난 자녀는 생모의 입양 승낙이 있는 경우 아동보호시설로 옮겨져 국가의 후견을 받게 되며,[32] 2개월이 경과하면 입양절차를 밟게 된다. 이 2개월의 기간 동안 생모는 입양의 승낙을 철회하고 스스로 자녀를 양육할 수 있다.[33] 익명의 출산이 이루어진 경우에도 아동에 대한 출생신고는 이루어지지만, 생모에 관하여는 어떠한 사항도 기록되지 않는다(프랑스민법 제57조 제1항). 다만 병원에서는 생모에 대하여 익명성이 침해되지 않는 한도에서 본인, 생부의 신상과 익명으로 출산하게 된 제반사정 등에 관한 정보가 밀봉된 봉투를 아이에게 남길 것을 권유할 수 있을 뿐이다.[34] 1990년대와 2000

---

28) 자세한 내용은 안문희, "프랑스법의 익명출산제도", 『중앙법학』 제15집 제4호(2013), 219면 이하 참조.

29) La loi du 2 septembre 1941 sur la protection de la naissance.

30) Art. L. 222-6 al. 2 Code de l'action sociale et des familles(C.a.s.f. 직역하면 가족 및 사회활동법) 또한 임신여성은 출산 전에 언제든지 출산을 돕기 위하여 지정된 시설에 입소하여 국가의 비용으로 필요한 의료서비스와 심리 상담을 받을 수도 있다. 이외에도 상담과정에서 임신여성에게 익명출산의 법적·심리적 결과와 자녀의 친생부모를 알 권리의 의미에 대한 정보가 제공된다.

31) Art. L. 222-6, al. 1er C.a.s.f. 다른 환자들과의 관계에서는 가명을 사용함으로써 익명성을 보장하도록 배려하며, 산모의 의사에 따라 전화연락과 방문도 금지하거나 산모가 동의한 특정인에 대해서만 허용할 수 있다.

32) Art. L. 224-4, 1° C.a.s.f.

33) Art. L. 224-6 C.a.s.f.

34) Art. L. 224-5, al. 2, 4° C.a.s.f.; 2002년 법개정으로 생모가 자신의 성명 등 인적 사항이 담긴 밀봉된 봉투를 남기는 것이 가능하게 되었으며(강제되는 것은 아니다), 이 봉투는 국가심의회

년대 초반까지 프랑스에서는 매년 약 600에서 700명의 아동이 생모의 익명하에 출생한 것으로 알려져 있다.[35] 2006년에서 2014년까지 매년 800~900명이 익명출산으로 태어났다는 보고가 있으며(2006 : 807명, 2007 : 829명, 2008 : 810명, 2009 : 868명, 2010 : 889명, 2011 : 908명, 2012 : 855명, 2013 : 852명, 2014 : 887명), 이에 따르면 프랑스에서 전체 임신여성 중 약 0.1%가 익명출산을 선택한 것으로 볼 수 있다.[36]

Ⅳ 베이비박스와 익명출산을 둘러싼 논쟁 – 충돌하는 권리들

베이비박스와 익명출산에 관하여는 국내외에서 찬반양론이 첨예하게 대립하고 있다. 반대론자들은 베이비박스와 익명출산이 영아의 유기를 조장함으로

(Conseil national: 원어는 Conseil national d'accès aux origines personnelles (CNAOP)이며, '자신의 생모에 대한 접근을 위한 국가심의회'로 번역될 수 있다)에 보관된다. 생모가 익명성을 철회하는 경우 자녀는 봉투에 들어있는 생모의 인적 사항을 열람할 수 있으며, 이로써 자녀의 친생부모를 알 권리가 실현될 수 있다(Art. L. 224-7 C.a.s.f.). 국가심의회는 자녀와 생모 사이에서 연결하는 역할을 수행한다. 예컨대 자녀가 국가심의회에 생모의 인적 사항을 열람하고 싶다는 신청을 하는 경우에는 국가심의회는 생모에게 연락하여 동의 여부를 타진한다(Art. L. 147-6 C.a.s.f.). 모와 자녀의 첫 번째 접촉은 국가심의회 직원을 통해서 전화로 이루어지며, 전화 통화 후에 모가 익명성 철회에 동의하는 경우가 절반 정도에 이른다고 한다. Galliez, Klier, Felnhofer, Kernreiter, Die anonyme Geburt in Österreich, Medizinische Universität Wien, 2019, S. 8, 10. https://anonymegeburt.at/wp-content/uploads/2019/05/REPORT_ANOGEB_%C3%96_Version1_pdf.pdf. 생모가 익명성 철회에 동의하지 않는 경우, 생모의 인적사항은 자녀에게 전달되지 않는다(모가 이미 사망한 경우에는, 사망 후에도 자신의 인적사항을 비밀로 유지하라는 의사를 생전에 밝히지 않은 한, 익명출산으로 태어난 자녀에게 모의 인적사항에 대한 정보가 전달될 수 있다). 물론 생모가 출산 당시 자신의 인적 사항 등이 담긴 봉투를 남기지 않은 경우에는 국가심의회도 생모를 찾을 방법이 없다(익명으로 출산한 모를 추적하여 찾아내는 것은 허용되지 않는다). 2002년 9월부터 2017년 12월까지 9297명이 국가심의회에 생모의 인적사항 열람을 신청하였으며(익명으로 출산한 자녀 중 약 6.5%가 신청한 것으로 추산된다), 이 중 8492건이 종결되었다. 그 중 34%는 생모의 인적사항이 자녀에게 전달되는 것으로 종결되었다고 한다. Galliez, Klier, Felnhofer, Kernreiter, Die anonyme Geburt in Österreich, Medizinische Universität Wien, 2019, S. 9, 14.

35) Frank, Die unterschiedliche Bedeutung der Blutverwandtschaften im deutschen und französischen Familienrecht, FamRZ 1992, 1365/1368f.; Frank, Helms, Rechtliche Aspekte der anonymen Kindesabgabe in Deutschland und Frankreich, FamRZ 2001, 1340/1343f.; Deutscher Ethikrat, Das Problem der anonymen Kindesabgabe – Stellungnahme, 2009, S. 50ff.; http://de.wikipedia.org/wiki/Anonyme Geburt. http://de.wikipedia.org/wiki/Anonyme Geburt; Agnès Leclair, Dans le secret des mères qui accouchent sous X, Lefigaro, 2011. 9. 21; 프랑스 아동심리학자 Bonnet의 연구에 따르면 그 중 상당수는 프랑스에 불법체류하는 외국여성의 자녀라고 한다. Catherine Bonnet, Geste d'amour: L'accouchement sous X, Odile Jacob, 1990, p. 234 et s.

36) Observatoire National de L'Enfance en Danger, La situation des pupilles de l'État Enquête au 31 décembre 2014, 2015, p. 14.

써 자녀의 친생부모를 알 권리를 침해하며, 자녀의 생명을 보호하는 데에는 아무런 기여도 하지 못한다고 주장한다. 이에 대하여 찬성론자들은 자녀의 생명보다 더 중요한 법익은 없으며, 베이비박스와 익명출산은 영아유기를 방지하고 자녀의 생명을 보호하는 장치로써 기능한다고 맞서고 있다. 이 두 가지 주장 가운데 어느 것이 현실적으로 더 설득력이 있을까? 2001년부터 베이비박스와 익명출산을 공식적으로 허용하고 있는 오스트리아의 실제 사례는 이 문제에 관한 해답의 단초를 제공할 수 있을 것으로 보인다.

1. 자녀의 친생부모를 알 권리와 자녀의 생명권

(1) 베이비박스와 익명출산[37]에 대하여 반대하는 입장에서 제시하는 가장 중요한 논거는 이러한 방식이 제도화될 경우 자녀는 자신의 친생부모를 알 권리를 전혀 실현할 수 없게 되거나 또는 실현에 큰 제한을 받는다는 것이다. 이러한 결과는 인간의 기본권을 침해할 뿐만 아니라 유엔아동권리협약 제7조[38]의 규정에 위반되는 것이다. 또한 반대론자들은 베이비박스와 익명출산이 자녀의 생명을 보호하는 데 기여한다는 것은 아무런 근거가 없는 허구라고 비판한다.[39] 영아를 유기하거나 살해할 정도로 심리상태가 불안정한 부모들은 처음부터 베이비박스나 익명출산 등을 이용할 생각조차 하지 못한다는 것이다.[40] 따라서 베이비박스나 익명출산은 기껏해야 영아의 유기를 조장하는 기능을 할 뿐이며, 자녀가 원가정에서 자라날 기회와 권리를 박탈한다고 한다.

반면에 베이비박스와 익명출산의 도입에 찬성하는 입장에서 내세우는 결정적인 논거는 이러한 장치들이 자녀의 생명을 보호하는 데 기여할 수 있다는 것이다. 생명보다 더 중요한 이익이나 가치는 존재하지 않으며, 자녀의 친생부모를 알 권리도 중요한 법익이기는 하나 자녀의 생명권보다 우선할 수는 없다고 한다.[41] 반대론자들은 자녀의 친생부모를 알 권리를 규정한 유엔아동

---

37) 신뢰출산도 넓은 의미에서 익명출산에 포함되는 것으로 본다.

38) 아동권리협약 제7조 제1항: 아동은 출생 후 즉시 등록되어야 하며, 출생시부터 성명권과 국적취득권을 가지며, 가능한 한 자신의 부모를 알고 부모에 의하여 양육받을 권리를 가진다(The child shall be registered immediately after birth and shall have the right from birth to a name, the right to acquire a nationality and, as far as possible, the right to know and be cared for by his or her parents). 밑줄은 필자가 임의로 그은 것임.

39) 로스 옥, "베이비박스는 영아 살해를 줄이지 못한다.", 프레시안 2014. 2. 7.

40) Krüger, Neonatizide und ihre Präverntion im deutschsprachigen Raum, ZFA, 2015, 39f.

41) Müller-Magdeburg, Recht auf Leben-Die anonyme Geburt, FPR, 2003, 111은 "자녀가 출생 후 곧 사망한다면 어떻게 자신의 기본권을 실현할 수 있을까? 따라서 생명을 유지하는 것은 다른 모든 권리의 실현을 위한 불가분의 전제조건"이라고 주장한다.

권리협약 제7조에 근거하여 베이비박스와 익명출산이 아동의 권리를 침해한다고 주장하지만, 아동의 생명권에 관하여 규정하고 있는 유엔아동권리협약 제6조[42]는 간과하고 있다고 한다. 그러나 이러한 찬성론이 설득력을 가지려면 베이비박스와 익명출산이 실제로 아기의 생명을 보호하는 데 기여한다는 점이 밝혀져야 할 것이다. 즉 베이비박스나 익명출산을 통하여 영아유기치사나 영아살해 사례가 감소한다는 점이 증명될 필요가 있다. 이 점에 대해서 몇 가지 외국의 사례를 살펴본다.

(2) 오스트리아는 유럽의 다른 나라들에 비하여 상대적으로 높은 영아 살해율을 떨어뜨릴 목적으로 2001년에 베이비박스[43]와 익명출산을 공식적으로 허용하였다(2002년 초부터 티브이와 신문을 통해서 익명출산에 대한 홍보를 시작하였다).[44] 2001년 4월 이후 모가 베이비박스에 아기를 두고 가거나 익명출산을 한 후 아기를 병원에 두고 떠나는 것은 더 이상 미성년자 유기죄로 처벌되지 않는다(자녀를 유기하여 위험에 처하게 하는 경우에만 처벌된다). 오스트리아에서 베이비박스와 익명출산이 공식적으로 허용된 이후의 실태를 보면, 익명출산으로 태어나는 아기의 수에 비해서 베이비박스에 맡겨지는 아기의 수는 현저히 적다는 사실을 알 수 있다(2016년 익명출산으로 태어난 아기 48명, 베이비박스에 맡겨진 아기 2명; 2017년 37명, 3명; 2018년 36명, 5명; 2019년 28명, 2명; 2020년 24명, 4명; 2021년 32명, 2명).[45]

모가 익명출산을 선택한 경우 자녀는 기아와 같이 다루어지며, 출생증명서에도 인적사항은 기록되지 않는다. 익명출산에 들어가는 비용의 부담에 관하

---

42) 아동권리협약 제6조 제1항: 당사국은 모든 아동이 생명에 관한 고유의 권리를 가지고 있음을 인정한다(States Parties recognize that every child has the inherent right to life). 제2항: 당사국은 가능한 한 최대한도로 아동의 생존과 발전을 보장하여야 한다(States Parties shall ensure to the maximum extent possible the survival and development of the child).

43) 2000년에 빈에 처음으로 설치되었으며 2021년 현재 오스트리아의 8개 주에 15개소가 개설되어 있다. BM für Arbeit, Babyklappen in Österreich 2019 참조.

44) Bundesministerium, Erlass vom 27. Juli 2001 über Babynest und anonyme Geburt. 이를 위한 구체적인 조치로서 베이비박스에 아기를 두고 가거나 익명출산을 한 여성이 처벌되지 않도록 형법 제197조(미성년자 유기)를 폐지하였다(Verlassen eines Unmündigen § 197. Wer eine unmündige Person, der gegenüber ihm eine Fürsorgepflicht obliegt, verläßt, um sich ihrer zu entledigen, ist mit Freiheitsstrafe bis zu drei Jahren zu bestrafen). 산부인과가 설치되어 있는 오스트리아 내의 모든 병원들은 익명출산 서비스를 제공한다.

45) 2001년부터 2019년까지 오스트리아에서 익명출산으로 태어난 자녀의 수는 606명에 이른다. 20 Jahre Anonyme Geburt: Wissen über Mutter wichtig für Adoptivfamilie, VIENNA. AT. https://www.vienna.at/20-jahre-anonyme-geburt-wissen-ueber-mutter-wichtig-fuer-adoptivfamilie/6982196; Anonyme Geburten und Kinder in Babyklappen 2021. https://www.statistik.at.

여는 각 주(州)에서 정하는데, 수도 빈에서는 시의 부담으로 한다. 자녀가 익명출산으로 태어나면 아동청이 후견인이 되어 입양절차를 진행한다(오스트리아 민법 제211조, 제195조). 일반적으로 자녀는 위탁가정에 인도되어 위탁부모의 양육과 보호를 받게 되는데(가정위탁보호가 입양으로 이어지는 경우가 많다고 한다), 생모는 6개월 내(또는 입양 성립 전까지)에 입양의사를 철회하고 자녀를 데려올 수 있다.[46]

익명출산을 선택한 임신여성들은 전문상담원의 상담을 받게 되는데, 그 과정에서 자녀를 스스로 양육할 경우에 받을 수 있는 사회경제적 지원에 대한 정보를 제공받을 뿐 아니라, 출산 후 입양 가능성에 대해서도 상담이 이루어진다. 임신여성에 대해서 다양한 가능성에 대한 정보가 제공되지만, 최종적인 결정은 온전히 산모에게 맡겨져 있다(익명출산을 하고 입양을 시키겠다는 결정을 했던 경우에도 마지막 순간에 마음을 바꾸어서 스스로 자녀를 양육하기로 결정하는 사례도 있다고 한다).[47] 상담과정에서 모에게 자녀를 위하여 편지를 써서 남길 것을 권유하며(모의 익명성을 유지하면서 출생배경 등에 대해서만 쓰는 것도 가능하다),[48] 자녀가 성년이 되면 그 편지를 받아갈 수 있다. 모가 편지쓰기를 원하지 않는 경우에는 – 모가 동의한 경우에 한하여 – 분만에 참여한 의료진이 출산과 관련된 간단한 인상을 기록으로 남긴다.[49]

(3) 2012년에 출간된 한 연구논문[50]에 따르면 오스트리아에서 익명출산이 도입된 후 영아 살해율이 절반 이하로 감소하였다고 한다. 이 논문은 1991년부터 2009년까지 오스트리아 경찰에 집계된 영아살해건수를 기초로 하였는데, 2001년 익명출산이 공식적으로 허용되기 전에는 10만 건의 출생 당 영아살해

46) Bundesministerium, Erlass vom 27. Juli 2001 über Babynest und anonyme Geburt, S. 3, 7; Österreichs digitales Amt, Themen〉 Familie und Partnerschaft〉 Geburt〉 Die Geburt〉 Anonyme Geburt. https://www.oesterreich.gv.at/themen/familie_und_partnerschaft/geburt/2/Seite.080020.html; Fiala, Anonym Gebären in Österreich – Einführung und Erfahrungen, 2004. https://anonymegeburt.at/fachkrafte/erfahrungen/erfahrungen-aus-osterreich/.
47) Lisa Breit, Anonyme Geburt: Unter anderen Umständen, 5. November 2021, FamiliederStandard.de.
48) Galliez, Klier, Felnhofer, Kernreiter, Die anonyme Geburt in Österreich, Medizinische Universität Wien, 2019, S. 5. 그러나 아무런 개인정보도 남기지 않는 모가 많다고 한다.
49) Steinermark 주(州)의 Caritas에서 운영하는 상담소에서 2002년부터 진행하는 방식이며, 오스트리아 전역에 적용되는 통일된 규범이 마련되어 있는 것은 아니다. Galliez, Klier, Felnhofer, Kernreiter, Die anonyme Geburt in Österreich, Medizinische Universität Wien, 2019, S. 14.
50) Klier, Grylli, Amon, Fiala, Weizmann-Henelius, Pruitt, Putkonen, Is the introduction of anonymous delivery associated with a reduction of high neonaticide rates in Austria? A retrospective study, BJOG: An International Journal of Obstetrics and Gynaecology, 05 December 2013, p. 428.

건수가 평균 7.2건이었으나(1991-2001), 익명출산 도입 후 그 수치는 3.1로 감소하였다고 한다(2002-2009). 연구팀은 같은 기간 동안 오스트리아와 핀란드, 스웨덴의 영아 살해율을 비교하였는데, 스웨덴과 핀란드에서는 영아 살해율에 큰 변화가 없었던 반면(스웨덴 1991-2001: 1.8, 2002-2009: 2.8. 핀란드 1991-2002: 1.6, 2002-2009: 1.3) 익명출산을 도입한 오스트리아에서는 영아 살해율이 큰 폭으로 감소하였음을 알 수 있다(1991-2001 : 7.2, 2002-2009 : 3.1).[51]

오스트리아에서 익명출산으로 태어나는 자녀의 수는 해마다 30명에서 40명 선을 유지하고 있는데, 이는 익명출산이 자녀의 유기수단으로 남용될 우려가 있다는 주장과는 거리가 있는 것이다. 익명출산이 자녀의 유기수단으로 악용되고 있는 것이 사실이라면(익명출산이라는 제도가 없었다면 자녀를 출산하여 일반적인 법절차에 따라 입양을 시키거나 스스로 양육하였을 모가 익명출산제도를 기화로 손쉽게 자녀와의 결별을 선택하게 된다는 주장을 말한다), 익명출산제도가 도입된 이후 - 이 제도가 널리 알려지게 되면서 - 익명출산으로 태어나는 자녀의 수는 상당히 증가하였을 것으로 추정할 수 있다. 그러나 2001년에 익명출산제도가 도입된 이후에 현실에서 이러한 현상은 나타나지 않았다(프랑스에서도 해마다 익명출산으로 태어나는 자녀의 수는 안정적으로 유지되는 경향을 보이고 있다). 따라서 익명출산이 자녀의 유기를 증가시킬 수 있다는 주장은 - 적어도 외국의 사례에 비추어 보면 - 설득력이 없는 것으로 보인다.

(4) 베이비박스에 관한 법규정이 마련되어 있는 헝가리에서는 병원 출입문 뒤편에 표준화된 베이비박스가 설치되어 있다. 1996년 부다페스트에 첫 번째 베이비박스가 설치되었으며, 2015년 현재 헝가리 전역에서 32개소의 베이비박스가 운영되고 있다. 2005년 이후 베이비박스에 아기를 두고 가는 행위는 더 이상 형법상 처벌사유가 되지 않는다.[52] 헝가리에서의 영아살해건수의 추이는 아래의 표에서 볼 수 있는데, 베이비박스가 설치되기 시작한 1990년대

---

51) 스웨덴과 핀란드는 전통적으로 오스트리아에 비해서 영아 살해율이 낮은 것으로 나타나는데, 그 원인은 분명하지 않다. 다만 이 세 나라는 낙태가 허용되는 기간에 각각 차이가 있는데(오스트리아에서는 임신 12주 이내에 낙태에 가능한 반면, 핀란드는 최장 20주, 스웨덴은 18주까지 허용된다), 이것이 영아 살해율에 영향을 미쳤을 가능성도 있겠지만, 이점 역시 분명하지 않다. Klier, Grylli, Amon, Fiala, Weizmann-Henelius, Pruitt, Putkonen, Is the introduction of anonymous delivery associated with a reduction of high neonaticide rates in Austria? A retrospective study, BJOG: An International Journal of Obstetrics and Gynaecology, 05 December 2013, p. 433 참조.

52) Nederlands Instituut voor de Documentatie van Anoniem Afstanddoen(Netherlands Institute for the Documentation of Anonymous Abandonment). https://www.nidaa.nl/landendossier-a-o.

후반 이후 영아살해건수가 감소하는 경향을 읽을 수 있다.

1990	1991	1992	1993	1994	1995	1996	1997	1998	1999	2000
17	20	18	19	29	24	22	21	30	13	10
2001	2002	2003	2004	2005	2006	2007	2008	2009	2010	2011
24	12	8	8	4	9	13	9	6	1	3

2. 자녀의 친생부모를 알 권리와 부모의 익명성 보호

익명출산, 그 중에서 특히 신뢰출산으로 태어난 자녀는 일정한 연령에 이르면 자신의 친생부모에 대한 정보를 열람할 수 있는 권리가 인정된다. 이는 자녀의 친생부모를 알 권리로부터 나오는 당연한 결과라고 볼 수 있으나, 다른 한편으로는 익명성의 유지를 원하는 친생부모의 이익과 충돌할 수 있다. 생모의 성명과 주소 등의 신상정보를 알게 된 자녀는 생모에게 직접 연락을 할 수도 있는데, 생모가 오래 전에 혼인을 하고 자녀를 출산하여 가정을 꾸리고 있는 경우도 있을 수 있다. 이런 경우에 생모의 익명출산 사실이 그 남편과 자녀에게 알려진다면 그 가정의 안정이 흔들릴 수 있으며, 궁극적으로는 파탄에 이르게 될 가능성도 배제할 수 없다. 이러한 점에 비추어 볼 때 자녀의 친생부모를 알 권리가 생모의 가정을 희생시켜 가면서까지 실현되어야 할 권리인가에 대해서는 다양한 각도에서 검토될 필요가 있을 것이다.

V 정리 및 제언 – 결론에 갈음하여

베이비박스와 익명출산에 대해서는 다음과 같은 두 가지 관점이 대립되어 왔다. 하나는 베이비박스와 익명출산이 영아의 유기를 조장한다는 것이다. 이에 따르면 베이비박스와 익명출산의 가능성을 제공할 경우, 이러한 가능성이 없었다면 자녀를 스스로 양육하거나 현행법의 테두리 내에서 입양절차를 밟았을 산모들이 손쉽게 자녀와 결별할 수 있게 된다. 그리고 이는 자녀의 친생부모를 알 권리를 침해하는 결과로 이어질 수밖에 없다. 나아가 이 입장에서 보면 베이비박스와 익명출산이 산모와 아기의 건강과 생명을 보호한다는 주장은 허구에 불과하다고 한다. 영아를 유기하여 사망에 이르게 하거나 영아를 살해하는 산모들은 애초에 베이비박스나 익명출산을 이용하기 어려운 심리상태에 있으므로, 베이비박스나 익명출산과 같은 가능성이 주어져 있다고 해서 이러한 여성들이 그러한 방식을 이용할 가능성은 없다고 한다. 반면에 이와 대립되는 다른 하나의 관점에 따르면 베이비박스와 익명출산은 아기와 산모의 건강과 생명을 보호하는 데 기여하는 장치라고 한다. 사회경제적으로 모가 스스로 자녀를 양육할 수 있는 기반이 갖추어져 있는 사회에서도 자신의 신상을 밝히지 않고 자녀를 출산하려는 임신여성이 존재한다는 사실을 부정할 수는 없다. 예를 들어 강간피해여성이 출산한 경우 — 원가정보호가 기본원칙이라고 해도 — 모에게 스스로 자녀를 양육하도록 강요할 수는 없으며, 일반적인 입양절차를 거쳐서 생모의 신상정보를 남기도록 강제하는 것이 최선인가에 대해서도 의문이 있다(이러한 경우에 나중에 자녀가 자신의 친생부모와 출생배경에 대해서 알게 되는 것이 자녀의 복리에 부합하는지도 의문이다). 1941년 독일 점령 하의 프랑스에서 처음으로 익명출산에 관한 법규정을 마련한 것도 이러한 배경에서 이해될 수 있다. 그 당시 점령군과의 관계에서 임신하여 출산한 여성에게 자녀를 스스로 양육하는 것과 법절차에 따라 입양을 하는 것 사이에서 선택하도록 강제하였다면, 제3의 선택을 하였을 가능성이 현저히 높았을 것으로 보인다. 물론 이것은 과거에 특수한 역사적 배경에서 벌어졌던 일이라고 치부할 수도 있다. 그러나 구체적인 과정과 사실관계에는 차이가 있다고 해도 본질적으로 그 당시의 프랑스여성이 처한 것과 유사한 상황에 있는 임신여성은 오늘날에도 존재할 수 있다. 프랑스의 아동심리학자 Bonnet의 연구에 의하면 오늘날 프랑스에서 익명출산을 선택하는 여성 중 상당수는 불법체류 외국인이라고 한다.[53] 불법체류 외국인 수가 — 공식적인 통계에 의하더라도 — 40만 명을 육박하게 된 우리사회에서도 이러한 현상은 더 이상 낯선 문제가 아닐 것이다.

　필자는 개인적으로 위의 두 주장 중 어느 하나가 전적으로 옳고, 다른 하나는 전적으로 틀렸다고 생각하지 않는다. 베이비박스나 익명출산을 이용한 임신여성들 중에는 이러한 기회가 제공되지 않았더라면 출산 후 법의 테두리 내에서 일반적인 입양절차를 거쳤을 산모들이 일부 포함되어 있을 가능성을

---

53) 1979년부터 1984년까지 400건의 익명출산에서 모의 국적은 프랑스 58%, 북아프리카 30.7%, 12.3%는 나머지 국적으로 조사되었다. Catherine Bonnet, Geste d'amour: L'accouchement sous X, Odile Jacob, 1990, p. 234 et s.; 한편 500건의 익명출산을 조사한 Geadah에 따르면, 익명출산한 모의 출신은 아랍-무슬림이 75%, 프랑스 성인여성, 3.5%, 영미 1-2%(그리고 출신을 조사하지 않은 미성년 10-12%)로 나타났다(R. R. Geadah, "Accouchement anonyme", Le Secret sur les origines, Paris, ESF, 1986, p. 99).

배제할 수 없을 것이다(신뢰출산에 대한 독일의 평가보고서 참조).[54] 이런 의미에서 베이비박스와 익명출산이 영아유기를 조장한다는 주장은 부분적으로 타당할 수도 있다. 그러나 베이비박스나 익명출산을 이용한 여성들 전부가 이러한 그룹에 속한다고 보는 것 또한 무리라고 생각한다. 베이비박스나 익명출산의 기회가 없었다면 거리에 영아를 유기하거나 극단적인 선택을 했을 가능성이 있는 산모들이 베이비박스나 익명출산을 이용하여 아기의 생명이 보호된 경우도 있을 수도 있다. 따라서 베이비박스나 익명출산을 이용한 여성들 중에는 위와 같은 두 그룹이 혼재할 가능성이 있다는 점을 인정하여야 할 것이다. 즉 베이비박스나 익명출산을 이용하는 여성들에게는 서로 다른 다양한 동기와 원인이 있을 수 있다는 사실을 인정할 필요가 있다.[55]

사회경제적 이유로 자녀의 양육을 포기하는 경우도 있을 수 있고, 심리적인 이유로 자녀와의 결별을 선택하는 경우도 있을 수 있으며, 두 가지 이유가 동시에 존재하는 경우도 있을 수 있을 것이다. 사회경제적인 이유로 자녀 양육을 포기하려고 한다면 경제적 지원을 통하여 문제를 해결할 수 있겠지만, 심리적인 것이 그 이유라면 경제적 지원만으로는 문제를 해결할 수 없을 것이다. 한부모 가정에서 자녀를 양육하는 것이 비교적 용이한 나라(독일, 프랑스, 오스트리아 등)에서도 익명출산의 수요가 존재하는 이유에 대해서 숙고해 볼 필요가 있다.

베이비박스와 익명출산에는 어두운 면과 밝은 면이 존재하며, 역기능과 순기능이 혼재하고 있다. 이러한 전제를 받아들일 수 있다면 이 문제에 대한 해결책에도 한 걸음 다가갈 수 있을 것이라고 생각한다.

「어느 단체에서 배고픈 사람들을 위하여 무료로 매일 빵을 나누어 주고 있다. 많은 사람들이 줄을 서서 빵을 받아가는데, 그 중에는 스스로 빵을 살 수 있는 사람들이 일부 섞여 있을 수도 있다. 그렇다고 해서 무료로 빵을 나누어 주는 곳이 없다면, 거기에서 빵을 받는 모든 사람들이 스스로 돈을 벌어

54) Sommer, Aktualisierung von Daten über Beratung zur vertraulichen Geburt sowie über Auswikungen des SchwHiAusbauG auf anonyme Formen der Kindesabgabe, 2019, S. 8.
55) 독일에서 베이비박스와 익명출산 서비스를 제공하는 운영 주체를 상대로 한 설문조사 결과에 의하면(이들은 베이비박스나 익명출산을 이용한 임신여성과의 대화와 상담과정에서 알게 된 사실에 기초하여 답변하였다), 베이비박스나 익명출산을 이용하는 임신여성의 동기는 과도한 부담감(양육 책임에 대한 두려움), 사회적 곤경(예를 들어 가족이나 파트너의 압박), 파트너와의 갈등, 일자리 또는 교육기회의 상실 우려, 강간에 의한 임신, 어린 시절 폭력에 대한 트라우마, 경제적 곤경, 출산 후 영아를 살해 또는 유기할 가능성, 미성년자 임신 등이다. Coutinho/Krell, Anonyme Geburt und Babyklappen in Deutschland – Fallzahlen, Angebote, Kontexte, Hrsg. Deutsches Jugendinstitut e.V., 2011, S. 142.

서 빵을 사게 될 것이라고 볼 수는 없다. 무료로 빵을 받는 사람들 중에는 두 종류의 그룹이 혼재할 수 있다. 스스로 돈을 벌 수 없어서 무료로 받는 빵이 없다면 생계를 유지하기 곤란한 사람의 그룹과 무료로 빵을 나누어주지 않는 다면 자기 돈으로 빵을 살 수 있는 사람의 그룹이 병존할 수 있을 것이다. 두 가지 그룹 중 어느 하나는 아예 존재할 수 없다는 주장은 인간사회의 일반적인 경험칙에 맞지 않는다고 본다. 이러한 두 가지 그룹이 존재할 수 있다는 점을 인정한다면, 이제는 다음 질문에 답해야 할 차례이다. 무료로 빵을 받는 사람들 중에 돈이 있어도 빵을 받으러 오는 사람들이 있다면, 무료로 빵을 나누어주는 것 자체를 아예 폐지하여야 하는가?」

    개인적인 의견으로는 우리사회에서 베이비박스는 익명출산으로 대체되는 것이 바람직하다고 본다. 익명출산은 임신여성에게 적절한 의료서비스와 상담을 제공하여 안전한 출산을 돕는다는 점에서 베이비박스보다 우수한 제도라고 할 수 있다. 또한 산모의 인적사항 및 출생배경 등에 대해서 기록을 남기는 것도 가능하므로, 베이비박스와 비교해 볼 때 자녀의 친생부모를 알 권리도 실현될 가능성이 현저히 높다. 다만 모의 신상에 대한 기록이 장래 자녀의 신청에 의하여 공개되는 것을 원칙으로 한다면(이 경우 모의 익명성은 일정한 기간 유예되는 것에 불과하다), 임신여성은 처음부터 이와 같은 의미의 익명출산을 기피할 가능성이 높을 것으로 보인다. 따라서 대안으로서 익명출산을 하는 경우 모의 신상에 관한 기록을 남기도록 하되, 모의 동의가 없는 경우에는 공개할 수 없도록 하는 방안을 생각해 볼 수 있을 것이다. 익명출산을 주관하는 기관은 생모와 자녀 사이를 연결하는 역할을 수행함으로써(익명으로 편지를 교환하거나 전화통화를 연결하는 방식 등) 자녀의 친생부모를 알 권리를 — 비록 완전하지는 못하지만 어느 정도까지는 — 실현시킬 수 있을 것이다(실제로 프랑스에서는 자녀와의 전화통화 후 익명성을 포기하는 모의 비율이 절반 정도에 이른다고 한다).

    베이비박스와 익명출산이 수행하는 사회적 기능은 나라에 따라 차이가 있을 수 있다는 점도 고려될 필요가 있다. 예를 들어 독일과 파키스탄에서 베이비박스가 수행하는 사회적 기능에 차이가 있다는 점은 명백하다. 독일에서는 베이비박스와 익명출산이 아기의 생명을 보호할 수 있는가에 대해서 긍정론과 부정론이 팽팽히 대립하고 있지만, 파키스탄에서 베이비박스가 아기의 생명을 구한다는 사실은 의심의 여지가 없는 것으로 보인다. 파키스탄은 아시아 지역에서 최초의 베이비박스가 설치된 나라이며, 현재 전국에 300에서 350개의

베이비박스가 설치되어 있다.[56)]

　　우리사회는 독일과 같지 않고, 파키스탄과도 다르다. 우리사회가 어디에 위치하는지, 우리사회에서 베이비박스는 어떤 역할을 하는지에 대한 조사와 구체적인 인식이 필요하다. 이러한 인식 위에서 익명출산의 도입 논의도 보다 실속있게 이루어질 수 있을 것이다. 우리사회의 현실에 기초한 구체적인 대안의 개발이 필요한 때이다.

〈중앙법학 제25집 제1호(2023년 3월) 수록〉

---

　　56) 1970년에 Edih Foundation에 의해서 카라치에 최초의 베이비박스가 설치되었다. 당시 Edih Foundation이 카라치 시내에 유기된 시신을 수습하여 장례를 치르는 과정에서, 시신의 94% 이상이 유기되거나 살해된 영아라는 사실을 알게 되었고, 이를 계기로 베이비박스를 설치하게 되었다고 한다. Krell, Anonyme Kindesabgabe in anderen Ländern und Rechtskreisen, in: Busch, Krell, Will(Hrsg.), Eltern (voresrt) unbekannt: anonyme und vertrauliche Geburt in Deutschland, 2017, S. 41.

2. 민법에서의 징계권 삭제
– 그 의미와 한계

Ⅰ 들어가는 말

　　2021년 민법일부개정[1])으로 징계권에 관한 민법 제915조[2])가 삭제되었다. 이 규정이 친권자의 아동학대를 정당화하는 데 악용될 소지가 있다는 것이 그 이유였다. 입법자는 징계권 규정을 삭제하면, 친권자에 의한 아동학대가 줄어드는 효과가 있을 것이라고 기대한 듯하다. 그런데 이러한 단순한 기대에서 출발한 징계권 규정의 삭제는 다음과 같은 몇 가지 의문점을 남기고 있다. 첫째, 징계권에 관한 규정이 친권자의 아동학대를 정당화하는 기능을 해왔는가에 대한 의문이다. 개정 전에도 징계권의 행사가 친권남용에 해당하면 민법 제924조 이하 규정에 따라 친권의 상실이나 일시 정지, 일부 제한 등의 조치가 가능하다는 점에는 의문의 여지가 없었다.[3]) 따라서 징계권 규정이 친권남용에 의한 아동학대를 정당화하는 기능을 하였다는 주장은 개정 전 민법체계에 대한 오해에서 비롯된 것으로 보인다.[4]) 둘째, 징계권에 관한 규정이 삭제

---

　1) 법률 제17905호. 2021년 1월 26일 시행.

　2) "친권자는 그 자를 보호 또는 교양하기 위하여 필요한 징계를 할 수 있고 법원의 허가를 얻어 감화 또는 교정기관에 위탁할 수 있다."

　3) 김주수·김상용, 친족·상속법, 법문사, 2018, 437면; 안영하, "부모의 징계권과 아동학대 – 친권남용 및 친권제한과 관련하여 –", 『성균관법학』 제30권 제4호(2018. 12.) 201면; 박주영, "아동학대 방지를 위한 민법상 징계권규정의 개정과정", 『민사법의 이론과 실무』 제24권 1호(2020), 58면; 대판 1969. 2. 4. 68도1793(피고인이 만4세인 그 아들을 대소변을 가리지 못한다고 닭장에 가두고 전신을 구타한 것은 민법 제915조가 말하는 친권자가 그 아들을 보호 또는 교양하기 위하여 필요한 징계행위에 해당한다고 볼 수 없다); 대판 2002. 2. 8. 2001도6468(친권자는 자를 보호하고 교양할 권리의무가 있고, 그 자를 보호 또는 교양하기 위하여 필요한 징계를 할 수 있기는 하지만, 인격의 건전한 육성을 위하여 필요한 범위 안에서 상당한 방법으로 행사되어야만 할 것이다).

　4) 민법 제912조 제1항은 친권행사의 대원칙으로서 "친권을 행사함에 있어서는 자의 복리를 우선적으로 고려하여야 한다"고 규정하고 있다. 개정 전 제915조에 따른 징계권의 행사 역시 친권행사의 일환이었으므로, 자녀의 복리에 반하는 방식으로 행하여져서는 안 된다는 점은 자명한 것이었다. 또한 아동복지법은 "아동의 보호자는 아동에게 신체적 고통이나 폭언 등의 정신적 고통을 가하여서는 아니 된다"(제5조 제2항)고 규정하고 있는데, 이 규정 역시 징계권 행사의 해석에 하나의 기준을 제공하고 있다. 위와 같은 법체계에 비추어 볼 때 징계권 규정이 아동학대를 정당화하

된 현재의 법상태에서는 자녀가 어떠한 행동을 하더라도 친권자가 아무런 징계도 할 수 없는가에 대한 의문이다. 징계권이 삭제되었다고 해도 부모가 양육과정에서 자녀의 태도를 바로잡기 위해 적절한 징계를 하는 것은 불가피하고, 이는 친권에 근거하는 당연한 권리이자 의무라고 볼 수 있다. 다만 문제가 되는 점은 징계권의 행사로서 허용되는 행위와 금지되는 행위의 경계를 정하는 것인데, 개정법은 징계권에 관한 규정을 단순히 삭제하는 데 그침으로써 이에 대해서는 아무런 기준도 제시하지 않았다. 이는 앞으로 친권자의 징계권 행사와 관련하여 두고두고 해석의 혼란을 야기하는 불씨가 될 것이다.

아래에서는 먼저 2021년 민법일부개정에 의한 징계권 삭제의 의미에 대해서 검토하고, 징계권에 관한 외국의 입법례를 살펴본 다음, 이를 바탕으로 징계권의 삭제가 갖는 한계에 대해서 논한다. 이어서 징계권과 관련하여 우리 사회가 앞으로 나아가야 할 방향에 대해서 모색해 보기로 한다.

Ⅱ 징계권 삭제의 의미에 대한 검토

1. 자녀에 대한 징계의 개념은 어떻게 정의되어야 하는가?

징계권의 삭제가 구체적으로 무엇을 의미하는지는 명확하지 않다. 이점을 명확하게 하기 위해서는 우선 징계의 개념을 정의할 필요가 있을 것이다. 우리말에서 '징계'의 사전적 의미는 "허물이나 잘못을 뉘우치도록 나무라며 경계함"(표준국어대사전)이다. 친권자인 부모가 자녀를 양육하면서 친권의 행사로서 자녀의 허물이나 잘못을 나무라는 것은 당연한 일이라고 할 수 있다. 이에 비추어 보면 친권자가 자녀에 대해서 할 수 있는 징계의 범위는 매우 넓은 것으로 해석되며, 체벌과 같이 무거운 의미의 제재수단에 국한되지 않는다. 부모가 자녀를 키우면서 나무라고 필요한 경우에 적절한 벌(예를 들면 게임을 금지시키거나 용돈을 삭감하는 것, 위험한 물건을 빼앗는 것 등)을 주는 것도 징계의 범위에 속한다고 할 수 있다.[5] 징계의 개념을 이와 같이 이해한다면, 부모가

는 기능을 하였다는 주장은 오해에서 비롯된 것이라고 할 수 있다(한편 아동복지법 제5조 제2항 규정이 2015년 신설된 이후에도 한국은 2019년에 유엔아동권리위원회로부터 체벌금지를 명문화하라는 권고를 받은 바 있다. 즉 아동복지법 제5조 제2항의 신설에 의해서 한국이 체벌금지 국가로 인정된 것은 아니다).

5) 독일민법 제1631조 제2항은 체벌을 금지하고 있지만, 이 규정이 자녀에 대해서 어떠한 벌도 줄 수 없음을 의미하는 것은 아니다. MüKoBGB/Huber BGB 9. Aufl. 2024, § 1631 Rn. 26. "§ 1631 Abs. 2 spricht kein allgemeines Bestrafungsverbot aus."

자녀를 양육하는 과정에서 적당한 징계를 하는 것은 필요하고 또 불가피한 일이다. 따라서 징계권의 삭제가 친권자에 의한 모든 종류의 징계를 금지하는 취지라면, 이는 부모의 입장에서 자녀의 잘못된 행동을 그저 수수방관하라는 의미 이외에 다른 뜻으로는 해석될 수 없다. 징계권의 삭제를 주장한 사람들은 징계가 곧 부모의 체벌이라고 이해한 듯한데, 이는 징계의 범위를 부당하게 좁혀 본 것으로 생각된다.

우리보다 앞서 민법전에서 징계에 관한 규정을 삭제한 독일의 예와 비교해 보면 이점은 좀 더 명확해진다. 우리가 보통 징계라고 번역하는 독일어의 "Züchtigung"은 원래 체벌을 의미하는 용어이다.[6] ("Züchtigung"의 동사인 "züchtigen"은 때려서 심하게 벌을 준다는 의미이다.[7]) 이와 같이 독일어의 "Züchtigung"은 통상 징계라고 번역되고 있지만, 우리말에서의 징계와 동일한 의미로 사용되지 않으며, 주로 무거운 체벌을 의미하는 개념이라고 할 수 있다. 따라서 독일에서 징계를 금지한다는 것은 자녀에 대해서 무거운 체벌을 허용하지 않는다는 의미로 해석되지만, 우리 민법에서 징계를 금지한다는 것은 체벌을 포함하여 자녀에 대한 모든 종류의 제재를 금지한다는 의미로 해석될 여지가 충분하다. 독일에서 징계권이 폐지되었다고 해서 우리 민법에서도 징계권이 삭제되어야 한다는 주장은 독일어의 "Züchtigung"과 우리말의 징계의 차이를 구별하지 못하고, 동일한 의미인 것으로 오해한 데서 비롯된 것으로 보인다. 독일에서의 징계권 폐지를 본받아 우리 민법에 반영하려고 하였다면, 단지 징계권을 삭제할 것이 아니라 다양한 종류의 징계수단 중에서 특히 체벌이 금지된다는 점을 명확히 규정했어야 한다.

2. 징계권의 삭제는 곧 체벌의 금지를 의미하는가?

아동학대방지가 중요한 사회적 이슈로 떠올랐던 2020-2021년 개정 당시의 분위기에 비추어 볼 때, 입법자는 주로 체벌금지를 염두에 두고 징계권을 삭제하는 개정을 추진한 것으로 보인다. 징계권을 삭제하면 자녀에 대한 체벌

---

6) 독일어에서 "Züchtigung"은 일반적으로 무거운 체벌을 의미한다. Coester, Elterliche Gewalt, in: Hoffer/Klippel/Walter(Hrsg.), Perspektiven des Familienrechts, FS für Schwab 2005, S. 75; BT-Drucks. 14/1247, S. 7; Als "Züchtigung" oder "Körperstrafe" wird jene Art der Strafe bezeichnet, die gegen die körperliche Unversehrtheit einer Person gerichtet ist. Meistens tritt sie in Form von Schlägen auf, die der anderen Person per Hand oder mithilfe von Gegenständen verabreicht werden("징계" 또는 "체벌"은 사람의 신체에 대해서 가해지는 모든 종류의 벌을 의미한다. 대개의 경우 손이나 도구를 이용하여 다른 사람을 때리는 방식으로 나타난다. Juraforum.de. https://www.juraforum.de   Lexikon   Z. 최종방문일 2023. 11. 13.
7) züchtigen: durch Schläge hart strafen. 출처: Duden Das Bedeutungswörterbuch.

이 금지되고, 이는 아동학대를 방지하는 결과로 이어질 것이라는 기대감이 개정의 동기를 이루었을 것이다. 그러나 단순히 징계권을 삭제한다고 해서 이것이 곧 체벌을 금지하는 취지로 해석되는 것은 아니다. 징계권에 관한 규정이 없어도 부모는 자녀를 양육하는 과정에서 필요하다면 자녀를 적절히 징계할 수 있으며, 이는 친권에서 파생되는 권리라고 해석될 수 있기 때문이다. 세계에서 최초(1979년)로 체벌금지를 명문으로 규정한 스웨덴의 예를 살펴보면 이러한 문제의식은 좀 더 명료해진다.

스웨덴에서는 1966년에 친자법에서 부모의 징계(reprimand)를 허용하는 규정을 삭제하였으나, 이 개정에 의해서 부모의 모든 체벌이 금지된 것은 아니었다.[8] 법전에서 징계에 관한 규정을 전부 삭제한 1966년 개정 이후에도 스웨덴의 주류 학설은 자녀에 대한 체벌이 허용된다는 해석론을 전개하였으며, 법원도 이러한 견해에 동조하였다.[9] 체벌의 금지 여부에 대하여 이와 같이 불명확한 법상태가 지속되면서 스웨덴에서는 부모가 가혹하게 자녀를 체벌하는 사건이 끊임없이 발생하였다. 스웨덴 의회는 이와 같이 모호한 법상태에 종지부를 찍고, 체벌에 관한 명확한 기준을 제시할 목적으로 1979년에 친자법을 다시 개정하여 체벌금지를 명문으로 규정하였다(스웨덴친자법 제6장 제1조 후단).[10]

스웨덴의 예에서 볼 수 있듯이 징계에 관한 규정의 삭제가 곧 체벌의 금지로 해석되는 것은 아니다. 2021년 민법일부개정 당시 입법자의 의도가 체벌을 금지하려는 데 있었다면, 징계권 규정을 삭제하는 소극적인 조치를 취할 것이 아니라 적극적으로 체벌을 금지하는 명문의 규정을 도입했어야 할 것이다.

외국의 입법례를 좀 더 자세히 살펴보면 징계권의 삭제와 체벌금지의 관계에 대해서 보다 명확한 결론을 얻을 수 있을 것이다.[11]

---

8) End Corporal Punishment, Corporal punishment of children in Sweden. chrome-extension://efaidnbmnnnibpcajpcglclefindmkaj/http://www.endcorporalpunishment.org/wp-content/uploads/country-reports/Sweden.pdf. 최종방문일 2023. 11. 13.

9) Dennis A. Olsen, The Swedish Ban of Corporal Punishment, BYU Law Review, Volume 1984, pp. 450-451.

10) 아동의 인격과 개성은 존중되어야 하며 체벌이나 그 밖에 모욕적인 대우를 받아서는 안 된다("Children shall be treated with respect for their person and individuality and may not be subjected to corporal punishment or any other humiliating treatment.").

11) 징계권의 역사와 변천에 관하여는 신권철, "친권의 변천과 현대적 이해 – 징계를 중심으로 –", 『서울法學』 제30권 제2호(2022. 8.), 38면 이하 참조.

Ⅲ 징계권에 관한 외국의 입법례

1. 스웨덴

(1) 1949년 친자법 개정

스웨덴에서도 전통적으로 부모의 자녀에 대한 체벌권이 인정되어 왔다. 1920년에 제정된 스웨덴친자법은 부모의 자녀 처벌권(right to punish)을 명문으로 규정하고 있었다. 부모의 '처벌권'이라는 법률용어는 가혹한 체벌이 널리 행하여지는 원인을 제공하였으므로, 이 용어에 대해서는 많은 비판이 가해졌다.[12] 그 결실로 1949년에 스웨덴친자법이 개정되었는데, 가혹한 체벌을 감소시킬 목적으로 "처벌(punishment)"이라는 용어를 "징계(reprimand)"로 대체하였다.[13] 그러나 형법전에서는 부모의 자녀 처벌권이라는 용어가 그대로 유지되었으며, 이는 부모가 자녀를 체벌한 경우에 ― 장기간의 치료를 요하는 상해가 아닌 한 ― 위법성을 조각하는 사유로 이용되었다.[14]

(2) 1966년 친자법 개정

1949년 개정 이후에도 스웨덴에서는 부모에 의한 심각한 자녀 체벌 사건이 끊이지 않았다. 법무부에서는 부모의 체벌권을 완전히 폐지하는 것만이 문제의 해결방안이라는 결론을 제시하였으며, 우선 1957년에 형법전에서 부모의 처벌권에 관한 규정을 삭제하였다. 그러나 형법의 개정만으로는 부모에 의한 자녀 체벌이 감소하는 효과가 나타나지 않았으므로, 징계에 관한 친자법 규정도 개정되어야 한다는 의견이 대두되었다. 당시 스웨덴 의회에는 세 가지 법안이 제출되었는데, 첫 번째 안은 체벌의 존속에 찬성하는 입장이었다: 이에 따르면 체벌은 자녀양육에 있어서 불가결한 요소로서 이를 폐지하는 것은 가정사에 불필요한 개입이 된다는 것이었다. 두 번째 안은 체벌의 완전 폐지를 주장하는 의견이었다: 체벌이 명문으로 폐지되지 않으면 부모들은 계속해서

---

12) Dennis A. Olsen, The Swedish Ban of Corporal Punishment, BYU Law Review, Volume 1984, p. 448.

13) Joen E. Durrant, The Swedish Ban on Corporal Punishment: Its History and Effects, in Detlev Frehsee, Wiebke Horn and Kai-D. Bussmann eds., Family Violence Against Children, De Gruyter, 1996, pp. 19-20.

14) Dennis A. Olsen, The Swedish Ban of Corporal Punishment, BYU Law Review, Volume 1984, p. 448; 우리 형법학계에서는 정당행위의 성립요건과 관련하여 일반적으로 징계권이라는 표현을 사용한다. 김성천, 형법총론, 도서출판 소진, 2020, 182면 이하.

체벌의 권리가 있는 것으로 믿게 되고, 정부는 허용되는 체벌과 금지되는 체벌을 판단하고 결정해야 하는 과제를 떠안게 된다는 것이었다. 세 번째 안은 체벌권을 인정하지도 않고 명문으로 금지하지도 않되, 법전에서 체벌과 관련된 규정은 모두 삭제하는 방안이었다. 체벌의 근거가 될 수 있는 규정을 삭제하는 소극적인 조치가 체벌을 금지하는 취지로 이해될 수 있을 것으로 기대한 것이다. 스웨덴 의회는 1966년에 세 번째 안을 채택하였다. 이로써 친자법에서도 부모의 체벌권에 관한 규정은 삭제되었다.[15]

(3) 1979년 친자법 개정

스웨덴 의회는 체벌과 관련된 규정을 법전에서 전부 삭제한 1966년 개정이 곧 체벌을 전면 금지하는 취지로 해석될 것으로 기대하였으나, 현실은 그와 다르게 나타났다. 부모에 의한 체벌은 계속해서 이루어졌고, 스웨덴의 주류 학설 역시 1966년 개정에도 불구하고 자녀양육 과정에서 부모의 체벌은 여전히 허용된다고 해석하였다.[16] 1975년에는 법원 또한 이러한 학설에 동조하고 있음을 보여주는 사건이 발생하였다. 3세 소녀가 부(父)로부터 구타당하여 병원에 이송된 사건이 벌어졌는데, 법원은 그러한 부의 행위가 딸을 징계할 권리를 남용한 것이 아니라고 판단하여 무죄를 선고하였다.[17]

이 사건을 계기로 스웨덴 의회는 1977년에 아동권리위원회를 설치하여 친자법 등 관련 법률의 개정을 검토하도록 지시하였다. 이 위원회는 1978년에 첫 번째 보고서를 제출하고, 체벌을 명문으로 금지하는 규정의 신설을 제안하였다: 체벌 금지가 명문으로 규정되지 않으면 체벌 금지에 대한 대중의 인지도를 높이는 데 한계가 있으며, 단지 법전에 징계나 처벌에 관한 규정이 없다는 것만으로는 이 한계를 극복할 수 없을 것이다.[18]

스웨덴 의회는 이 제안을 받아들여 법안을 표결에 붙였는데, 찬성 259표 반대 6표의 압도적인 찬성을 얻어 가결되었다. 이에 따라 스웨덴친자법 제6장

---

15) 스웨덴 의회가 체벌금지를 명문으로 규정하는 법안을 채택하지 못한 이유는 당시 여론이 체벌금지를 지지하지 않은 데 기인한 것이다. 1965년에 실시된 여론조사 결과에 따르면 스웨덴 성인의 53%가 자녀양육 과정에서 체벌은 필요하다고 답변하였다고 한다. Dennis A. Olsen, The Swedish Ban of Corporal Punishment, BYU Law Review, Volume 1984, p. 449.

16) Dennis A. Olsen, The Swedish Ban of Corporal Punishment, BYU Law Review, Volume 1984, p. 450.

17) Joen E. Durrant, The Swedish Ban on Corporal Punishment: Its History and Effects, in Detlev Frehsee, Wiebke Horn and Kai-D. Bussmann eds., Family Violence Against Children, De Gruyter, 1996, p. 21.

18) Dennis A. Olsen, The Swedish Ban of Corporal Punishment, BYU Law Review, Volume 1984, p. 452.

제1조는 다음과 같이 개정되었다: 자녀는 돌봄, 안전, 양질의 양육을 받을 권리가 있다. 자녀는 자신의 인격과 개성을 존중받아야 하며, 체벌이나 그 밖에 모욕적인 대우를 받아서는 안 된다.[19]

(4) 개정의 효과

친자법에 도입된 체벌금지 규정이 스웨덴 사회에서 구체적으로 어떻게 실현될 수 있을 것인가는 처음부터 중요한 의제였다. 스웨덴 의회와 정부는 그 구체적 실현방안으로 체벌을 가한 부모에 대하여 형사제재를 강화하는 방법은 아예 고려하지 않았으며, 국민을 상대로 한 대규모의 홍보를 통하여 체벌에 대한 사회의식의 변화를 도모하였다.[20] 이에 따라 스웨덴 정부는 각종 언론매체와 안내책자 등을 통하여 체벌이 법적으로 금지된다는 사실과 체벌이 자녀에게 미치는 부정적 영향에 대하여 집중적으로 홍보하였다(일례로 2개월 간 우유갑에 체벌금지 규정을 인쇄하여 각 가정에 배달하였다).[21] 그 결과 스웨덴 국민들 사이에서 체벌금지에 대한 인지도가 크게 높아졌을 뿐만 아니라, 체벌에 대한 의식도 크게 변화하였다. 체벌금지에 대한 인지도(스웨덴에서 법적으로 체벌이 금지된다는 사실을 아는 것)는 1971년 60%에서 1981년 99%로 상승하였다. 1971년에 실시된 여론조사에서는 35%의 응답자가 자녀양육 과정에서 체벌이 필요하다고 답변하였으나, 1981년에 이 비율은 26%로 감소하였으며, 1994년에는 11%로 줄었다.[22] 1979년 개정법 시행 이전과 이후를 비교해 보

---

19) "Children are entitled to care, security, and a good upbringing. Children shall be treated with respect for their person and individuality and may not be subjected to corporal punishment or any other humiliating treatment."(Kinder haben ein Recht auf Fürsorge, Geborgenheit und eine gute Erziehung. Kinder sind mit Respekt hinsichtlich ihrer Person und ihrer Eigenart zu behandeln und dürfen keiner körperlichen Bestrafung oder einer sonstigen Behandlung ausgesetzt werden).

20) Klaus A. Ziegert, The Swedish Prohibition of Corporal Punishment: A Preliminary Report, Journal of Marriage and Familiy, Nov., 1983, Vol. 45, No. 4, p. 920; Joen E. Durrant, The Swedish Ban on Corporal Punishment: Its History and Effects, in Detlev Frehsee, Wiebke Horn and Kai-D. Bussmann eds., Family Violence Against Children, De Gruyter, 1996, p. 21; BT-Drucks. 14/1247, p. 7.

21) Joen E. Durrant, The Swedish Ban on Corporal Punishment: Its History and Effects, in Detlev Frehsee, Wiebke Horn and Kai-D. Bussmann eds., Family Violence Against Children, De Gruyter, 1996, p. 22.

22) Klaus A. Ziegert, The Swedish Prohibition of Corporal Punishment: A Preliminary Report, Journal of Marriage and Familiy, Nov., 1983, Vol. 45, No. 4, p. 921; Joen E. Durrant, The Swedish Ban on Corporal Punishment: Its History and Effects, in Detlev Frehsee, Wiebke Horn and Kai-D. Bussmann eds., Family Violence Against Children, De Gruyter, 1996, p. 23; 1965년에는 응답자의 53%가 자녀양육에서 체벌이 필요하다고 답변하였다. Ake W. Edfeldt, The Swedish 1979 Aga Ban Plus Fifteen, in Detlev Frehsee, Wiebke Horn

면, 개정 전(1971년)에는 약 3분의 1이 체벌에 찬성하였으나, 개정 후 15년이 경과한 1994년에는 약 10분의 1만이 체벌에 찬성하는 입장을 표명하였음을 알 수 있다.[23]

스웨덴이 1979년에 친자법을 개정하여 체벌금지를 명문으로 규정한 목적은 스웨덴 국민으로 하여금 자녀에 대한 체벌이 허용되지 않음을 분명히 인식시키려는 데 있었는데, 그 후의 국민의식조사 결과는 이러한 입법목적이 충분히 달성되었음을 보여주고 있다. 이러한 긍정적인 결과는 그 후 다른 나라의 입법에도 지대한 영향을 미친 것으로 평가된다.

2. 오스트리아

(1) 1811년 오스트리아민법 시행 당시

1811년 오스트리아민법[24] 제145조는 부모의 징계권에 대해서 규정하고 있었다: "부모는 자녀가 부도덕하거나 순종하지 않는 경우 또는 가내의 질서와 안정을 해치는 경우에 자녀의 건강을 해하지 않는 적당한 방법으로 징계할 권한이 있다."[25] 징계의 수단은 부모의 재량에 맡겨져 있었으며, 체벌도 가능한 것으로 해석되었다. 그러나 자녀의 건강을 위태롭게 할 정도로 징계가 과도하게 행하여지는 경우(징계권의 남용)에는 오스트리아형법 제413조에 따라 처벌될 수 있고, 제414조 및 제415조에 의하여 친권상실이나 부모와 자녀의 격리가 가능하였다.[26] 즉 징계권의 행사에 있어서도 자녀의 복리가 고려되어야 하며, 자녀의 복리는 징계권 행사의 기준으로 인정되었다.

(2) 1977년 친자법개정

1977년 친자법개정[27]에 의해서 오스트리아 민법전에서 징계권에 관한 규

---

and Kai-D. Bussmann eds., Family Violence Against Children, De Gruyter, 1996, p. 35.

23) 그러나 1990년대까지도 스웨덴 부모의 약 4%는 여전히 강한 체벌을 하고 있는 것으로 알려져 있다. Ake W. Edfeldt, The Swedish 1979 Aga Ban Plus Fifteen, in Detlev Frehsee, Wiebke Horn and Kai-D. Bussmann eds., Family Violence Against Children, De Gruyter, 1996, p. 35.

24) Das Allgemeine Bürgerliche Gesetzbuch 1811.

25) "sie sind auch befugt, unsittliche, ungehorsame oder die häusliche Ordnung und Ruhe störende Kinder auf eine nicht übertriebene und ihrer Gesundheit unschädliche Art zu züchtigen."

26) Klang/Bartsch, Kommentar zum Allgemeinen bürgerlichen Gesetzbuch, Band I, erster Halbband, 1933, § 145, S. 866.

27) BGBl 1977/403(Bundesgesetz vom 30. Juni 1977 über die Neuordnung des Kindschaftsrechts). 1978. 1. 1. 시행.

정은 삭제되었다. 개정 논의의 초기단계부터 "징계(Züchtigung)"라는 용어를 더 이상 사용할 수 없다는 점에 대해서는 의견이 일치되었으나, 자녀의 양육 과정에서 부모의 의사를 관철시키기 위하여 체벌을 할 수 있는가에 대해서는 입법자 사이에 의견이 일치하지 않았다.[28) 결국 징계권에 관한 규정은 삭제되었으나, 명확하게 체벌을 금지하는 규정도 신설되지 않았다(제146조a: "미성년자녀는 부모의 명령에 따라야 한다. 부모는 자녀에 대한 명령과 그 관철에 있어서 자녀의 연령, 발달 및 인격을 고려하여야 한다."[29)).

1977년 개정은 체벌에 대해서 사실상 어떠한 태도도 취하지 않은 것으로 평가되었다.[30) 명확하게 체벌을 금지하는 것도 아니고, 적당한 수준의 체벌을 정당화하는 내용도 아니었기 때문이다. 따라서 그 후에도 자녀의 건강을 해치지 않는 수준의 체벌 가능성은 여전히 상존했고, 자녀의 양육을 위해서 필요한 수단으로 간주되었다.[31)

(3) 1989년 친자법개정 - 체벌의 절대금지 규정 도입

1977년 친자법 개정에도 불구하고 체벌의 허용 여부는 여전히 불분명하였으므로, 이 문제에 관한 논쟁이 계속해서 이어졌다.[32) 결국 1989년 친자법 개정[33)에 의해서 신체적, 정신적 폭력을 금지하는 규정이 도입되었다(제146조a: "미성년자녀는 부모의 명령에 따라야 한다. 부모는 자녀에 대한 명령과 그 관철에 있어서 자녀의 연령, 발달 및 인격을 고려하여야 한다. 폭력의 사용, 신체적, 정신적

---

28) Posch, Zur Neuregelung der "rein persönlichen" Rechtsbeziehungen zwischen Eltern und Kindern nach dem BG 30.6.1977 BGBl 403, in: Ostheim Rolf(Hrsg.), Schwerpunkte der Famillienrechtsreform 1977/1978: Entscheidungshilfen für die Praxis, 1979, S 17f.

29) "Das minderjährige Kind hat die Anordnungen der Eltern zu befolgen. Die Eltern haben bei ihren Anordnungen und deren Durchsetzung auf Alter, Entwicklung und Persönlichkeit des Kindes Bedacht zu nehmen."

30) Posch, Zur Neuregelung der "rein persönlichen" Rechtsbeziehungen zwischen Eltern und Kindern nach dem BG 30.6.1977 BGBl 403, in: Ostheim(Hrsg.), Schwerpunkte der Famillienrechtsreform 1977/1978: Entscheidungshilfen für die Praxis, 1979. S 18f; Bundesministerium für Wirtschaft, Familie und Jugend, Familie - kein Platz für Gewalt!(?), 2009, S. 3; Schreiber, Familiale Gewalt in der Erziehung, 2016, S. 163. https://www.gaismair-gesellschaft.at. 최종방문일 2023. 11. 13.

31) "Insgesamt aber wird wohl nach wie vor kein Zweifel bestehen, daß für das Kind unschädliche Züchtigungen in den Maße zulässig sein werden, als sie im Sinne eines letzten Mittels für die Durchsetzung notwendiger Pflege- oder Erziehungmaßnahmen als erforderlich angesehen werden dürfen." Schwimann, Kindesunterhalt und elterliche Gewalt, in: Floretta(Hrsg.), Das neue Ehe- und Kindschaftsrecht, 1979, S. 165.

32) Bundesministerium für Wirtschaft, Familie und Jugend, Familie - kein Platz für Gewalt!(?), 2009, S. 3; Schwimann, Kindesunterhalt und elterliche Gewalt, in: Floretta(Hrsg.), Das neue Ehe- und Kindschaftsrecht, 1979, S. 165.

33) BGBl 1989/162(Kindschaftsrecht-Änderungsgesetz - KindRÄG). 1989. 7. 1. 시행.

으로 고통을 주는 행위는 금지된다."[34]). 이로써 오스트리아는 스웨덴(1979), 핀란드(1984), 노르웨이(1987)에 이어 양육에 있어서 체벌을 절대적으로 금지하는 규정을 도입한 네 번째 국가가 되었다.[35]

(4) 개정의 효과

1977년에 오스트리아에서 실시된 설문조사에서 응답자의 약 2/3가 자녀에게 체벌을 가한다고 대답하였으며, 1984년에는 응답자의 약 절반이 양육과정에서 체벌을 사용한다고 답변하였다.[36] 체벌금지 규정이 도입된 이후인 1991년에 6세 미만의 자녀를 양육하는 부모를 상대로 실시된 설문조사에서 모의 34.5%(가벼운 체벌 30.5%, 무거운 체벌 4%[37]), 부의 23.2%(가벼운 체벌 17%, 무거운 체벌 5.2%)가 양육수단으로 체벌을 사용한다고 답변하였다. 한편 그로부터 17년이 경과한 2008년에 실시된 동일한 설문조사에서는 모의 5.8%(가벼운 체벌 4.1%, 무거운 체벌 1.7%), 부의 3.3%(가벼운 체벌 2.2%, 무거운 체벌 1.1%)만이 체벌을 사용한다고 답변하여 체벌의 사용이 큰 폭으로 감소하였음을 보여주었다.[38] 또한 설문에 응한 부모와 아동의 약 90%가 폭력 없는 양육이 이상적인 양육모델이며, 이를 위하여 노력하겠다는 답변을 함으로써 양육에 관한 가치관이 변화하고 있음을 나타냈다.

오스트리아에서도 민법에 체벌금지가 명문으로 규정된 이후 체벌이 감소하고, 폭력 없는 양육에 관한 가치관이 확산되는 등의 긍정적인 변화가 나타나고 있음을 확인할 수 있다. 물론 이러한 성과는 법개정만으로 이루어낸 것은 아니다. 오스트리아 정부는 부모교육에 중점을 두고 양육에 관한 안내책자를 배포하였으며, 24시간 통화가 가능한 전화상담 서비스를 개설하였다. 또한 오스트리아 전역에서 부모, 자녀, 가족, 양육을 주제로 한 다양한 행사를 개최하였는데, 이러한 행사에는 심리학, 의학, 교육학 분야의 전문가가 참여하였

---

34) "Das minderjährige Kind hat die Anordnungen der Eltern zu befolgen. Die Eltern haben bei ihren Anordnungen und deren Durchsetzung auf Alter, Entwicklung und Persönlichkeit des Kindes Bedacht zu nehmen. Die Anwendung von Gewalt und die Zufügung körperlichen oder seelischen Leides sind unzulässig."

35) 이로써 오스트리아에서 자녀에 대한 체벌은 물론이고 모든 억압적인 양육수단은 금지된 것으로 볼 수 있다. Maleczky, Zur Strafbarkeit der G`sunde Watschen, ÖJZ 1993, 626.

36) Schreiber, Familiale Gewalt in der Erziehung, 2016, S. 164f. https://www.gaismair-gesellschaft.at. 최종방문일 2023. 11. 13.

37) 가벼운 체벌에 해당하는 것은 손바닥으로 찰싹 때리기, 가볍게 따귀 때리기 등이며, 도구를 이용한 구타 등은 무거운 체벌로 분류된다.

38) Bundesministerium für Wirtschaft, Familie und Jugend, Familie−kein Platz für Gewalt!(?), 2009, S. 35.

다. 이외에도 부모와 자녀 사이에 갈등이 발생한 경우 부모가 어떻게 대응해야 할 것인지에 대한 전문가의 조언을 편지 형식으로 작성하여 부모들에게 무상으로 배포하였다. 스웨덴의 예를 본받아 오스트리아 정부 역시 사회에서 체벌금지를 구체적으로 실현하는 방안으로 홍보와 교육을 적극적으로 활용하였으며, 형사적 제재의 강화는 처음부터 고려하지 않았다.[39]

3. 독 일

(1) 독일민법 제정 당시

1896년 독일민법이 제정되기 이전부터 부모의 징계권은 독일 사회에서 오랜 전통을 지닌 자녀의 양육수단으로 인정되어왔다.[40] 이러한 전통을 반영하여 1896년에 제정된 독일민법은 제1631조에 징계권에 관한 규정을 두었다: "자녀의 신상에 대한 친권은 자녀를 양육, 감독하며 거소를 지정할 권리와 의무를 포함한다. 부(父)는 양육권에 의거하여 자녀에 대해서 적절한 징계수단을 사용할 수 있다. 부의 청구에 따라 후견법원은 적절한 징계수단[41]을 사용하여 부를 지원할 수 있다."[42] 당시 독일민법 제1627조는 부를 자녀의 단독친권자로 규정하였으므로,[43] 친권의 일부로 인식되었던 징계권 역시 부에게 단독으로 귀속되었다. 따라서 자녀의 징계 여부나 구체적인 징계의 방법은 부에게 맡겨졌다. 제1631조에 따른 징계수단으로는 주로 체벌 이외에 경고, 질책, 감금 등을 사용할 수 있는 것으로 이해되었으나,[44] 양육의 목적을 넘어 과도하게 징계권을 사용하는 경우에는 친권남용에 해당되어 후견법원이 개입하도록 되어 있었다. 후견법원은 자녀의 복리가 위태롭게 되는 경우 자녀의 보호를

---

39) Bundesministerium für Wirtschaft, Familie und Jugend, Familie – kein Platz für Gewalt!(?), 2009, S. 20.

40) Coester, Elterliche Sorge-die Entwicklung der letzten 40 Jahren, in: Götz/Schnitzer (Hrsg.), 40 Jahre Familierechtsreform, 2017, S. 249. 적절한 징계수단이 양육의 필수적인 일부라는 생각은 19세기는 물론 독일민법 제정 당시와 그 후에도 오랜 기간 의심의 여지없는 원칙이었다.

41) 후견법원이 사용할 수 있는 강제수단으로는 소환, 경고, 양육시설 또는 감화원 입소 명령 등이 있었다. Soergel, Bürgerliches Gesetzbuch, 4. Aufl. 1929, § 1631, S. 459.

42) "Die Sorge für die Person des Kindes umfaßt das Recht und die Pflicht, das Kind zu erziehen, zu beaufsichtigen und seinen Aufenthalt zu bestimmen. Der Vater kann kraft des Erziehungsrechts angemessene Zuchtmittel gegen das Kind anwenden. Auf seinen Antrag hat das Vormundschaftsgericht ihn durch Anwendung geeigneter Zuchtmittel zu unterstützen."

43) 모는 예외적으로 부가 사망한 경우 등에 한하여 친권자가 될 수 있었다(1896년 독일민법 제1684조).

44) Palandt, Bürgerliches Gesetzbuch, 8. Aufl. 1950, § 1631, S. 1494.

위하여 적절한 조치(적당한 가정에 위탁양육을 명하는 것 등)를 취할 수 있었다
(1896년 독일민법 제1666조).

(2) 1957년 남녀동권법 시행에 따른 징계권의 삭제

남녀동권법[45])에 의해서 독일민법 제1631조에서 징계에 관한 부분이 삭제
되었다. 위에서 본 바와 같이 원래 독일민법은 친권이 부에게만 귀속되도록
규정하고 있었으나, 남녀동권법의 시행에 따라 이제 부와 더불어 모도 친권자
가 될 수 있게 되었다. 친권에 관한 부분에서 남녀동권법의 취지에 반하는 규
정이 개정되면서 제1631조도 개정을 피할 수 없었는데, 이때 부의 징계권에
관한 부분이 삭제된 것이다. 부에게만 징계권을 인정하는 것은 서독기본법 제
3조가 규정하는 남녀평등의 원칙에 반한다는 것이 그 이유였다. 따라서 부의
징계권 삭제는 징계권의 폐지를 의미하는 것이 아니었으며, 오히려 이제 부뿐
만 아니라 모에게도 동등하게 징계권이 있는 것으로 해석되었다.[46]) 징계에 관
한 규정은 민법전에서 사라졌으나, 부모의 체벌권은 양육권에서 파생되는 당
연한 권리로 이해되었다.[47]) 남녀동권법에 따른 친권법 개정의 목적은 친권의
영역에서 부모의 평등을 실현하는 데 있었으며, 자녀의 지위향상은 입법자의
관심사항이 아니었다.[48]) 이러한 이유에서 징계에 관한 규정이 삭제된 이후에
도 부모의 체벌권은 이전과 다름없이 인정되었다.[49])

결과에 있어서 징계권에 관하여 내용면에서 달라진 것은 없었다. 부모는
전과 다름없이 체벌을 비롯하여 다양한 제재수단 - 외출금지, 감금, 용돈삭

---

45) Gesetz über die Gleichberechtigung von Mann und Frau auf dem Gebiete des bürgerlichen Rechts(Gleichberechtigungsgesetz vom 18. 6. 1957). 1958. 7. 1. 시행.

46) Paulick, Das Eltern-Kind-Verhältnis gemäß den Bestimmungen des Gleichberechtigungsgesetzes vom 18. Juni 1957, FamRZ 1958, 5. "Auch die Mutter hat kraft der ihr zustehenden Personensorge das Recht zur Anwendung angemessener Zuchtmittel gegenüber dem Kinde."; Albrecht, Die Entwicklung des Züchtigungsrechts, RdJB 1994, 201.

47) BT-Drucks. 14/1247, S. 3.

48) Huber/Scherer, Die Neuregelung zur Ächtung der Gewalt in der Erziehung, FamRZ 2001, 797; 1965년에 서독에서 행해진 설문조사 결과에 따르면 85%의 부모가 매로 때리는 것을 필수적인 양육수단으로 인식하고 있었다. 또한 양육의 목적은 순종을 가르치는 데 있다고 보는 부모의 비율이 70%에 이르렀다. Weber, Autorität im Wandel. Autoritäre, antiautoritäre und emanzipatorische Erziehung, 1974, S. 28.

49) BGH, FamRZ 1958, 217f. 당시 독일연방대법원은 민법 제1631조 제2항에서 징계권이 삭제된 이후에도 부모의 징계권은 침해될 수 없는 관습법상의 권리라고 보았다; BT-Drucks. 2/224(Entwurf eines Gesetzes über die Gleichberechtigung von Mann und Frau auf dem Gebiete des bürgerlichen Rechts), S, 60. 당시 개정이유서에는 징계권이 삭제된다고 해도 내용면에서 실질적으로 달라지는 것은 없다고 서술되어 있다; MünchKomm/Hinz, BGB, 1978, § 1631 Rn. 12.

감, 물건압수 등 - 을 사용할 수 있었다.

(3) 1979년 친권법 개정[50]

1970년대 후반에 친권법 개정 심의과정에서 민법에 징계금지를 명문으로 규정하자는 의견이 나왔으나, 독일의회는 체벌금지를 명문으로 규정하는 데 반대하였다.[51] 그 대신 타협으로 제1631조 제2항에 "자녀에게 굴욕감을 주는 양육수단은 금지된다"[52]는 문구를 추가하였다. 이로써 독일사회는 폭력 없는 양육을 향한 첫걸음을 떼었으나, 이 규정이 가정에서의 체벌을 감소시키는 데 효과가 없다는 사실이 증명되는 때까지는 오랜 시간이 걸리지 않았다.[53] 체벌이 명문으로 금지되지 않은 상황에서 체벌 그 자체는 자녀에게 굴욕감을 주는 행위에 해당하지 않는다는 해석론이 학설과 판례의 주류를 이루었으며,[54] 이에 따라 부모의 체벌은 계속해서 허용되었기 때문이다.

(4) 1997년 친자법 개정

1990년대 초반에 독일의 입법자들은 체벌금지를 요구하는 국제사회의 압박에 직면하였다. 독일은 1992년 유엔아동권리협약을 비준하였는데, 동 협약은 제19조에서 아동을 신체적, 정신적 폭력에서 보호하기 위하여 모든 조치를 취할 의무를 체약국에 부여하고 있었다. 스웨덴, 노르웨이, 오스트리아, 덴마크 등이 체벌금지를 명문으로 규정한 반면, 독일에서는 여전히 그와 비교할 수 있는 입법적 조치가 이루어지지 않은 상태였다.

1997년 친자법 개정[55]에 의해서 독일민법 제1631조는 다시 개정되었다. 제1631조 제2항은 "굴욕감을 주는 양육수단, 특히 신체적, 정신적 학대는 금

---

50) Gesetz zur Neuregelung des Rechts der elterlichen Sorge vom 18. 7. 1979(1980. 1. 1. 시행).

51) 당시 국민의 의식수준이 체벌의 전면 금지를 받아들일 정도로 성숙하지 않았다는 것이 주된 이유였다. BT-Drucks. 8/2788, S. 35.

52) "Entwürdigende Erziehungsmaßnahmen sind unzulässig."

53) Peschel-Gutzeit, Das Kind als Träger eigener Rechte - Der lange Weg zur gewalt-freien Erziehung, Archiv frühe Kindheit, Ausgabe 2/2001, S. 3. https://liga-kind.de/fk-201-peschel-gutzeit. 최종방문일 2023. 11. 13.

54) Soergel/Lange, BGB, 11. Aufl. 1981, § 1631 Rn. 10; Palandt/Diederichsen, BGB, 48. Aufl. 1989, § 1631 5). 부모의 감정에서 비롯되지 않고 충분히 숙고한 후에 이루어지는 체벌(매질)은 1979년 법개정 이후에도 여전히 적법한 양육수단이라고 서술하고 있다; Kunz, Zum Züchtigungsrecht der Eltern, ZfJ 1990, 52; MünchKomm/Hinz, BGB, 2. Aufl. 1987, § 1631 Rn. 23; BGH, FamRZ 1988, 717(부가 8살 된 딸의 엉덩이와 허벅다리를 정원용 고무호스로 4차례 때려서 피멍이 든 사건에서 고무호스를 사용한 것은 자녀에게 굴욕적인 양육수단이 아니라고 판단하였다); Balz, Ächtung der Gewalt in der Erziehung, ZfJ 2000, 213.

55) Gesetz zur Reform des Kindschaftsrechts von 16. 12. 1997(1998. 7. 1. 시행).

지된다"[56]는 내용으로 개정되었으며, 이에 따라 자녀에 대한 신체적, 정신적 학대는 금지된다는 것이 명문으로 규정되었다. 그러나 부모의 체벌권이 전적으로 금지된 것은 아니었다. 학대 수준에 이르지 않는 체벌은 1997년 개정법 시행 전과 마찬가지로 제한된 범위 내에서 허용되는 것으로 해석되었다(손바닥 때리기 등 가벼운 체벌은 여전히 적법한 징계수단으로 해석되었다).[57]

(5) 2000년 양육에 있어서 폭력 추방에 관한 법률[58]

체벌의 전면 금지를 요구하는 국내외 여론에 힘입어 독일민법 제1631조는 2000년에 다시 한번 개정되었다.[59] 종전의 규정은 명확성을 결여하여 부모에게 명확한 지침을 제시하지 못하고 넓은 해석의 여지를 남긴다는 비판을 받았기 때문이다.[60] 체벌금지에 관한 논란을 종식시키기 위하여 제1631조 제2항은 체벌 금지를 명확하게 선언하였다: "자녀는 폭력 없는 양육을 받을 권리가 있다. 체벌, 정신적 고통을 주는 행위 그 밖에 굴욕감을 주는 조치는 금지된다."[61] 이 개정이 가져온 가장 중요한 변화는 독일에 사는 모든 자녀들이 역사상 처음으로 폭력 없는 양육에 대한 권리를 갖게 되었다는 점이다. 개정법 시행 이후 체벌, 감금, 모욕적인 언사를 통하여 정신적 고통을 주는 행위는 금지된다.[62] 그러나 자녀에게 벌을 주는 모든 제재행위가 금지되는 것은

---

56) "Entwürdigende Erziehungsmaßnahmen, insbesondere körperliche und seelische Misshandlungen sind unzulässig."

57) Palandt/Diederichsen, BGB, 58. Aufl. 1999, § 1631 Rn. 9. "Körperliche Erziehungs-maßnahmen sind nicht schon als solche entwürdigend und bleiben ··· nach wie vor, wenn auch nach der geschiderten Intention des Gesetzgebers eingeschränkt, pädagogisch mögliche Erziehungsreaktion. Solche Züchtigungen müssen sich jedoch in jedem Fall im Rahmen des durch den Erziehungszweck gebotenen Maßes halten, ··· "; Huber/Scherer, Die Neuregelung zur Ächtung der Gewalt in der Erziehung, FamRZ 2001, 798; Erman/Michalski, BGB, 10. Aufl. 2000, § 1631 Rn. 8.

58) Gesetz zur Ächtung der Gewalt in der Erziehung vom 2. 11. 2000(2000. 11. 8. 시행).

59) Salgo, Vom langsamen Streben des elterlichen Züchtigungsrechts, RdJB, 2001, 283ff.

60) Bussmann, Das Recht auf gewaltfreie Erziehung aus juristischer und empirischer Sicht, FPR 2002, 289.

61) "Kinder haben ein Recht auf gewaltfreie Erziehung. Körperliche Bestrafungen, seelische Verletzungen und andere entwürdigende Maßnahmen sind unzulässig." 이 개정에 의해서 독일에서 유엔아동권리협약 제19조의 정신이 비로소 실현되었다. 그 후 제1631조 제2항은 2021년에 다시 개정되었으나(Gesetz zur Reform des Vormundschafts- und Betreuungsrechts vom 4. 5. 2021), 본질적인 내용에는 변함이 없다("Das Kind hat ein Recht auf Pflege und Erziehung unter Ausschluss von Gewalt, körperlichen Bestrafungen, seelischen Verletzungen und anderen entwürdigenden Maßnahmen.").

62) Kellner, Die Ächtung der Gewalt in der Erziehung nach neuem Recht, NJW 2001, 797; MünchKomm/Huber, BGB, 4. Aufl. 2002, § 1631 Rn. 23. 경미한 체벌도 금지되는 것으로 해석된다; 1997년 친자법 개정 이후까지도 체벌 그 자체는 자녀에게 굴욕적인 양육수단이 아니라

아니므로, 경고, 질책, 외출금지, 티브이 시청 금지, 용돈삭감 등의 양육수단은 허용된다. 또한 자녀 본인이나 타인에 대한 위험을 방지하기 위하여 불가피한 경우라면 폭력 사용도 가능한 것으로 해석된다.[63]

2000년 개정에 의해서 독일민법이 시행된 지 100년 만에 처음으로 자녀양육에 있어서 체벌이 전면적으로 금지되었다. 이는 스웨덴, 덴마크, 오스트리아 등에 비해서는 늦었으나, 스페인(2007), 프랑스(2019)보다는 이른 시기에 단행된 것이다.

(6) 개정의 효과

독일의 2000년 법개정에 가장 큰 영향을 미친 나라는 스웨덴이었다.[64] 스웨덴의 사례에 따라 독일 역시 폭력 없는 양육을 실현하기 위해서는 무엇보다도 국민의 의식이 변화해야 한다는 사실을 인식하고, 이러한 목표를 달성하기 위하여 연방 차원에서 광범위한 홍보활동을 전개하였다.[65] 연방 가족, 노인, 여성, 청소년부는 "자녀에게 더 많은 존중을(Mehr Respekt vor Kindern)"이라는 표어하에 개정법을 홍보하고, 폭력 없는 양육으로의 패러다임 전환을 촉구하였다. 이 캠페인은 2000년 9월부터 2001년 말까지 티브이광고, 현수막 설치 등 다양한 방법을 이용하여 실시되었다.[66]

2000년 법개정과 이에 수반한 폭력 추방 캠페인은 상당한 효과를 거둔 것으로 나타났다. 가벼운 따귀 때리기와 같은 경미한 체벌은 법적으로 허용된다고 생각하는 부모가 1996년에는 82.8%에 이르렀으나, 이 비율은 2001년에 60.6%를 거쳐 2005년에는 47.9%까지 감소하였다. 소리 나게 따귀 때리기와 같은 무거운 체벌의 사용이 정당화된다고 믿는 부모는 1996년에 16.8%로 나타났으나, 2001년에는 5.9%로 줄었으며, 2005년에는 2.2%까지 감소하였다.[67]

는 태도를 줄곧 견지하였던 Palandt 친족편의 저자 Diederichsen 교수도 2000년 개정 이후 마침내 이러한 입장을 포기하기에 이른다. Palandt/Diederichsen, BGB, 61. Aufl. 2002, § 1631 Rn. 13.

63) Huber/Scherer, Die Neuregelung zur Ächtung der Gewalt in der Erziehung, FamRZ 2001, 799. 예를 들어 자녀로부터 마약이나 위험한 물건을 빼앗기 위하여 폭력을 사용하는 것은 허용된다.

64) Bussmann, Das Recht auf gewaltfreie Erziehung aus juristischer und empirischer Sicht, FPR 2002, 289; BT-Drucks. 14/1247, S. 4, 7; Bundesministerium für Familie, Senioren, Frauen und Jugend/Bundesministerium der Justiz, Gewaltfreie Erziehung, 2003, S. 4.

65) Bundesministerium für Familie, Senioren, Frauen und Jugend, Aktionsleitfaden. Gewaltfreie Erziehung, 2003. https://www.bmfsfj.de/bmfsfj/service/publikationen/aktionsleitfaden-gewaltfreie-erziehung-96290. 최종방문일 2023. 11. 23; BT-Drucks. 14/1247, S. 7.

66) Bundesministerium für Familie, Senioren, Frauen und Jugend/Bundesministerium der Justiz, Gewaltfreie Erziehung, 2003, S. 11.

또한 2001년 설문조사 전에 양육수단으로써 체벌을 사용했던 부모의 90%가 폭력 없는 양육을 이상적으로 생각하고, 체벌 없는 양육을 위해 노력하겠다고 답변하였다.[68] 체벌 대신 유연하고 효율적인 양육수단을 선택하는 부모들이 늘어났으며, 가장 빈번하게 사용하는 제재수단은 티브이 시청 금지로 나타났다(71.5%의 부모가 티브이 시청 금지를 자녀에 대한 제재수단으로 사용함).[69]

다수의 부모는 종래의 불명확한 법상태가 양육에서 체벌을 사용하게 하는 원인의 하나라고 답변하였으며, 54%의 부모는 "부모들이 징계권에 대해서 매우 다양한 해석을 하고 있어서 법에 의해서만 명확한 경계가 획정될 수 있다"고 답변하였다.[70]

Ⅳ 징계권 삭제의 구체적 효과 - 징계금지 또는 체벌금지?

1. 징계권의 삭제와 징계의 금지

민법에서 징계권을 삭제했다고 해서 이것이 곧 모든 징계의 금지를 의미하는 것은 아니다. 징계권에 관한 규정이 없어도 부모는 친권(양육권)에 근거하여 자녀를 적절한 범위에서 징계할 수 있다고 해석되기 때문이다.[71] 부모가 자녀를 양육하는 과정에서 자녀를 바르게 인도하기 위하여 적절히 벌을 주거나 혼을 내는 일은 불가피한데, 이러한 것은 정당한 친권의 행사로서 자녀에 대한 징계에 해당한다. 우리 사회에서 '징계'라는 용어가 주는 막연한 거부감 때문에 징계 대신 훈육과 같은 순화된 용어를 사용하자는 의견이 있을 수 있으나, 앞에서 본 바와 같이 우리말에서 '징계'는 자녀에 대한 강한 체벌이나 엄격한 처벌을 의미하는 단어가 아니다. 예를 들어 부모는 자녀에 대하여 야간 외출금지, 게임시간 제한, 컴퓨터 사용시간 제한, 담배 압수 등의 조치를

---

67) Bundesministerium für Familie, Senioren, Frauen und Jugend/Bundesministerium der Justiz, Gewaltfreie Erziehung, 2003, S. 16.

68) Bussmann, Das Recht auf gewaltfreie Erziehung aus juristischer und empirischer Sicht, FPR 2002, 292.

69) Bundesministerium für Familie, Senioren, Frauen und Jugend/Bundesministerium der Justiz, Gewaltfreie Erziehung, 2003, S. 9.

70) Bundesministerium für Familie, Senioren, Frauen und Jugend/Bundesministerium der Justiz, Gewaltfreie Erziehung, 2003, S. 14.

71) 같은 취지, 이노홍, "아동의 권리와 가정내 아동체벌금지에 관한 헌법적 고찰", 『홍익법학』 제16권 제1호(2015), 147면은 양육권에는 합리적 훈육권, 징계권이 포함된다고 할 수 있으나, 양육권으로부터 자녀 체벌권이 도출된다고 볼 수는 없다고 한다; 김주수·김상용, 친족·상속법, 법문사, 2023, 447면; 윤진수 편집대표, 주해친족법 제2권(권재문 집필 부분), 박영사, 2015, 1151면.

취할 수 있는데, 이는 양육에 필요한 징계의 수단으로 이해할 수 있다. 징계의 과정에서 폭력의 사용이 가능한가의 문제가 제기될 수 있는데, 이 문제는 자녀의 복리라는 넓은 관점에서 판단되어야 할 것이다. 예를 들어 자녀에게서 담배나 마약 같은 해로운 물건을 빼앗아야 하는 상황이라든가 자녀가 집에 들어오지 않고 친구들과 어울려 합숙을 하고 있어서 강제로 귀가시키는 과정에서 불가피한 폭력이 수반되는 것은 정당한 징계권 행사의 범위에 포함된다고 해석된다. 또한 자녀가 제3자에게 피해를 주는 행동을 할 때 이를 제지하기 위하여 폭력을 사용하는 것도 허용된다고 보아야 할 것이다(예를 들어 어린 자녀가 식당과 같은 공공장소에서 뛰어다니는 것을 막기 위하여 꽉 잡는 행위). 요컨대 자녀의 보호 또는 자녀로부터 제3자를 보호하기 위하여 불가피한 경우에는 필요한 한도에서 폭력의 사용도 가능하다.[72]

이와 같이 민법전에서 징계권을 삭제했다고 해서 부모가 자녀를 양육하는 과정에서 모든 징계수단을 사용할 수 없는 것은 아니다. 문제가 되는 점은 징계의 수단으로서 체벌이 허용될 수 있는가이다.

2. 징계권의 삭제와 체벌금지

2021년 민법일부개정으로 민법전에서 징계권이 삭제되었으나, 이것이 곧 체벌의 전면 금지를 의미하는 것인지는 명확하지 않다.[73] 징계권의 삭제 이전에도 무거운 체벌(예를 들어 소리 나게 따귀 때리기, 주먹으로 때리기, 도구를 이용한 구타 등 자녀에게 상처를 입힐 수 있는 체벌)은 친권의 남용에 해당되어 허용되지 않으며, 제924조 이하 규정에 따라 친권의 일시 정지, 일부 제한, 상실의 원인이 될 수 있다고 해석되었다. 이점은 징계권의 삭제 이후에도 달라진 것이 없다. 즉 자녀에 대한 무거운 체벌은 징계권의 삭제 이전이나 그 후나 허용되지 않는다. 문제가 되는 것은 징계수단으로서 가벼운 체벌이 허용되는가이다. 예를 들어 가볍게 따귀를 때리는 행위, 엉덩이를 때리는 행위 또는 전통적으로 많이 사용되었던 종아리를 때리는 행위 등이 양육과정에서 징계수단으로 허용될 수 있는가? 이 문제에 대해서 단순히 징계권을 삭제한 2021년

---

72) 헌재결 2021. 4. 29. 2020헌마1415 전원재판부. 모가 자녀를 훈계하여야 할 필요성이 인정되는 상황에서 사춘기에 이른 자녀가 반항하는 등 문제가 발생하자 일시적인 체벌에 이른 경우 정당행위로서 용인될 수 있다고 판단하였다.

73) 장영인, "아동권리의 관점에서 본 징계권 폐지의 실천적 의의와 긍정적 양육 지원", 『사회복지법제연구』 제13권 제1호(2022. 4.), 80면. 징계권 폐지 과정에서 충분한 논의를 거치지 못한 결과, 징계권 폐지가 모든 징계를 금지하는 것인지 훈육을 위해 필요한 징계는 인정하는 것인지에 대해서 혼란이 발생하였음을 지적하고 있다.

개정은 아무런 구체적인 답도 주지 못하고 있다. 만약 입법자가 이러한 가벼운 체벌까지 완전히 금지시키려는 취지였다면, 단지 징계권을 삭제하는 데 그치지 않고, 이를 넘어서 모든 종류의 체벌은 금지된다는 명문의 규정을 도입하였어야 했다. 이와 같이 명확한 규정을 도입했다면 체벌의 허용 여부에 대해서 더 이상 논란의 여지가 없었을 것이다. 그러나 입법자는 체벌금지에 관한 명문의 규정을 두는 대신 단지 징계권을 삭제하는 소극적인 대안을 선택함으로써 체벌의 허용 여부에 대한 해석의 여지를 남겨 두었다. 현재와 같은 불분명한 법상태에서는 양육에 필요한 한도에서 자녀에 대한 체벌이 계속 허용된다는 해석이 나올 수 있다.

독일은 1957년에 민법전에서 징계권을 삭제한 것을 시작으로 1979년, 1997년에 각각 자녀에 대한 굴욕적인 양육수단의 금지, 양육과정에서 신체적·정신적 학대를 금지하는 규정을 도입하였으나, 2000년에 폭력 없는 양육을 명문으로 규정하기 전까지 양육수단으로 체벌이 허용된다는 해석이 끊이지 않았다. 스웨덴 역시 1966년에 부모의 징계권에 관한 규정을 삭제하였으나, 부모의 체벌은 계속해서 이어졌고, 학설과 판례도 부모의 체벌이 허용된다는 쪽에 힘을 실어주었다. 결국 스웨덴 의회는 1979년에 다시 친자법을 개정하여 체벌금지를 명문으로 규정하였으며, 이를 계기로 스웨덴에서 자녀에 대한 체벌은 괄목할 만한 수준으로 줄어들었다. 오스트리아도 1977년에 민법을 개정하여 징계권을 삭제하였으나, 징계권의 삭제가 체벌의 금지로 받아들여지지 않았기 때문에 결국 1989년에 다시 법을 개정하여 체벌금지를 명문으로 선언하기에 이르렀다.

이와 같은 외국의 역사적 경험은 징계권의 단순한 삭제로부터 체벌의 전면 금지라는 해석을 이끌어내는 것이 무리라는 사실을 보여주고 있다. 민법전에서 단지 징계권에 관한 규정을 삭제한 우리의 현재 법상태는 독일의 1957년, 스웨덴의 1966년, 오스트리아의 1977년의 법상태와 비교될 수 있다. 그런데 이 나라들에서는 징계권이 삭제된 이후에도 학계와 법원에서 체벌이 허용된다는 해석이 계속해서 이루어졌고, 일반 국민들 사이에서도 체벌이 금지되었다는 인식은 미약했다.

2021년 개정 당시 국회 의사록을 보아도 체벌 전면 금지에 대한 명확한 의지는 보이지 않는다.[74] 정치권에서 아동학대방지를 위하여 무언가 가시적인

---

74) 단지 개정이유로서 "친권자의 징계권 규정은 아동학대 가해자인 친권자의 항변사유로 이용되는 등 아동학대를 정당화하는 데 악용될 소지가 있는바, 징계권 규정을 삭제함으로써 이를 방지하고 아동의 권리와 인권을 보호하려는 것임"이라고 밝히고 있을 뿐이다.

조치를 취해야 할 필요성은 느끼면서도 체벌에 대한 국민의 정서[75] 등을 고려하여, ① 징계권 유지, ② 징계권 삭제, ③ 체벌금지라는 세 가지 선택지 중에서 정치적으로 가장 무난하다고 판단되는 중간 항을 고른 것으로 보인다. 그러나 이 '정치적인' 선택은 아동의 체벌과 관련하여 아무런 조치도 취하지 않은 것과 다르지 않은 결과를 낳았다.[76] 징계권 삭제 전에도 무거운 체벌은 친권의 남용으로서 허용되지 않는다는 점에 의문의 여지가 없었고, 징계권 삭제 후에도 가벼운 체벌은 전과 다름없이 허용된다는 해석이 가능하기 때문이다. 결국 징계권을 삭제한 2021년 개정은 체벌금지와 관련하여 아무런 진보도 이루어내지 못한 것으로 평가할 수 있다.

무거운 체벌도 처음에는 경미한 체벌에서 시작될 가능성이 높고, 경미한 체벌도 반복되어 누적되면 자녀의 복리를 위태롭게 할 수 있다는 점에 비추어 볼 때,[77] 2021년 개정 시 입법자는 징계권의 삭제라는 모호한 조치 대신 체벌의 전면 금지라는 명확한 기준을 세울 필요가 있었다고 생각한다.[78] 체벌을 줄이기 위해서는 무엇보다도 체벌에 대한 국민의 의식전환이 필요하며, 이를 위해서는 국가차원에서의 대대적인 홍보와 캠페인이 수반되어야 하는데, 체벌을 금지하는 법개정은 이 모든 것들의 전제이자 출발점이기 때문이다. 즉 체벌을 명문으로 금지하는 규정을 도입하지 않은 상태에서는 체벌금지에 관한 홍보나 캠페인도 명확한 근거를 갖지 못하여 활발하게 진행되기 어렵고, 국민들에 대한 설득력도 떨어질 수밖에 없다.[79] 실제로 우리 사회에서도 2021년

---

75) 보건복지부가 2017년에 실시한 체벌에 대한 국민의식조사 결과를 보면 응답자의 76.8%가 체벌이 필요하다고 답변하였다(상황에 따라 필요: 68.3%, 필요: 6.5%, 매우 필요 2%, 필요 없음 18.2%, 전혀 필요 없음 5%). 서울경제신문 2019. 5. 23. 보도 참조.

76) 프랑스는 자녀양육에서 폭력의 사용을 금지한 2019년 민법 개정 전에도 징계권에 관한 규정이 없었으나, 실제로는 부모에 의한 체벌이 광범위하게 이루어지고 있었다. 징계권 규정이 없다고 해서 체벌이 금지되는 것이 아님은 프랑스의 경우를 보더라도 명백하다.

77) 체벌은 자녀의 반사회적 성향을 키울 수 있고, 갈등해결의 방법으로 폭력을 선호하는 학습효과가 생길 수도 있다. Bussmann, Das Recht auf gewaltfreie Erziehung aus juristischer und empirischer Sicht, FPR 2002, 289 참조.

78) 징계권 규정이 삭제된 이후에도 상당수 국민들은 체벌이 필요하다고 생각하고 있는 등 혼란이 발생하고 있다. 2021년 4월 초록우산어린이재단이 조사한 결과에 따르면, 조사 대상 부모의 60.7%가 징계권 삭제에도 불구하고 여전히 체벌이 필요하다고 답변하였다. 한국일보 2021. 4. 19. 보도; 한국리서치 '여론 속의 여론' 팀이 2021년 4월 전국 만 18세 이상 남녀 1,000명을 대상으로 한 조사결과에 따르면 '적절한 체벌은 아이를 가르치는 데 효과적인 방법'이라는 주장에 대해 64%가 동의하며, 체벌을 하더라도 아이는 바르게 잘 자랄 수 있고(57%), 아이가 잘못할 때는 때려서라도 가르쳐야 한다(52%)고 답변하였다. 한국일보 2021. 5. 20. 보도 참조.

79) 이세원, "포용적 복지국가에서의 부모 권리에 대한 고찰: 민법 제915조 징계권 개정 논의를 중심으로", 『보건사회연구』 39(3), 2019, 590면 이하는 징계권의 삭제만으로는 "아동에 대한 체벌이 더 이상 합법적이지 않다는 명확한 메시지를 사회에 전하는 것이 될 수 없다"고 한다.

징계권 삭제 이후 체벌금지에 관한 정부 차원의 홍보와 캠페인이 이루어지기는 하였으나,[80] 대부분의 국민들은 징계권이 삭제되었다는 사실도 알지 못하는 것이 현실이다.[81]

체벌을 금지하는 법개정이 폭력에 대한 국민의식에 얼마나 영향을 미칠 수 있을 것인가, 이를 통하여 양육에 관한 패러다임을 변화시키는 것이 가능할 것인가에 대해서는 회의적인 시각이 존재할 수 있다. 그러나 외국의 경험을 살펴보면 체벌금지에 관한 법개정이 국민의 의식을 변화시키는 데 있어서 매우 중요한 역할을 한다는 사실을 확인할 수 있다. 이어서 이 문제에 대해서 좀 더 자세히 보기로 한다.

3. 체벌금지 입법의 효과 – 법이 대중의 의식에 미치는 영향

체벌을 금지하는 법개정이 국민의 의식에 미치는 영향을 분석하기 위하여 부스만(Kai-D. Bussmann) 교수 연구팀은 스웨덴, 오스트리아, 독일, 스페인, 프랑스 등 5개국을 선택하여 대면 설문조사를 실시하였다. 설문조사는 2007년 10월부터 12월까지(오스트리아는 3월초까지) 각 나라별로 1000명의 부모(18세 미만의 자녀를 가진 25세 이상의 부모)들을 대상으로 하여 직접 인터뷰 방식으로 진행되었다. 위의 다섯 나라를 선택한 이유는 체벌금지를 명문으로 규정한 나라(스웨덴, 오스트리아, 독일)와 그렇지 않은 나라(스페인,[82] 프랑스[83])에서의 체벌에 대한 국민의식을 비교함으로써 체벌금지 입법이 대중의 의식에 미치는 영향을 분석하려는 데 있었다.

먼저 체벌의 사용에 관한 설문조사 결과를 보면, 스웨덴 부모의 14.6%가 가볍게 자녀의 따귀를 때린 적이 있다고 답변한 반면, 오스트리아와 독일에서 이 비율은 각각 49.9%, 42.6%에 이르렀고, 스페인과 프랑스에서 이 비율은 더욱 높게 나타났다(스페인 54.6%, 프랑스 71.5%). 한편 소리 나게 따귀를 때린

80) 보건복지부 보도자료(2021. 9. 15.), "체벌없는 긍정 양육, 함께 만들어가요" 참조.
81) 세이브더칠드런 2022. 6. 27. 보도자료: 성인 1,000명을 대상으로 한 '가정 내 체벌금지 인식 및 경험' 조사에서 78.8%가 징계권 삭제에 대해 모른다고 답변하였다. 또한 70%는 신체를 꽉 붙잡거나 때리기 등의 일부 체벌은 가능하다고 답변하였다.
82) 스페인은 2007년에 민법을 개정하여 체벌을 금지하는 취지의 규정을 두었다(스페인민법 제7장 제154조. 2008. 1. 1. 시행).
83) 프랑스민법에는 원래 징계권에 관한 규정도 없었고, 체벌을 금지하는 규정도 없었으나(개정전 프랑스민법 제371-1조 제2항. 이 규정은 2019년 개정 후에도 그대로 유지되고 있다), 2019년 개정으로 체벌을 금지하는 규정을 신설하였다. 프랑스민법 제371-1조 제3항: 친권은 신체적 또는 심리적 폭력 없이 행사되어야 한다("L'autorité parentale s'exerce sans violences physiques ou psychologiques.").

적이 있다고 답변한 부모의 비율은 스웨덴의 경우 4.0%에 그쳤으나, 오스트리아와 독일은 각각 18%, 12.7%였으며, 스페인과 프랑스에서 이 비율은 현저히 높았다(스페인 31.4%, 프랑스 32.3%). 스웨덴은 세계 최초로 체벌금지 규정을 도입하고 그에 수반하여 정부 차원에서 대대적인 홍보와 캠페인을 실시한 결과, 체벌 추방의 분야에서 대표적인 성공 사례로 꼽히고 있다. 따라서 스웨덴에서 체벌을 사용하는 부모의 비율이 다른 나라에 비하여 현저히 낮게 나타난 것은 예견되었던 결과이며, 결코 우연이 아니다. 오스트리아는 독일보다 11년 먼저 체벌을 금지하는 규정을 도입하였으나, 그에 따른 홍보와 캠페인이 미진하여 독일보다 체벌의 비율이 높게 나타난 것으로 분석된다.[84] 스페인과 프랑스는 스웨덴은 물론, 오스트리아나 독일보다도 체벌의 비율이 현저히 높게 나타나는데, 이는 체벌금지 규정이 있는 나라와 없는 나라 사이의 차이를 분명히 보여주는 결과라고 할 수 있다. 이러한 경향은 다른 질문에 대한 답변에서도 반복적으로 확인된다.

어떠한 체벌이 법적으로 허용된다고 믿는가에 관한 질문에서 스웨덴 부모의 경우 2.4%만이 소리 나게 따귀 때리는 행위가 허용된다고 답변하였는데, 오스트리아와 독일에서 이 비율은 각각 8.8%, 7.0%에 이르렀다. 반면에 당시 체벌금지 규정이 없었던 스페인과 프랑스에서는 이러한 체벌이 허용된다고 답변한 부모의 비율이 각각 22.2%, 34.5%로 나타났다.[85]

자녀가 말을 듣지 않는 경우 따귀를 때리는 행위가 폭력에 해당하는가라는 질문에 대하여 스웨덴에서는 84.5%가 그렇다고 답변하였으나, 이 비율은 오스트리아와 독일에서는 각각 61.5%, 57.0%로 나타났으며, 스페인과 프랑스에서는 각각 48.0%, 31.5%에 그쳤다.[86] 즉 스페인 부모의 약 50%, 프랑스 부모의 약 70%가 자녀의 불복종을 이유로 따귀를 때리는 행위를 아예 폭력이라고 생각하지 않는다는 것이다.

---

84) Bussmann/Erthal/Schroth, Wirkung von Körperstrafenverboten. Erste Ergebnisse der europäischen Vergleichsstudie zu den "Auswirkungen eines gesetzlichen Verbots von Gewalt in der Erziehung", RdJB 2008, 406f.; Bundesministerium für Wirtschaft, Familie und Jugend, Familie - kein Platz für Gewalt!(?), 2009, S. 14f.

85) Bussmann/Erthal/Schroth, Wirkung von Körperstrafenverboten. Erste Ergebnisse der europäischen Vergleichsstudie zu den "Auswirkungen eines gesetzlichen Verbots von Gewalt in der Erziehung", RdJB 2008, 414; Bundesministerium für Wirtschaft, Familie und Jugend, Familie - kein Platz für Gewalt!(?), 2009, S. 22.

86) Bussmann/Erthal/Schroth, Wirkung von Körperstrafenverboten. Erste Ergebnisse der europäischen Vergleichsstudie zu den "Auswirkungen eines gesetzlichen Verbots von Gewalt in der Erziehung", RdJB 2008, 418; Bundesministerium für Wirtschaft, Familie und Jugend, Familie - kein Platz für Gewalt!(?), 2009, S. 26.

위에서 본 바와 같이 체벌금지가 명문으로 규정되어 있는 나라와 그렇지 않은 나라 사이에는 체벌을 사용하는 비율이나 체벌에 대한 태도 등에서 눈에 띄는 현저한 차이가 존재함을 확인할 수 있다. 체벌금지를 명문으로 규정한 나라 중에서도 스웨덴과 오스트리아, 독일 사이에는 또 차이가 존재하는데, 이는 체벌금지의 역사 및 홍보활동과 관련이 있는 것으로 보인다. 스웨덴은 1979년에 친자법 개정을 통하여 체벌금지를 명문으로 규정함으로써 체벌금지를 향한 개정의 역사에 종지부를 찍었으나, 그보다 훨씬 전인 1950년대부터 이미 체벌금지에 관한 개정논의가 이어져 왔다. 또한 1979년 개정을 계기로 정부 차원의 대대적인 체벌 추방 캠페인을 집중적으로 실시하였고, 그 후에도 주기적으로 체벌금지에 관한 홍보를 이어가고 있다. 반면에 오스트리아와 독일은 각각 1989년과 2000년에 민법개정을 통하여 체벌금지 규정을 도입하였으나, 개정시기가 스웨덴보다 늦었을 뿐만 아니라 체벌 추방에 관한 홍보와 캠페인도 스웨덴에 비하여 상대적으로 미약했던 것으로 평가되고 있다. 이러한 차이가 실제 생활에서 체벌을 사용하는 정도와 체벌을 대하는 태도에 반영된 것으로 보인다. 그러나 오스트리아와 독일도 큰 틀에 있어서는 체벌금지에 관하여 스웨덴이 걸어갔던 길을 따라가고 있다고 긍정적으로 평가할 수 있다.

한편 스페인과 프랑스에는 2007년 설문조사 당시에 체벌을 금지하는 명문의 규정이 없었는데, 체벌금지에 관한 명문의 규정을 도입한 앞의 세 나라(스웨덴, 오스트리아, 독일)와 비교할 때, 체벌의 사용 정도나 체벌을 대하는 태도에서 현저한 차이가 있음을 확인할 수 있다. 이러한 사실에 비추어 볼 때 체벌금지 입법이 체벌의 감소에 미치는 영향을 과소평가할 수 없는 것으로 보인다. 이는 곧 체벌금지 입법이 체벌을 대하는 국민들의 의식변화에 상당한 영향을 미치는 것으로 풀이할 수 있다. 물론 체벌금지 입법만으로 이러한 변화를 이끌어내는 것은 쉽지 않으며, 그와 함께 체벌 추방에 관한 정부 차원의 집중적이고 꾸준한 캠페인이 이루어지는 것이 필수적이다. 이러한 두 가지 기본 전제가 충족되지 않는다면 실제 생활에서 체벌이 감소하고, 나아가 추방되는 효과를 기대할 수는 없을 것이다.

Ⅴ 맺 음 말

2021년 민법일부개정에 의하여 징계권에 관한 민법 제915조가 삭제되었다. 민법의 징계권 규정이 아동학대를 정당화하는 데 악용될 소지가 있다는 것이 그 이유였다. 그 무렵 우리 사회에서 심각한 아동학대 사건들이 잇달아 발생하면서 정부와 국회는 그에 대한 대응책으로 가시적인 조치들을 취해야 하는 상황이었는데, 그 중 하나로 징계권을 삭제하는 조치가 이루어진 것이다. 정부에서는 징계권의 삭제를 계기로 체벌금지 인식이 확산될 것이라는 기대를 표명하였고, 일부 사회단체에서도 징계권 삭제로 한국이 세계에서 62번째로 체벌을 금지한 국가가 되었다며 환영하는 성명을 내기도 했다. 그러나 징계권의 삭제를 대하는 이러한 낙관적인 태도는 징계권의 삭제가 곧 체벌의 금지(징계권 삭제＝체벌금지)라는 오해와 혼동에서 비롯된 것임을 지적하지 않을 수 없다.

징계권이 삭제되었다고 해도 부모가 자녀를 양육하는 과정에서 필요하다고 판단되는 적절한 징계(티브이시청 금지, 게임금지, 용돈삭감, 외출금지, 휴대폰 사용시간 제한 등)를 하는 것은 친권(양육권)에서 파생되는 당연한 권리이자 의무라고 할 수 있다. 따라서 징계권이 삭제되었다고 해서 친권자인 부모가 아예 자녀를 징계할 수 없게 되는 것은 아니다. 징계의 수단으로 체벌이 허용되는가에 대해서는 다양한 의견이 나올 수 있는데, 징계권의 삭제는 이 문제에 대해서 아무런 명확한 기준도 제시하지 못하고 있다. 민법전에 징계권 규정이 있을 때에도 자녀의 복리를 해치는 무거운 체벌은 친권의 남용으로서 허용되지 않는다는 점에 의문의 여지가 없었으며, 이점은 징계권이 삭제된 이후에도 달라진 것이 없다. 문제는 가벼운 체벌의 허용여부인데, 이러한 수준의 체벌까지 명확하게 금지시키려면 스웨덴, 오스트리아, 독일의 예와 같이 모든 종류의 체벌은 금지된다는 취지의 규정을 명문화하는 것이 필요하다. 이와 같은 명문의 규정이 없는 상태에서 단지 징계권이 삭제되었다고 하여 이로부터 모든 종류의 체벌이 금지된다는 해석을 이끌어내기는 어렵다.

결과적으로 징계권을 삭제한 2021년 개정법은 자녀의 양육과정에서 체벌이 허용되는가, 어느 정도의 체벌의 허용되는가, 아니면 체벌이 전면 금지되는가의 질문에 대해서 아무런 명확한 답도 주지 못하고 있다. 이러한 모호한 법 상태에서 징계권의 삭제로 한국이 체벌금지 국가가 되었다는 주장은 사실과는 거리가 있다고 하지 않을 수 없다. 만약 징계권을 삭제하는 것만으로 체벌금지 국가라고 칭할 수 있다면, 독일은 이미 1957년에 세계 최초로 체벌금지 국가로 불렸어야 하고, 스웨덴과 오스트리아는 각각 1966년과 1977년에 체벌금지 국가가 되었을 것이다. 그러나 이 나라들은 징계권 삭제 이후 상당한 세월이 지나 체벌을 금지하는 명문의 규정을 도입하였을 때 비로소 체벌금지 국가로 인정되었다. 이러한 국제적인 관례에 비추어 보더라도 체벌금지에 관한 명문의 규정이 없는 우리나라가 단지 징계권의 삭제를 내세워 체벌금지 국가가 되었다는 말은 사실에 부합하지 않는 과장된 주장이라고 생각된다.

체벌금지 국가로 가는 첫걸음은 체벌금지 규정을 명문화하는 데서 시작된다. 체벌을 금지하는 명문의 규정이 없는 상태에서는 체벌금지 캠페인도 명확한 근거를 갖지 못하여 활발하게 진행되기 어렵고, 국민들에 대한 설득력도 떨어질 수밖에 없다. 기본법인 민법에 체벌금지를 명문으로 규정하고, 이를 기초로 하여 정부 차원에서 대대적인 체벌추방 캠페인을 실시할 때 비로소 체벌에 대한 국민의식의 전환을 기대할 수 있을 것이다. 지금은 징계권이 삭제되었다고 성취감에 도취되어 있을 때가 아니다. 체벌금지 사회로 나아가는 기나긴 여정에서 우리가 현재 어디쯤에 위치해 있는지를 스스로 돌아보고 점검해 보아야 할 때이다. 체벌금지의 명문화가 체벌금지 국가로 나아가는 첫걸음이라는 관점에서 본다면, 우리사회는 아직 첫걸음도 제대로 떼지 못한 상태에 머물고 있다고 해도 과언이 아닐 것이다.

〈중앙법학 제25집 제4호(2023년 12월) 수록〉

3. 자녀의 인도청구에서 직접강제의 허용 여부에 관한 소고(小考)
- 자녀의 의사에 반하는 강제집행의 허용 여부를 중심으로

I 들어가는 말

대법원 재판예규는 유아 인도명령의 집행방법에 관하여 "유체동산인도청구권의 집행절차(민사집행법 제257조)에 준하여 집행관이 이를 강제집행할 수 있다. 이 경우 집행관은 그 집행에 있어서 일반동산의 경우와는 달리 수취할 때에 세심한 주의를 하여 인도(人道)에 어긋남이 없도록 하여야 한다. 다만 그 유아가 의사능력이 있는 경우에 그 유아 자신이 인도를 거부하는 때에는 집행을 할 수 없다"고 규정하고 있다.[1] 이 예규에서 알 수 있는 것은 유아의 인도를 명하는 심판도 원칙적으로 직접강제가 가능하지만, 의사능력 있는 유아가 반대의 의사를 표시하는 때에는 집행불능으로 된다는 것이다. 이러한 법원의 태도는 의사능력 있는 유아의 안전과 인격을 존중하는 것으로서 합리적이고 문제가 없는 듯이 보이기도 하지만, 좀 더 자세히 살펴보면 한 가지 의문점을 발견하게 된다. 의사능력이 있는 유아가 인도를 거부하는 때에는 예외없이 집행을 할 수 없다면, 유아가 현재의 거소에 머물게 되는 것이 그의 복리를 위태롭게 하는 경우에도 강제력을 사용하여 집행을 할 수 없게 되는데, 이는 구체적인 상황에 따라서는 자녀의 복리가 회복불가능하게 침해되는 결과로 이어질 수 있기 때문이다.

한편 위와 같은 대법원 재판예규의 태도에 비추어 보면, 유아의 연령대(유아는 생후 1년부터 만 6세까지의 어린아이를 의미한다. 출처: 표준국어대사전)를 벗어난 아동의 경우에는 일반적으로 그 의사에 반하여 강제집행을 할 수 없다는 해석이 가능할 것이다. 6세를 넘은 아동의 경우에는 특별한 사정이 없는 한 인도명령 및 그 집행의 의미와 결과를 이해할 수 있을 정도의 의사능력을

---

1) 유아인도를 명하는 재판의 집행절차(재특 82-1). 개정 2003. 9. 17. [재판예규 제917-2호, 시행 2003. 10. 1.]

갖추고 있을 것이므로, 그 의사에 반하는 직접강제는 처음부터 배제될 것이기 때문이다. 그러나 자녀의 연령이나 의사능력과 관계없이, 어느 아동이 자녀의 복리를 위태롭게 하는 위험한 장소에서 거주하고 있다면 ─ 그것이 설령 그의 자발적인 의사에 기초한 것이라고 해도 ─ 직접강제의 방식을 통해서 법원의 인도명령을 관철시키는 것이 궁극적으로 자녀의 복리에 부합하는 해결책이 될 수 있을 것으로 보인다. 이와 같은 관점에서 본다면 유아 인도명령의 집행에 관한 현행 대법원 예규는 자녀의 복리라는 기준에 입각하여 다시 한 번 검토를 해 볼 필요가 있다고 생각된다. 이러한 문제의식에 기초하여, 아래에서는 먼저 유아 인도명령의 집행에 관한 국내의 논의와 관련 법령에 대해서 살펴본 다음, 외국의 입법례로서 독일에서의 논의와 법규정에 대해서 알아본다. 이러한 서술에 기초하여 자녀의 인도명령을 집행할 때 자녀의 의사가 어느 정도의 비중으로 고려되어야 하는지, 자녀의 의사에 반하는 인도명령의 집행은 어느 범위에서 허용될 수 있는 것인지, 그 기준으로는 어떠한 요소가 있는지에 대한 구체적인 대안을 모색해 본다.

Ⅱ 국내에서의 논의와 관련 법령의 현황

1. 법원의 기본적인 태도 ─ 자녀의 의사에 반하는 강제집행의 금지

자녀의 친권자(이혼 등으로 친권과 양육권이 분리된 경우에는 양육자)[2]는 자녀의 거소를 지정할 수 있고, 자녀를 부당하게 억류하는 자에 대해서 자녀의 인도를 청구할 수 있다.[3] 이를 뒷받침하기 위하여 가사소송법 제64조(이행명령)는 법원의 판결, 심판 등에 의해서 "유아의 인도 의무"를 지는 사람이 정당한 이유 없이 의무를 이행하지 않을 때에는 가정법원이 이행명령을 할 수 있다고 규정하고 있다.[4] 여기서 가사소송법이 "자녀의 인도" 대신 훨씬 범위가 좁은 "유아의 인도"라는 용어를 채택한 이유에 대해서 의문이 들 수 있다. 자녀의 인도청구권은 친권(양육권)에서 파생되는 권리이므로, 자녀가 미성년자인 동안에는 언제든지 행사할 수 있는 것인데, 굳이 그 대상을 미성년자녀가 아닌 유아로 제한해야 할 정당한 이유가 있을까. 이에 대해서 법원실무 제요는

---

2) 친권자가 없는 경우에는 미성년후견인이 거소지정권을 행사할 수 있다.
3) 김주수·김상용, 친족·상속법, 법문사, 2024, 448면.
4) 자녀의 인도집행 전반에 관하여는 전병서, "자(子)의 인도청구의 집행방법에 관한 연구", 『법조』제729호(2018. 6.), 102면 이하 참조.

다음과 같은 설명을 하고 있다. "미성년인 자녀라고 하더라도 민법상의 책임
능력이 있는 정도의 연령에 달한 때에는 독립한 인격의 주체로서 그 신체의
자유가 보장되어야 할 것이지 인도청구나 강제집행의 대상으로 삼을 수 없음
은 당연하므로, 인도청구의 대상으로 문제가 되는 것은 그와 같은 연령에 달
하지 아니한 비교적 어린 나이의 미성년자인 자녀이고, 그러한 의미에서 가사
소송법 제64조는 '유아의 인도'라는 표현을 쓰고 있다."5)

　　이러한 설명은 부모의 이혼 후 일방이 친권자 및 양육자로 지정되었는데,
다른 일방이 임의로 자녀를 데려가서 양육하고 있는 경우6)와 같은 일반적이
고 전형적인 사례를 상정한 것으로 보인다. 그러나 이와 달리 자녀가 부모의
의사에 반하여 사교(邪敎)집단이나 범죄단체에서 제공하는 숙소에서 거주하는
경우 등을 생각해 본다면, 위와 같은 설명은 한계에 봉착하게 된다. 이러한
경우에 자녀의 의사에 반하는 강제집행이 인격권과 신체의 자유를 침해한다는
이유를 들어 현재의 상태를 그대로 방치한다면, 이는 자녀를 복리를 회복불가
능하게 침해하는 결과로 이어질 것이기 때문이다. 이러한 결과가 예견되는 때
에도 자녀의 인격권을 존중한다는 명분하에 자녀 인도심판의 집행을 쉽사리
포기한다면, 이는 재판의 실효성을 떨어뜨릴 뿐만 아니라, 국가에 부여된 자
녀의 보호 의무를 스스로 저버리는 행위가 될 것이다.

2. 가사소송법 개정안의 규정 – 자녀의 의사에 반하는 경우에도 강제집행 가능

　　한편 가사소송법 개정안(이하 '개정안'이라고 한다)7)은 제145조에서 "미성년
자녀 인도 청구의 집행"에 대하여 규정하고 있다. 일단 여기서 "유아 인도"
대신 "미성년 자녀의 인도"라는 용어를 채택한 것은 위에서 서술한 바와 같은
이유로 타당하다고 볼 수 있다.8)

---

　　5) 사법연수원, 법원실무제요 가사[II], 2021, 1494면.
　　6) 대결 2006. 4. 17, 2005스18,19 참조.
　　7) 21대 국회에 제출된 가사소송법 전부개정법률안. 2022년 11월 8일 국무회의를 통과하였으
나, 21대 국회의 회기종료로 폐기되었음. 가사소송법 전부개정법률안의 초안은 대법원 법원행정처
가 조직한 '가사소송법 개정위원회'에서 마련되었으며, 법무부 '가사소송법 전부개정위원회'가 이 초
안(대법원 건의안)을 토대로 '가사소송법 전부개정안'을 확정하였다. 가사소송법 전부개정법률안이
마련된 구체적 과정에 대하여는 김원태, "가사소송법 전부개정법률안의 특징과 주요 내용", 『법조』
제723호(2017. 6.), 288면 이하 참조.
　　8) 유아 대신 미성년자녀라는 용어를 채택하게 된 배경에 대하여는, 법원행정처, 가사소송법
개정위원회 회의록 II, 2015, 1832면 이하; 가사소송법 개정위원회, 2015 가사소송법 개정자료집,
2015, 385면 이하.

개정안 제145조 제5항은 미성년 자녀 인도 청구의 집행에 관하여 "집행관은 미성년 자녀의 인도집행을 할 때 세심한 주의를 하여 인도(人道)에 어긋남이 없도록 하고, 자녀의 자유와 안전에 유의하여야 한다"라고 규정하고 있는데, 자녀의 인도집행에 있어서 직접강제를 허용한다는 점에서는 현행 '유아인도를 명하는 재판의 집행절차(재특 82-1)'와 같지만, 의사능력이 있는 유아(자녀)의 의사에 반하여 집행을 할 수 없다는 취지의 규정이 빠져 있다는 점에서는 차이가 있다. 개정안을 마련하는 과정에서 이러한 취지의 규정이 빠진 것이 단순한 누락인지, 어떠한 의도를 가지고 배제한 것인지에 따라 이 규정의 해석이 달라질 수 있을 것으로 보인다. 이 개정안의 초안은 2014년 가사소송법 개정위원회 제24차 회의(2014. 8. 8.)에서 마련되었는데,[9] 그날 위원회는 '자녀의 인도를 명하는 심판의 강제집행'을 주제로 논의를 진행하였고, 자녀의 의사에 반하는 인도집행의 허용 여부에 대하여도 집중적인 토론이 이루어졌다. 재판예규와 같이 자녀의 의사에 반하여는 집행을 할 수 없다는 규정을 도입하자는 의견과 자녀의 의사에 반하더라도 강제집행이 필요한 사안이 있을 수 있으므로, 재판예규의 단서와 같은 취지의 규정을 두지 않는 것이 바람직하다는 의견이 대립되었는데, 표결에 의하여 두 번째 의견이 채택되었다.[10] 두 번째 의견을 뒷받침하는 논거로는 다음과 같은 것이 제시되었다: 외국의 입법례에서 자녀의 의사에 반하여 강제집행을 할 수 없다는 취지의 규정을 찾아보기 어려운데, 이는 자녀가 반대하는 경우라도 예외적으로 집행을 할 필요가 있다는 사실을 전제로 하는 것이다. 자녀의 의사만으로 재판의 집행이 좌우되는 것은 불합리하고, 자녀의 복리라는 보다 큰 틀에서 그 집행이 자녀의 복리에 부합하는 것인가를 판단할 필요가 있다. 물론 강제집행이 자녀의 복리 실현에 기여하는가를 판단할 때에는 자녀의 의사도 하나의 중요한 요소로서 고려되어야 하지만, 자녀의 의사가 유일한 기준이 될 수는 없으며, 다른 요소들과 함께 종합적으로 판단되어야 한다.

이와 같은 논의과정을 거쳐 개정안에는 자녀의 의사에 반하는 경우에 강제집행을 할 수 없다는 취지의 규정은 채택되지 않았다. 따라서 개정안에 따르면 자녀의 복리를 위하여 필요하다고 판단되는 경우에는 자녀가 거부하는 때에도 인도명령의 집행이 가능하다고 해석된다.

---

9) 법원행정처, 가사소송법 개정위원회 회의록 II, 2015, 1826면 이하 참조.
10) 법원행정처, 가사소송법 개정위원회 회의록 II, 2015, 1864-1866면. 1인의 위원을 제외한 모든 위원이 두 번째 의견에 찬성하였음.

3. 「헤이그 국제아동탈취협약에 따른 아동반환청구 사건의 집행에 관한 예규」의 제정 - 아동의 의사에 반하는 강제집행의 허용

최근에 대법원은 「헤이그 국제아동탈취협약에 따른 아동반환청구 사건의 집행에 관한 예규(재특 2024-1)」[11]를 제정하였는데, 본 논문의 주제와 관련하여 주목되는 부분은 "이 예규에 따른 아동의 인도 집행절차에는 「유아인도를 명하는 재판의 집행절차(재특 82-1)」를 적용하지 아니한다"는 제2조(아동인도의 강제집행절차) 제2항이다. 대법원은 이러한 규정을 도입하게 된 이유에 대해서 다음과 같이 설명하고 있다: "현재 「헤이그 국제아동탈취협약 이행에 관한 법률」에서 아동 반환 시의 집행절차 등에 대하여 규정하고 있지 않아 「민사집행법」의 유체동산에 대한 강제집행절차를 준용하고 있음. 아동 인도와 관련하여서는 「유아인도를 명하는 재판의 집행절차(재특 82-1)」(이하 "현행 예규"라고 함)를 두고 있으나, 현행 예규는 1982. 6. 7. 제정 당시부터 '유아가 의사능력이 있는 경우 유아 자신이 인도를 거부하는 때에는 집행을 할 수 없다'는 규정으로 인해 아동의 인도를 명하는 판결의 실효성 확보에 어려움이 있어왔는바, 아동의 인도를 명하는 판결의 실효성 확보 및 아동의 복리적 관점에서 아동 인도 집행과 관련한 세부 절차 마련 및 관련 규정의 개정이 필요함."[12]

위 예규는 자녀의 복리를 위하여 필요하다고 판단되는 경우에는 아동[13]이 인도를 거부하는 때에도 강제집행을 할 수 있다는 명문의 규정을 두지는 않았으나, "이 예규에 따른 아동의 인도 집행절차에는 「유아인도를 명하는 재판의 집행절차(재특 82-1)」를 적용하지 아니한다"고 규율함으로써 상황에 따라서는 자녀의 의사에 반하는 강제집행도 가능하다는 점을 간접적으로 시사하고 있다.[14]

위 예규가 제정됨에 따라 의사능력 있는 자녀가 인도집행을 거부하는 경우에 취할 수 있는 법원의 태도는 이원화되었다. 국내사건에 있어서는 여전히

---

11) 재판예규 제1869호. 제정 2024. 1. 10. 시행 2024. 4. 1.

12) 최근 미국 국무부는 우리나라를 「헤이그 국제 아동 탈취 협약」 미이행 국가로 지정한 바 있는데(JTBC 2023. 5. 3. 보도. 한국, 2년 연속 '아동 탈취국' 오명 … 미국 국무부 "한국, 집행 절차 지연"), 이것이 새로운 예규 제정의 계기가 된 것으로 보인다.

13) 협약에 따르면 16세 미만의 아동을 의미한다.

14) 2023년 12월 7일 법원행정처에서 입법 예고한 '헤이그 국제아동탈취협약에 따른 아동반환청구 사건의 집행에 관한 예규' 제정안 제4조 제4항에는 "집행관은 제3항에도 불구하고 아동에 대하여 강제력을 사용할 수 없다"는 규정이 있었으나, 최종적으로 제정된 예규에는 포함되지 못하였다. 이에 관하여는 장준혁, '헤이그 국제아동탈취협약에 따른 아동반환청구 사건의 집행에 관한 예규' 제정안에 대한 의견, 법률신문 1월 18일자 참조.

「유아인도를 명하는 재판의 집행절차(재특 82-1)」가 적용되므로, 종전과 마찬가지로 자녀가 인도를 거부하는 경우에는 집행불능으로 처리될 것이다. 반면에 헤이그 국제아동탈취협약에 따른 아동반환청구 사건에서는 더 이상 이 예규가 적용되지 않으므로, 구체적인 상황에 따라서는 자녀의 거부에도 불구하고 집행이 가능하게 되었다.[15] 그런데 기본적으로 동일한 성질[16]을 지닌 자녀의 인도청구 사건에 대해서 국내와 국외를 구분하여 서로 다른 기준을 적용한다는 것은 자녀의 복리라는 관점에서 볼 때 이해하기 어렵다. 국내사건이든 국외사건이든 자녀의 복리를 기준으로 하여 자녀의 인도집행에 관한 통일적인 규정을 마련할 필요가 있을 것이다.

---

15) 「헤이그 국제아동탈취협약 이행에 관한 법률」 제12조 제4항은 아동의 반환청구를 기각할 수 있는 사유들을 규정하고 있다. 예를 들어, "아동의 불법적인 이동 또는 유치일부터 1년이 경과하였고, 아동이 이미 새로운 환경에 적응하였다는 사실"(제1호), "아동의 반환으로 인하여 아동이 육체적 또는 정신적 위해에 노출되거나 그 밖에 견디기 힘든 상황에 처하게 될 중대한 위험이 있는 사실"(제3호), "아동이 반환에 이의를 제기하고, 아동의 의견을 고려하는 것이 적절할 정도의 연령과 성숙도에 이르렀다고 인정되는 사실"(제4호) 등이다. 그러나 이러한 사유가 있다고 해서 법원이 반드시 아동의 반환청구를 기각해야 하는 것은 아니고, 이와 같은 사유를 고려하여 청구를 기각할 수도 있다는 취지로 해석된다(석광현, "국제아동탈취의 민사적 측면에 관한 헤이그협약과 한국의 가입", 『서울대학교 법학』, 제54권 제2호(2013. 6.), 96면 이하, 112면 이하 참조). 따라서, 예를 들어, "아동의 불법적인 이동 또는 유치일부터" 이미 수년이 경과하였고, 아동이 이미 새로운 환경에 적응한 때에도 법원의 판단에 따라 아동의 반환청구를 인용하는 사례가 나올 수 있는데, 이러한 결과가 자녀의 복리에 부합하는가에 대해서는 면밀한 검토가 필요하다고 본다.

16) 국내에서의 자녀인도청구 사건과 헤이그 국제아동탈취협약에 따른 아동반환청구 사건은 그 성질이 다르므로 각각 다른 법리가 적용될 수 있다는 시각도 있을 수 있다. 헤이그 국제아동탈취협약의 적용에서는 "아동의 복리만이 아니라 탈취협약의 목적, 즉 직전 상거소지국으로 아동을 신속하게 반환하여 그곳에서 양육권에 관한 재판을 받을 수 있도록 하는 것이 중요"하기 때문이다(석광현, "국제아동탈취의 민사적 측면에 관한 헤이그협약과 한국의 가입", 『서울대학교 법학』, 제54권 제2호(2013. 6.), 100면 참조). 그러나 우리사회에서 실제로 문제가 되고 있는 아동반환청구 사건을 보면, 아동이 국내로 이동한 지 이미 수년이 경과하였고 현재의 생활환경에 적응하여 직전 상거소국으로의 신속한 반환이라는 목적은 이미 실현불가능하게 된 경우가 많다. 이런 상태에서 아동의 반환에 관한 결정과 관련하여 우선 순위로 고려되어야 할 가치는 결국 아동의 복리일 수밖에 없을 것이다. 국제적 아동탈취의 민사적 측면에 관한 협약 전문은 "이 협약의 서명국들은 아동의 양육에 관한 문제에 있어서 아동의 권익이 가장 중요함을 굳게 확신하고(Firmly convinced that the interests of children are of paramount importance in matters relating to their custody; 독일어 번역, in der festen Überzeugung, dass das Wohl des Kindes in allen Angelegenheiten des Sorgerechts von vorrangiger Bedeutung ist)"라는 문구로 시작하는데, 이는 협약의 적용에 있어서 최우선적으로 고려되어야 할 가치가 아동의 복리("the interests of children=das Wohl des Kindes"는 가족법 분야에서 보통 '자녀의 복리'로 해석된다)임을 천명한 것으로 해석된다.

Ⅲ 독일에서의 논의와 관련 법령의 현황

독일에서는 오래전부터 자녀의 인도집행에 있어서 자녀에 대하여 강제력을 사용하여 직접강제를 할 수 있는지에 대한 치열한 찬반논쟁이 이어져 왔다.[17] 우선 이 문제에 대한 판례의 태도부터 살펴본다.

1. 자녀의 의사에 반하는 강제집행에 대한 독일 법원의 태도

1975년 독일연방대법원[18]은 자녀가 14세에 이른 경우 그 의사에 반하는 강제집행은 기본법 제2조[19]에 비추어 허용되지 않는다고 판단하였다. 이어서 1977년에 독일연방대법원은 자녀에 대한 직접강제의 요건을 보다 구체화하여 다음과 같이 제한적으로 설시하였다: 자녀에 대한 직접강제는, 다른 수단이 실효성이 없는 것으로 판단되고 긴급한 개입이 요청되는 경우에 한하여, 최후의 수단으로 사용될 수 있다. 사람의 인도 청구의 집행은, 긴박한 위험이 있는 경우(집행을 지체하면 인도의 대상인 사람이 위험에 처하는 경우)가 아니라면, 신중한 실시가 요구된다. 특히 자녀 인도청구의 집행에 있어서는 그의 이익과 인격에 상당한 배려가 이루어져야 한다. 따라서 법원은 우선 자녀의 인도의무자(예컨대 자녀를 데리고 있는 부모의 일방)와 자녀의 의견을 듣고, 경고를 통하여 인도에 응하게 하는 방법을 고려해 볼 수 있을 것이다.[20]

이와 같이 인도집행을 지체하면 자녀의 복리가 위태롭게 되는 경우에 한하여 자녀에 대한 직접강제를 제한적으로 허용하려는 태도는 그 후 하급심에서도 계속 이어졌다. 1985년에 바이에른주 최고법원은 위와 같은 법리를 적용하여 15세에 이른 아동의 의사에 반하는 직접강제는 허용되지 않는다고 판단하였는데,[21] 이 판결의 결론에 대해서는 찬반양론이 극명하게 갈렸다.

---

17) 2009년에 제정된 독일 가사 및 비송사건절차법(Gesetz über das Verfahren in Familien-sachen und in den Angelegenheiten der freiwilligen Gerichtsbarkeit)이 명문의 규정을 도입하여 이 문제를 입법적으로 해결함으로써 이 논쟁은 종결되었다.

18) BGH, FamRZ 1975, 273, 275.

19) 독일기본법 제2조(자유권) ① 누구라도 타인의 권리를 침해하지 아니하고 또한 헌법적 질서와 도덕률에 위반하지 아니하는 한 자기의 인격을 자유로이 실현할 권리를 가진다. ② 누구라도 생명과 신체의 침해를 당하지 아니할 권리를 가진다. 인간의 자유는 침해할 수 없다. 이러한 권리는 다만 법률에 의하여서만 제한될 수 있다.

20) BGH, FamRZ 1977, 126, 128.

21) BayObLG, FamRZ 1985, 737ff.

이 사안의 개요는 다음과 같다.

「M(여아)은 외국인 노동자로 독일 뷔르츠부르크에서 거주하던 터키인 부모 사이에서 1969년 5월 11일에 태어났다. 둘 다 직장에 나가야 하기 때문에 M을 직접 양육하기 어려웠던 M의 부모는 M의 양육을 독일인 부부 가정에 위탁하였으며(당시 M은 생후 7개월 15일이었다), 주말에만 방문하여 만남을 이어갔다. M의 부모는 1975년 10월에 터키(현재의 튀르키예)로 돌아가면서 M을 데리고 갔다. 그때까지 독일어만 사용했던 M은 터키어를 새로 익히게 되었고 초등학교에 입학하였다. M의 위탁부모는 1년에 한두 번 터키로 M을 방문하였고, M은 1년에 여러 차례 독일로 위탁부모를 방문하였다. 1982년 7월 M의 어머니는 M과 함께 1개월간 독일의 위탁부모를 방문하였다. M의 어머니가 M과 함께 터키로 돌아가려 하자 M은 병에 걸린 것처럼 가장하였고, 이를 믿은 M의 어머니는 M을 위탁부모에게 맡겨두고 돌아갔다. M의 위탁부모는 M을 돌려보내려고 두 차례 시도하였으나, 번번이 실패하였다. M의 부모가 더 이상의 독일 체류를 반대하며 M에게 터키에 있는 가족에게 돌아올 것을 요구하자, 그 지역의 아동청은 1983년 9월 뷔르츠부르크 후견법원(구법원)에 임시처분으로 M의 부모의 거소지정권을 상실시키고 그 부분에 대해서 아동청을 후견인으로 선임해 줄 것을 청구하였다. 1984년 4월 13일 후견법원은 아동청의 청구를 기각하는 한편, M의 부모의 청구를 받아들여 위탁부모에 대해서 M의 인도를 명하였다. M과 아동청은 이 결정에 대하여 항고하였으나 기각되었다. 그러나 M은 터키에 있는 부모에게 돌아가기를 거부하였다. M은 1984년 6월 4일 가톨릭으로 개종하였으며, 위탁부모와 함께 살면서 독일의 중등학교(Hauptschule)에 8학년으로 편입하였다. 1984년 10월 30일 M의 부모는 뷔르츠부르크 후견법원에 강제력을 사용하여 M의 인도를 집행해 달라고 청구하였다. 1984년 11월 7일 뷔르츠부르크 후견법원은 강제력을 사용하여 M(당시 15세)을 부모에게 인도하라는 심판을 하였다(법원은 M이 그간 보인 행동에 비추어 볼 때 스스로 부모에게 돌아갈 가능성은 없는 것으로 보이므로, 집행에 앞서 M을 설득하려는 시도는 할 필요가 없다는 점을 덧붙였다). 1984년 11월 9일 집행관은 법원의 인도명령을 집행하려 하였으나, M이 격렬하게 저항하며 자살하겠다고 위협하여 실패하였다. M이 항고하자 뷔르츠부르크 지방법원은 M의 자살 위험에 대해 전문가의 감정을 의뢰하였다. 감정을 의뢰받은 정신과 의사 G교수는 M을 강제로 인도하려고 하는 경우 자살의 위험이 다분히 있다는 의견서를 제출하였다. 1984년 12월 6일 뷔르츠부르크 지방법원은 M이 입원하여 신경정신과 치료를 받은 후에 인도집행을 할 수 있다는 심판을 하였다. 이에 대하여 M은 즉시항고를 하였다.」

바이에른주 최고법원[22]은 다음과 같은 이유로 자녀의 의사에 반하는 직접 강제를 허용할 수 없다고 판단하였다. 다음은 판결문의 내용을 요약, 정리한 것이다.

「부모는 친권을 행사할 때 자녀의 복리를 고려하여야 하는데(독일민법 제1627조), 전문가의 감정에 따르면 M을 강제로 인도하는 것은 자살의 위험이 있으므로, 부모의 인도청구는 자녀의 복리에 반한다. 부모의 친권에서 파생되는 거소지정권(독일민법 제1631조 제1항)은 기본법 제2조 제1항에서 나오는 자녀의 기본권(인격권)[23]보다 우선할 수 없다.

자녀가 현재 방임 상태(자녀의 복리가 위태로운 상태)에 있다면, 자녀의 의사에 반하더라도 강제력을 사용하여 강제집행을 실시해야 할 필요성이 인정될 수 있으나, 자녀가 현재 위탁부모와 함께 거주하면서 안정적으로 생활하고 있는 경우에는 무리한 강제력의 사용은 자제되어야 한다.

뷔르츠부르크 지방법원은 자살의 위험을 막기 위해 우선 신경정신과에 입원하여 치료받을 것을 지시하였으나, 단지 독일민법 제1632조에 따른 부모의 인도청구권을 집행하기 위하여 개인의 자유를 박탈한 채 정신과 치료를 받도록 하는 것은 기본법 제1조 제1항이 규정하는 인간의 불가침의 존엄성을 해하는 것이다.

뷔르츠부르크 지방법원의 판단은 비례의 원칙과도 맞지 않는다. 비례의 원칙이란 선택한 수단과 실현하려는 목적이 합리적인 비례 관계에 있어야 한다는 것을 의미하는데, 이는 재판의 집행절차에도 적용된다. 현재 위험한 상태에 있지 않은 자녀의 인도 명령이 자살의 위험을 야기할 수 있는 강제력을 사용해서만 집행이 가능하다면, 이는 이미 비례의 원칙을 결여한 것이다. 이러한 사례에서 해당 자녀의 생명은 법원의 인도명령의 집행보다 더 중요하다. 뷔르츠부르크 지방법원은 정신과 입원치료를 통해서 자살의 위험에 대처하려고 하였지만, 자살의 위험은 강제치료에 이어서 실시될 예정인 강제집행 과정에서 다시 발현될 수 있는 것은 물론, 법원의 명령에 따라 강제입원치료가 시작되기도 전에 이미 최고조에 이를 수도 있다는 점을 간과하고 있다.」

---

22) 당시 바이에른주 최고법원(Bayerisches Oberstes Landesgericht)은 비송사건에 있어서 최종심을 담당하였다.

23) 재판부는 당시 15세 6개월인 M은 아직 미성년자이지만(성년이 될 때까지 아직 2년 6개월이 남아 있었다), 이미 기본권을 행사할 수 있는 능력(기본권행사능력)이 있다고 보았다.

자녀인도의 강제집행에 대한 독일 법원의 태도는 다음과 같이 요약, 정리될 수 있을 것이다: 자녀에 대한 직접강제는 인도집행을 지체하면 자녀의 복리가 위태롭게 되는 경우에 한하여 제한적으로 허용된다. 자녀의 복리가 위태로운 상태에 있다면, 자녀의 의사에 반하더라도 강제력을 사용하여 강제집행을 실시해야 할 필요성이 인정될 수 있을 것이나, 자녀가 현재 자신이 원하는 곳에서 안정적으로 생활하고 있는 경우에는 무리한 강제력의 사용은 자제되어야 한다.

2. 학설의 동향

1985년 바이에른주 최고법원의 판결은 자녀의 의사에 반하는 강제집행의 허용 여부에 대한 논쟁을 촉발시키는 계기가 되었다. 이 논쟁의 중심에는 부모의 친권과 자녀의 인격 내지 의사 중에서 어느 쪽에 더 큰 비중과 가치를 부여할 것인가의 문제가 자리 잡고 있었다.

(1) 강제집행 찬성론

1) 자녀의 의사에 반하는 강제집행이 허용된다고 주장하는 입장은 그 근거를 독일민법의 친권 규정과 독일비송사건절차법[24]의 집행에 관한 규정에서 구하였다.

우선 부모의 친권에서 그 논거를 구하는 입장은 '부모의 청구가 있는 경우 후견법원은 친권의 행사를 지원해야 한다'는 당시 독일민법 제1631조 제3항[25]에 따라 자녀에 대한 직접강제가 가능하다고 해석하였다.[26] 친권자는 자녀의 거소를 지정할 수 있고, 지정된 거소에서 거주하지 않는 자녀를 강제력을 사용하여 데려올 수 있는 권한도 있는데, 이러한 친권의 행사에 현실적인 어려움이 있는 경우 후견법원의 지원을 받아 강제로 자녀를 데려올 수 있다고 본 것이다. 따라서 집행관이 자녀에 대하여 사용하는 강제력은 친권자로부터 위임된 것이라고 보았다. 이러한 입장에서는 강제력을 사용하여 자녀의 인도명령을 집행할 수 없다면 친권이 형해화될 것이라는 주장을 펴기도 했다.[27]

---

24) Das Gesetz über die Angelegenheiten der freiwilligen Gerichtsbarkeit(약칭: FGG. 독일비송사건절차법). 독일비송사건절차법은 2009년 9월 1일부터 시행된 독일 가사 및 비송사건 절차법(das Gesetz über das Verfahren in Familiensachen und in den Angelegenheiten der freiwilligen Gerichtsbarkeit. 약칭: FamFG)으로 대체되었다.

25) 현행 독일민법 제1631조도 같은 내용을 규정하고 있다. 다만 후견법원이 가정법원으로 변경되었을 뿐이다.

26) Wieser, Die gewaltsame Rückführung des Kindes zu seinen Eltern, FamRZ 1990, 693.

2) 이외에 당시 독일비송사건절차법 제33조 제2항 제1문[28])에 따라 자녀에 대한 직접강제가 가능하다는 의견도 있었다.[29]) 이 규정에 따르면, 법원이 물건이나 사람의 인도를 명한 경우 강제금(Zwangsgeld)의 부과나 구금(Zwangshaft) 등의 강제집행 수단 이외에도 강제력을 사용하여 직접강제를 하는 것이 가능하였다. 이 규정에 근거하여 자녀의 인도집행에 있어서 자녀에 대하여 직접 강제력을 사용하는 것이 가능한가에 대해서는 찬반론이 대립되어 있었다.[30]) 그러다가 1998년 친자법개정[31]) 시 제33조 제2항에 2문으로 "면접교섭의 실행을 위하여 자녀가 인도되어야 하는 경우에는 자녀에 대해서 직접 강제력을 사용할 수 없다"는 규정이 추가됨으로써 면접교섭 이외의 목적으로(예컨대 친권에 근거한 자녀의 인도청구[32])) 법원이 자녀의 인도를 명한 경우에는 자녀에 대해서 직접 강제력을 사용할 수 있다는 해석론이 힘을 얻게 되었다(판례도 이러한 해석론을 지지하였다).

그러나 이러한 입장에서도 자녀에 대한 직접강제는 다음과 같은 경우에만 제한적으로 사용될 수 있다는 점을 분명히 하였다: 강제금의 부과나 구금 등 다른 강제집행 수단을 통한 집행이 이미 실패했거나 처음부터 성공할 가능성이 없는 것으로 보이고, 자녀의 인도를 통해서 추구하는 목적, 자녀의 연령 및 판단능력, 구체적인 사안에서 강제력의 사용이 자녀에게 미칠 것으로 예상되는 결과 등을 종합적으로 고려하여 직접강제가 필요하다고 판단되는 경우에만 최후의 수단으로 자녀에 대해서 직접 강제력을 사용할 수 있다.

3) 한편 인도집행이 자녀의 의사에 따라 좌우되는 것은 재판의 실효성 확보라는 관점에서 보더라도 문제가 있다는 지적도 있었다. 법원이 자녀의 복리 등 여러 사정을 종합적으로 고려하여 내린 결정이 단지 자녀의 의사에 반한다는 이유로 관철되지 못한다면, 법원의 재판 자체가 의미를 상실하게 될 뿐

---

27) Knöpfel, Elternrecht, Kindesrecht und Zwang gegen die Jugendliche, FamRZ 1985, 1211; Schürz, Das Recht der Eltern auf Erziehung ihrer Kinder, FamRZ 1985, 528.
28) 구 독일비송사건절차법이 1898년에 제정된 이래 제33조 제2항 1문은 그대로 유지되어 왔다.
29) Knöpfel, Elternrecht, Kindesrecht und Zwang gegen Jugendliche, FamRZ 1985, 1215; Wieser, Die gewaltsame Rückführung des Kindes zu seinen Eltern, FamRZ 1990, 695.
30) 반대하는 의견으로는 Diercks, Ist bei der Herausgabevollstreckung Gewalt gegen Kinder zulässig?, FamRZ 1994, 1227f.
31) Gesetz zur Reform des Kindschaftsrechts von 16. 12. 1997(1998. 7. 1. 시행).
32) 이외에 자녀의 복리가 위태로운 경우에 독일민법 제1666조에 따라 자녀를 격리시킬 때에도 강제력의 사용이 문제가 되었다.

만 아니라 결과적으로 자녀의 복리에도 반할 수 있기 때문이다.[33]

4) 일반적으로 자녀에 대해서 사용되는 전형적인 직접강제의 수단으로는 잠시 꽉 붙잡기, 높이 들어올리기(어린 자녀의 경우) 등이 있는데, 법원의 심판을 집행하기 위하여 이 정도의 경미한 강제력을 사용하는 것은 자녀의 복리를 크게 해치지 않으며, 오히려 자녀의 저항을 이유로 집행을 포기하는 것이 자녀의 복리를 더 위태롭게 할 수도 있다는 의견도 있었다. 집행관이 직접강제의 과정에서 독일민법 제1631조 제2항이 규정하는 자녀에게 굴욕적인 수단(예를 들어 자녀의 따귀를 때리거나 묶는 행위)을 사용할 수 없다는 점은 명확하다. 따라서 독일비송사건절차법 제33조 제2항에 따른 모든 강제력의 사용이 자녀의 학대에 해당한다는 의견[34]에는 동의할 수 없다고 주장하였다.[35]

(2) 강제집행 반대론

이에 대해서 자녀의 의사에 반하는 직접강제를 반대하는 입장은 다음과 같은 견해를 제시하였다: 양육은 일방적인 지시와 복종의 관계가 아니라 부모와 자녀 사이의 애정에 기초한 상호작용으로 이해되어야 하며, 이러한 정서적 유대가 없다면 양육의 긍정적 효과를 기대하기 어렵다. 이는 곧 자녀의 의사에 반하는 양육은 원칙적으로 가능하지 않음을 의미한다. 정서적인 유대에 기초한 자유로운 인간의 상호관계가 존재하지 않는다면, 그것은 양육이 아니라 단지 길들이기 또는 억압일 뿐이다.[36] 이러한 양육관에 입각해서 보면 자녀의 의사에 반하여 인도 명령을 집행하는 것은 양육을 가능케 하는 필수적인 조치가 아니라, 양육을 망치는 길로 가는 위험한 행보일 뿐이다. 나아가 자녀가 알지 못하는 집행관에 의한 강제력의 사용은 자녀의 입장에서 보면 학대와 다를 바 없는데, 이는 친권행사에 있어서 신체적, 정신적 학대를 금지하는 독일민법 제1631조 제2항의 정신과 맞지 않는다.[37]

---

33) Knöpfel, Elternrecht, Kindesrecht und Zwang gegen Jugendliche, FamRZ 1985, 1215f.
34) Hinz, Erzwingung der Kindesherausgabe unter Gewaltanwendung gegen das Kind?, FPR 1996, 65.
35) Hammer, Was ist Gewalt im Rahmen der Zwangsvollstreckung nach § 33 II FGG?, FPR 2008, 415.
36) Lempp, Kinder- und jugendpsychiatrische Anmerkungen zu Frage, wieweit das Erziehungsrecht der Eltern durchgesetzt werden kann und darf, FamRZ 1986, 1061f.
37) Hinz, Erzwingung der Kindesherausgabe unter Gewaltanwendung gegen das Kind?, FPR 1996, 65.

(3) 정리와 평가

1) 위의 두 견해는 타협점이 없이 평행선을 달릴 것처럼 보이기도 하지만, 좀 더 자세히 들어가 보면 하나의 결론으로 수렴될 수 있는 여지가 발견된다. 우선 자녀에 대한 직접강제에 대해서 찬성하는 입장에서도 자녀에 대한 강제력의 사용은 자녀의 복리를 위해서 필요한 경우에만 허용되어야 한다는 제한을 두고 있다.[38] 나아가 이 입장에서는 자녀가 부모의 집에서 가출하여 자녀의 복리에 해로운 장소에서 거주하는 경우(예를 들어 마약을 하는 집단에서 합숙하는 경우)에 부모가 자력으로 자녀를 데려올 수 없다면, 법원이 부모의 청구에 따라 집행관에게 자녀에 대해서 강제력을 사용할 수 있는 권한을 수여할 수 있어야 한다고 주장하는데,[39] 이러한 경우에 자녀가 거부하더라도 강제집행이 필요하다는 점에 대해서는 반대론자들 사이에서도 이견이 없다. 즉 반대론자들도 자녀의 의사에 반하는 강제력의 사용이 예외적으로 자녀의 복리 실현을 위하여 필요한 상황이 있음을 인정한다.[40] 독일사회법도 이러한 상황이 발생할 수 있음을 전제로 하여 아동을 강제로 분리하여 보호할 수 있는 규정을 두고 있다. 즉 위에서 든 예와 같이 자녀가 스스로 자녀의 복리를 위태롭게 하는 장소에서 거주하는 경우에는 부모의 인도청구가 없어도 독일사회법 제8편 제42조에 따라 아동청(Jugendamt)이 자녀를 강제로 위험한 장소에서 끌어내어 보호하는 조치를 취할 수 있다.[41] 그런데 반대론 중에는 위와 같은 상황에서 자녀에 대하여 강제력을 사용해야만 한다면, 이러한 일에 대하여 경험과 전문성을 축적한 아동청이 개입하여 문제를 해결하는 것이 합리적이며, 업무의 성질상 전문성이 결여된 집행관에게 맡기는 것은 적합하지 않다는 의견이 있다.[42] 그러나 이러한 견해도 상황에 따라서는 자녀의 의사에 반하여

---

38) Wieser, Die gewaltsame Rückführung des Kindes zu seinen Eltern, FamRZ 1990, 695. 또한 자녀에 대한 직접강제는 다른 수단으로 목적을 달성할 수 없는 경우에만 사용되어야 하고, 자녀에 대해서 강제력을 사용하는 경우에 자녀에게 발생하게 될 이익이 불이익보다 커야 한다고 주장한다.

39) Wieser, Die gewaltsame Rückführung des Kindes zu seinen Eltern, FamRZ 1990, 695.

40) Hinz, Erzwingung der Kindesherausgabe unter Gewaltanwendung gegen das Kind?, FPR 1996, 63f.

41) BeckOGK/C. Schmidt, 1.5.2024, SGB VIII § 42 Rn. 56-58.1; 아동청은 미성년자녀를 끌어내는 과정에서 필요하다면(특히 강제력의 사용 없이는 미성년자녀를 끌어낼 수 없는 경우) 경찰의 지원을 요청할 수 있다. 그 근거는 각 주(洲)의 경찰법에서 찾을 수 있다. Wiesner/Wapler/Dürbeck, 6. Aufl. 2022, SGB VIII § 42 Rn. 25.

42) Hinz, Erzwingung der Kindesherausgabe unter Gewaltanwendung gegen das Kind?, FPR 1996, 65; Raak, Die Kindesherausgabe im vormundschaftsgerichtlichen Verfahren und die sich dabei manifestierende staatliche Gewalt, FPR 1996, 56.

강제력을 사용할 수 있음을 긍정하고 있으며, 다만 집행의 주체를 누구로 할 것이냐에 대해서만 이견이 있을 뿐이다.

2) 자녀의 의사에 반하는 강제집행에 관한 찬반양론은 표면적으로는 큰 차이를 보이는 듯하지만, 본질적으로는 하나의 공통된 결론으로 귀결된다고 볼 수 있다. 찬성론 측에서도 자녀에 대한 강제집행은 자녀의 복리를 위하여 필요한 경우에 한하여 제한적으로 실시되어야 한다고 주장하고, 반대론 쪽에서도 자녀의 복리가 위태로운 상황에서는 자녀의 거부에도 불구하고 강제집행이 가능하다고 본다. 이러한 논의를 종합적으로 고려해 보면 다음과 같은 소결론에 이를 수 있다: 자녀의 의사에 반하는 강제집행은 구체적인 상황에 비추어 자녀의 복리실현에 기여하는 경우에만 실시될 수 있다. 이와 반대로 오히려 자녀의 복리를 해치는 결과로 이어질 수 있을 때에는 허용되어서는 안 될 것이다. 따라서 자녀가 친권자의 의사에 반하여 자신이 원하는 곳에서 거주한다고 해도 현재의 상태가 안정되어 있고, 자녀의 복리를 위태롭게 하지 않는다면, 그 의사에 반하는 강제집행은 허용되지 않는다고 보아야 할 것이다 (예를 들어 이혼 시 부가 친권자 및 양육자로 지정되었는데, 현재 자녀가 모와 함께 거주하면서 그 상태에 만족하고 있고 부에게 돌아가길 원하지 않는 경우).

Ⅳ 독일 가사 및 비송사건절차법의 제정에 따른 입법적 해결

1. 자녀에 대한 직접강제를 허용하는 규정의 도입

2009년 9월 1일부터 시행된 독일 가사 및 비송사건절차법은 자녀에 대한 직접강제와 관련하여 명문의 규정을 도입함으로써 이 문제에 대한 오랜 논쟁에 종지부를 찍었다. 독일 가사 및 비송사건 절차법 제90조 제2항 1문은 구 독일비송사건절차법 제33조 제2항 2문과 마찬가지로 면접교섭의 실행을 목적으로 자녀에 대해서 직접강제를 하는 것은 허용되지 않는다고 규정하였다.[43] 그러나 동법 제90조 제2항 2문은 여기서 더 나아가 그 이외의 경우(면접교섭의 실행을 목적으로 하지 않는 경우)[44]에는 자녀에 대한 직접강제가 원칙적으로

---

43) 면접교섭의 실행을 위하여 부모에 대해서 직접강제를 하는 것은 원칙적으로 가능하지만, 이러한 방법으로는 면접교섭이 장기간 안정적으로 실행되기 어렵다. 면접교섭의 안정적 실행을 위해서는 부모간의 자발적 협조가 필수적으로 요구되기 때문이다. Johannsen/Henrich/Althammer/Dürbeck, 7. Aufl. 2020, FamFG § 90 Rn. 2.

44) 자녀에 대한 직접강제가 문제가 되는 사안은 이혼 등을 계기로 친권(또는 거소지정권)이 부

가능하다고 규정하였다. 이로써 자녀의 거부에도 불구하고 자녀에 대해서 직접강제를 할 수 있는가에 대한 오랜 논쟁은 입법적으로 해결되었다. 이는 그때까지의 판례와 다수설의 태도를 반영한 것이다.

2. 자녀에 대한 강제집행과 자녀의 복리

(1) 자녀의 복리와 의사

1) 자녀에 대한 직접강제[45]는 자녀 복리의 관점에서 정당화될 수 있는 경우에만 허용된다(독일 가사 및 비송사건 절차법 제90조 제2항 2문). 예를 들어 자녀의 복리를 위태롭게 하는 환경으로부터 자녀를 분리, 보호하려는 목적으로 실시되는 강제집행은 ― 설령 자녀가 거부하는 경우라고 해도 ― 자녀의 복리에 기여하는 것으로서 정당화될 수 있다.[46] 그러나 충분한 판단능력이 있는 자녀가 자신의 독자적인 결정에 따라 인도를 거부하는 경우에 강제집행을 실시하는 것은 자녀의 복리에 반한다고 판단된다.[47] 요컨대 자녀의 의사에 반하여 강제집행을 하는 경우와 현재의 거소에서 계속 거주하는 경우를 비교, 형량하여 어느 쪽이 자녀의 복리에 부합하는 결정인지를 판단하는 것이 관건이라고 할 수 있다.[48]

자녀의 복리와 관련하여 특히 중요한 기준은 인도를 거부하는 자녀의 연령이다.[49] 자녀는 기본권의 주체로서 연령이 높아질수록 기본권을 스스로 행사할 수 있는 능력을 가지게 된다(기본권행사능력).[50] 스스로 의사를 형성할 수 없는 어린 자녀의 경우에는 그 의사가 상대적으로 적은 비중으로 고려되지만, 연령이 높아지고 판단력이 향상될수록 자녀의 의사는 중요한 판단기준

모 중 일방에게 귀속된 후에 자녀의 인도를 청구하는 경우(독일민법 제1671조), 면접교섭 후 자녀를 돌려보내지 않아서 독일민법 제1632조 제1항에 따라 자녀의 인도를 청구하는 경우, 독일민법 제1666조에 따라 가정법원이 부모의 친권 전부 또는 일부를 박탈하여 선임된 후견인이 아동의 인도를 청구하는 경우 등이다.

45) 직접강제(unmittelbarer Zwang)란 사람이나 물건에 대해서 직접적인 유형력을 행사하는 것을 말한다. 유형력 행사의 보조수단으로 수갑이나 경찰 직무상 허용되는 무기를 사용하는 것도 가능하다. 실무에서 자주 사용되는 전형적인 유형력의 행사 - 예컨대 도로의 차단, 잠시 꽉 붙들기, (어린 자녀의 경우) 높이 들어올리기 - 도 직접강제에 포함된다. Sternal/Giers, 21. Aufl. 2023, FamFG § 90 Rn. 2; MüKoFamFG/Zimmermann, 3. Aufl. 2018, FamFG § 90 Rn. 2.

46) Völker, Vollstreckung einer Entscheidung zur Herausgabe von Personen und zur Regelung des Umgangs, §§ 88 ff. FamFG, FPR 2012, 489.

47) BayObLG, NJW 1974, 2184; Haußleiter/Gomille, 2. Aufl. 2017, FamFG § 90 Rn. 4.

48) Saenger, Zivilprozessordnung, 10. Aufl. 2023, FamFG § 90 Rn. 6.

49) BT-Drucks. 16/6308, S. 483.

50) BVerfG, FamRZ 2008, 1737. 11세에 이른 자녀에게 기본권행사능력을 인정하였다; AG Springe NJW 1978, 834. 10세; OLG Hamm DAVorm 1975, 168. 8세.

이 된다.[51] 일반적으로 14세의 자녀를 그의 명시적인 의사에 반하여 강제로 인도하는 것은 허용되지 않는다고 해석된다.[52] 다만 예외적으로 자녀의 복리가 위태로운 상태에 있는 때에는 연령에 관계없이 강제력을 사용한 강제집행이 가능하다.[53]

(2) 자녀의 의견 청취

법원은 직접강제를 허용하는 심판을 하기 전에 자녀, 부모, 아동청, 위탁부모 등의 의견을 들어야 한다(독일 가사 및 비송사건절차법 제159조-제162조).[54] 다만 인도의무자나 자녀 등의 의견을 청취할 경우 집행이 좌절되거나 현저히 곤란하게 될 가능성이 있는 때에는 법원은 이를 생략할 수 있다(독일 가사 및 비송사건절차법 제92조 제1항 2문). 자녀의 의견을 충분히 반영하기 위하여 심판절차에서 자녀를 위한 절차보조인을 선임할 수 있다(독일 가사 및 비송사건절차법 제158조).[55] 직접강제를 명하는 심판을 하기에 앞서 당사자간의 합의를 유도하는 조정절차[56]를 반드시 거칠 필요는 없다(독일 가사 및 비송사건절차법 제92조 제3항 1문). 이는 인도집행의 신속성과 효율성을 확보하기 위한 것이다.

(3) 비례의 원칙

자녀에 대한 직접강제는 다른 온건한 수단으로는 집행이 불가능한 경우에만 사용될 수 있다(독일 가사 및 비송사건 절차법 제90조 제2항 2문). 이에 따라 법원은 다른 온건한 수단을 사용하였으나 효과를 거두지 못한 경우, 온건한 수단의 사용이 처음부터 효과가 없을 것으로 예상되는 경우에 최후의 수단으로써 직접강제를 명할 수 있다(독일 가사 및 비송사건절차법 제90조 제1항 제1호, 제2호).[57] 따라서 인도의무자에게 우선 질서금(Ordnungsgeld) 부과, 질서구금

---

51) BVerfG, FamRZ 2007, 1878.

52) BGH, FamRZ 1975, 276; Giers, Die Vollstreckung familienrechtlicher Entscheidungen nach dem FamFG, FPR 2006, 441.

53) Sternal/Giers, 21. Aufl. 2023, FamFG § 90 Rn. 11.

54) 이러한 태도는 가사소송법 전부개정법률안 제145조 제4항에도 반영되어 있다. 또한 가사소송법 전부개정법률안 제20조는 미성년자의 진술청취에 관하여 규정하고 있는데, 이에 따라 법원이 아동에 대해서 강제집행을 허용하는 결정을 할 때에는 그의 의견을 들어야 할 것으로 해석된다. 미성년자의 진술청취에 관하여는 현소혜, "가사소송법 개정과 미성년자녀의 복리보호강화", 『법조』 제723호(2017. 6), 386면 이하 참조.

55) 독일의 절차보조인제도에 관하여는 김상용, "절차보조인 제도 및 면접교섭보조인 제도의 도입을 위한 시론(試論) - 가사절차에서 자녀의 지위 강화와 관련하여", 『사법』, 27호(2014. 3.), 71면 이하 참조.

56) Vermittlungsverfahren. 독일 가사 및 비송사건절차법 제165조.

57) BT-Drucks. 16/6308, S. 218.

(Ordnungshaft)[58] 명령 등의 조치[59]를 취하고, 효과가 없는 경우에 최후의 수단으로써 직접강제를 명하는 것이 통상적인 절차라고 할 수 있다.[60]

그러나 법원이 이러한 단계를 반드시 차례로 밟아나가야 하는 것은 아니다.[61] 즉 약한 수단을 먼저 사용하고 효과가 없는 경우에 한하여 다음 조치로써 강한 수단을 사용하여야 하는 것은 아니다. 재판의 집행이 시급히 요구되는 경우(예를 들어, 자녀가 외국으로 보내질 가능성이 있는 경우,[62] 여아에게 할례가 예정되어 있는 경우,[63] 자녀가 강제혼인을 앞둔 경우 등)에는 질서금의 부과 등과 같은 사전조치를 취하지 않고도 곧바로 직접강제를 명할 수 있다.[64]

가정법원 판사는 위와 같은 조치들을 취하기에 앞서 우선 인도의무자 및 권리자, 자녀와의 대화를 시도하는 것이 일반적이다. 또한 가정법원 판사는 이러한 대화에 아동청의 참여를 요청할 수도 있다(독일 가사 및 비송사건절차법 제88조 제2항). 아동청은 아동의 복리가 위태로운 경우 아동을 위험한 장소에서 끌어내어 보호하는 역할을 수행하는데(독일사회법 제8편 제42조), 이러한 업무 수행을 통하여 폭력적인 충돌 없이 아동을 확보하는 방법에 대해서 경험이 축적되어 있기 때문이다.[65]

3. 자녀에 대한 직접강제의 실시

자녀의 인도집행은 신중하고 조심스럽게 실시되어야 한다.[66] 집행기관은 법원의 집행관이다. 직접강제의 대상은 일반적으로 인도의무자(예를 들어 부모의 일방 또는 자녀를 데리고 있는 제3자. 우리나라에서는 보통 채무자라고 한다)이지만, 예외적으로 자녀에 대해서도 강제력을 사용할 수 있다(독일 가사 및 비송사건절차법 제90조 제2항 2문).

---

58) 'Ordnungsgeld'는 국내에서 일반적으로 질서금으로, 'Ordnungshaft'는 질서구금으로 번역되고 있다(호문혁, "독일강제집행법에 관한 연구", 『서울대학교 법학』 제41권 4호, 2001, 137면). 다만 법무부에서 출간한 민사소송법 번역집(독일)에는 'Ordnungsgeld'와 'Ordnungshaft'가 각각 과태료와 감치로 번역되어 있다(제890조 부분 참조).

59) 독일 가사 및 비송사건절차법 제89조.

60) 이러한 원칙은 가사소송법 전부개정법률안 제145조 제2항에도 반영되어 있다. 자세한 내용은 송효진, "가사소송법 개정안에 대한 고찰 ―이행의 확보 및 관할에 있어서 미성년 자녀의 복리 보호를 중심으로―", 『법조』, 제723호(2017. 6), 445면 이하 참조.

61) MüKoFamFG/Zimmermann, 3. Aufl. 2018, FamFG § 90 Rn. 7.

62) Musielak/Borth/Frank/Frank, 7. Aufl. 2022, FamFG § 90 Rn. 4.

63) BGH, NJW 2005, 672.

64) 독일 가사 및 비송사건절차법 제90조 제1항 제3호(재판의 즉시 집행이 반드시 필요한 경우).

65) BT-Drucks. 16/6308, S. 218.

66) BT-Drucks. 16/6308, S. 218.

집행관은 인도권리자(예컨대 친권자. 우리나라에서는 보통 채권자라고 한다)가 자녀를 현장에서 곧바로 넘겨받는 경우에만 집행을 실시한다는 점을 사전에 설명한다(법원집행관을 위한 업무지침[67] 제156조 제4항). 집행관이 저항하는 자녀를 붙잡아서 인도권리자에게 데려다주는 방식의 집행은 허용되지 않는다(즉 인도권리자는 현장에 있어야 한다).[68] 아동청은 집행기관은 될 수 없으나, 법원이나 집행관의 요청에 따라 강제집행을 지원할 수 있다.[69] 법원은 집행관에게 가옥에 출입하여 수색할 수 있는 권한을 수여할 수 있으며(독일 가사 및 비송사건절차법 제91조), 집행관은 필요한 경우 경찰의 지원을 요청할 수 있다(법원집행관을 위한 업무지침 제156조 제3항, 독일 가사 및 비송사건절차법 제87조 제3항 1문).

상황이 강제집행을 실시할 수 없을 만큼 심각한 경우(예를 들어 인도의무자인 모가 자살하겠다고 위협하는 경우), 집행을 중단하고 연기할 것인가, 일시 후퇴하고 경찰이나 의사의 지원을 요청할 것인가 등의 판단은 집행관에게 맡겨져 있다(법원집행관을 위한 업무지침 제65조, 독일민사소송법 제765조a 제2항). 집행관이 자녀를 학교에서 데려간 경우에는 당사자(인도의무자)에게 사후에 지체없이(예컨대 전화통화) 통지하여야 한다.[70]

법원이 자녀의 개인물품(의복, 책, 장난감, 반려동물 등)의 인도를 명한 경우에는 집행관은 이를 함께 집행한다. 법원의 명령이 없는 경우에도 집행관은 자녀에게 즉시 필요한 물품(의복, 학용품 등)은 수취할 수 있다(법원집행관을 위한 업무지침 제156조 제6항 2문).

Ⅴ 자녀의 인도집행에 있어서 고려되어야 할 요소 – 대안의 모색

1. 자녀의 복리

자녀의 의사에 반하는 강제집행의 허용 여부에 대한 논쟁의 이면에는 부모의 친권(양육권)과 자녀의 인격 내지 의사 중에서 어느 쪽에 더 큰 비중과

---

67) GVGA: Geschäftsanweisung für Gerichtsvollzieher(법원집행관을 위한 업무지침).
68) MüKoFamFG/Zimmermann, 3. Aufl. 2018, FamFG § 90 Rn. 18.
69) 가정법원 판사는 자녀의 인도 집행과 관련하여 아동청에 지원을 요청할 수 있다(독일 가사 및 비송사건절차법 제88조 제2항). 아동청의 지원을 통하여 굳이 집행관이 강제력을 사용하지 않고도 자녀를 인도받을 수 있게 되거나, 집행관이 강제력을 사용할 수밖에 없는 경우에도 가능한 한 그 충격을 최소화할 수 있기 때문이다. BT-Drucks. 16/6308, S. 481.
70) MüKoFamFG/Zimmermann, 3. Aufl. 2018, FamFG § 90 Rn. 18.

가치를 부여할 것인가의 문제가 있다. 이 문제에 대한 필자의 개인적인 의견을 정리해 보면 다음과 같다.

첫째, 자녀는 부모의 친권에 따라야 한다는 명분하에 단지 친권을 관철시킬 목적으로 자녀의 저항에도 불구하고 강제집행을 하는 것은 삼가야 한다. 예를 들어, 부모가 이혼하면서 아버지인 A가 친권자 및 양육자로 지정되어 자녀 C를 양육하였으나, 어머니인 B가 C를 임의로 데려가서 수년간 양육하고 있는 경우, 법원이 A의 청구에 따라 자녀의 인도를 명하였으나 B가 스스로 인도하지 않아서 집행관이 강제집행을 시도하는 경우를 상정해 볼 수 있다. 이러한 경우에 의사능력 있는 C가 인도를 거부하고, B가 C를 계속 양육하는 것이 C의 복리를 위태롭게 하지 않는다면, C의 의사와 인격을 존중하여 강제집행을 하지 않는 것이 최선일 것이다(물론 이와 같이 위법한 양육상태가 계속되는 경우 B는 A에 대하여 양육비를 청구할 수 없게 되는 등[71] 여러 가지 어려움이 발생하게 되므로, B는 신속히 법원에 친권자 및 양육자변경청구를 할 필요가 있다. 가정법원은 자녀의 의사, 부모와의 유대관계, 부모의 양육적합성, 양육의 계속성 등 여러 가지 기준을 고려하여 A와 B 중에서 누가 더 친권자 및 양육자로 적합한가를 판단하게 될 것이다).

둘째, 자녀복리의 관점에서 볼 때 자녀의 인도가 필요한 상황이라면, 자녀의 의사에 반한다고 해도 강제력을 사용하여 집행을 하는 것은 불가피하다. 예를 들어, 자녀 갑이 사교(邪敎)에 빠져 스스로 사교집단에서 거주하고 있다면, 갑의 부모는 친권자로서 갑의 인도를 청구할 수 있는데, 이러한 경우에는 갑이 거부하더라도 강제집행을 할 수 있어야 한다. 갑이 계속해서 사교집단에서 거주하는 것을 방치한다면 갑의 건강한 성장과 인격형성에 심히 해로운 결과를 초래할 수 있기 때문이다.

위의 첫 번째 사례와 두 번째 사례에서 공통적으로 적용될 수 있는 기준은 자녀의 복리이다. 자녀의 거부 의사에 불구하고 강제력을 사용하여 강제집행을 하는 것은 구체적인 상황에 따라서 자녀의 복리를 침해할 수도 있고, 반대로 자녀의 복리 실현에 기여할 수도 있다. 이러한 점에 비추어 보면 자녀가 인도를 거부하는 경우에는 일률적으로 집행을 할 수 없다고 규정하는 현행 재판예규의 태도는 재고될 필요가 있다. 자녀의 인도 집행이 구체적인 상황에 비추어 자녀의 복리를 위하여 필요한 것인가를 판단하고, 그에 따라 유연하게 대응할 수 있도록 법령을 정비할 필요가 있을 것이다.

---

71) 대결 2006. 4. 17, 2005스18,19 참조.

2. 자녀의 의사

자녀의 인도를 명하는 재판의 집행에 있어서 자녀의 의사는 존중되어야 하지만, 재판의 집행이 자녀의 의사에 전적으로 좌우되는 것은 문제가 있다. 독일연방대법원은 자녀가 14세에 이르면, 특별한 사정이 없는 한 그의 의사에 반하는 강제집행은 허용되지 않는다고 판단하였으며, 현재의 학설도 대체로 이러한 기준을 따르고 있다. 자녀가 14세 미만인 경우에도 자녀의 의사는 고려되어야 하지만, 연령에 따라 그 비중에는 차이가 있을 수 있다(일반적으로 연령이 높을수록 자녀의 의사는 더 큰 비중으로 고려된다).

우리 민법에서는 자녀가 13세에 이르면 스스로 가족법상의 의사표시(입양의 승낙, 파양청구, 친양자 입양의 승낙)[72]를 할 수 있는데, 이러한 점에 비추어 볼 때 13세에 이른 자녀가 인도를 거부하는 때에는 강제집행은 허용되지 않는다고 보아야 할 것이다(다만, 현재의 양육 상태를 유지하는 것이 자녀의 복리를 위태롭게 하는 경우에는 예외적으로 강제집행이 가능하다고 본다). 자녀가 13세 미만인 경우에도 독자적으로 의사를 형성할 수 있는 능력을 가지고 있을 때에는 그 의사를 존중하여야 할 것이다.[73]

자녀의 반대 의사가 양육자의 부당한 영향에 의해서 형성된 경우에는 어떻게 대응해야 할 것인지의 문제가 있다. 이러한 경우에는 법원에서 자녀의 의견을 듣는 과정에서 대화를 통하여 자녀를 설득하려는 시도를 할 필요가 있으나, 그럼에도 불구하고 자녀의 의사가 확고부동한 때에는 하나의 기정사실로서 인정할 수밖에 없을 것이다. 이러한 경우에 자녀의 의사에 반하여 무리하게 강제집행을 하는 경우에는 자녀의 복리를 침해하는 결과를 초래할 수 있기 때문이다(물론 현재의 양육 상태를 그대로 유지해도 자녀 복리의 관점에서 문제가 없는 경우를 전제로 한다. 현재의 양육 상태가 자녀의 복리를 위태롭게 하는 경우에는 자녀의 의사에 반한다고 해도 강제집행을 해야 할 것이다).[74]

---

72) 그 외에 가사소송법과 가사소송규칙에 따라 13세 이상인 자녀의 의견을 들어야 하는 경우가 있다(예를 들어 유아인도청구가 있는 경우. 가사소송규칙 제100조).

73) 가사소송법 전부개정법률안 제145조 제3항 제1호는 법원이 미성년자녀 인도집행을 허가할 때 고려해야 할 사항의 하나로 자녀의 의사, 건강 및 심리상태를 열거하고 있다.

74) 김주수·김상용, 친족·상속법, 법문사, 2024, 233면 참조. 면접교섭에 있어서 자녀가 면접교섭을 완강히 거부하는 경우에는 면접교섭을 강제할 수 없다. 설령 자녀의 면접교섭 거부 의사가 양육친의 부당한 영향에 의해서 형성된 경우라고 해도 마찬가지이다. 이런 경우 자녀의 의사를 무시한 채 면접교섭을 강제한다면 자녀의 복리를 해칠 수 있기 때문이다. 이러한 법리는 자녀의 인도집행에도 그대로 적용될 수 있을 것이다.

3. 비례의 원칙

자녀에 대한 직접강제는 자녀에게 정신적인 충격과 후유증을 남길 수 있으므로, 다른 수단으로는 집행이 불가능한 경우에 한하여 허용되어야 할 것이다. 따라서 법원이 자녀의 인도를 명하는 심판을 한 경우에도 바로 직접강제를 하기 보다는 이행명령(가사소송법 제64조), 과태료 부과(가사소송법 제67조), 감치(가사소송법 제68조 제1항 2호) 등 간접강제의 방법을 시도하고, 성과가 없는 경우에 비로소 직접강제를 실시하는 것이 바람직하다. 다만 집행을 지체하면 자녀의 복리가 위태롭게 되는 급박한 사정이 있는 때에는 이러한 단계를 거치지 않고 곧바로 직접강제를 실시하여야 할 것이다.

자녀에 대한 강제집행은 그 결과가 자녀의 복리 실현에 기여할 것으로 예상되는 때에 한하여 허용되어야 하며, 그 반대의 경우(강제집행의 결과가 자녀의 복리를 위태롭게 할 수 있는 경우)에는 삼가야 할 것이다. 이와 유사한 법리는 이혼 시 친권자 및 양육자 지정에 관한 판례에서도 찾을 수 있다. 우리 법원은 이혼 시 친권자 및 양육자를 지정하는 중요한 기준[75]으로서 양육의 계속성의 원칙을 적용해 왔으며,[76] 이 원칙의 적용을 배제하기 위해서는 다음과 같은 요건이 충족되어야 한다고 보았다. 즉 별거 이후 이혼 시까지 상당한 기간 동안 부모의 일방이 자녀를 양육해온 경우에 ⅰ) 현재의 양육 상태를 유지하는 것이 자녀의 복리에 반하고, ⅱ) 부모의 다른 일방을 친권자 및 양육자로 지정하여 양육환경을 변화시키는 것이 현재의 양육 상태를 유지하는 경우보다 자녀의 복리 실현에 유리하다는 점이 명백하여야 한다.

이러한 기준은 자녀의 의사에 반하는 강제집행의 허용 여부에 관하여도 그대로 적용될 수 있을 것으로 보인다. 즉, 자녀의 의사를 존중하여 현재의 양육 상태를 유지하는 것이 자녀의 복리에 반하고, 강제집행을 통하여 자녀를 친권자에게 인도하는 것이 자녀의 복리실현에 더 유리하다는 점이 명백한 때에만 자녀의 의사에 반하는 강제집행이 허용된다고 보아야 할 것이다.

---

75) 이혼시 양육자 결정의 기준에 관하여는 김주수 · 김상용, 주석 민법 친족(2), 사법행정, 2016, 114면 이하 참조.

76) 대판 2021. 9. 30, 2021므12320, 2021므12337. "별거 이후 재판상 이혼에 이르기까지 상당기간 부모의 일방이 미성년 자녀, 특히 유아를 평온하게 양육하여 온 경우, 이러한 현재의 양육 상태에 변경을 가하여 상대방을 친권자 및 양육자로 지정하는 것이 정당화되기 위해서는 현재의 양육 상태가 미성년 자녀의 건전한 성장과 복지에 도움이 되지 아니하고 오히려 방해가 되고, 상대방을 친권자 및 양육자 지정하는 것이 현재의 양육 상태를 유지하는 경우보다 미성년 자녀의 건전한 성장과 복지에 더 도움이 된다는 점이 명백하여야 한다."

4. 집행기관

자녀 인도의 집행기관은 지방법원 소속의 집행관이다. 자녀의 인도 집행에 있어서는 그 대상이 물건이 아니라 사람(특히 감수성이 예민한 청소년, 유아 등)이기 때문에 상당한 경험과 전문성을 갖춘 집행관이 필요하다. 그러나 우리 현실에서 이러한 분야에 경험과 전문성을 갖춘 집행관을 찾기란 불가능에 가까울 것이다. 독일에서는 이러한 분야에서 충분한 경험과 전문성이 축적되어 있는 아동청을 활용하여 문제의 해결을 시도하고 있다. 법원은 아동청에 자녀의 인도집행에 필요한 지원을 요청할 수 있으며, 집행 현장에서 집행관과 아동청(필요한 경우에는 경찰)은 집행과정에서 발생할 수 있는 마찰과 갈등을 최소화하고 원만하게 집행이 이루어질 수 있도록 긴밀하게 협력한다.

「헤이그 국제아동탈취협약에 따른 아동반환청구 사건의 집행에 관한 예규」(재특 2024-1) 제4조 제2항에 의하면 집행관은 법원행정처장이 위촉한 아동 관련 전문가를 집행절차에 집행보조자로 참여시킬 수 있다. 이 규정은 독일의 아동청과 같은 전문기관이 없는 우리의 현실에서 취할 수 있는 최선의 방법일 수도 있겠으나, 경험과 전문성을 갖춘 집행보조자를 어떻게 확보할 것인지는 여전히 숙제로 남아 있다. 또한 이러한 집행보조자가 국외사건에서만 필요한 것은 아닐 것이다. 국외사건이든 국내사건이든 자녀 인도의 집행과정에서 마찰과 갈등이 발생할 수 있고, 이러한 사태가 자녀에게 신체적, 정신적 충격을 미칠 수 있다는 점에서는 본질적인 차이가 존재하지 않는다. 이러한 점을 고려한다면 국외사건이든 국내사건이든 구별하지 않고 자녀의 인도집행 절차에 집행보조자를 참여할 수 있도록 제도화하고, 이 분야에 전문성을 갖춘 인력을 양성하는 것이 필요하다고 생각된다.

Ⅵ 맺 음 말

법원이 자녀의 인도를 명하는 심판을 하였으나 자녀가 인도를 거부하는 경우, 자녀에 대해서 직접강제를 할 수 있는가에 대해서는 찬반양론이 대립할 수 있다. 이 문제에는 부모의 친권, 자녀의 의사, 자녀의 복리 등 여러 가지 쟁점이 얽혀 있어서 어느 것을 기준으로 하여 판단하는가에 따라 상반된 결론이 나올 수 있다.

부모는 친권자로서 자녀의 거소를 지정할 수 있고, 자녀는 친권자가 지정한 거소에서 거주하는 것이 원칙이다. 만약 자녀가 친권자가 지정한 거소 이외의 장소에서 거주한다면 친권자는 스스로 자녀를 데리고 올 수 있고, 그것이 가능하지 않다면 법원에 자녀의 인도를 청구할 수도 있다. 그러나 의사능력이 있는 자녀가 자신의 의사에 따라 친권자가 지정한 거소 이외의 장소에서 거주하면서 인도를 거부한다면, 친권의 실현은 장애에 부딪히게 된다. 이러한 경우에는 결국 자녀에 대한 직접강제를 통해서 자녀의 인도명령을 집행할 수밖에 없는데, 이것이 성공적으로 이루어진다면 부모의 친권행사는 관철될 수 있을 것이다. 그러나 자녀의 인도집행에 있어서는 감수성이 예민한 미성년자녀가 그 대상이므로, 그의 의사를 무시한 채 강제력을 사용하여 친권자가 지정한 거소에 데리고 와서 그곳에서 거주하도록 강제하는 것은 또 다른 문제의 시발점이 될 수 있다.

결국 이 지점에서 우리는 무엇이 자녀의 복리를 위한 해결책인가에 대하여 진지하게 묻지 않을 수 없다. 친권은 자녀의 복리실현을 위하여 국가로부터 인정된 부모의 권리이자 의무라는 점에 비추어 볼 때, 친권의 행사는 자녀의 복리라는 기준에 의해서 제한을 받을 수밖에 없다. 즉 친권은 자녀의 복리를 해치지 않는 한도 내에서만 행사되어야 한다는 내재적 한계에서 자유로울 수 없다. 이러한 관점에서 본다면 자녀의 의사에 반하는 강제집행의 허용 여부는 결국 그 집행이 자녀의 복리실현에 기여할 수 있는가에 따라 결정되어야 할 것이다. 따라서 자녀가 친권자의 의사에 반하여 자신이 원하는 곳에서 거주한다고 해도 현재의 상태가 안정되어 있고, 자녀의 복리를 위태롭게 하지 않는다면, 그 의사에 반하는 강제집행은 허용되지 않는다고 보아야 할 것이다 (예를 들어 이혼 시 부가 친권자 및 양육자로 지정되었는데, 현재 자녀가 모와 함께 거주하면서 그 상태에 만족하고 있고 부에게 돌아가길 원하지 않는 경우). 이러한 경우에 자녀의 저항에도 불구하고 자녀를 무리하게 친권자에게 인도한다면, 이는 오히려 자녀의 복리를 위태롭게 하는 결과로 이어질 수 있기 때문이다 (그리고 이러한 결과는 부모에게 친권 내지 양육권이 인정되는 본지(本旨) – 친권은 "자녀의 복리 실현을 위하여" 국가로부터 부모에게 부여된 의무이자 권리이다 – 에도 반하는 것이다).

자녀의 인도집행에 관한 이러한 원칙은 국내사건이든 국외사건이든 불문하고 동일하게 적용되어야 할 것이다. 국내에서 자녀를 인도하는 경우이든 국외로 자녀를 인도(반환)하는 경우이든 자녀의 복리가 그 중심에 있는 절대적 가치라는 점에는 변함이 없기 때문이다.

자녀는 부모의 친권행사의 단순한 객체가 될 수 없으며, 부모 간의 다툼에서 희생양이 되어서는 안 된다는 점을 마음 깊이 새겨야 할 것이다.

〈중앙법학 제26집 제3호(2024년 9월) 수록〉

4. 아동학대처벌법상 피해아동보호명령 제도의 도입
- 성과와 한계

I 들어가는 말

독일에서 공부하던 시절, 친권자인 부모가 자녀의 생명을 구하기 위하여 필수적인 진료에 동의를 거부한 사례에서 담당 의사의 연락으로 법원이 즉시 개입하여 적절한 조치가 이루어지는 것을 보면서 신선한 충격을 받은 적이 있다. 더구나 그 판결문에서 다루어진 사건이 발생한 때는 1966년이었으므로, 그 당시에 아동학대 방지를 위하여 이미 그 정도의 제도적 기반을 갖추고 있을 뿐만 아니라 실제로 운용되고 있다는 사실은 한편으로는 놀랍고, 다른 한편 부럽기도 했다. 귀국하여 대학에서 새로운 생활에 적응해 가고 있던 1990년대 후반 무렵부터 우리사회에서도 조금씩 아동학대에 관한 보도가 나오기 시작했으나, 사회적 관심은 매우 낮은 수준에 머물러 있었다. 그 당시까지만 해도 친권은 부모의 자녀에 대한 지배권으로 인식되고 있었으며, 그와 같은 사회 분위기에서 부모는 별다른 제한 없이 자신이 원하는 대로 자녀의 양육방식을 정할 수 있었다.[1] 그리고 그와 같이 부모에 의해서 정해진 양육방식은 사회에서 거의 절대적인 것으로 받아들여졌기에 국가를 비롯하여 제3자가 개입하는 것은 사실상 금기시되는 분위기였다고 해도 과언이 아니다. 물론 당시에도 민법 제924조에 친권상실제도가 규정되어 있었으나, 다양한 유형의 아동학대가 점증하고 있는 당시의 사회현실에 비추어 볼 때 민법의 친권상실제도만으로 적절한 대응을 하는 데에는 명백한 한계가 있었다.

우리사회에도 독일과 같은 아동학대방지 체계를 갖출 수 없을까라는 문제에 대해서 고민하게 된 것은 그 무렵부터였다. 그러나 이러한 생각을 다른 분들과 본격적으로 공유하고, 적극적인 대안을 모색하게 된 것은 그로부터 한참

---

[1] 당시 민법 제909조 제1항은 "未成年者인 子는 父母의 親權에 복종한다"라고 규정하여 여전히 친권을 미성년자녀에 대한 부모의 지배권으로 파악하는 동시에, 자녀를 부모의 권리객체로 보는 낡은 관념에 기초하고 있었다. 즉 부모가 친권을 행사하는 데 있어서 결정적인 요소는 부모의 의사였으며, 자녀의 복리는 부수적인 기준에 지나지 않았던 것이다.

의 세월이 흐른 2011년 한 연구모임에서였다. 그 모임에서 아동학대방지를 위한 효율적인 시스템에 대해서 토론하던 중에 아동보호전문기관이 직접 가정법원에 청구하여 가정법원이 적절한 조치를 취할 수 있는 제도의 도입에 대해서 공감대가 형성되었다. 그 후에 이어진 회의에서 논의를 통하여 그와 같은 기본적인 구상을 보다 구체화시키고, 외국의 법제도를 참고하면서 정교하게 다듬어 나가기 시작했다. 이러한 과정을 거쳐 피해아동보호명령 제도의 기본적인 틀이 마련되었다.

Ⅱ 부모의 종교적 신념을 이유로 자녀의 치료를 거부한 사례 – 독일과 우리의 경우를 비교하여

여기서는 부모가 종교상의 이유로 자녀에게 필요한 치료행위를 거부하여 자녀의 생명이 위태롭게 된 경우에 두 나라의 법제도가 어떻게 대응하였는가를 실제의 사례를 통하여 살펴본다. 자녀의 생명과 건강을 지키기 위하여 반드시 필요로 하는 의료시술에 대한 부모의 동의 거부가 친권남용에 해당함에는 의문의 여지가 없다.[2] 그리고 우리 민법(제924조 이하)과 독일민법(제1666조 이하)은 이전부터 부모의 친권남용으로 인하여 자녀의 복리가 위태롭게 되는 경우 법원이 개입하여 친권상실 등 일정한 조치를 취할 수 있음을 규정하고 있었다. 과거에 두 나라에서 각각 벌어졌던 유사한 사건들이 어떻게 전개되었으며, 또 어떠한 결말을 맞이하였는지 살펴본다.

1. 독일의 사례[3]

(1) 1966년 3월 20일 '여호와의 증인'을 믿는 부모 사이에서 네 번째 자녀가 태어났는데, 태아적아구증(Erythroblastose)이라는 질환을 앓고 있었다. 아이

---

2) 김주수·김상용, 친족·상속법, 법문사, 2024, 468면 이하; 독일에서도 환자가 스스로 결정할 수 없는(동의능력 없는) 미성년자인 경우에 부모가 수혈에 동의를 거부하는 것은 친권의 남용으로 보는 것이 일반적인 견해이다. Bender, Zuegen Jehovas und Bluttransfusionen, MedR 1999, 265. 다만 부모가 수혈 이외에 다른 대안적 치료법(무수혈 수술)을 제안하면서 수혈에 대한 동의를 하지 않는 경우, 법원은 부모가 제안한 대안적 치료법의 타당성에 대해서 충분히 고려하여야 하며, 성급히 친권의 남용으로 판단하는 것은 타당하지 않다는 의견이 있다. 이 의견에 따르면 독일 내에서 무수혈 치료법에 찬성하는 의사의 수가 계속 늘고 있다고 한다. Hessler/Glockentin, Kein genereller Mißbrauch des Sorgerechts bei verweigerter Einwilligung in eine Bluttransfusion – Stellungnahme zu Bender, MedR 1999, 260 ff.–, MedR 2000, 419ff.
3) OLG Hamm, FamRZ 1968, 221f.

가 태어난 지 사흘째 되던 날 아침, 의사는 아이의 아버지에게 교환수혈이 필요하다고 설명하였다. 아이 아버지는 종교적인 이유로 그러한 조치에는 동의할 수 없다고 답변하였으나, 의사의 권고에 따라 오전 11시쯤 아이를 소아전문병원으로 데리고 갔다. 병원에서 아이 아버지는 수혈을 제외한 모든 의료적 조치에 대해서 서면으로 동의하였다(종교상의 신념으로 수혈에는 동의할 수 없다는 의사를 명백히 표시하였음). 그날 시간이 경과하면서 아이의 상태는 더욱 악화되어 생명이 위태로운 지경에 이르렀으며, 수혈 이외에 다른 조치는 더 이상 고려할 수 없게 되었다. 주치의와 병동의 주임의사 및 병원장은 헌혈자를 병원에 불러 대기하도록 하였으며, 오후 5시 병원장이 아이 아버지에게 가서 상황을 설명하고 수혈에 동의할 것을 요구하였다. 병원장은 신속히 수혈을 하지 않을 경우 아이가 단기간 내에 사망하거나 심각한 신체적, 정신적 손상을 입을 수 있다는 사실을 고지하였다. 아이 아버지는 자신이 아는 바로는 수혈 이외에 다른 방법으로도 치료가 가능하다고 답변하였으며, 이에 대해서 의사들은 이미 증상이 진전되어 수혈이 아이의 생명을 구할 수 있는 유일한 방법이라고 설명하였다. 그러나 아이 아버지는 역시 종교상의 신념을 이유로 동의를 거부하였다. 이에 병원장은 그 지역 관할의 후견법원[4] 판사에게 연락하였고,[5] 연락을 받은 판사는 오후 6시 30분경 병원에 나타났다. 판사 역시 아이 아버지가 수혈에 동의하도록 설득하고, 동의하지 않을 경우 형사처벌될 수 있음을 강조하여 설명하였으나, 아이 아버지의 마음을 돌릴 수는 없었다. 이에 따라 후견법원 판사는 임시조치[6]로서 그 자리에서 아이 아버지와 어머니(당시 집에 있었음)의 양육권(친권 중 자녀의 신상보호에 관한 부분)을 상실시키고 상실된 부분에 대한 후견인으로 병원장을 선임하였다.[7] 후견인으로 선임된 병원장은 즉시 수혈을 하도록 지시하여 아이의 생명을 구할 수 있었다. 그 후 건강

---

4) 1998년 7월 1일부터 시행된 개정친자법(Gesetz zur Reform des Kindschaftsrechts vom 16. 12. 1997. 1998. 7. 1. 시행)에 의하여 자녀의 보호를 위한 개입과 법적 조치는 가정법원 (Familiengericht)의 관할이 되었다. 이에 대한 자세한 설명은 BT-Drucks. 13/4899, S. 71f. 참조.

5) 당시 후견법원은 자녀의 복리가 위태롭게 되는 경우, 이를 방지하기 위하여 직권으로 필요한 조치를 취할 수 있었으며, 자녀의 복리가 위태로운 것을 인지한 사람은 누구나 가정법원에 알릴 수 있었기에 의사가 직접 후견법원에 전화를 할 수 있었던 것이다. Palandt/Lauterbach, 1970, § 1666 7).

6) 후견법원이 즉시 개입해야만 하는 긴급한 필요가 있는 경우에는 당시 독일민법 제1666조에 근거하여 임시명령을 할 수 있었다. OLG Hamburg, NJW 1956, 1156; Dölle, Familienrecht Band II, 1965, S. 267; Palandt/Lauterbach, 1970, § 1666 7).

7) 당시 독일민법 제1666조는 자녀를 보호하기 위하여 법원이 취할 수 있는 구체적 조치에 대해서 규정하고 있지 않았으며, 아동의 복리를 위태롭게 하는 다양한 개별적인 상황에 대응하여 법적으로 취해질 수 있는 구체적인 보호조치는 법원의 재량에 맡겨져 있었다. Palandt/Lauterbach, 1970, § 1666 5).

을 되찾은 아이는 양육권을 회복한 부모에게 인도되었다.[8]

(2) 1994년에도 위의 사례와 유사한 사건이 있었다.[9] 1994년 2월 7일 X병원 병동의 주임의사는 후견법원에 전화하여 다음과 같은 사실을 알렸다: 1994년 2월 7일 27주 만에 출생한 아이가 생명이 위태로운 상태에서 병원의 중환자실에 입원해 있는데, 의학적 견지에서 볼 때 수혈이 필요할 가능성이 매우 높다. 그러나 아이의 부모는 종교상의 이유로 수혈에 반대하고 있다.

이에 후견법원은 1994년 2월 8일 독일민법 제1666조에 따라 부모의 친권을 일부 상실시키고, 그 범위에서 아동청을 후견인으로 선임하였다. 후견인의 권한 범위는 "조기 출산으로 인하여 생명이 위태로운 영아의 생명과 건강을 구하기 위하여 필요한 의료적 처치 – 특히 수혈 – 에 대한 동의"로 한정되었다. 그 이유에서 후견법원은 – 자녀의 진료를 담당하는 의사의 판단에 따르면 – 자녀의 생명을 구하기 위하여 즉시 수혈을 시행하는 것이 필요하다고 설시하였다.

자녀의 아버지는 법원의 결정에 대해서 다음과 같은 주장을 하며 당일(1994. 2. 8.)에 항고하였다: 후견법원은 사전에 부모의 의견을 듣는 절차를 생략하고 성급히 부모의 친권을 제한하는 결정을 하였다. 자녀의 치료를 위하여 수혈 이외에도 대안적 방법이 있으며, 대안적 치료를 선택하는 경우 수혈로 인한 위험을 피할 수 있다.

그러나 항고는 1994년 2월 9일 기각되었으며, 자녀의 부모는 이에 대하여 재항고하였다. 이에 대해서 첼레 고등법원은 1994년 2월 21일 다음과 같이 판단하였다(요약): 독일민법 제1666조 제1항에 따르면, 부모가 자녀의 위험을 막을 의사나 능력이 없는 경우에는 후견법원이 자녀의 복리를 위태롭게 하는 구체적인 위험을 방지하기 위하여 필요한 조치를 취할 수 있다. 자녀의 생명을 구하기 위하여 수혈이 반드시 필요한 상황에서 부모가 이를 거부하는 것은 위의 요건을 충족시킨다. 이러한 경우 부모는 기본법 제6조 제1항(부모의

---

8) 당시 후견법원은 구 독일민법 제1696조에 따라 자녀의 복리를 위하여 필요하다고 판단하는 경우 이전에 내린 명령을 언제든지 변경할 수 있었다(Dölle, Familienrecht Band II, 1965, S. 272; Palandt/Lauterbach, 1970, § 1696 1). 현행 독일민법 제1696조 제2항에 따르면 법원이 자녀의 보호를 위하여 취한 법적 조치는 자녀의 복리에 대한 위험이 더 이상 존재하지 않게 된 경우에는 법원에 의하여 직권으로 취소되어야 한다. 법원이 자녀를 보호하기 위하여 일시적으로 부모의 양육권을 상실시킨 경우에도 그 위험이 사라지면 다시 부모의 양육권을 회복시켜서 직접 자녀를 양육할 수 있도록 하겠다는 취지로 해석할 수 있다. 이는 아동보호시설이나 위탁가정에서의 양육이 일반적으로 부모에 의한 직접적인 자녀양육을 대체할 수 없다는 연구결과에 근거하는 것이다(Stumpf, Opferschutz bei Kindesmißhandlung, 1995, S. 77).

9) OLG Celle, NJW 1995, 792ff.

양육권)[10]이나 제4조 제1항(종교와 양심의 자유)을 주장할 수 없다. 왜냐하면 이러한 권리들은 생명 및 신체의 온전성에 대한 자녀의 기본권과 충돌하는 경우 후순위로 물러날 수밖에 없기 때문이다. 후견법원은 담당 의사의 설명이 타당하다고 확신한 후, 긴급한 조치가 필요하다고 판단하여 부모의 의견을 듣는 절차를 생략하였는데, 이는 허용될 수 있다.[11] 2심 법원인 지방법원 역시 신속한 결정을 위하여 부모의 의견을 듣는 절차를 생략하였는데, 이러한 절차 진행 방식은 법원의 재량에 속하는 것으로서 문제가 없다. 다만 1심과 2심 법원의 판단은 비례의 원칙을 충분히 존중하지 않았다는 점에서 문제가 있다. 친권에 대한 후견법원의 개입은 자녀의 복리가 위태롭게 되는 것을 막기 위하여 필요한 한도에서 허용될 수 있다. 후견법원 판사의 기록과 1994년 2월 8일 병원의 통지에 따르면, 이 사건에서는 법원이 자녀의 수혈에 필요한 조치를 취하는 것만으로 충분히 목적을 달성할 수 있다는 점을 알 수 있다. 이러한 조치를 위하여 친권의 일부를 상실시켜야 할 필요성은 보이지 않는다. 사실심 법원은, 자녀의 생명을 구하기 위하여 필요한 의료적 처치를 확보하기 위하여, 독일민법 제1666조 제2항에 따른 조치(법원은 부모의 의사표시를 갈음하는 결정을 할 수 있다)로써 충분한지에 대해서 검토하지 않았다. 이 규정은 1979. 7. 18. 친권법 개정[12]시에 도입된 것으로서, 후견법원은 이 규정에 근거하여 부모의 의사표시를 갈음하는 재판을 할 수 있다. 게다가 이 규정은 바로 부모가 자녀의 치료에 필요한 의료적 처치에 동의하지 않는 경우를 대비하여 마련된 것이다(BT-Drucks. 8/2788, S. 59). 이 규정에 근거하여 후견법원은 부모를 대신하여 자녀에게 필요한 의료행위에 동의할 수 있으며, 이렇게 함으로써 부모의 친권을 일부 상실시키고 후견인을 선임하여 그로 하여금 동의의 의사표시를 하도록 하는, 번거로울 뿐만 아니라 친권을 필요 이상으로

---

10) 원문(NJW 1995, 793)에는 "Art. 6 I GG (elterliches Erziehungsrecht)"로 되어 있는데, 제6조 제2항의 오기인 것으로 보인다.

11) 다만 첼레 고등법원은 다음과 같이 덧붙였다: 구 독일비송사건절차법 제50조a 제1항 3문에 따라 독일민법 제1666조, 제1666조a 규정이 적용되는 사례에서 후견법원은 항상 해당 자녀의 부모의 의견을 들어야 한다. 이 사건에서와 같이 절차를 지체하면 자녀의 복리가 위태롭게 될 수 있는 경우에는 부모의 의견을 듣는 절차를 생략할 수 있지만, 그러한 경우에도 법원은 결정 후 지체 없이 부모의 의견을 들어야 한다(구 독일비송사건절차법 제50조a 제3항 제2문). 후견법원은 임시명령이 자녀의 복리를 위해서 필요한 한도에서만 유지될 수 있다는 점에 주의하여야 한다. 따라서 후견법원은 부모가 항고이유에서 밝힌 수혈의 필요성에 대한 의구심에 대해서도 좀 더 살펴볼 필요가 있다. 이와 관련하여 병원에서 자녀를 담당하는 의사들에게 부모의 항고이유서를 제공하고, 부모가 제시한 대안적 치료방법(그리고 X교수의 조언을 들으라는 부탁)에 대한 담당의들의 의견을 들을 필요가 있다.

12) Gesetz zur Neuregelung des Rechts der elterlichen Sorge vom 18. 7. 1979. 1980. 1. 1. 시행.

제한하는 절차를 거칠 필요가 없다(이러한 이유에서 첼레 고등법원은 수혈에 대한 부모의 동의를 갈음하는 결정을 하였다).

2. 우리의 사례

(1) 위에서 소개한 독일의 사례와 유사한 사건이 1980년에 우리나라에도 있었다.[13] 이 사건은 '여호와의 증인' 신도인 어머니가 종교상의 신념을 이유로 사망의 위험이 예견되는 딸에 대한 수혈을 거부한 결과, 그 딸이 사망하게 되자 어머니를 형사처벌한 경우(유기치사죄)에 관한 것이다. 판결문에서 법원은 "의사가 권하는 최선의 치료방법인 수혈이라도 하지 않으면 그 환자가 사망할 것이라는 위험이 예견 가능한 경우에 아무리 생모라고 할지라도 자신의 종교적 신념이나 후유증 발생의 염려만을 이유로 환자에 대하여 의사가 하고자 하는 위의 수혈을 거부하여 결과적으로 그 환자로 하여금 의학상 필요한 치료도 제대로 받지 못한 채 사망에 이르게 할 수 있는 정당한 권리가 있다고는 할 수 없는 것"이라고 판단하여 딸의 사망이 친권남용의 결과임을 간접적으로 인정하고 있다. 독일의 사례와 구별되는 점은 아동이 사망하기 전에 생명을 구하기 위한 적극적인 사법적 조치가 이루어지지 못한 채 다만 아동의 사망 후에 친권자인 모를 처벌하는 데 그쳤다는 것이다.

(2) 이와 유사한 사건은 그 후에도 계속해서 이어졌다. 1999년 8월 21일 "그것이 알고 싶다"(빗나간 믿음 – 자식의 생명, 부모의 것인가)를 통해서 알려진 바에 따르면 피해자 김신애 양(1990년-2002년 5월)은 1995년 상대적으로 완치율이 높은(약 90%) 소아암 진단을 받았는데, 개신교 신자인 부모는 기도로써 치료할 수 있다는 종교적 신념으로 치료를 거부하였다. 김양은 이 사건이 방송을 통해서 알려진 이후에야 비로소 사회단체와 국회의원의 도움을 받아 수술을 받을 수 있게 되었지만, 4년간 아무런 치료도 받지 못하여 치료의 적기를 놓쳤을 뿐만 아니라 수술 후에 부모가 후속 치료를 거부하고 다시 아이를 기도원에 데리고 가서 사실상 방임했기 때문에 결국 사망하였다.

(3) 2009년에도 부모가 종교적 이유로 딸의 수혈을 거부한 사건이 있었다. 2009년 9월 6일 태어난 아이는 대동맥판막의 선천 협착, 양방단실 유입증, 심방심실 중격 결손증 등의 진단을 받고, 출생 직후부터 서울아산병원의 신생아 중환자실에서 치료를 받았다. 병원은 9월 24일 아이에게 우선적으로 폐동맥

---

13) 대법원 1980. 9. 24, 79도1387.

밴딩술을 시행하였으나, 아이의 심장 질환을 완전히 치료하기 위해서는 심장 교정 수술인 폰탄 수술이 필요하다고 판단하였다. 의사는 아이의 부모에게 수혈 방식의 폰탄 수술은 회복 가능성이 30~50%이지만, 무수혈 방식의 수술은 회복 가능성이 5%로 떨어진다고 설명하며, 부모에게 수혈 방식의 수술을 권하였다(수술을 하지 않을 경우 아이의 기대 생존기간은 길게 잡아도 3개월에서 6개월 정도로 예상된다는 점도 설명하였다). 그러나 부모는 종교적 이유로 수술에 수반되는 수혈에 동의하지 않았다. 결국 병원 측은 10월 19일 아이의 부모를 상대로 법원에 '진료업무방해금지 등 가처분신청'을 하였다. 10월 21일 서울동부지방법원은 수혈에 동의하지 않는 부모의 행위(부작위)를 친권의 남용으로 인정하고, 병원 측이 환자의 생명을 구하기 위하여 긴급히 필요한 수혈을 시행해야만 하는 상황인데, 친권자가 이에 동의하지 않는 경우 이러한 진료행위에 대한 방해의 배제를 구할 수 있다고 설시하면서 가처분신청을 인용하였다.[14] 그러나 아이의 부모는 가처분결정 직후 무수혈 심장 수술을 성공한 경험이 있는 서울대병원으로 아이를 옮겼으며, 아이는 무수혈 수술을 받기 전인 10월 29일에 사망하였다.

3. 비교 검토

과거 독일에서 있었던 두 사례와 우리 사회에서 벌어진 세 사례를 비교해 보면 다음과 같은 점을 알 수 있다.

(1) 독일의 경우

1) 독일에서는 1960년대(그리고 그 이전에도)에도 아동의 복리를 위태롭게 하는 사태가 발생한 경우, 이를 인지한 사람은 누구나 후견법원에 그 사실을 알림으로써 법원의 개입을 촉구할 수 있었다. 당시 독일가사비송법에는 누구나 후견법원에 절차의 개시를 촉구할 수 있다는 명문의 규정은 없었으나, 이는 당연한 법리이므로 굳이 규정할 필요가 없었던 것으로 해석되었다.[15] 그러

---

14) 서울동부지방법원 2010. 10. 21.자 2010카합2341 결정(주문: 채무자들은 채권자 산하 서울아산병원에서 신청외인에 대하여 구명(救命)을 위하여 행하는 수혈 행위를 방해하여서는 아니 된다.). 이 결정에 대한 평석으로는 이봉민, "자녀에 대한 의료행위에 관한 친권남용 통제 – 서울동부지방법원 2010. 10. 21.자 2010카합2341 결정 –", 『법조』 제668호(2012. 5.), 233면 이하 참조.

15) 구 독일가사비송법(Gesetz über die Angelegenheiten der freiwilligen Gerichtsbarkeit)을 대체한 현행 독일 가사 및 비송사건절차법(Gesetz über das Verfahren in Familiensachen und in den Angelegenheiten der freiwilligen Gerichtsbarkeit. 2009. 9. 1. 시행)은 이에 관한 명문의 규정을 두었다(독일 가사 및 비송사건절차법 제24조). MüKoFamFG/Ulrici, 3. Aufl. 2018, FamFG § 24 Rn. 1.

한 개입 촉구가 있는 경우 법원은 직권으로 절차를 개시할 수 있었으며,[16] 이러한 구조는 위의 사례에서 본 바와 같이 법원의 신속한 개입을 가능하게 하였다. 아동의 복리가 위태로운 상황에서 아동을 보호하려면 무엇보다도 신속한 조치가 이루어지는 것이 중요하다. 신속한 조치가 선제적으로 이루어짐으로써 아동에게 발생하는 피해를 사전에 예방하거나 또는 적어도 최소화할 수 있기 때문이다. 이러한 점에서 보면 아동학대를 인지한 사람 누구나(특히 의사나 교사 등 자녀의 이익을 보호해야 할 위치에 있는 사람[17]) 법원에 통지하여 법원으로 하여금 직권으로 필요한 조치를 신속하게 취할 수 있도록 하는 법체계는 아동학대방지에 있어서 최선의 시스템이라고 할 수 있을 것이다.

2) 독일에서는 이미 1960년대에도 법원이 임시명령으로 부모의 친권 중 일부를 상실시키고, 그 부분에 대해서 후견인을 선임할 수 있었고, 이렇게 선임된 후견인은 친권자를 대신하여 자녀의 보호를 위하여 필요한 의사표시를 할 수 있었다. 당시 독일민법 제1666조는 자녀를 보호하기 위하여 법원이 취할 수 있는 구체적 조치에 대해서 규정하고 있지 않았다. 아동의 복리를 위태롭게 하는 다양한 개별적인 상황에 대응하여 법적으로 취해질 수 있는 구체적인 보호조치는 법원의 재량에 맡겨져 있었다.[18] 예를 들면 법원은 친권 전부의 상실뿐만 아니라 필요에 따라 친권의 일부 상실(예를 들어 양육권만의 상실 또는 양육권 중에서도 거소지정권만의 상실 등)도 명할 수 있었다.[19] 친권의 일부만이 상실된 경우에 그 부분에 대한 친권을 행사할 사람이 없다면(예를 들어 1966년 사례에서와 같이 부모가 모두 양육권을 상실한 경우), 그 부분에 대해서는 후견이 개시되었다(구 독일민법 제1909조 제1항. 현행 독일민법 제1809조).[20] 이 때 후견법원은 친권이 상실된 부분에 대해서 적당한 사람을 후견인으로 선임할 수 있었다.

1979년 친권법 개정[21]에 의하여 후견법원은 자녀의 복리가 위태롭게 되는 경우 부모의 의사표시를 갈음하는 결정을 할 수 있다는 규정이 새로 도입되

16) 법원이 반드시 절차를 개시해야 할 의무가 있는 것은 아니라는 점에서 '청구'와 구별되는 것으로 설명되었다. MüKoFamFG/Ulrici, 3. Aufl. 2018, FamFG § 24 Rn. 1.
17) Keidel/Kuntze/Winkler/Schmidt, FGG § 12 Rn. 8; MüKoFamFG/Ulrici, 3. Aufl. 2018, FamFG § 24 Rn. 1.
18) Dölle, Familienrecht Band II, 1965, S. 264; Palandt/Lauterbach, 1970, § 1666 5).
19) Dölle, Familienrecht Band II, 1965, S. 266; Palandt/Lauterbach, 1970, § 1666 5).
20) Palandt/Lauterbach, 1970, § 1909 2).
21) Gesetz zur Neuregelung des Rechts der elterlichen Sorge vom 18. 7. 1979. 1980. 1. 1. 시행.

었다(독일민법 제1666조 제2항). 이 규정은 부모가 자녀의 치료에 필요한 의료적 처치에 동의하지 않는 경우를 대비하여 마련된 것이다.[22] 독일의 1994년 사례에서 법원은 1966년 사례와 달리 부모의 친권 중 일부를 상실시키고 후견인을 선임하는 방법을 선택하지 않고, 1979년에 신설된 위 규정에 근거하여 의료행위에 대한 부모의 동의를 갈음하는 결정을 하였다. 이로써 필요 이상으로 부모의 친권을 제한하지 않으면서도 보다 간단한 방법으로 문제를 해결하는 것이 가능하게 되었다.[23]

아동학대방지에 관한 독일민법 규정은 2008년에 큰 폭으로 개정되었으며,[24] 이에 따라 아동의 복리가 위태롭게 되는 것을 막기 위하여 가정법원이 취할 수 있는 다양한 조치들이 구체적으로 규정되었다(독일민법 제1666조 제3항. 가정법원은 여기에 열거되어 있지 않아도 아동학대의 방지를 위해서 적절하다고 판단하는 조치를 취할 수 있다). 가정법원이 취할 수 있는 조치는 자녀양육에 어려움을 겪는 부모에 대한 지원(예를 들어 부모에 대하여 양육지원 서비스[25]를 받도록 명하는 것)[26]에서부터 친권에 대한 직접적인 제한(친권의 일부 또는 전부의 상실, 부모의 의사표시를 갈음하는 결정)에 이르기까지 다양한 상황에 대응하여 그에 맞는 적절한 대처가 가능하도록 규정되었다.

(2) 우리의 경우

2014년 「아동학대범죄의 처벌 등에 관한 특례법」(이하 '아동학대처벌법'[27]이라고 한다) 제정에 의해서 피해아동보호명령이 도입되기 전까지 우리 사회에서 아동학대가 발생하는 경우에는 주로 민법 제924조의 친권상실선고에 관한

---

22) BT-Drucks. 8/2788, S. 59.

23) Bender, Zuegen Jehovas und Bluttransfusionen, MedR 1999, 265. 법원이 친권자의 의사표시를 갈음하는 결정으로 해결할 수 있는 사안에서 친권의 전부 또는 일부를 상실시키는 것은 비례의 원칙과 맞지 않는다고 한다.

24) Gesetz zur Erleichterung familiengerichtlicher Maßnahmen bei Gefährdung des Kindeswohls. 2008. 7. 12. 시행. 자세한 내용은 김상용, "아동학대 방지와 피해아동 보호를 위한 새로운 법체계의 구축을 위한 연구", 『법학논문집』 제36집 제3호(2012. 12.), 84면 이하 참조.

25) 예를 들면 독일사회법 제8편 제27조가 규정하는 서비스가 여기에 해당한다. 예컨대, 부모에게 양육에 관한 유익한 정보를 제공하고 양육관련 상담을 하는 것, 탁아소와 유치원의 자리를 제공하는 것, 방과 후에 부모들이 직접 돌보지 못하는 아동들을 위한 프로그램을 제공하는 것, 정신적인 장애가 있는 아동들이 학교와 직업교육에 적응할 수 있도록 도움을 제공하는 것 등이다. 또한 부모에 대하여 자녀의 양육과 관련된 프로그램(예컨대 영유아 양육교실, 폭력성향을 교정하는 강좌 등)에 참여할 것을 명할 수 있다.

26) 부모가 이러한 명령에 따르지 않는 경우에는 가정법원은 신속하게 다른 적절한 조치를 취하는 것이 보통이다. Sternal/Giers, 21. Aufl. 2023, FamFG § 95 Rn. 14); Johannsen/Henrich/Althammer/Jokisch, 7. Aufl. 2020, BGB § 1666 Rn. 114.

27) 법률 제12341호. 2014. 1. 28. 제정. 2014. 9. 29. 시행.

규정에 의해서 대처할 수밖에 없었다.[28] 이 규정에 따르면 법원은 "제777조의 규정에 의한 자(子)의 친족 또는 검사의 청구에 의하여" 친권상실을 선고할 수 있었는데, 위에서 본 우리사회의 사례들에서 부모에 대한 친권상실선고는 청구되지 못하였다.[29] 위에서 본 바와 같이 독일에서는 아동의 복리가 위태롭게 되는 것을 인지한 사람은 누구나 법원에 통지하여 개입을 촉구할 수 있었던 반면, 우리 사회에서는 친권상실선고를 청구할 수 있는 사람의 범위가 상당히 제한되어 있었기 때문에 법원이 개입할 수 있는 여지조차 없었다.

우리사회의 세 번째 사례를 보면 당시 우리 법체계가 안고 있었던 문제점이 좀 더 분명이 드러난다. 그 사안에서 서울동부지방법원은 서울아산병원의 청구에 따라 신속하게 가처분 결정을 하였으나, 이는 채무자(자녀의 부모)와 채권자(재단법인 아산사회복지재단)와의 관계에서만 효력이 있기 때문에 채무자가 아이를 다른 병원으로 옮기는 경우에는 효력이 미치지 못한다는 한계가 있었다. 만일 그 사건이 발생한 2009년 당시 법원이 − 독일의 1994년 사례와 같이 − 친권자의 의사표시를 갈음하는 결정을 할 수 있었다면, 병원 측은 자녀의 생명과 건강을 구하기 위하여 필요한 수혈과 수술을 실시할 수 있었을 것이다. 그러나 다른 한편 당시에 법원이 친권자의 의사표시를 갈음하는 결정을 할 수 있는 규정이 마련되어 있었다고 하더라도, 병원 측이 청구인의 범위에 포함되어 있지 않았다면, 법원에 그러한 청구가 되었을 가능성은 매우 낮다고 볼 수 있다(즉 법원이 친권자의 의사표시를 갈음하는 결정을 할 수 있는 규정이 마련되어 있었다고 해도, 청구인의 범위가 자녀의 친족, 검사 등으로 제한되어 있었다면, 실제로 병원 측이 직접 법원에 이러한 결정을 청구할 수는 없었을 것이고, 친족이나 검사 등의 청구권자가 청구하였을 가능성은 거의 없었을 것으로 보인다). 그렇다면 결국 그러한 사안에서 자녀의 생명과 건강을 구하기 위해서는 다음과 같은 두 가지 전제 조건이 충족될 필요가 있음을 알 수 있다: 법원이 신속하게 취할 수 있는 다양한 조치가 법률에 마련되어 있어야 하고, 아동의 복리가 위태로운 상황에 있음을 인지한 사람은 누구나 법원에 개입을 촉구할 수 있어야 한다는 점이다. 그러나 2009년까지도 우리사회에는 이러한 두

---

28) 민법 이외에 아동복지법(제18조), 가정폭력처벌법(제40조, 제55조의2) 등에도 친권상실 및 제한에 관한 규정이 있었으나, 아동학대의 방지를 위하여 사실상 거의 활용되지 못하였다.

29) 또한 설령 친권상실선고가 청구되었다고 해도 자녀의 생명과 건강을 구하는 조치로 이어지기란 결코 쉽지 않았을 것이다. 위에서 본 세 사례가 발생할 당시에는 부모가 친권을 상실하면 법정후견이 개시되어 자녀의 조부모 등이 후견인이 될 가능성이 높았는데(2011년 개정 민법 시행 전 제932조, 제935조, 제936조), 이러한 후견인이 자녀를 위하여 필요한 의료행위에 동의를 할 가능성은 높지 않았을 것으로 보인다.

가지 조건 중 어느 하나도 갖추어져 있지 않았다(독일이 1960년대에 이미 이러한 시스템을 갖추고 실제로 운용하고 있었다는 사실에 비추어 볼 때, 우리사회는 너무 오랫동안 낡은 법체계에 안주하여왔음을 부인할 수 없다. 이는 아동의 복리에 대한 우리사회, 특히 행정부와 입법부의 낮은 인식 수준에서 비롯된 것이라고 할 수 있다).

(3) 비교 검토

과거 한국과 독일, 두 나라의 아동학대방지에 관한 법체계에서 드러난 차이는 완전히 상반된 결말로 귀결되었다. 독일에서는 부모가 자녀를 위하여 필요한 의료행위에 동의하지 않는 사건을 형사사건으로 처리하기에 앞서, 후견법원이 신속하게 민사적 구제수단을 사용하여 개입함으로써 아동의 건강과 생명을 보호하는 기본적인 목적을 달성하는 한편, 부모에 대한 형사처벌은 그 후의 문제로 다루어졌다(참고로 위의 1966년 독일 사례에서 법원은 부모를 형사처벌하지 않았다). 반면에 우리사회에서는 1980년 판례에서 볼 수 있듯이, 부모가 자녀를 위하여 필요한 의료행위에 동의하지 않는 경우 법원이 민사적 구제수단(부모의 의사표시를 갈음하는 결정, 친권의 일부 상실과 후견인 선임 등)을 이용하여 필요한 조치를 취하지 못하였기 때문에 아동의 생명을 구하지 못하였고, 사후에 부모를 형사처벌하는 데 그쳤다.

위에서 본 두 나라의 사례들은, 아동의 복리를 위태롭게 하는 동일한 유형의 사례가 발생한 경우에 법체계에 따라 완전히 다른 결과로 이어질 수 있음을 보여 주었다. 이러한 문제의식에서 출발하여 우리사회에서도 아동의 복리를 위태롭게 하는 사태가 발생한 경우 신속하게 가정법원이 개입하여 아동을 보호하는 조치가 이루어질 수 있도록 법제도를 개선해야 한다는 주장이 제기되었다. 아동학대처벌법상 피해아동보호명령 제도는 이러한 문제의식과 자각에서 비롯된 것이다.

Ⅲ 피해아동보호명령 제도의 도입 - 성과와 한계

우리사회에서 아동학대가 사회적인 주목을 받기 시작한 것은 2000년대에 들어와서라고 할 수 있다.[30) 그전까지는 아동학대에 대한 문제의식이 매우 미

---

30) 2000년에 아동복지법이 개정되어 처음으로 아동학대예방센터가 설치되기 시작하였으며, 아동학대예방센터는 2006년에 아동보호전문기관으로 변경되었다.

약한 수준에 머물러 있었고, 특히 부모에 의한 자녀 학대는 친권의 행사라는 명분으로 정당화되는 분위기가 지배적이었다. 그러나 2000년대 이후 학대로 희생된 아동에 대한 언론의 보도가 이어지면서 우리사회에서도 아동학대방지와 피해아동의 보호는 하나의 중요한 의제로 부각되기 시작하였다. 그러나 아동학대의 피해자는 선거권이 없는 미성년자들이고 스스로 이익단체를 결성하여 자신들의 주장을 공론화시킬 수도 없었기에 국회에서 아동학대방지에 관한 법개정은 별로 주목을 받지 못하였다. 이러한 상황에서 아동학대방지와 피해아동의 보호를 위한 새로운 법제도의 도입 필요성에 공감한 사람들이 자발적으로 모여 연구모임을 구성하고 구체적인 대안을 모색하기 시작하였다. 아동학대처벌법상 피해아동보호명령 제도는 이러한 논의 과정에서 탄생하였다. 아래에서 아동학대처벌법상 피해아동보호명령이 제정된 경위와 그 성과, 한계에 대해서 살펴본다.

1. 제정 경위[31]

아동학대처벌법상 피해아동보호명령 제도는 '학대피해아동 보호를 위한 사법정책 연구모임(이하 '연구모임'이라고 한다)'에서 논의한 결과를 기초로 하여 마련되었다. 연구모임은 '학대피해아동 보호를 위한 사법적 절차 및 제도 개선 방안'을 마련할 목적으로 구성된 비공식적인 모임으로, 각계의 전문가들이 자발적으로 참여하는 형식으로 이루어졌다. 이 연구모임은 2011년 7월부터 2012년 7월에 걸쳐 약 1년간 8회에 걸쳐 회의를 개최하였으며, 가정법원 판사, 아동보호전문기관 관계자, 법학교수, 사회복지학 교수, 소아과 및 소아정신과 의사, 국회입법조사관, 변호사, 연구원 등이 참여하였다. 연구모임의 참석자들은 1966년 독일 사례에서 나타난 독일의 아동학대방지체계를 염두에 두고, 선진국의 입법례를 참고하여 새로운 법제도를 설계하고자 하였다. 이 연구모임에서 논의된 안을 기초로 「아동학대 방지 및 피해아동의 보호에 관한 법률안」이 마련되었는데,[32] 법안 제14조(보호조치)에 따르면 가정법원은 직권 또는 아동보호전문기관의 장의 요청에 따라, 다음과 같은 다양한 조치들을 취할 수 있도록 되어 있었다.

　1. 피해아동과 아동학대행위자를 분리하는 명령 2. 친권행사의 정지명령

---

31) 자세한 내용은 김상용, "아동학대방지와 피해아동보호를 위한 친권법의 개정", 『중앙법학』 제20집 제3호(2018. 9.), 85면 이하 참조.

32) 남인순 의원 대표발의(2012. 11. 15.).

또는 후견직무의 정지명령 3. 아동이 거주하는 주택에서의 퇴거 및 출입금지 명령 4. 아동에 대한 접근금지명령 5. 학대행위자에 대한 상담 또는 교육수강 명령 6. 아동의 가정위탁보호조치 또는 아동복지시설 입소조치 7. 피해아동 또는 그 가족에 대한 상담 또는 교육수강명령 8. 친권자 또는 후견인의 의사 표시를 갈음하는 결정 9. 그 밖에 아동의 보호를 위하여 필요하다고 인정하는 조치(이 규정이 후에 아동학대처벌법 제47조의 피해아동보호명령의 모태가 되었 다).[33]

2. 아동학대처벌법상 피해아동보호명령 제도 도입의 성과와 한계

(1) 성　과

1) 신속한 보호 조치

앞에서 본 독일과 우리의 사례에서 알 수 있듯이, 아동학대사건에 있어서 신속한 조치의 중요성은 아무리 강조해도 지나치지 않을 것이다. 신속한 보호 조치가 이루어지지 않으면, 해당 아동에게 회복할 수 없는 피해가 발생할 우려가 있기 때문이다. 예를 들어 부모가 자녀를 심각하게 학대하여 분리시킬 필요가 있을 때에는 우선 아동을 부모로부터 신속하게 격리하는 조치를 취한 후, 의료기관에서 치료를 받을 수 있게 하여야 한다. 이러한 경우 부모가 친 권자임을 내세워 아동의 인도를 청구할 수 있으므로, 부모의 친권행사를 정지 시키는 조치도 병행되어야 한다. 아동학대처벌법상 피해아동보호명령 제도가 도입되면서 이러한 사례가 발생한 경우, 가정법원은 시·도지사 또는 시장· 군수·구청장(실질적으로는 아동학대전담공무원. 2020년 법 개정 전에는 아동보호 전문기관) 등의 청구에 따라 아동학대처벌법 제47조 제1항 1호(아동학대행위자 와 피해아동의 격리조치), 제5호(피해아동을 의료기관으로 치료위탁하는 조치), 제7 호(아동학대행위자의 친권행사 정지 또는 제한 조치) 등의 조치를 취함으로써 피 해아동을 보호할 수 있게 되었다. 또한 가정법원은 임시보호명령으로도 위와

---

33) 아동학대처벌법상 피해아동보호명령제도가 「가정폭력범죄의 처벌 등에 관한 특례법」의 피 해자보호명령제도를 그대로 도입한 것이라는 견해가 있으나(김봉수, "학대 피해아동보호명령제도의 실태와 개선방안에 관한 연구", 『교정연구』 제27권 제4호(2017), 35면 이하), 이는 두 제도의 본질 적인 차이점을 간과한 것으로 보인다. 예를 들어 아동학대처벌법상 피해아동보호명령은 가정법원이 직권 또는 아동보호전문기관(현재는 시·도지사 또는 시장·군수·구청장. 실질적으로는 아동학대 전담공무원)의 청구에 의해서 할 수 있는데, 위의 독일의 사례에서 볼 수 있듯이, 이는 제도의 운 용에 있어서 매우 큰 차이를 낳을 수 있다. 또한 아동학대처벌법상 피해아동보호명령에는 '친권자 인 아동학대행위자의 피해아동에 대한 친권 행사의 제한 또는 정지'(제47조 제7호), '친권자 또는 후견인의 의사표시를 갈음하는 결정'(제9호) 등이 포함되어 있는데, 가정법원이 이러한 명령을 통 하여 실현할 수 있는 아동의 복리를 가늠해 본다면, 그 차이는 실로 크다고 하지 않을 수 없다.

같은 조치들을 취할 수 있으므로, 신속한 보호조치의 실현이 가능하게 되었다. 따라서 앞에서 본 우리의 사례들과 유사한 사건이 발생하는 경우, 가정법원이 신속하게 부모의 친권행사를 정지시키고, 임시로 후견인의 임무를 수행할 사람을 선임하면,[34] 후견인이 거소지정권을 행사하고 자녀를 위한 의료행위에 동의할 수 있으므로, 부모가 동의를 거부한다고 해도 자녀를 위한 의료적 처치를 실시할 수 있다. 나아가 가정법원은 직접 '친권자 또는 후견인의 의사표시를 갈음하는 결정'(아동학대처벌법 제47조 제1항 제9호)을 할 수도 있으므로, 부모가 동의를 하지 않는 경우에도 신속하게 필요한 의료시술을 시행하여 아동의 생명과 건강을 구하는 것이 가능하게 되었다.

2) 아동학대방지와 피해아동보호를 위한 민사적 해결 방안의 도입

아동학대처벌법상 피해아동보호명령과 임시보호명령은 민사적 성격의 보호조치라고 할 수 있다. 아동학대처벌법은 그 법명만을 놓고 보면 형사특별법의 일종으로 보일 수 있으므로, 그 안에 민사적 성격의 보호조치가 규정되어 있는 것이 법체계상 어색하다는 비판이 나올 수 있다. 그러나 아동학대사건에 효율적으로 대처하고 피해아동을 적절히 보호하기 위해서는 아동학대행위자에 대한 형사적 대응과 더불어 민사적 조치가 병행되어야 필요가 있다는 점에 비추어 보면(예를 들어 자녀를 학대한 부모에 대해서 형사절차가 개시되더라도 구속에 이르지 않는 경우에는 격리, 친권행사의 정지 등과 같은 조치가 필요할 수 있다), 아동학대방지를 위하여 제정된 특별법에 민사적 성격의 보호조치가 규정되어 있는 것은 당연하다고 볼 수 있다. 나아가 상당수의 아동학대사건에 있어서는 굳이 아동학대행위자를 처벌하지 않고도 민사적인 구제수단을 활용하여 아동의 보호라는 본연의 목적을 달성할 수 있다(앞에서 본 독일의 1966년 사례에서도 법원은 친권의 일부상실, 후견인 선임이라는 민사적 조치를 취함으로써 아동의 생명과 건강을 구할 수 있었으며, 문제가 해결된 후에도 해당 아동의 부모는 형사처벌을 받지 않았다. 1994년 독일 사례에서도 법원은 부모의 의사표시를 갈음하는 결정을 함으로써 아동의 건강과 생명을 보호하는 목적을 달성하였으며, 그 과정에서 형사적 조치는 개입되지 않았다).[35]

---

34) 아동학대처벌법 제47조 제5항 및 제52조 제3항에 의한 제23조의 준용.

35) 2016년도 전체 아동학대사례 18,700건 중 고소·고발, 수사의뢰, 응급조치에 따른 수사개시 등 형사절차가 진행된 경우는 6,018건(전체의 32.2%)이다(2016 전국아동학대현황보고서, 144면). 따라서 나머지 아동학대사례에 대해서는 피해아동보호명령과 같은 민사적 구제수단만으로도 적절한 대응이 가능한 것으로 추론할 수 있다. 이러한 경향은 그 후의 통계에서도 확인할 수 있다 (2020년 아동학대사례건수 30,905건, 고소·고발 건수 11,209건. 보건복지부, 2020 아동학대 주요 통계, 38면; 2023년 아동학대사례건수 25,739건, 고소·고발 건수 11,469건. 보건복지부, 2023 아

아동학대처벌법이 시행된 지 10여년의 세월이 흘렀으나 ― 애초에 법무부가 우려했던 바[36]와는 달리 ― 피해아동보호명령이 아동학대처벌법의 체계와 조화되지 않는다든가, 그로 인하여 실무상 운용에 혼란이 초래되었다는 비판은 제기되지 않았다. 반대로 피해아동보호명령은 아동학대처벌법에 있어서 아동학대방지와 피해아동의 보호를 위하여 없어서는 안 될 필수적인 제도로 자리 잡았다고 평가할 수 있다.

(2) 한 계

1) 예방적 조치의 결여

아동학대가 우려되거나 의심스러운 정황이 있는 때에는 아동에게 구체적인 피해가 발생하기 전에 예방적 조치를 취할 필요가 있다. 예를 들어 아동이 부모의 체벌로 인하여 상처를 입었다는 의심이 드는 경우에는 단지 관찰을 하는 데 그칠 것이 아니라 조기에 선제적으로 개입하여 적절한 예방적 조치를 취함으로써 학대로 인한 피해를 사전에 방지할 수 있어야 한다. 이와 같이 예방적 조치를 취하지 않고 있다가 학대로 인한 피해가 현실화되었을 때(어느 날 아동이 부모의 체벌로 인하여 골절 등의 중상을 입었을 때) 사후에 비로소 개입하는 방식으로는 아동의 생명과 건강을 보호하기 어렵다.

아동학대가 우려되거나 의심되는 경우에 가정법원이 취할 수 있는 예방적 조치로는 부모에게 양육에 관한 강의를 수강하게 하거나 상담을 받도록 하는 것(또는 부모에게 정신질환이 있는 경우 의료기관에 치료위탁을 하는 것) 등을 들 수 있다.[37] 부모가 법원의 명령에 따라 양육에 관한 상담과 교육을 받고 이를 통하여 양육태도가 교정된다면, 이러한 조치만으로 이미 충분한 효과를 거둔

동학대 주요 통계, 32면).

36) 법무부는 피해아동보호명령의 기초가 되었던 남인순 의원안 제14조(보호조치)에 대하여 다음과 같은 이유를 들어 반대하였다. "보호조치 제도는 민·형사상 요소가 혼재된 독자적인 제도로서 민사·형사를 구별하고 있는 우리 법체계와 조화되지 아니하고, 운영상의 혼란이 가중될 우려가 있으므로 신중한 검토가 필요함."「아동학대의 방지 및 피해아동의 보호 관련법」제정 관련 공청회 자료집(2013. 4. 22.) 참조.

37) 김상용, "아동학대방지를 위한 새로운 입법방향, ―「아동학대범죄의 처벌 등에 관한 특례법안」에 대한 의견―", 가족법연구 IV, 법문사, 2014, 70면; 현소혜, "「아동학대범죄의 처벌 등에 관한 특례법」의 문제점과 개선방안", 『법학논총』, 제24권 제2호(2017. 8.), 406면; 안소영, 안현주, "아동보호를 위한 국가의 역할과 책임 : 가정 내 아동학대를 중심으로", 『이화젠더법학』 제12권 제2호(2020. 8.), 149면; 김수현, 피해아동보호명령제도 문제점 및 개선방안, 피해아동에 대한 보호명령의 개선방안에 대한 간담회 자료집(2020. 8. 5.), 52면; 배인구(연구책임자), 아동학대범죄의 처벌 등에 관한 특례법 제47조 피해아동에 대한 보호명령 개선 방안에 관한 연구(2020), 126면; 곽지현, "아동학대범죄의 처벌 등에 관한 특례법상 아동학대범죄의 문제점과 개선방안", 『이화여자대학교 법학논집』 제28권 제2호(2023. 12.), 349면.

것이므로, 더 이상의 적극적인 조치(예를 들면 친권행사의 정지, 격리 조치 등)는 필요하지 않을 것이다(이렇게 되면 국가가 필요 이상으로 부모의 친권을 제한하지 않아도 된다는 장점이 있다). 만약 부모가 법원의 상담 또는 교육 명령에 따르지 않고 양육방식을 개선하려는 태도를 보이지 않는다면, 법원으로서는 다음 단계로서 아동을 보호하기 위한 보다 적극적인 조치로 나아갈 수 있을 것이다. 이러한 이유에서 남인순 의원안 제14조의 보호조치에는 "학대행위자에 대한 상담 또는 교육수강명령"(제5호)이 포함되어 있었는데, 이는 피해아동보호와 직접적인 관련이 없다는 이유로 피해아동보호명령에서 제외되었다. 그러나 위에서 본 바와 같이 부모가 상담과 교육을 통하여 양육태도를 교정할 수 있다면, 그것만으로도 아동학대예방과 아동의 보호라는 아동학대처벌법의 목적을 달성할 수 있는 것이므로, "학대행위자에 대한 상담 또는 교육수강명령"이 피해아동보호와 직접적인 관련이 없다는 의견은 타당하지 않다.[38]

2) 청구인의 범위

① 2014년 아동학대처벌법 제정 당시에 가정법원에 피해아동보호명령을 청구할 수 있는 사람은 "피해아동, 그 법정대리인, 변호사, 아동보호전문기관의 장"으로 규정되어 있었다. 그런데 2020년 일부 개정[39]에 의해서 아동보호전문기관의 장은 "시·도지사 또는 시장·군수·구청장"으로 대체되었다. 아동학대처벌법 제정 당시에 원래 아동보호전문기관의 임무로 규정되어 있었던 신고 접수(제10조), 현장출동 및 조사(제11조), 응급조치(제12조) 등의 업무가 전부 아동학대전담공무원에게 넘어갔다는 점에 비추어 볼 때 청구인으로 시·도지사 또는 시장·군수·구청장(실질적으로는 아동학대전담공무원[40])이 추가된 것은 이해할 수 있다(아동보호전문기관의 장은 시·도지사 또는 시장·군수·구청장에게 피해아동보호명령의 청구를 요청할 수 있을 뿐이다. 제47조 제2항). 그러나 청구인의 범위에 시·도지사 또는 시장·군수·구청장을 추가한다고 해서 반드시 아동보호전문기관의 장을 배제해야 할 이유는 없다. 아동보호전

---

38) 2008년에 개정된 독일민법에 따르면 가정법원은 아동학대의 방지를 위하여 예방적 차원에서 취할 수 있는 온건한 조치(예컨대 양육상담을 받도록 명하는 것)로부터 친권상실과 같은 강한 조치까지 다양한 조치들을 취할 수 있다(제1666조 제3항). 자녀의 양육에 문제가 있는 부모가 아동청이 제안한 지원서비스(양육에 관한 교육수강 등)를 거부하는 경우에는 아동의 복리가 심각하게 위태로운 상태에 있지 않더라도, 아동청은 가정법원에 그 사실을 통지할 수 있으며, 가정법원은 부모에 대하여 양육에 관한 교육을 수강하도록 명할 수 있다.

39) 법률 제17087호, 2020. 3. 24, 일부개정. 2020. 10. 1. 시행.

40) 시·도지사 또는 시장·군수·구청장은 ① 아동학대 신고접수, 현장조사 및 응급보호, ② 피해아동, 피해아동의 가족 및 아동학대행위자에 대한 상담·조사 등의 업무 수행을 위해 아동학대전담공무원을 두어야 한다(아동복지법 제22조 제3항, 제4항).

문기관은 여전히 아동학대 사례를 관리하는 업무를 수행하고 있으므로, 그 과정에서 아동학대를 인지하는 경우 바로 가정법원에 피해아동보호명령을 청구할 수 있도록 하는 것이 효율적이다. 아동학대사건은 신속성을 요하는 경우가 많으므로, 아동학대전담공무원을 경유하여 피해아동보호명령을 청구하도록 하는 법체계는 효율성이 떨어질 수 있다.

　　② 위의 독일 사례에서 본 바와 같이, 독일에서는 아동학대를 인지한 사람은 누구나 가정법원에 직접 통지할 수 있으며, 가정법원은 직권으로 절차를 개시하여 신속하게 필요한 조치를 취할 수 있다. 그 과정에서 신속성을 저해할 수 있는 어떠한 불필요한 요소(아동보호전문기관의 장이 지자체장에게 피해아동보호명령의 청구를 요청하는 것과 같은 이중 절차)도 끼어들지 않는다. 이러한 외국의 사례에 비추어 볼 때 아동학대처벌법상 피해아동보호명령 제도가 본연의 목적에 따라 효율적으로 운용되기 위해서는 청구인의 범위를 확대하는 것이 필요하다고 생각된다. 누구나 피해아동보호명령을 청구할 수 있도록 규정하는 것은 우리사회의 전반적 사정을 고려해 볼 때 당장은 무리라고 할지라도, 적어도 아동학대를 인지할 수 있는 사회적 위치에 있는 사람들(예를 들어 의사,[41] 교사 등)에게는 피해아동보호명령을 청구할 수 있도록 범위를 확대하는 것이 필요해 보인다. 물론 이러한 방향으로 개정을 하는 경우 피해아동보호명령의 청구 방식을 간이하게 하여(예를 들면 법원을 직접 방문하지 않고도 서면 또는 말로 청구할 수 있게 하는 방법[42]) 법률지식이 없는 사람도 부담 없이 가정법원에 접근할 수 있도록 제도를 정비할 필요가 있을 것이다.

　　③ 2020년 10월 16일 한 입양 아동이 양부모의 학대로 인하여 1년 6개월의 짧은 삶을 마감하였다('정인이 사건'). 양부모의 학대는 장기간 이어졌으며, 그 기간 동안 세 차례의 신고(2020년 5월 23일, 6월 29일, 9월 23일)를 통하여 아동보호전문기관과 경찰은 학대의 정황을 인지하고 있었으나, 피해아동보호

---

　　41) 같은 취지의 의견(친권상실선고의 청구권자에 의사를 포함시키자는 의견)으로 金天秀, "患者의 親權者・後見人의 同意權", 民法學論叢, 第二 : 厚巖郭潤直教授古稀紀念, 博英社, 1995, 466면 참조.
　　42) 아동보호심판규칙 제70조 제1항에 따르면 "피해아동보호명령의 청구는 서면 또는 말로 할 수 있다." 그러나 동조 제3항에 의하면 "말로 청구하는 경우에는 법원사무관등의 앞에서 하여야 한다." 그러므로 의사가 피해아동보호명령의 청구권자로 규정된다고 하더라도, 의사가 직접 법원을 방문하여 청구할 수밖에 없게 되는데, 이러한 시스템은 현실에서 작동하기 어렵다고 본다. 1966년 독일 사례에서 의사가 법원에 전화하여 구두로 개입을 요청하고 판사가 이에 응하여 신속하게 조치를 취하는 것과 같이, 우리사회에서도 의사(또는 교사) 등이 부담 없이 법원에 연락하여 개입을 요청할 수 있는 체계를 구축할 필요가 있을 것이다.

명령 청구와 같은 적극적인 조치는 이루어지지 않았다. 5월 23일에는 어린이 집 원장이 아동보호전문기관에 신고하였으며, 6월 29일에는 양부모의 지인이 역시 아동보호전문기관에 신고하였다. 9월 23일에는 정인이를 진료한 소아청소년과 의사가 경찰에 신고하였다(어린이집 원장이 양부모 몰래 정인이를 소아과 에 데려가서 진료가 이루어졌음). 이러한 가정이 무의미할 수도 있겠으나, 만약 아동보호전문기관 이외에 의사, 어린이집 원장도 피해아동보호명령을 청구할 수 있었다면, 결과는 달라질 수 있었을 것이라고 생각한다. 독일의 예에서 의사가 직접 후견법원(현재는 가정법원)에 연락하여 결국 의료행위에 대한 동의를 받아냄으로써 아동의 생명을 구할 수 있었듯이, 정인이를 9월 23일에 진료한 의사가 가정법원에 직접 통지하여 친권의 정지나 제한 등의 조치가 신속하게 이루어지고, 적절한 치료를 받도록 하였다면 우리는 다른 결과를 맞이했을지도 모른다.

여기서 우리가 얻을 수 있는 교훈은 피해아동보호명령을 청구할 수 있는 사람의 범위를 제한하는 방향이 아니라, 반대로 확대하는 쪽으로 개정이 이루어질 필요가 있다는 것이다. 그리고 의사나 어린이집 원장이 비교적 용이하게 경찰이나 아동보호전문기관에 신고했던 것처럼, 가정법원에 대한 접근성을 높이는 것도 중요한 과제라고 생각된다. 비록 지금으로서는 이러한 과제의 실현이 거의 불가능하게 보일지라도 적어도 고민을 해 볼만한 가치는 있을 것이다.

④ 서울중앙지방법원 2020. 5. 21. 2020카합21009 결정(진료업무방해금지 가처분신청)도 이러한 방향으로의 개정이 필요함을 보여주는 또 하나의 사례라고 할 수 있다. 이 사건에서 아이 갑(신청외인. 2016. 8. 23. 출생)는 'CASK 연관 간질발작 뇌병증'으로 진단받아 위 뇌병증에서 유래한 폐렴으로 인해 서울대학교 병원 소아 중환자실에서 기관삽관 상태로 폐렴 치료를 받고 있었다. 서울대 병원 의료진은, 갑에 대하여 기관삽관 방식을 계속 유지할 경우 기도 부종 및 협착으로 호흡곤란이 유발되어 사망에 이를 수 있다는 이유로 갑의 아버지에게 기관절개술에 대한 동의를 구하였다. 그런데 갑의 아버지는 경제적 이유 등을 들어 기관절개술을 거부하였다. 이에 채권자인 서울대학교 병원 은 "채무자는 채권자가 신청외인에 대하여 행하는 기관절개, 산소공급, 약물 투여 및 영양·수분공급 등 구명(求命)을 위한 일체의 치료행위를 방해하여서는 아니 되고, 기관절개술 전 퇴원요구를 하여서는 아니 된다"는 취지의 가처분신청을 하였다. 법원은 이 신청을 각하하였는데, 그 이유를 요약하면 다음과 같다.

「2015. 10. 16. 시행된 민법 제922조의2는 '가정법원은 친권자의 동의가 필요한 행위에 대하여 친권자가 정당한 이유 없이 동의하지 아니함으로써 자녀의 생명, 신체 또는 재산에 중대한 손해가 발생할 위험이 있는 경우에는 자녀, 자녀의 친족, 검사 또는 지방자치단체의 장의 청구에 의하여 친권자의 동의를 갈음하는 재판을 할 수 있다'라고 규정하여, 친권자가 동의를 거부하더라도 가정법원의 재판을 통해 치료를 할 수 있는 절차를 새로이 마련하였으므로, 이에 의하지 아니하고 민사집행법상 가처분절차를 통해 사실상 친권자의 동의를 갈음하는 재판을 구하는 것은, 민법 제922조의2에 기한 재판절차를 거치는 것이 불가능하다거나, 그 절차로는 자녀의 생명, 신체에 대한 긴급한 보전이 어렵다는 등의 특별한 사정이 없는 한 허용될 수 없다. 채권자는 민법 제922조의2에 기한 재판을 거치지도 않은 채 실질적으로 친권자인 채무자의 동의에 갈음하는 이 사건 신청을 제기하였으므로 과연 이 사건 신청이 허용될 수 있을지 문제된다(이에 관하여 채권자는, 채권자에게는 민법 제922조의2에 기한 재판의 당사자적격이 없어 위 절차를 거치는 것이 불가능하거나 위와 같은 절차로는 신속한 재판이 어려우므로, 가처분이 허용되어야 한다고 주장하였다). 결국 채권자가 드는 사정 및 제출된 자료만으로는 민법 제922조의2가 정한 절차를 거치는 것이 불가능하다거나, 위 절차로는 신청외인의 생명, 신체에 대한 긴급한 보전이 어렵다는 점에 대한 소명이 충분치 않다고 할 것이므로, 실질적으로 친권자인 채무자의 동의를 구하는 이 사건 신청은 허용되지 않는다고 볼 수밖에 없다.」

이 사례에서도 의사(또는 병원)가 아동학대처벌법상 피해아동보호명령을 청구할 수 있었다면, 직접 가정법원에 '친권자 또는 후견인의 의사표시를 갈음하는 결정'(아동학대처벌법 제47조 제1항 제9호)을 청구하여 신속하게 문제를 해결할 수 있었을 것으로 보인다.[43] 아동학대를 현장에서 인지한 당사자가 직접

---

43) 친권자인 부모가 자녀의 치료에 필요한 의료행위에 대한 동의를 거부하는 것은 아동학대처벌법상 아동학대범죄에 해당하므로 [아동학대처벌법 제2조 제4호 타목, 아동복지법 제71조 제1항 및 동법 제17조 제6호(자신의 보호·감독을 받는 아동을 유기하거나 의식주를 포함한 기본적 보호·양육·치료 및 교육을 소홀히 하는 방임행위)], 피해아동보호명령의 대상이 된다. 위 결정은 "사망의 위험이 예견되는 신청외인에게 기관절개술이 최선의 치료방법이라는 의사의 권유를 경제적 사유 등을 이유로 완강하게 거부하는 것이 결과적으로 요부조자를 위험한 장소에 두고 떠난 경우나 다름이 없어 그에 대해 형법상 유기죄가 성립한다고 볼 수 있다면(채권자의 주장이 그러하다), 친권자의 의사표시를 갈음하는 가정법원의 피해아동보호명령(아동학대범죄의 처벌 등에 관한 특례법 제47조 제1항 제9호)을 통해서도 신청외인에 대한 기관절개술을 시행할 수 있다고 보인다. 그러나 채권자가 위와 같은 절차를 사전에 검토해보았다고 볼 만한 자료는 전혀 없다"라고 하고 있으나, 자녀의 치료행위에 대한 동의 거부는 굳이 형법상 유기죄에 해당하지 않더라도 아동학대처벌법, 아동복지법에 따라 아동학대범죄에 해당한다. 따라서 위와 같은 사례에서 가정법원이 피해

가정법원에 피해아동보호명령을 청구하지 못하고, 아동학대전담공무원에게 신고하여 아동학대전담공무원이 피해아동보호명령을 청구하도록 하는 시스템은 신속성과 효율성이 떨어질 뿐만 아니라, 결과의 확실성도 보장할 수 없다는 점에서 문제가 있다(위의 정인이 사건에서 본 바와 같이 아동보호전문기관(현 아동학대전담공무원)이 피해아동보호명령을 청구하지 않을 가능성도 배제할 수 없다). 위 사례는 이러한 문제점을 다시 한번 확인시켜 주고 있다.

3) 전문성의 부족

아동학대사건의 조사와 사례판정에 있어서는 그 분야의 전문적인 지식과 경험을 갖춘 전문인력이 투입되는 것이 필요하다. 아동학대는 아동의 신체에 현저한 외상을 남기는 신체학대의 범위를 넘어서 정서학대, 방임, 반복되는 경미한 체벌 등을 포괄하는 광범위한 개념인데, 전문가가 인내심을 가지고 조사하지 않으면 발견할 수 없는 경우가 많다. 외국의 입법례를 보면 공통적으로 아동학대사건에 있어서는 전문아동기관(독일의 아동청, 미국의 CPS 등)이 1차적으로 개입하여 사례를 조사하고 판정하도록 되어 있는 것을 볼 수 있다. 여러 나라가 공통적으로 이와 같은 대응체계를 갖추게 된 이유는 아동학대사건에 있어서는 전문성이 요구된다는 정책적 판단에 근거하는 것이다. 또한 아동학대사건의 상당수가 범죄로서 처벌할 수 있는 수준에 이르지 않는 경우가 많아서 처음부터 예외 없이 수사기관이 개입하는 것은 불필요하다고 본 것이다. 물론 아동학대사례가 심각하여 전문아동기관이 감당할 수 없는 수준인 경우에는 당연히 수사기관에 요청하여 지원을 받도록 되어 있다.

아동학대처벌법은 우리사회에서 아동학대 사건이 발생하는 경우 1차 현장조사의 역할을 사법경찰관리와 아동학대전담공무원에게 맡기고 있다. 아동학대처벌법 제정 당시에는 아동보호전문기관이 현장조사의 역할을 맡았으나, 2020년 개정으로 아동학대전담공무원이 그 역할을 대체하였다. 우리 사회에서 2000년대 초반에 아동보호전문기관을 설치하고, 현장 출동의 임무를 맡긴 것은 아동학대사건에 있어서는 전문성이 요구된다는 사실을 인정한 결과라고 볼 수 있다(수사기관만으로 아동학대사건을 감당할 수 있었다면 별도로 아동보호전문기관을 설치하지는 않았을 것이다). 2020년 아동학대처벌법 개정에 의해서 이제 신고 접수와 현장 출동 등의 업무는 아동학대전담공무원에게 넘어 갔는데, 공무원 순환 근무의 특성상 아동학대전담공무원으로 근무하는 기간은 평균 1.3년에 지나지 않는 것으로 알려져 있다.[44] 이러한 상황에서는 아동학대전담공

아동보호명령으로 '친권자의 의사표시를 갈음하는 결정'을 할 수 있다는 점은 의문의 여지가 없다.

무원에 대하여 경험의 축적에 따른 전문성을 기대하기는 어려울 것이다. 아동학대에 대한 현장에서의 1차적 개입과 조치(피해아동보호명령의 청구 등)가 성공적으로 이루어지기 위해서는 그 전제로서 아동학대전담공무원의 인력 보충과 전문성의 제고가 필요하다. 참고로 독일에는 국가기관인 아동청이 전국에 약 600여 개소가 설치되어 있으며, 아동청에서 근무하는 직원의 수는 55,000명이 넘는다(이들은 특별한 사정이 없는 한 평생 아동청에서 근무한다).[45] 이에 반하여 우리나라의 아동학대전담공무원의 수는 2024년 6월 현재 875명으로 알려져 있다.

〈피해아동보호명령 결정(2014~2022) 현황〉

연도	청구인 건수	아동 보호 전문 기관장	변호사	피해 아동 법정 대리인	피해 아동 본인	판사 직권	시· 군· 구청장	파악 불가	총계 (건)
2014	보호결정	18	4			8			30
	보호결정기각	2	0			―			2
	총수	20	4			8			32
	임시보호결정/기각	14/6	―/4			7/1			21/11
2015	보호결정	79	68	4		2			153
	보호결정기각	9	8	0		0			17
	총수	88	76	4		2			170
	임시보호결정/기각	92/0	55/0	4/0		0			151/0

---

44) EBS 2024. 9. 18. 보도. "1년 만에 짐 싸는 아동학대 전담공무원 … 대체인력 없는 지역도 55곳."; 아동학대 전담공무원의 고용형태별 유형에 따른 인원수를 살펴보면, 2024년 6월 기준으로 전국 875명 중 761명(87%)이 일반공무원이었다. 계약 근로 형태인 '일반임기제'는 89명(10.2%)이었으며, 순환 배치 대상이 아닌 '전문경력관'은 전국을 통틀어 4명(0.5%)이었다. 아동학대 의심사례는 2019년 36,920건에서 2023년 45,771건으로 5년 새 24% 증가했으나, 학대로 판단된 건수는 2021년 37,605건(의심사례의 72.2%), 2022년 27,971건(62.8%), 2023년 25,739건(56.2%)으로 해마다 감소하고 있다. 뉴스 1. 2024. 9. 18. 보도. "1년만에 짐싸는 아동학대 전담공무원 … 평균 근속 14.9개월."

45) https://www.unterstuetzung-die-ankommt.de(최종방문일. 2024. 12. 7.); Statistisches Bundesamt. https://www.destatis.de/DE/Themen/Gesellschaft-Umwelt-Soziales/Kinderhilfe-Jugendhilfe/Tabellen/einrichtung-taetige-personen.html(최종방문일. 2024. 12. 7.); Arbeiten im Jugendamt: Karriere und Perspektiven. https://www.academics.de/ratgeber/arbeiten-im-jugendamt (최종방문일. 2024. 12. 7.).

연도	구분								합계
2016	보호결정	127	21	1		50			199
	보호결정기각	30	4	1		3			38
	총수	157	25	2		53			237
	임시보호결정/기각	139/10	17/7	4/0		43/5			203/22
2017	보호결정	239	70	12	5	1		18	327
	보호결정기각	18	1	6	0	0		0	25
	총수	257	71	18	5	1		18	352
	임시보호결정/기각	169/88	51/20	8/10	1/4	0/1		0/18	229/123
2018	보호결정	235	54	13	6	6			314
	보호결정기각	22	3	1	0	0			26
	총수	257	57	14	6	6			340
	임시보호결정/기각	171/86	34/23	4/10	1/5	3/3			213/127
2020	보호결정	510	43	31		11	47	2	644
	보호결정기각	74	1	1		0	7	4	87
	총수	584	44	32		11	54	6	731
	임시보호결정/기각	309/275	33/11	14/18		8/3	32/22	0/6	396/335
2021	보호결정	74	8	6		1	128	19	236
	보호결정기각	15	0	1		0	2	1	19
	총수	89	8	7		1	130	20	255
	임시보호결정/기각	47/42	4/4	3/4		0/1	72/58	8/12	134/121
2022	보호결정		7	5	2	0	68	6	88
	보호결정기각		0	0	0	0	3	1	4
	총수		7	5	2	0	71	7	92
	임시보호결정/기각		6/1	2/3	0/2	0/0	28/43	3/4	39/53
2023	보호결정		5	24	3	2	99	0	133
	보호결정기각		0	2	1	0	15	0	18
	총수		5	26	4	2	114	0	151
	임시보호결정/기각		3/2	16/10	1/3	2/0	67/47	0/0	89/62

위의 표를 보면 시·도지사 또는 시장·군수·구청장(아동학대전담공무원)이 아동보호전문기관의 역할을 대체한 이후 피해아동보호명령의 청구 건수가 크게 감소하였음을 알 수 있다. 그 사이에 아동학대 신고 건수가 계속 증가한 점에 비추어 보면(최근 5년 사이 81.7% 증가. 2016년 29,674건, 2017년 34,169건, 2018년 36,417건, 2019년 41,389건, 2020년 42,251건, 2021년 53,932건, 2022년

46,103건, 2023년 48,522건. 보건복지부, 아동학대 주요통계 참조), 새로운 시스템이 제대로 작동하고 있는지 의심이 드는 대목이다.

Ⅳ 맺음말

    2014년 아동학대처벌법의 제정으로 도입된 피해아동보호명령 제도가 시행된 지 10년의 세월이 흘렀다. 피해아동보호명령 제도는 시행 이후 나름대로 적지 않은 성과를 거둔 것으로 평가할 수 있으나, 그 동안 드러난 한계 역시 분명하여 향후 개선이 필요한 것으로 보인다. 첫째, 청구인의 범위가 너무 제한되어 있어서 피해아동보호명령 제도가 적극적으로 활용되는 데 걸림돌이 되고 있다. 예를 들어 의사나 교사와 같이 아동학대를 인지할 가능성이 높은 직업에 종사하는 사람들도 직접 가정법원에 피해아동보호명령을 청구하지 못하고, 시·도지사 또는 시장·군수·구청장(아동학대전담공무원)에게 신고하여 일정한 조치가 이루어지기를 기대할 수밖에 없는데, 이러한 이중절차는 신속성을 저해할 뿐만 아니라 피해아동보호명령이 아예 청구되지도 못한 채 아동학대가 사실상 방치되는 결과로 이어질 수도 있다. 아동학대 사건을 접할 가능성이 높은 직업군에 속한 사람들에 대해서는 직접 가정법원에 피해아동보호명령을 청구할 수 있도록 청구인의 범위를 확대할 필요가 있다고 생각된다. 이와 아울러 피해아동보호명령의 청구 방식과 절차를 간이화하여 법률전문가가 아닌 사람도 부담 없이 이 제도를 이용할 수 있도록 제도를 정비할 필요가 있다(1966년 독일에서 의사가 직접 후견법원에 전화를 하여 개입을 요청한 사례를 모델로 삼을 필요가 있다고 생각된다). 둘째, 아동학대방지를 담당하는 아동학대전담공무원의 인력 확충과 전문성의 제고가 필요하다. 독일에서 아동학대방지 업무를 담당하는 국가기관인 아동청에 소속되어 활동하는 직원의 수가 약 55,000명인 반면, 우리 사회의 아동학대전담공무원의 수는 2024년 현재 875명에 지나지 않는 것으로 알려져 있다. 게다가 독일의 아동청 직원은 보통 평생을 아동관련 업무에 종사하는 데 비하여, 우리 사회에서 아동학대전담공무원의 평균 근무 기간은 15개월에 불과하다. 우리 사회에서 피해아동보호명령을 청구하는 비율이 가장 높은 아동학대전담공무원의 경험치와 전문성이 확보되지 않는 상황에서는 피해아동보호명령 제도가 본연의 기능을 발휘할 수 없을 것이다(2023년 피해아동보호명령 청구에 관한 통계를 보면 아동학대전담공무원이 청구한 건수가 114건인 반면, 변호사에 의한 청구는 5건에 지나지 않는다). 셋째, 아동학대방지에 있어서의 최선의 방책은 선제적으로 사례에 개입하여 피해를 사전에 예방하는 것이다. 학대가 의심스러운 정황이 인지되었을 때 계속 지켜보다가 심각한 학대피해가 발생한 이후에야 비로소 개입하는 것은 아동학대방지의 본질과 맞지 않는다. 다만 학대가 의심스러운 정황이 있다고 해서 바로 친권을 정지시키거나 부모와 자녀를 격리하는 조치를 취하는 것은 가능하지도 않고 바람직하지도 않으므로, 이러한 조치를 취하기에 앞서 가정법원이 취할 수 있는 적절한 예방적 조치가 피해아동보호명령의 종류로서 추가될 필요가 있다. 예를 들어 가정법원이 부모에게 상담, 교육수강명령을 하고, 추이와 변화를 지켜보면서 상황에 대응하여 그 다음 조치를 취할 수 있다면 아동학대를 예방하는 데 도움이 될 수 있을 것으로 보인다.

〈중앙법학 제26집 제4호(2024년 12월) 수록〉

5. 출생통보제의 시행 및 관련 제도의 변화

Ⅰ 출생통보제의 시행

지난 2024년 7월 19일 '출생통보제'가 시행에 들어갔다(가족관계등록법 제44조의3 – 제44조의5). 출생통보제란 자녀가 의료기관에서 출생한 경우에 의료기관의 장으로 하여금 자녀와 관련된 출생정보를 제출하도록 의무화함으로써 부모가 출생신고를 하지 않더라도 가족관계등록부에 출생을 기록할 수 있도록 하는 제도를 말한다. 그동안 우리사회에는 여러 가지 사정으로 출생신고가 되지 않은 상태에서 살아가는 아동이 적지 않았다. 감사원의 감사 결과에 따르면 2015년부터 2022년까지 의료기관에서 출생하여 예방접종을 위한 임시 신생아 번호를 부여받았으나, 출생신고가 되지 않은 아동이 2,236명에 이른다. 출생신고 의무자인 부모의 무관심과 태만으로 출생신고가 되지 않은 경우도 있고, 출생신고를 하려고 노력하였으나, 법제도의 장벽에 부딪혀 좌절한 사례도 적지 않았다(홀로 자녀를 양육하면서 출생신고를 하지 못하는 생부들의 사연은 우리 사회에 널리 알려져 있다. 헌재결 2023. 3. 23, 2021헌마975는 이러한 사례 중 하나를 다루었으며, "태어난 즉시 출생등록될 권리"를 인간의 기본권으로 선언하였다).

Ⅱ 출생통보의 절차

출생통보제의 도입에 따라 출생신고 의무자인 부모가 출생신고 기간(자녀의 출생일부터 1개월) 내에 출생신고를 하지 않은 경우에는 새로 마련된 시스템에 의해 다음과 같이 출생등록이 이루어진다.

(1) 의료기관에 종사하는 의료인은 해당 의료기관에서 출생이 있을 경우 의료기관의 진료기록부 등에 출생정보(모의 성명, 주민등록번호(또는 외국인등록번호), 출생아의 성별, 수 및 출생 연월일시 등)를 기재하고, 의료기관의 장은 출

생일로부터 14일 이내에 건강보험심사평가원에 전산정보시스템을 이용하여 출생정보를 제출한다(가족관계등록법 제44조의3 제1항, 제2항).

(2) 건강보험심사평가원은 지체 없이 모의 주소지를 관할하는 시·읍·면의 장에게 출생사실을 통보한다(가족관계등록법 제44조의3 제3항).

(3) 출생통보를 받은 시·읍·면의 장은 출생신고가 되었는지 확인하고, 출생신고 기간인 1개월이 지나도록 출생신고가 되지 않으면 신고의무자에게 7일 이내에 출생신고를 할 것을 최고하며, 최고기간 내에 출생신고를 하지 않는 경우에는 감독법원의 허가를 받아 직권으로 가족관계등록부에 출생을 기록한다(가족관계등록법 제44조의4 제1항~제3항).

Ⅲ 출생통보제의 한계

(1) 출생통보제의 도입과 시행으로 자녀가 의료기관에서 출생한 경우에는 빠짐없이 출생등록이 이루어질 수 있을 것으로 기대되기도 하지만, 구체적인 성과는 여전히 미지수로 남아 있다. 의료기관의 장은 자녀의 출생일부터 14일 이내에 건강보험심사평가원에 출생정보를 제출할 의무가 있으나, 이를 강제할 방법은 없다. 즉 이에 위반하는 경우의 제재규정은 존재하지 않는다. 결국 출생통보제의 시행은 전적으로 의료기관의 자발적 협조에 달려 있는 셈이다. 의료기관이 얼마나 성실하게 출생통보 의무를 이행하는가에 따라 이 제도의 성공 여부가 갈릴 것으로 전망된다.

(2) 유엔아동권리협약에도 규정되어 있듯이(유엔아동권리협약 제7조 제1항. "아동은 출생 후 즉시 등록되어야 한다. The child shall be registered immediately after birth." 헌법재판소도 "태어난 즉시 출생등록될 권리"를 인간의 기본권으로 인정한 바 있다. 헌재결 2023. 3. 23, 2021헌마975), 이 세상에 태어난 아동은 누구나 출생 후 신속하게 등록될 권리를 갖는다. 이러한 아동의 기본적 권리를 보호하기 위하여 각국의 법률은 출생 후 일정한 기간 내에 출생신고가 이루어질 수 있도록 일정한 범위의 사람이나 기관에 대하여 출생신고 의무를 부과하고 있다. 우리나라는 출생신고 기간을 1개월로 정하고 있는데, 이는 외국과 비교해 볼 때 이례적으로 긴 기간이라고 할 수 있다(외국은 우리나라에 비하여 출생신고 기간이 훨씬 짧다. 예를 들어, 독일 7일, 프랑스 5일, 일본 14일, 오스트리아 7

일, 스위스 3일, 미국 캘리포니아주 10일, 뉴욕주 5일 등이다). 유엔아동권리협약은 '즉시'가 어느 정도의 기간을 의미하는지에 대해서는 규정하고 있지 않다. 그러나 출생신고 기간이 날이나 주 단위로 정하여져야 하고, 월이나 연(年) 단위로 정하여져서는 안 된다는 점은 명확하다(Schmahl, Kinderrechtskonvention, 2017, S. 131). 이렇게 볼 때 출생신고 기간을 1개월로 정하고 있는 우리 가족관계등록법 규정은 출생등록에 관한 유엔아동권리협약의 규정을 충족시키지 못하는 것으로 보인다.

(3) 출생통보제에 따르면 자녀의 출생 후 출생등록이 될 때까지 한 달 반 내지 두 달 정도의 시간이 걸릴 것으로 예상된다. 그런데 이 기간은 출생 후 즉시 등록될 권리와는 상당한 거리가 있다. 출생신고 기간을 2주(14일) 정도로 단축하고, 출생신고 의무자가 신고를 하지 않아서 출생통보제에 따라 출생등록이 되는 경우에도 출생 이후 1개월이 넘지 않도록 제도를 정비할 필요가 있을 것이다. 이러한 방향으로 법령을 개정한다면 의료기관의 장이 건강보험심사평가원에 출생정보를 제출하는 기간도 1주일 이내로 단축할 필요가 있다고 본다(현재는 출생일부터 14일 이내에 제출하도록 되어 있다. 출생통보제의 입법모델이 된 것으로 알려진 영국의 출생신고제도에 따르면 의료기관은 자녀의 출생 후 36시간 내에 출생관련 정보를 제출하여야 한다).

Ⅳ 출생통보제와 보호출산제의 동시 시행

(1) 출생통보제의 도입에 따라 자녀가 의료기관에서 출생하는 경우에는 부 또는 모가 출생신고를 하지 않아도 직권으로 가족관계등록부에 자녀의 출생이 기록되고, 이와 함께 모의 성명, 주민등록번호 등도 기록된다. 모의 가족관계등록부에도 자녀에 대한 기록이 남게 되므로, 모가 출산사실을 알리고 싶지 않지 않은 사정이 있다면(예컨대 미혼모 등), 처음부터 의료기관에서 출산하는 것을 기피할 가능성도 배제할 수 없을 것이다. 이런 경우 임신여성은 사회에서 고립된 출산을 하게 될 가능성이 높고, 이는 결국 산모와 영아의 건강과 생명을 위협하는 요인이 될 수 있다. 외국에서는 이러한 사태를 방지하기 위해 익명출산(프랑스), 신뢰출산(독일) 등의 제도를 도입하였으며, 이를 통하여 모의 익명성을 일정하게 보장하면서 의료와 상담서비스를 제공함으로써 산모 및 영아의 건강과 생명을 보호하려는 시도를 하고 있다.

　(2) 익명출산이란 임신여성이 의료기관에서 자신의 신상에 관한 정보를 밝히지 않고 자녀를 출산할 수 있는 제도를 말한다. 출산 전후에 상담과 의료서비스를 제공하며 출산에 관한 비용은 국가나 의료기관이 부담한다. 생모의 익명성이 보장된다는 점에서는 베이비박스와 차이가 없으나, 의료기관에서 자녀를 출산하므로 산모와 아기의 건강과 생명이 보호된다는 것이 장점이다. 익명출산이 공식적으로 허용되는 나라에서는 상담과정에서 생모의 인적사항에 관한 정보를 남기도록 권유하기도 하지만, 최종적인 결정은 생모의 판단에 따르며 강요하지 않는다. 만약 생모가 자신의 신상에 관한 정보를 남기면 봉투에 밀봉하여 국가기관이나 자녀를 출산한 의료기관에서 보관하고, 나중에 자녀가 생모의 신상에 관한 정보를 원하는 경우 생모의 동의를 받아 자녀에게 공개한다. 그러나 생모가 자신의 신상에 관한 정보의 공개에 반대하는 경우에는 자녀에게 생모에 관한 정보를 제공하지 않는다(다만 생모의 성명과 주소 등 생모가 누구인지를 알 수 있는 정보를 제외한 출산 당시의 상황, 익명출산을 하게 된 이유 등에 관한 정보는 제공할 수 있다). 이와 같이 모가 익명출산을 선택한 경우에는 자녀의 친생부모를 알 권리가 충분히 실현될 수 없다는 문제가 있다. 그럼에도 불구하고 익명출산은 임신여성과 자녀의 건강과 생명을 보호하는 데 도움이 된다는 이유로 여러 나라에서 시행되고 있다. 익명출산이 국가에 의해서 공식적으로 허용되고 있는 나라로는 프랑스(1941), 룩셈부르크(1993), 이탈리아(1997), 오스트리아(2001) 등이 있으며, 독일, 스위스, 네덜란드, 헝가리, 슬로바키아 등에서는 사실상 용인되고 있다.

　(3) 신뢰출산은 임신한 여성에게 의료기관에서 익명(또는 가명)으로 자녀를 출산할 수 있는 기회를 보장한다는 점에서는 익명출산과 같지만, 생모의 신상에 관한 정보를 반드시 남기도록 한다는 점에서 차이가 있다. 자녀의 출생등록부에는 생모의 가명이 기록되지만, 이와 별도로 생모의 신상에 관한 정보(성명, 주소 등)는 봉투에 밀봉되어 국가기관이나 자녀가 출생한 의료기관에 보관된다. 자녀는 일정한 연령에 이르면 그 봉투에 담긴 생모의 인적사항을 열람할 수 있으나, 생모가 반대의사를 표시하는 경우 정보의 공개여부는 법원이 판단한다. 신뢰출산은 익명출산과 마찬가지로 임신여성이 전문적인 상담과 의료서비스를 받으며 안전하게 출산할 수 있는 기회를 제공하므로, 산모와 아기의 건강과 생명을 보호할 수 있다는 것이 장점이다. 또한 익명출산과 달리 생모의 인적사항이 보존되므로, 자녀의 친생부모를 알 권리가 실현될 가능성

이 높다는 것도 장점이라고 할 수 있다. 그러나 자신의 신상에 대한 정보를 남기고 싶지 않은 생모의 경우에는 신뢰출산제도를 기피할 가능성이 있다는 점도 고려될 필요가 있다. 실제로 2014년에 신뢰출산제도를 도입한 독일에서는 신뢰출산 서비스의 제공이 익명출산이나 베이비박스의 수요를 완전히 흡수하지 못하는 현상이 나타나고 있다. 현재 독일에는 신뢰출산과 익명출산, 베이비박스가 공존하고 있다. 물론 익명출산과 베이비박스는 공식적으로 인정되지 않고 사실상 용인되고 있는 상태이다.

(4) 우리사회에도 이러한 외국의 제도를 모델로 하여 이른바 '보호출산제'가 도입되었다(「위기 임신 및 보호출산 지원과 아동 보호에 관한 특별법」). 보호출산제와 출생통보제는 지난 7월 19일에 같이 시행되었는데, 이는 우연이 아니라 계획에 따른 것이라고 볼 수 있다. 위에서 본 바와 같이 출생통보제의 시행이 야기할 수도 있는 부작용(의료기관에서의 출산 기피와 사회로부터 고립된 출산 가능성)을 방지하려는 취지에서 보호출산제가 출생통보제와 더불어 제정, 시행된 것이다. 보호출산제는 독일의 신뢰출산제도와 같이 모의 인적 사항을 반드시 보존하도록 규정하고 있다. 프랑스와 같은 익명출산제도를 도입할 경우에는 모의 익명성은 완전히 보장되는 반면 '자녀의 친생부모를 알 권리'는 실현될 수 없으므로, 모의 익명성과 자녀의 친생부모를 알 권리를 어느 정도 조화시킬 수 있는 신뢰출산제도를 입법모델로 선택한 것으로 보인다. 보호출산제에 의하면 임신여성은 의료기관에서 익명으로 출산을 하는 것이 가능하지만, 모의 신상에 대한 정보는 기록되어 보관되며, 자녀의 청구가 있는 경우 모의 동의를 받아 공개하는 것이 원칙이다(생부의 기록이 보존되어 있는 경우에는 생부의 동의도 필요하다. 「위기 임신 및 보호출산 지원과 아동 보호에 관한 특별법」 제17조 참조). 예외적으로 "보호출산을 통하여 태어난 사람의 진단·치료 등 생명과 건강의 중대한 이익을 위하여 출생증서 공개가 필요하다고 보건복지부장관이 인정하는 경우"에는 모나 생부의 동의 없이도 모(또는 생부)에 대한 인적 사항의 공개가 가능하다(위기 임신 및 보호출산 지원과 아동 보호에 관한 특별법 시행령 제7조).

보호출산제를 이용하려는 임신여성은 정부가 지정한 전국 16개 지역상담기관에서 상담 및 의료 서비스 등의 지원을 받을 수 있다. 독일에서는 2014년 5월 1일부터 신뢰출산제도가 시행되었는데, 2017년 기준으로 국가로부터 공인된 상담소의 수는 1800개가 넘으며, 24시간 상담이 가능하다. 보호출산제도와 관련된 이와 같은 사회적 인프라의 차이는 결과에 있어서도 상당한 차이를 낳을 것으로 보인다.

독일에서 신뢰출산제도는 베이비박스와 익명출산을 대체할 목적으로 도입된 것이지만, 그 목적은 오늘날까지 달성되지 않고 있다. 신뢰출산제도의 시행 이후에도 베이비박스와 익명출산은 당국의 묵인하에 존속하고 있다. 이는 독일사회에서 익명성의 완벽한 보장을 원하는 임신여성들이 여전히 존재한다는 사실을 반영하는 것이다. 한부모 가정에 대한 국가의 지원이 자녀를 양육하는 데 크게 부족하지 않고, 미혼모나 혼인외의 자녀에 대한 편견이 없는 독일사회에서도 익명출산의 수요가 존재한다는 점은 우리에게도 시사하는 바가 적지 않다. 우리사회에서 보호출산제는 출생통보제의 시행을 앞두고 성급하게 도입된 측면이 없지 않다. 출생통보제를 보완하는 제도로서 보호출산제가 서둘러 입법되는 과정에서 우리사회의 현실에 대한 충분한 조사와 토론이 이루어지지 못한 것이다. 이러한 배경에서 충분한 준비 없이 탄생한 보호출산제가 앞으로 우리사회에서 어떠한 기능을 할 수 있을지 귀추가 주목된다.

Ⅴ 출생통보제와 민법상 친생부인의 허가 청구(민법 제854조의2)

(1) 혼인관계종료의 날부터 300일 내에 출생한 자녀도 모의 전 남편의 친생자로 추정된다(민법 제844조 제1항, 제3항). 예를 들어 A가 남편 B와 이혼한 후 200일 만에 자녀 C를 출산하면, C는 B의 친생자로 추정되어 일단 B와 C 사이에서 법률상 부자관계가 발생한다. 만약 A가 남편 B가 아니라 D와의 혼외관계에서 C를 임신했다고 해도 위와 같은 법적효과에는 차이가 없다. 종래에는 이런 경우 A 또는 B가 친생부인의 소를 제기하여 판결이 확정되면, C는 A의 혼인외의 자가 되고(즉 B와 C의 법률상 부자관계는 출생시로 소급하여 소멸한다), 생부 D가 C를 인지함으로써 C와 D 사이에 법률상 부자관계를 발생시키는 절차를 거치게 되어 있었다. 그런데 이런 경우 A 또는 B가 친생부인의 소를 제기하려면, 먼저 C의 출생신고를 하는 것이 원칙이므로, A는 일단 C를 B의 자녀로 출생신고를 한 후, 친생부인소송을 거쳐 가족관계등록부를 정정하는 절차를 밟을 수밖에 없었다. 이에 대하여 A가 헌법소원심판을 청구하였고, 2015년 헌법재판소는 구 민법 제844조 제2항 중 "혼인관계종료의 날로부터 300일 내에 출생한 자"에 관한 부분이 모가 가정생활과 신분관계에서 누려야 할 인격권 및 행복추구권, 개인의 존엄과 양성의 평등에 기초한 혼인과 가족생활에 관한 기본권을 침해한다고 판단하여, 헌법불합치결정을 선고하였다(헌

재결 2015. 4. 30, 2013헌마623).

이에 따라 2017년에 민법이 개정되었는데, 그 주요 내용은 다음과 같다. ⅰ) 혼인관계종료의 날부터 300일 내에 출생한 자녀는 모가 혼인 중에 임신한 것으로 추정하여 전 남편의 친생자로 추정한다(민법 제844조 제1항, 제3항. 이 점에 있어서 개정법은 개정 전과 달라진 것이 없다). ⅱ) 혼인관계종료의 날부터 300일 내에 출생한 자녀는 전 남편의 친생자로 추정되지만, 혼인 중에 출생한 자녀와는 달리 친생부인의 소가 아니라 친생부인의 허가를 받아 친생자관계를 부인할 수 있다(민법 제854조의2 제1항 본문). ⅲ) 혼인관계종료의 날부터 300일 내에 출생한 자녀에 대해서 출생신고가 된 경우에는 친생부인의 허가를 청구할 수 없다(민법 제854조의2 제1항 단서. 일단 자녀의 출생신고가 이루어진 경우에는 친생부인의 소를 제기해야만 한다). 즉 모나 모의 전 남편이 친생부인의 허가를 청구하려는 경우에는 자녀의 출생신고를 미루어야 하며, 법원에서 친생부인의 허가 심판이 확정된 후에야 비로소 출생신고를 할 수 있다.

(2) 민법 제854조의2 규정에 따라 모나 모의 전 남편이 친생부인의 허가를 청구하려는 경우에는 자녀의 출생신고를 미루어야 하며, 법원에서 친생부인의 허가 심판이 확정된 후에야 비로소 출생신고를 할 수 있다. 그런데 이러한 규정은 가족관계등록법의 출생신고 규정과 조화될 수 없다는 점에서 문제가 있다. 가족관계등록법 제44조 제1항에 따르면 출생신고는 자녀의 출생 후 1개월 이내에 하도록 되어 있는데, 민법 제854조의2에 따라 친생부인의 허가 심판이 확정된 후에 비로소 출생신고를 하여야 한다면 이 기간 내에 출생신고가 이루어지는 것은 사실상 불가능하기 때문이다. 물론 친생부인의 허가 청구를 하기 전에도 출생신고를 할 수는 있다. 그러나 이 경우에는 모의 전 남편을 자녀의 아버지로 하여 출생신고를 하여야 하므로, 자녀의 가족관계등록부에 모의 전 남편이 아버지로 등록되며, 모나 모의 전 남편은 친생부인의 허가 청구를 할 수 없게 되고, 친생부인의 소를 제기하여야 한다. 이렇게 되면 결과적으로 개정 전과 아무런 차이가 없게 되므로, 결국 개정의 의의가 상실된다.

(3) 한편 출생통보제가 도입, 시행되면서 친생부인의 허가 청구에 관한 민법 제854조의2 규정은 사실상 사문화될 운명에 놓여 있다. 출생통보제가 시행되면 출생신고 의무자인 부모가 출생신고 기간(자녀의 출생일부터 1개월) 내에 출생신고를 하지 않은 경우에도 새로 마련된 시스템에 의해 다음과 같이 출

생등록이 이루어진다. 즉, ① 자녀가 의료기관에서 출생한 경우 의료기관의 장은 출생일부터 14일 이내에 건강보험심사평가원에 출생정보(모의 성명, 주민등록번호, 자녀의 성별, 출생연월일시 등)를 제출 → ② 건강보험심사평가원은 지체 없이 시·읍·면의 장에게 출생사실을 통보 → ③ 출생통보를 받은 시·읍·면의 장은 출생신고가 되었는지 확인하고, 출생신고 기간인 1개월이 지나도록 출생신고가 되지 않으면 신고의무자에게 7일 이내에 출생신고를 할 것을 최고 → ④ 최고기간 내에 출생신고를 하지 않는 경우 감독법원의 허가를 받아 직권으로 가족관계등록부에 출생을 기록.

이와 같은 절차를 통해 일단 자녀의 출생등록이 이루어지면, 법원은 친생부인의 허가 심판을 할 수 없게 된다. 민법 제854조의2 규정에 따르면 친생부인의 허가 심판은 출생신고가 되기 전까지만 할 수 있기 때문이다. 그런데 위와 같은 절차를 거쳐 직권으로 출생등록이 이루어지는 경우에는 민법 제844조에 의하여 모의 전 남편이 자녀의 부(父)로 기록되므로, 모는 개정 전과 같이 친생부인의 소를 제기할 수밖에 없게 된다. 이렇게 되면 2017년 민법일부개정에 의해서 친생부인의 허가 청구를 도입한 취지는 사실상 몰각될 것이다. 위 (1)의 사례에서 A가 C의 출생 후 출생신고를 하지 않고 친생부인의 허가를 청구하는 경우에도 출생통보제의 절차에 따라서 C는 직권으로 출생등록이 될 것이며(다만 「가족관계의 등록 등에 관한 규칙」 제38조의4 제2항 3호에 따라 출생신고 의무자 등이 시·읍·면의 장에게 민법 제854조의2에 따른 친생부인의 허가 청구 또는 제855조의2에 따른 인지의 허가 청구가 제기되었음을 소명한 경우, 시·읍·면의 장은 감독법원에 직권기록 허가신청을 하지 않아도 되므로, 결국 직권에 의한 출생등록은 이루어지지 않을 것이다. 이러한 결과는 더욱 심각한 출생등록기간의 위반을 초래한다는 점에서 문제가 있다), 이 경우 가족관계등록부에 B가 C의 아버지로 등록된다. 이렇게 되면 법원은 친생부인의 허가 심판을 할 수 없으며, A 또는 B는 친생부인의 소를 제기하여야 한다. 결과적으로 2017년 민법개정 전과 차이가 없게 되어, 헌법재판소가 지적한 모의 기본권 침해 문제가 발생하게 될 가능성이 높다.

〈월간 가정상담 2024년 8월호 수록〉

제 2 장

친생부인과 인지에
관한 쟁점

1. 생부(미혼부)의 권리에 관한 소고(小考)
– 생부의 출생신고와 친생부인권을 중심으로

Ⅰ 들어가는 말

우리 사회에서 생부(미혼부)[1]는 일반적으로 자녀의 양육에 관심이 없고 아버지로서의 의무와 책임을 회피하는 경향이 있는 것으로 여겨져 왔다. 이러한 분위기에서 생부에게 친생부인권이 인정되지 않는 것은 당연하게 생각되었고, 이 주제에 관한 논의도 거의 이루어지지 않았던 것이 사실이다. 그러나 최근에 들어와 우리 사회에서도 이러한 통념을 깨뜨리는 변화가 나타나고 있다. 자신의 자녀를 적극적으로 인지하고 양육하려는 의지를 가진 생부들이 나타나기 시작하였고, 실제로 생부가 자녀를 양육하는 가정도 드물지 않게 볼 수 있게 된 것이다. 이와 같이 변화한 사회 현실을 고려해 볼 때 가족법 분야에서도 이제 생부의 권리에 관해서 진지한 논의를 시작할 때가 되었다고 본다.

자녀를 홀로 양육하는 생부가 현실에서 마주치는 사회적 환경은 결코 우호적이지 않다. 가장 먼저 해결해야 하는 문제는 자녀의 출생신고를 하는 것이다. 생부가 자녀를 양육하고 있으면서도 출생신고를 하지 못하여 곤경에 처하는 경우가 적지 않다. 이 문제를 해결하기 위하여 2015년에 가족관계등록법이 일부 개정되었지만 생부가 출생신고를 하지 못하는 사례는 계속해서 이어지고 있다.

민법상 친생추정규정에 따라 자녀의 모가 생부와의 관계에서 임신했을 때 다른 남자와 혼인관계에 있었다면 그 자녀는 모의 남편의 자녀로 추정된다. 따라서 자녀와 모의 남편 사이에 법률상의 부자관계가 발생하게 되고, 출생신

---

1) 민법에서는 혼인외의 자의 생물학적인 아버지를 생부(生父)라고 한다(민법 제855조). 생부는 자녀의 모 이외의 다른 여자와 혼인 중일 수도 있고, 미혼일 수도 있다. 미혼부(未婚父)란 미혼인 상태에서 아버지가 된 사람을 말한다. 따라서 생부와 미혼부가 동의어인 것은 아니다. 생부는 미혼부를 포함하는 보다 넓은 개념으로 이해된다. 요즘 사회적으로 생부보다는 미혼부라는 용어가 더 많이 쓰이는 것으로 보인다. 이 논문에서는 민법에 따라 생부라는 용어를 사용하기로 한다. 생부의 개념에 미혼부가 포함되는 것은 당연하다.

고를 할 때도 모의 남편을 아버지로 기재하여야 한다. 그러나 모의 남편은 자녀의 양육에 아무런 관심도 없는 반면, 생부가 실제로 자녀를 양육하고 있다면, 모의 남편과 자녀 사이의 법률상 부자관계를 소멸시키고 생부와 자녀 사이에서 새롭게 법률상의 부자관계를 창설할 수 있도록 해야 할 것이다. 그러기 위해서는 우선 친생부인의 소를 제기하여 자녀와 모의 남편 사이에 발생한 법률상의 부자관계를 소멸시켜야 하는데, 현행 민법상 생부는 친생부인의 소를 제기할 수 없다. 민법상 친생부인권자인 모의 남편이나 모가 친생부인의 소를 제기하여 친생부인판결이 확정되었을 때 비로소 생부는 자녀를 인지할 수 있게 된다. 그러나 모나 모의 남편이 자녀에게 아예 관심이 없거나 소재불명 등의 사유로 친생부인의 소를 제기하지 않는 사례도 있을 수 있는데, 이런 경우에조차도 생부에게는 친생부인의 소를 제기할 수 있는 원고적격이 인정되지 않는다. 그 결과 생부는 자녀를 인지할 수 없게 되고, 생부와 자녀는 법률상의 부자관계가 아닌 타인으로 남게 된다. 이러한 상태가 자녀의 복리를 침해하고 생부와 자녀로 구성된 가정의 안정을 해친다는 사실에 대해서는 별도의 설명이 필요하지 않을 것이다. 이러한 사회 현실을 고려해 볼 때 적어도 자녀의 복리를 위하여 필요한 사안에서는 생부에게도 친생부인권을 인정하는 것이 타당하다고 생각한다.

아래에서는 우선 생부가 출생신고를 할 때 겪게 되는 어려움의 원인과 해결방안에 대해서 살펴보고(Ⅱ), 이어서 생부의 친생부인권을 인정해야 하는 이유와 그 행사의 구체적 요건에 대해서 서술한다(Ⅲ).

Ⅱ 생부의 출생신고

1. 현행 규정

가족관계등록법에 따르면 혼인중의 자녀의 경우에는 부 또는 모가 출생신고를 하여야 하고, 혼인외의 자녀의 경우에는 모가 출생신고를 하여야 한다(제46조 제1항, 제2항[2]). 따라서 이 규정만 놓고 보면 생부는 아예 출생신고를 할 수 없는 것으로 보이기도 한다. 그러나 가족관계등록법은 제57조(친생자출

---

[2] 이외에 제3항에 동거친족 등 그 밖의 신고의무자가 규정되어 있으며, 신고의무자가 출생신고 기간 내에 신고를 하지 아니하여 자녀의 복리가 위태롭게 될 우려가 있는 경우에는 검사 또는 지방자치단체의 장이 출생의 신고를 할 수 있게 되어 있다(동조 제4항).

생의 신고에 의한 인지) 제1항에서 "부가 혼인 외의 자녀에 대하여 친생자출생의 신고를 한 때에는 그 신고는 인지의 효력이 있다"고 규정함으로써 생부가 출생신고를 할 수 있는 근거를 마련해 두었다. 여기서 부(父)란 혼인외의 자녀의 생부를 의미하는 것이기 때문이다. 원칙적으로 생부와 혼인외의 자녀 사이의 법률상 부자관계는 인지에 의해서 발생하지만, 출생신고가 되어 있지 않는 혼인외의 자녀를 바로 인지하는 것은 가능하지 않으므로, 이러한 자녀에 대해서는 생부가 출생신고를 할 수 있도록 하고, 출생신고에 의해서 인지의 효력이 발생하도록 한 것이다. 물론 모가 생부의 자녀를 임신하였을 때 다른 남자와 혼인 중이었다면 생부는 출생신고를 할 수 없다. 모가 다른 남자와 혼인상태에 있으면서 임신, 출산한 경우에는 그 자녀는 모의 남편의 친생자로 추정되기 때문이다(민법[3] 제844조 제1항). 이러한 경우에는 출생과 더불어 자녀와 모의 남편 사이에 법률상의 부자관계가 발생하므로, 생부가 인지를 하려면 우선 모의 남편과 자녀 사이에 발생한 법률상의 부자관계를 소멸시키는 절차가 선행되어야 한다(즉 모나 모의 남편이 친생부인의 소를 제기하여 판결이 확정되어야 한다. 생부는 친생부인의 소를 제기할 수 없다. 제847조 제1항). 따라서 위의 가족관계등록법 규정에 따라 생부가 출생신고를 할 수 있는 경우는 모가 혼인하지 않은 상태에서 임신한 때로 한정된다.

따라서 위의 규정을 보면 모가 생부와의 관계에서 임신했을 때 다른 남자와 혼인상태에 있지만 않았다면, 생부가 출생신고를 하는 데 별 어려움이 없을 것으로 보이기도 한다. 그러나 생부가 실제로 출생신고를 하려면 예상하지 못했던 난관에 봉착하는 경우가 적지 않다. 아래에서 이 문제에 대해서 살펴본다.

2. 생부의 출생신고에 관한 법원 실무의 변화와 가족관계등록법의 개정

(1) 생부의 출생신고에 관한 법원 선례의 변화

생부가 사실상 자녀를 양육하고 있으면서도 출생신고를 하지 못하여 곤란을 겪는 사례가 계속해서 나오고 있다. 자녀의 모가 생부와 교제하다가 임신, 출산한 후 자녀를 생부에게 맡기고 연락을 단절하는 사례가 종종 있는데, 이런 경우에 생부가 모의 등록기준지나 주민등록번호와 같은 인적사항을 알지 못하면 출생신고를 할 수 없다. 출생신고서에 모의 인적사항(성명·등록기준지·주민등록번호)을 기재하지 않은 경우에는 출생신고를 수리하여서는 안 된

---

3) 이하에서 민법 조문의 경우에는 별도로 법명을 표시하지 않는다.

다는 것이 현재 법원실무의 태도이기 때문이다(가족관계등록선례 제201106-2호. 2011. 6. 30. 제정). 그러나 생부의 출생신고에 관하여 법원이 원래부터 이러한 태도를 취하고 있었던 것은 아니다. 호적선례 제2-80호(1987. 1. 16. 제정)는 생부가 모의 인적사항을 알지 못하는 경우에도 출생신고를 할 수 있다는 취지를 밝히고 있었으며("모의 성명과 본적은 물론 그 소재도 알 수 없는 혼인외 출생자를 부의 호적에 입적시키기 위하여는 출생신고서 기타 사항란에 '모는 성명불상임'이라고 기재하여 부가 출생신고를 하면 된다."), 이러한 태도는 위의 가족관계등록선례가 2011년에 제정될 때까지 계속 유지되었다 [다만 그 사이에 약간의 변동이 있었을 뿐이다. 호적선례 제2-77호(1988. 1. 12. 제정)은 생부가 모불상의 출생신고를 하는 경우에 이를 수리하되, "그 모가 유부의 여자가 아님을 증명케 하여야 할 것"이라는 새로운 내용을 추가하였다. 이는 생부가 다른 남자의 친생자로 추정되는 자녀의 출생신고를 하는 것을 금지하려는 취지로 이해되지만, 모의 인적사항을 알지 못하는 생부의 입장에서 모가 "유부의 여자가 아님"(즉 모가 임신했을 때 혼인 중이 아니었다는 사실)을 증명하는 것은 사실상 불가능한 일이었다). 이런 이유에서 그 후에 제정된 호적선례 제2-78호(1989. 5. 8. 제정)는 생부가 모불상의 출생신고를 하는 경우에는 모가 유부녀가 아님을 증명하지 않아도 된다는 취지로 다시 변경되었다. 이와 같은 약간의 변동은 있었지만, 생부가 모불상의 출생신고를 하는 경우에 이를 수리하여야 한다는 법원의 기본입장은 그대로 유지되고 있었다].

그런데 2011년 6월 30일에 위에서 본 가족관계등록선례 제201106-2호가 제정되면서 생부가 모의 인적사항을 알지 못하는 경우에는 더 이상 출생신고를 할 수 없게 되었다. 그 이후부터 생부가 자녀를 사실상 양육하고 있으면서도 출생신고를 하지 못하여 어려움을 겪는 사례가 계속해서 언론에 보도되었다.[4] 출생신고를 하지 못한 상태에서 생부가 자녀를 양육하면서 겪는 어려움은 굳이 별도의 설명을 요하지 않을 것이다. 생부와 자녀는 사실상 가족공동체를 이루고 생활하고 있지만 이들은 민법상 가족으로 인정되지 않는다. 생부는 사실상 아버지로서의 의무와 역할을 다하고 있지만, 이 두 사람은 법률상의 부자관계가 아니며, 타인에 지나지 않는다. 가장 심각한 문제는 이러한 상태가 자녀의 복리를 중대하게 침해한다는 것이다.[5]

---

4) 한겨레신문 2013년 11월 28일, "사라진 엄마 … 출생신고도 못하는 아기, 입대 앞둔 아빠는 이별의 편지를 썼다."
5) 출생신고가 되지 않은 상태에서는 저소득한부모가족지원과 청소년한부모 자립지원을 받을 수 없다. 원칙적으로 건강보험 적용도 받을 수 없다. 다만 여성가족부가 출생신고가 되지 않은 아동을 위하여 출생 후 1년 동안 예외적으로 건강보험 적용을 받을 수 있는 지원책을 마련하였으나(여성

(2) 재판절차를 통한 부자관계의 창설

모의 인적사항을 모른다는 이유로 출생신고를 할 수 없게 된 생부들은 여러 번의 재판절차를 거쳐 부자관계를 창설하는 복잡하고 어려운 길을 모색할 수밖에 없었다. 이 경우에 우선 생부는 자신을 자녀의 미성년후견인 또는 특별대리인으로 선임해 달라는 청구를 하여야 한다.[6] 생부가 자녀의 미성년후견인 또는 특별대리인으로 선임되면, 그 다음에는 자녀를 대리하여 성·본창설허가 청구를 한다. 이어서 가족관계등록창설 허가 청구를 하여 자녀의 가족관계등록부가 작성되면, 자녀가 원고로서 생부를 피고로 하여 인지청구를 하여야 한다(이때 다시 자녀의 특별대리인 선임이 필요하다. 인지소송의 피고인 생부가 원고인 자녀의 인지청구를 대리할 수는 없기 때문이다). 인지판결의 확정에 의하여 비로소 생부와 자녀 사이에 법률상 부자관계가 창설되고, 가족관계등록부에도 각각 부와 자녀로 기재된다.

생부가 자녀를 양육하고 생업에 종사하면서 이러한 재판절차를 거쳐 부자관계를 창설한다는 것은 결코 쉬운 일이 아니다. 더구나 위와 같은 절차를 거쳐 가족관계등록부를 작성하고 부자관계를 창설하는 데에는 상당한 시간이 걸리므로, 그 기간 동안 자녀는 출생신고가 되지 않는다는 문제가 있다.[7]

이러한 문제를 해결하기 위하여 2015년에 가족관계등록법이 일부 개정되었다. 아래에서 개정된 가족관계등록법 규정의 내용과 그 한계에 대해서 살펴본다.

(3) 2015년 가족관계등록법의 개정

생부의 출생신고 문제를 해결할 목적으로 2015년에 가족관계등록법이 일부 개정되어 제57조 제2항부터 제5항까지의 규정이 신설되었다.[8] 이에 따라

가족부, 「미혼부 자녀 출생신고 방법」 참조), 얼마나 실효성이 있는지는 의문이다. 이러한 건강보험 적용조차 아동 출생 후 1년이 경과하면 종료된다.

6) 사건본인인 자녀는 출생신고 전이므로, 보통 다음과 같이 당사자 표시를 한다. '김00 (2012. 4. 10. 15:07 목포시 옥암동 977-2에 있는 미즈아이병원에서 출생, 남자', '박00 (2015. 12. 20. 생, 여). 서울시 동작구 상도로 53길 ○-○, 202호'.

7) 출생신고는 자녀의 출생 후 1개월 내에 이루어져야 한다(가족관계등록법 제44조). 유엔아동권리협약 제7조 제1항은 "아동은 출생 후 즉시 등록되어야 한다(The child shall be registered immediately after birth)"고 규정하고 있다. 외국은 우리에 비하여 출생신고 기간이 훨씬 짧다. 예: 독일 7일(독일 신분등록법 제18조), 프랑스 3일(프랑스 민법 제55조, 제56조), 일본 14일(일본 호적법 제49조), 오스트리아 7일(오스트리아 신분등록법 제9조) 등.

8) 미혼부였던 김지환씨가 위와 같은 재판절차를 거쳐 딸과의 부자관계를 창설하였는데, 성·본 창설 허가 심판에서 딸이 사랑이라는 이름을 받게 되었다. 이 일이 세상에 알려지면서 가족관계등록법 개정의 계기가 되었기에 가족관계등록법 제57조 제2항은 일명 '사랑이법'으로 불리게 되었다.

생부가 "모의 성명·등록기준지 및 주민등록번호를 알 수 없는 경우에는 부의 등록기준지 또는 주소지를 관할하는 가정법원의 확인을 받아" 출생신고를 할 수 있게 되었다(제57조 제2항). 이 규정이 신설되었을 때만해도 이제 생부가 출생신고를 하지 못하여 곤란을 겪는 상황은 더 이상 생기지 않을 것으로 기대하였던 것이 사실이다. 그러나 법원에 따라서는 생부가 "모의 성명·등록기준지 및 주민등록번호"를 전부 알 수 없는 경우에만 위의 규정이 적용될 수 있다고 해석함으로써 생부가 모의 성명 정도만을 아는 경우에도 친생자 출생신고를 위한 확인 신청을 기각하여 출생신고를 하지 못하는 사례가 속출하고 있다.[9] 모가 병원에서 출산을 한 경우에는 생부가 병원에서 발급한 출생증명서를 보관하고 있다가 법원에 제출하는 것이 당연한데, 일부 법원에서는 출생증명서에 기재되어 있는 모의 성명을 보고[10] 생부가 모의 성명을 알고 있으니 "모의 성명·등록기준지 및 주민등록번호를 알 수 없는 경우"에 해당하지 않는다는 이유로 확인 신청을 기각하고 있는 것이다.[11] 이러한 상황에서 출생신고를 하지 못하는 생부와 자녀의 문제는 오늘까지도 완전히 해결되지 못한 채 여전히 계속되고 있다.[12]

(4) 생부의 출생신고와 민법상 친생추정제도

2011년 가족관계등록선례가 제정되기 전까지는 생부는 법원의 재판절차를 거치지 않고도 간단히 출생신고를 할 수 있었다. 그러나 2011년 가족관계등록선례의 제정 이후 모의 인적사항을 알지 못하는 생부의 출생신고는 수리되지 않았으며, 위에서 본 바와 같이 생부가 후견인(또는 특별대리인)으로 선임되어 자녀에 대한 성·본창설 허가, 가족관계등록창설 허가를 받고, 또 인지청구를

---

9) 서울남부지법 2017. 1. 10. 2016브4 결정 등; 이와 달리 모의 인적사항의 일부를 알지 못하는 경우에도 확인 신청을 인용해야 한다고 판단한 결정도 있다. 서울서부지법 2019. 4. 8. 2017브 506 등. 이와 같이 생부가 모의 인적사항의 일부를 알지 못하는 경우에 확인 신청을 인용할 것인가에 대해서는 법원의 태도가 통일되어 있지 않다.

10) 가족관계등록법 제44조(출생신고의 기재사항) ④ 출생신고서에는 의사나 조산사가 작성한 출생증명서를 첨부하여야 한다; 가족관계등록규칙 제38조(출생증명서의 기재사항) 4. 모의 성명 및 출생연월일.

11) 2015년 가족관계등록법 개정에 의해 제57조 제2항이 신설된 이후 2019년까지 생부가 친생자 출생신고를 위한 확인 신청을 한 건수는 705건이며, 이중 457건이 인용되었다. 연도별 인용율은 다음과 같다. 2016년 83.4%(187건 접수/156건 인용), 2017년 75%(144건 접수/108건 인용), 2018년 66.7%(141건 접수/94건 인용), 2019년 71.6%(115건 접수/83건 인용). 법원행정처, 사법연감(2020. 2. 12. 전산자료).

12) 중앙일보 2019년 11월 22일, "아빠가 미안해…엄마 이름 안다고 출생신고도 막힌 미혼부들"; KBS 시사기획 창, "나, 태어나도 될까요?(2020. 2. 8.) 보도 참조; 이러한 문제를 해결하기 위하여 국회에도 남인순 의원안, 서영교 의원안, 이찬열 의원안, 김수민 의원안 등 4건의 법안(가족관계의 등록 등에 관한 법률 일부개정법률안)이 제출되어 있다.

거치는 복잡한 절차를 거쳐야만 부자관계를 창설할 수 있었다. 이러한 문제를 해결하기 위하여 가족관계등록법이 일부 개정되었으나, 법원에 따라서는 생부가 모의 성명만을 아는 경우에도 친생자 출생신고를 위한 확인 신청을 기각하는 경우가 있어서, 생부가 자녀를 양육하고 있으면서도 출생신고를 하지 못하는 사례는 여전히 남아있다. 여기서 생부의 출생신고를 이렇게 어렵게 하는 이유는 무엇일까에 대한 의문이 제기된다. 상식적으로 생각하면 생부가 자녀를 양육하고 있고, 유전자검사 결과까지 제출하여 부자관계를 증명한 경우에 출생신고를 못하게 막을 이유는 없을 것으로 보인다. 더구나 아무런 대안도 없이 출생신고를 하지 못하게 한다면 그 아이의 장래는 도대체 어떻게 될 것인가? 그럼에도 불구하고 생부의 출생신고를 어렵게 하는 이유는 민법상 친생추정 제도와의 관련성 이외에는 찾기 어렵다.[13] 민법상 친생추정 제도에 따르면, 모가 생부의 자녀를 임신하였을 때 다른 남자와 혼인 중이었다면, 그 자녀는 모의 남편의 자녀로 추정되므로, 우선 모의 남편을 아버지로 하여 출생신고가 되어야 한다(출생신고 의무자는 모와 모의 남편, 즉 법률상의 父이다). 이런 경우에 생부가 먼저 출생신고를 하여 수리된다면, 자녀의 가족관계등록부에 생부가 아버지로 기록되는데, 이는 민법상 친생추정규정과 배치되는 것이다. 이러한 입장에서 보면 생부의 출생신고는 모가 임신 당시 다른 남자와 혼인 상태에 있지 않았다는 사실이 증명된 경우 외에는 수리되어서는 안 된다. 개정된 가족관계등록법 제57조는 이러한 점을 완화하기 위하여 생부가 모의 인적사항을 알지 못하는 경우, 즉 모를 특정할 수 없어서 임신 당시 다른 남자와 혼인 중이었는가의 여부를 확인할 수 없는 경우[14]에도 일단 출생신고를 수리하되, 추후에 모가 혼인 중이었음이 밝혀진 경우에는 가족관계등록부를 정정하는 방식으로 문제의 해결을 도모하고 있다(가족관계등록법은 제57조 제4항에서 "출생자가 제3자로부터 「민법」 제844조의 친생자 추정을 받고 있음이 밝혀진 경우"에는 신고의무자(모와 모의 남편, 즉 법률상의 父)가 1개월 이내에 출생의

---

13) 2011년에 모불상의 출생신고를 수리하여서는 안 된다는 것으로 법원의 선례가 변경된 이유도 결국 모의 혼인관계를 알 수 없는 상태에서 출생신고를 수리하면 친생추정규정과 충돌하는 경우가 생길 수 있다는 것이 주된 이유였던 것으로 보인다. 친생추정규정과의 충돌을 피한다는 명분 하에 출생신고가 되지 않는 자녀의 인권과 복리는 완전히 관심에서 사라진 것이다.

14) 가족관계등록예규 제412호(출생신고에 관한 사무처리지침) 제8조 제1항은 "부가 혼인외 출생자에 대한 출생신고를 할 때에는 모의 혼인관계증명서를 제출하게 하여야 한다. 다만, 시(구)·읍·면·동·재외공관의 장이 전산정보처리조직에 의하여 그 내용을 확인할 수 있는 경우에는 그러하지 아니하다"라고 규정하고 있다. 가족관계등록법 제57조 제2항은 이에 대한 예외를 규정한 것으로서 모를 특정할 수 없어서 모의 혼인관계를 확인할 수 없는 경우에도 일단 자녀의 출생신고를 수리하라는 취지로 이해된다.

신고를 하고 등록부의 정정을 신청하여야 한다"고 규정하고 있다. 즉 생부가 법원의 확인을 받아 출생신고를 한 경우에도 모가 임신 당시에 다른 남자와 혼인 중이었다는 사실이 밝혀진 경우에는 그 자녀는 모의 남편의 자녀로 추정되므로, 모 또는 모의 남편(법률상의 父)은 다시 출생신고를 하여야 하고, 모의 남편이 자녀의 부로 기록된다는 것이다). 이러한 점을 고려해 볼 때 생부가 모의 인적사항 중 일부(성명)만을 알고 있어서 모를 특정할 수 없기 때문에 임신 당시 모의 혼인 상태를 확인할 수 없는 경우에는 생부의 출생신고를 일단 수리하는 것이 개정된 가족관계등록법의 규정체계에 부합하는 것으로 생각된다(생부가 모의 인적사항을 전부 알지 못하는 경우이든 모의 인적사항 중 성명만을 알고 있는 경우이든 모를 특정할 수 없어서 모의 가족관계등록부상 혼인 상태를 확인할 수 없다는 점에서는 차이가 없다. 따라서 이 두 사안을 다르게 처리해야 할 합리적인 이유는 전혀 없다). 개정된 가족관계등록법 규정은 모가 임신 당시 혼인 중이었는가의 여부가 확인되지 않는 경우(다른 말로 표현하면 그 자녀가 생부 아닌 다른 남자의 자녀로 추정되는가의 여부가 불확실한 경우)에는 일단 생부의 출생신고를 수리하라는 뜻으로 해석되어야 할 것이다. 따라서 이와 달리 생부가 모의 인적 사항을 전부 알지 못하는 경우에만 친생자 출생신고를 위한 확인 신청을 인용할 수 있다는 일부 법원의 태도는 개정된 가족관계등록법 제57조의 취지에 반하는 것으로서 부당하다. 모가 임신 당시 혼인 중이었는가의 여부가 불분명한 경우에 일단 생부의 출생신고를 수리하더라도 민법상 친생추정규정과의 관계에서 큰 문제는 생기지 않는다. 모가 임신 당시 혼인 중이 아니었다면 생부의 출생신고는 실체에 부합하는 것이고, 만약 모가 임신했을 때 다른 남자와 혼인 중이었다는 사실이 확인되었다고 해도 이런 경우에는 제57조 제4항에 따라 가족관계등록부를 정정할 수 있기 때문이다. 민법상 친생추정규정과의 충돌이 우려된다는 이유로 생부의 확인 신청을 기각하는 경우에는 자녀의 출생신고를 할 수 없게 되는데, 확인 신청이 인용되어 출생신고가 수리되었을 때 민법상 친생추정규정과의 충돌이 발생할 수도 있다는 개연성과 확인 신청을 기각하여 아예 출생신고를 하지 못하게 함으로써 자녀의 복리가 침해되는 필연성 중에서 어느 쪽을 선택하여야 할 것인가는 스스로 분명해 보인다.

오히려 문제가 되는 것은 모가 임신 당시 다른 남자와 혼인 중이었다는 사실이 확인되어 가족관계등록부가 정정이 되는 경우이다. 실제로 생부가 자녀를 양육하면서 가족공동체를 형성하고 있을 때 이와 같은 신분의 변동(자녀의 신분은 생부의 자녀에서 모의 남편의 자녀로 변경된다)은 생부와 자녀로 구성된 가정의 평화를 위협하고 자녀의 복리를 침해하는 결과로 이어지게 될 것이다. 따라서 이런 경우에는 적어도 생부에게 친생부인권을 인정함으로써 자녀와 모의 남편 사이에 발생한 법률상의 부자관계를 소멸시키고, 다시 인지를 할 수 있는 길을 열어 주는 것이 필요하다. 즉 생부가 사실상 자녀를 양육함으로써 그 사이에 실질적인 친자관계가 발생한 경우에는 생부에게 친생부인권을 인정함으로써 생부와 자녀로 구성된 가정을 보호하고 자녀의 복리를 실현할 수 있도록 하여야 할 것이다. 이 문제에 대해서는 목차를 바꾸어서 살펴보기로 한다.

Ⅲ 생부의 친생부인권

1. 생부의 친생부인권을 배제하는 근거 – 자녀의 복리와 가정의 평화

현행 민법은 원칙적으로 자녀의 모와 모의 남편(법률상의 父)에게만 친생부인권을 인정하고 있으며, 생부에게는 친생부인권을 인정하지 않는다.[15] 생부에게 친생부인권을 인정하지 않는 이유는 일반적으로 다음과 같이 설명되어 왔다: 혼인상태에 있는 모가 혼외관계에서 자녀를 임신하여 출산한 경우에도 그 자녀는 모의 남편의 친생자로 추정되어 그 사이에서 일단 법률상의 부자관계가 발생한다(제844조). 물론 이런 경우에는 모의 남편(법률상의 父) 또는 모는 친생부인의 소를 제기할 수 있으며, 친생부인판결이 확정되면 자녀와 모의 남편 사이에 발생한 법률상의 부자관계는 출생 시로 소급하여 소멸한다. 그러나 모와 모의 남편이 친생부인의 소를 제기하지 않고 혼인관계를 유지하면서 그 자녀를 양육하기로 결정하는 경우도 있을 수 있다. 이에 따라 모와 모의 남편(법률상의 父)이 가정을 유지하면서 그 자녀를 공동으로 양육하는 경우에는 자녀와 모의 남편 사이에 법률상의 부자관계에 상응하는 실질적인 친자관계가 형성되는 것이 일반적이다. 이와 같이 모와 모의 남편(법률상의 父), 자녀로 구성된 가정이 안정적으로 유지되고 있고, 그 가정에서 자녀가 건강하게 성장하고 있는 경우에는 그 상태가 그대로 유지되어야 자녀의 복리도 실현되고 가정의 평화도 보호될 수 있다. 만약 위와 같은 사안에서 생부가 친생

---

15) 2017년 민법 일부개정에 의해서 신설된 제855조의2(인지의 허가 청구) 규정에 생부의 친생부인권과 유사한 성질이 있다고도 볼 수 있으나, 이를 두고 우리 민법에서 생부의 친생부인권이 인정되고 있다고 말할 수는 없다. 자세한 내용은 김주수·김상용, 『친족·상속법』, 법문사, 2019, 317면 참조.

부인권을 행사하는 것이 허용된다면 이는 자녀의 복리에 반할 뿐만 아니라 가정의 평화를 해치는 결과로 이어질 것이다. 우리 민법이 생부의 친생부인권을 인정하지 않는 기본적인 이유는, 생부의 친생부인권 행사가 자녀의 복리에 반할 뿐만 아니라 가정의 평화를 해친다는 것으로 요약될 수 있다.

이러한 민법의 태도는 기본적으로는 오늘날까지 여전히 타당한 것으로 평가할 수 있다. 그러나 최근에 변화된 우리 사회의 현실에 비추어 볼 때 생부의 친생부인권을 일률적으로 부정하는 민법의 태도는 더 이상 설득력을 갖기 어려울 것으로 보인다. 생부에게 친생부인권의 행사를 허용한다고 해도 자녀의 복리와 가정의 평화를 해치지 않을 뿐만 아니라, 오히려 자녀의 복리 실현에 기여할 수 있는 사례가 현실에서 등장하고 있기 때문이다. 아래에서 이 문제에 대하여 보다 자세히 살펴본다.

2. 생부의 친생부인권을 인정해야 하는 이유

(1) 자녀의 복리 실현에 기여하는 경우

모가 혼외관계에서 임신하여 자녀를 출산하였지만, 모와 모의 남편(법률상의 父)이 안정적으로 가정을 유지하면서 그 자녀를 공동으로 양육하고 있는 경우에 생부가 친생부인의 소를 제기하는 것이 허용된다면 자녀의 복리와 가정의 평화는 더 이상 유지될 수 없을 것이다. 따라서 이러한 사안으로 한정하여 본다면 생부의 친생부인권을 인정하지 않는 민법의 태도는 타당하다고 볼 수 있다. 또한 모와 모의 남편이 이와 다른 선택을 한 경우(예를 들어 부부가 이혼하고 자녀의 양육자 및 친권자로 모가 정해진 경우)에는 모 또는 모의 남편이 친생부인의 소를 제기하는 것이 보통이고, 판결이 확정되면 생부가 자녀를 인지할 수 있으므로, 굳이 생부에게 독자적인 친생부인권을 인정하지 않아도 특히 문제가 될 것은 없다.

그러나 이와 달리 생부에게 독자적인 친생부인권을 인정할 필요가 있는 경우도 있다. 예를 들어 모와 모의 남편 사이의 혼인관계는 이미 해소되거나 파탄되었고 자녀의 양육은 제3자(생부, 위탁가정, 아동보호시설, 친족 등)에게 맡겨둔 상태에서, 모나 모의 남편이 친생부인의 소를 제기하지 않는 경우가 있다(위에서 이미 본 바와 같이 자녀의 출생신고조차 하지 않는 경우도 있다). 이런 경우에 생부가 자녀를 인지하고 양육할 의사가 있다고 해도(생부가 이미 사실상 자녀를 양육하고 있는 경우도 있다) 독자적인 친생부인권이 인정되지 않는 현행법 하에서는, 모의 남편과 자녀 사이의 법률상 부자관계를 소멸시킬 수 없으며,[16] 따라서 자녀를 인지할 수도 없다. 생부가 인지를 하지 못하여 법률상 아버지의 신분을 갖지 못한 상태에서 자녀를 양육하는 경우에 수반되는 어려움은 굳이 긴 설명을 요하지 않을 것이다. 그리고 이는 결국 직접적으로 자녀의 복리를 해치는 결과로 나타나게 된다. 따라서 이와 같은 경우에는 자녀의 복리 실현이라는 관점에서 보더라도 생부에게 독자적인 친생부인권을 인정하는 것이 타당하다.

이외에도 친생부인권자인 모와 모의 남편이 모두 사망한 경우, 소재불명인 경우, 스스로 자녀를 양육할 의사가 없어서 입양을 시키려고 하는 경우에도, 생부에게 친생부인권을 인정할 필요가 있을 것이다. 위와 같은 경우에 생부가 친생부인의 소를 제기할 수 있다면 판결확정 후에 자녀를 인지할 수 있으며, 친권자가 되어 직접 자녀를 양육할 수도 있다. 자녀의 복리라는 관점에서 볼 때 생부가 이러한 목적으로 친생부인권을 행사하는 것까지 일률적으로 배제할 필요는 없다고 본다.

(2) 사회현실의 변화 – 적극적인 양육의지를 가진 생부의 증가

생부의 친생부인권이 인정되기 위해서는 그 전제로서 생부가 아버지로서의 책임과 의무를 성실하게 이행할 것이라는 기대와 가능성이 존재하여야 한다. 생부에게 친생부인권이 인정되면, 생부는 독자적으로 친생부인의 소를 제기하여 자녀와 법률상의 父 사이의 부자관계를 소멸시킨 후 그 자녀를 인지하여 새롭게 법률상의 부자관계를 성립시킬 수 있다. 그리고 법률상의 부자관계를 기반으로 하여 생부는 실제 생활에 있어서 아버지로서의 의무와 역할을 다할 수 있게 된다. 이러한 가능성과 기대가 존재하지 않는 곳에서는 생부의 친생부인권을 인정할 실익이 없다(반대로 생부에 의한 친생부인권의 남용 문제가 생길 수 있다). 민법 제정 당시는 물론 비교적 최근까지만 해도 우리 사회에서 자신의 혼인외의 자를 적극적으로 인지하고 양육하려는 생부의 존재를 찾기는 쉽지 않았다. 반대로 대부분의 생부는 자녀의 양육에 대한 책임을 회피하려는 경향을 보였던 것이 사실이다. 이러한 사회현실은 생부에게 친생부인권을 인

---

16) 학설(김주수·김상용, 『친족·상속법』, 법문사, 2019, 298면 이하 참조)과 판례(대법원 1983. 7. 12. 선고 82므59 전원합의체 판결; 대법원 1990. 12. 11. 선고 90므637 판결)에 따르면 동거의 결여로 인하여 모가 남편의 자녀를 임신할 가능성이 전혀 없는 상태에서 임신하여 출산한 경우에는 친생추정이 미치지 않으므로, 생부도 친생자관계부존재확인의 소를 제기할 수 있다. 그러나 모가 생부와의 관계에서 임신할 당시에 남편과의 동거가 완전히 결여되어 있지 않았던 경우도 있을 수 있으므로(또한 설령 임신 당시 모와 그 남편 사이에 동거가 결여되어 있었다고 하더라도 친생부인의 소를 제기한 생부가 이러한 사실을 증명하는 것이 어려울 수도 있다), 이와 같이 친생추정이 미치지 않는 사례와는 별도로 생부에게 독자적인 친생부인권이 인정될 필요가 있다.

정할 실익이 없다는 결론을 뒷받침하는 유력한 근거가 되었다.[17]

그러나 우리사회에서도[18] 대략 2010년 무렵을 기점으로 하여 자신의 자녀를 적극적으로 인지하고 양육하려는 생부들이 사회의 전면에 나타나기 시작했다.[19] 생부가 모의 인적사항을 알 수 없는 경우에 가정법원의 확인을 받아 출생신고를 할 수 있는 규정(가족관계등록법 제57조 제2항)이 신설된 것은 이와 같이 변화된 사회현실을 반영하는 것이다.[20] 또한 자녀의 출생신고 및 양육과 관련하여 비슷한 어려움을 겪고 있는 생부들이 문제 해결을 시도하는 과정에서 단체를 결성하기도 하였는데,[21] 이 역시 생부들의 변화된 의식을 보여주는 것이다. 이와 같이 변화한 사회현실은 생부의 친생부인권을 일률적으로 부정하는 민법의 태도에 대해서도 수정을 요구하고 있다. 이제 생부의 친생부인권을 예외 없이 배제하는 경직된 규정만으로는 더 이상 우리사회의 가족 내에서 발생하는 다양한 문제에 대응할 수 없게 되었기 때문이다.

3. 생부의 친생부인권을 인정하는 경우 그 행사의 구체적 기준

위에서 생부의 친생부인권이 인정되어야 하는 이유에 대해서 살펴보았는데, 이러한 논거가 생부에게 제한 없는 친생부인권이 인정되어야 함을 뒷받침하는 것은 아니다. 앞에서 본 바와 같이 모와 모의 남편(법률상의 父), 자녀로 구성된 가정이 안정적으로 유지되고 있으며, 자녀가 그 가정에서 건강하게 성장하고 있는 경우라면 생부의 친생부인권 행사는 자녀의 복리에 반할 뿐 아니라 가정의 평화를 위협하게 된다. 따라서 이러한 경우에는 생부의 친생부인권 행사를 제한하는 것이 타당하다. 그렇다면 어떠한 경우에 생부의 친생부인권을 인정할 수 있으며, 또 그 행사의 구체적인 기준은 어떻게 설정되어야 하는가의

---

17) 윤진수 편집대표, 『주해친족법』(권재문 집필부분) 제1권, 박영사, 2015, 570면은 우리 사회의 단계에 비추어 볼 때 "과연 비혼 혈연부에게 친생부인권을 인정할 필요가 있을지는 의문"이라고 한다; 이준영, "자신의 血統에 대한 子의 알 權利와 親生子關係", 『가족법연구』 제14호(2000), 110면.

18) 외국에서도 우리에 앞서 이와 유사한 현상이 나타났다. 예를 들어 독일에서는 이미 1980년대 후반부터 자녀의 양육에 적극적으로 참여하는 생부들이 나타났다. Helms, Vaterschaftsanfechtung durch den Erzeuger des Kindes?, FamRZ 1997, 913; Stein-Hilbers, Biologie und Gefühl-Geschlechterbeziehungen im neuen Kindschaftsrecht, ZRP 1993, 256/258.

19) 물론 2010년 전에도 자신의 자녀를 인지하고 양육하는 생부는 이미 존재하고 있었다. 2018년 현재 미혼의 생부가 양육하고 있는 자녀는 9,066명이다(미혼모가 양육하고 있는 자녀의 수는 24,969명이다. 미혼의 생부는 2017년 기준으로 8,424명이다). 통계청, 2018 인구총조사 참조.

20) 이 규정의 한계에 대해서는 위에서(II. 2. (3)) 언급하였다.

21) 2019년 6월 설립된 '세상에서 제일 좋은 아빠의 품': 한국 미혼부 가정지원협회(대표 김지환).

문제가 제기된다. 아래에서 이러한 기준을 보다 구체화시켜 보기로 한다.

(1) 실질적인 부자관계의 존부

혼인상태에 있는 모가 혼외관계에서 임신하여 자녀를 출산한 경우에도 출생과 동시에 모의 남편과 자녀 사이에는 법률상의 부자관계가 성립한다. 모의 남편은 자녀의 출생과 함께 법률상 父의 신분을 가지게 되지만, 이것이 곧 실질적인 부자관계의 발생으로 이어지는 것은 아니다. 법률상의 부가 그 자녀를 자신의 자녀로 여기고 양육의 책임을 다하는 과정에서 자녀와 법률상의 부 사이에는 자연스럽게 유대관계가 발생하고, 실질적인 부자관계[22]가 성립하게 된다. 자녀의 복리라는 관점에서 보면, 부자 사이에 혈연관계(생물학적인 친자관계)가 존재하는가의 여부보다는 가족공동생활과 양육을 통하여 자연스럽게 형성된 유대관계, 즉 실질적인 부자관계의 존부가 더 중요한 의미를 갖는다. 따라서 이와 같이 실질적인 부자관계가 형성되어 있는 경우에는 생부의 친생부인권 행사를 허용하지 않는 것이 타당하다고 볼 수 있다.

이러한 이론은 이미 여러 나라의 입법례에 반영되어 있다. 우선 대표적인 입법례로는 독일민법 제1600조를 들 수 있다. 독일에서는 2004년 민법개정을 통하여 처음으로 생부에게 친생부인권이 인정되었는데,[23] 법률상의 父와 자녀 사이에 실질적인 부자관계가 존재하지 않는 경우에 한하여 생부의 친생부인권 행사가 허용된다. 즉 생부는 법률상의 부와 자녀 사이에 혈연관계가 없음을 안 날부터 2년 내에 친생부인청구를 할 수 있으나, 법률상의 부가 자녀에 대하여 사실상 양육책임을 이행함으로써 실질적인 부자관계가 발생한 경우에는

---

22) 국내에서는 '사회적 친자관계'라는 용어를 사용하는 경우가 많다. 권재문, 『친생자관계의 결정기준』, 경인문화사, 2011, 7면은 '사회적 친자관계'를 "혈연관계가 없는 사람들 사이에 부모와 자녀로서의 정서적 유대와 생활의 실태가 형성되어 있고 사회적으로도 친자관계로 인식되고 있는 상태"라고 정의한다; 정구태, "친생추정의 한계 및 친생부인의 소의 원고적격", 『법학연구』 제26권 제1호(2015), 131면도 이러한 정의에 따르고 있다; 그러나 이와 다르게 정의하는 견해도 있다. 법률상의 친자관계이든 생물학적인 친자관계이든 관계없이 사실상의 양육을 통하여 실질적인 친자관계가 발생하면 사회·가족적 친자관계(sozial-familiäre Beziehung)라고 볼 수 있다는 것이다 (Arbeitskreis Abstammungsrecht, Abschlussbericht, Empfehlungen für eine Reform des Abstammungsrechts, 2017, S. 15). 이 견해는 (법률상의 父가 아닌) 생부가 자녀를 양육하여 그들 사이에 부모와 자녀로서의 유대관계가 발생한 경우도 사회·가족적 친자관계라고 정의한다.

23) Gesetz zur Änderung der Vorschriften über die Anfechtung der Vaterschaft und das Umgangsrecht von Bezugspersonen des Kindes, zur Registrierung von Vorsorgeverfügungen und zur Einführung von Vordrucken für die Vergütung von Berufsbetreuern(2004. 4. 30. 시행); 그 전인 2003년 4월 9일에 독일연방헌법재판소는 – 법률상의 父와 자녀 사이에 실질적인 가족관계가 존재하지 않는 경우에도 – 예외 없이 생부의 친생부인권을 배제하는 당시 독일민법 제1600조가 독일기본법 제6조 제2항과 조화되지 않는다고 판단하였다(BVerfG FamRZ 2003, 816). 이 결정에 따라 독일민법 제1600조가 현재와 같이 개정된 것이다.

생부의 청구는 기각된다.[24]

비교법적으로 고찰해 보면 이러한 독일의 입법례는 새로운 것이 아님을 알 수 있다. 프랑스[25]에서는 자녀(모가 혼인 중에 제3자와의 혼외관계에서 임신하여 출산한 자녀)가 모의 남편(법률상의 父)의 자녀로 출생등록이 되고 모의 남편이 실제로 아버지로서 양육책임을 이행하여 자녀와 법률상의 부 사이에 실질적인 부자관계가 발생한 경우에는, 자녀가 모의 남편의 자녀로서 신분을 점유하는 것으로 본다(이른바 신분점유[26] 제도). 그리고 이러한 상태가 5년간 지속되면 모의 남편, 모, 자녀, 생부 등 그 누구도 친생부인의 소를 제기할 수 없다(프랑스민법 제333조 제2항). 반면에 자녀가 모의 남편(법률상의 父)의 자녀로 출생등록은 되었으나, 법률상의 부가 실제로 아버지로서 자녀의 양육의무를 이행하지 않아서 신분점유가 인정되지 않는 경우[27]에는 이해관계인(이해관계인에 생부가 포함되는 것은 당연하다)은 누구나 10년 간[28] 친생부인의 소를 제기할 수 있다(프랑스민법 제334조, 제321조).

생부에게 친생부인권을 인정할 것인가의 문제를 판단함에 있어서 실질적인 부자관계의 존부를 기준으로 하는 입법태도는 일견 합리적인 것으로 보인다.[29] 모의 남편과 자녀 사이에 생물학적인 부자관계는 없으나 민법상 친생추

---

24) MüKoBGB/Wellenhofer BGB § 1600 Rn. 26.

25) 이탈리아, 벨기에, 스페인 등 프랑스법계 국가들도 프랑스와 유사한 신분점유제도를 가지고 있다. Frank, Rechtsvergleichende Betrachtungen zur Vaterschaftsanfechtung durch den leiblichen Vater des Kindes, in: Festschrift für Dieter Schwab, 2005, S. 1130.

26) possession d'état. 독일에서는 Statusbesitz 또는 Personenstandsbesitz라고 번역한다.

27) 예를 들어 모가 혼인 중에 임신, 출산하여 자녀가 모의 남편의 자녀로 출생등록이 되었으나, 그 후 모와 모의 남편(법률상의 父)이 이혼하고 모가 단독친권자가 되어 자녀를 양육하고 있으며, 모의 남편은 자녀와 모든 관계를 단절하였다면, 이러한 경우에는 신분점유가 인정되지 않는다. Helms, Vaterschaftsanfechtung durch den Erzeuger des Kindes?, FamRZ 1997, 913/915.

28) 10년의 기간은 자녀가 그 신분을 향유하기 시작한 날(자녀로 출생등록이 된 날)부터 기산한다.

29) 국내에도 이와 유사한 견해가 있다. 정구태, "친생추정의 한계 및 친생부인의 소의 원고적격", 『법학연구』 제26권 제1호(2015), 131면은 "처가 夫의 자를 포태할 수 없음이 외관상 명백한 사유가 없더라도 유전자 배치와 같이 夫와 子 간에 혈연관계가 존재하지 않음이 과학적으로 증명되었고, 夫와 子 간에 사회적 친자관계도 소멸한 경우에는 친생추정이 미치지 않는다"고 한다. 이 견해에 의하면 사회적 친자관계가 소멸한 경우에는 친생추정이 미치지 않는다고 하므로, 이해관계인은 누구나 친생자관계부존재확인의 소를 제기할 수 있게 될 것이다. 그렇다면 모의 남편(법률상의 父)이 혈연관계가 없다는 사실을 알면서도 10여 년간 자녀를 양육하여 그 사이에 사회적 친자관계가 발생하였으나, 그 후 모와 이혼하면서 자녀와의 관계를 완전히 단절시킴으로써 모의 남편과 자녀 사이의 사회적 친자관계가 소멸한 경우에는 모의 남편이 친생자관계부존재확인청구를 할 수 있을 것이다. 그러나 이와 같이 모와 모의 남편 사이의 혼인관계의 변화, 모의 남편(법률상의 父)의 일방적 의사에 의해서 장기간 지속되어온 자녀의 신분이 일순간에 변동되는 것은 그 자체로서 자녀의 복리에 반한다. 이른바 '사회적 친자관계설'은 이러한 경우에 적절한 해결방안을 제시할 수 없다는 한계가 있다(사회적 친자관계는 일방의 의사에 의해서 파탄, 소멸될 수 있는 성질의 것

정 규정에 의하여 법률상의 부자관계가 성립한 경우에 모의 남편이 아버지로서의 의무와 역할을 다하여 실질적인 부자관계가 발생하였다면, 이러한 관계가 계속해서 유지될 때 자녀의 복리도 실현되고 가정의 평화도 보호될 수 있기 때문이다. 이런 경우에 생부는 자녀의 입장에서 보면 외부의 제3자, 낯선 타인에 지나지 않는다. 반면에 법률상의 父가 자녀의 양육을 거부하고 아버지로서 아무런 역할도 하지 않아서 실질적 부자관계가 발생하지 않았다면, 이러한 관계는 보호할 가치가 없으므로 생부의 친생부인권 행사를 허용해도 무방할 것이다. 실질적인 부자관계가 결여되어 있는, 혈연과 일치하지 않는 법률상의 부자관계 – 가족관계등록부상으로만 존재하는 부자관계 – 를 형식적으로 유지시키는 것보다는 생부와의 관계에서 새롭게 부자관계가 성립할 수 있도록 길을 열어주는 것이 자녀의 복리에 부합하는 결정이기 때문이다.

위에서 본 내용에 비추어 볼 때 생부에게 친생부인권을 인정하되, 법률상의 父와 자녀 사이에 실질적인 부자관계가 존재하는 경우에는 그 행사를 제한하는 방향으로 규정을 마련한다면 자녀의 복리와 가정의 평화, 생부의 권리를 조화롭게 실현할 수 있을 것으로 보인다. 그러나 실질적인 부자관계의 존재를 기준으로 하는 규정은 현실에서 발생할 수 있는 다양한 가족의 문제를 해결하는 데 한계가 있다는 지적이 이어지고 있으며, 그에 대한 대안으로 자녀의 복리라는 보다 일반적이고 포괄적인 기준을 제시하는 견해가 유력하다.[30)]

이다. Coester-Waltjen, Statusrechtliche Folgen der Stärkung der Rechte der nichtehelichen Väter, FamRZ 2013, 1693/1698은 사회·가족적 친자관계가 얼마나 존속할 것인지를 예측하기는 매우 어렵다고 한다. Helms, Rechtliche, biologische und soziale Elternschaft-Herausforderungen durch neue Familienformen, Gutachten F zum 71. Deutschen Juristentag, 2017, F 45; Roth, Vaterschaftsanfechtung durch den biologischen Vater, NJW 2003, 3153/3154f.도 같은 의견이다. 일반적으로 모의 남편(법률상의 父)은 모와의 혼인관계가 존속하는 것을 전제로 자녀와의 관계에서 사회·가족적 친자관계를 유지하는 경향이 있는데, 현대사회의 높은 이혼율에 비추어 볼 때 사회·가족적 친자관계 역시 단절되는 경우가 적지 않다는 것이다. 대법원 2019. 10. 23. 선고 2016므2510 전원합의체 판결 중 별개의견은 "피고(자녀)가 원고(법률상의 부)와 혈연관계가 없다는 사정을 알고도 원고와 친자관계를 유지하고자 하는 의사를 가지고 있다"는 점을 이유로 들어 사회적 친자관계가 소멸되었다고 볼 수 없다는 판단을 하고 있으나, 이는 사회적 친자관계의 본질에 대한 오해에서 비롯된 것이다. 사회적 친자관계란 속성상 그 중 일방의 의사에 의해서 소멸될 수 있는 것이기 때문이다. 당해 사안에서 "원고가 친생추정을 받는 피고에 대하여 친생자관계존부확인의 소에 의하여 그 친생자관계의 부존재확인을 구하는 것은 허용되지 않는다"는 별개의견의 결론은 타당하나, 그 근거로 '사회적 친자관계설'을 제시한 것은 적절하지 않다. 오히려 '자녀의 복리'라는 보다 포괄적인 개념에 근거하여 법리를 전개하였더라면 논리적 모순 없이 동일한 결론에 도달할 수 있었을 것이다).

30) Wellenhofer, Die Schranken des Anfechtungsrechts des leiblichen Vaters gem. § 1600 II, III BGB, NZFam 2017, 898/901; Coester-Waltjen, Statusrechtliche Folgen der Stärkung der Rechte der nichtehelichen Väter, FamRZ 2013, 1693/1698f.; Helms, Die Stellung des

(2) 자녀의 복리

생부의 친생부인권 행사가 구체적인 제반 사정에 비추어 볼 때 자녀의 복리에 반하는 경우에는 허용되어서는 안 된다는 이론이다(마찬가지로 자녀의 복리를 기준으로 하면서도 생부의 친생부인권 행사는 자녀의 복리실현에 기여하는 경우에 한하여 허용되어야 한다는 견해[31])도 있으나 본질적으로 큰 차이가 있는 것은 아니다). 생부의 친생부인권 행사를 제한하는 기준으로 자녀의 복리를 제시하는 견해는 실질적 친자관계의 존부를 기준으로 하는 이론에 대한 비판에서 출발한다.

실질적인 친자관계의 존부를 기준으로 하는 이론은, 법률상의 父와 자녀 사이에 비록 혈연관계는 없지만 사실상의 양육을 통하여 실질적인 친자관계가 발생한 경우에는 생부의 친생부인권을 제한함으로써 자녀의 복리도 실현하고 가정의 평화도 지킬 수 있다고 본다. 그러나 실질적인 친자관계의 존부는 자녀가 출생한 후 상당한 세월이 흐른 후에는 유용한 기준이 될 수 있으나, 자녀의 출생 직후라든가 출생 후 비교적 단기간이 경과한 시점에서는 판단 기준으로 활용될 수 없다는 한계가 있다.[32] 사실상의 양육과 가족공동생활을 통하여 형성되는 실질적 친자관계는 상당한 시간의 흐름을 필요로 하기 때문이다.[33] 따라서 출생 직후나 출생 후 시간이 얼마 경과하지 않은 시점에서는 자녀와 법률상의 父 사이에 실질적 친자관계가 발생할 여지가 없다.[34] 그러나

---

potenziellen biologischen Vaters im Abstammungsrecht, FamRZ 2010, 1/7; Verhandlungen des 71. Deutschen Juristentages Essen 2016, Bd.II/1, 2017, P 67.

31) Wellenhofer-Klein, Das Vaterschaftsanfechtungsrecht des leiblichen Vaters - Vorschlag zur Änderung von § 1600 BGB, FamRZ 2003, 1889/1891.

32) Arbeitskreis Abstammungsrecht, Abschlussbericht, Empfehlungen für eine Reform des Abstammungsrechts, 2017, S. 28.

33) Höffelmann, Das neue Gesetz zur Änderung der Vorschriften über die Anfechtung der Vaterschaft und das Umgangsrecht von Bezugspersonen des Kindes, FamRZ 2004, 745/746; 독일에서는 자녀가 출생한 날부터 단기간(예를 들어 1년) 내에는 법률상의 父와 자녀 사이의 실질적 친자관계에 대한 고려 없이 생부의 친생부인권 행사를 허용하자는 논의가 활발하다. 이러한 논의는 자녀가 출생한 때부터 일정한 기간 내에는 법률상의 父와 자녀 사이에 실질적 친자관계가 확고하게 형성되지 않는다는 것을 전제로 하고 있다. Verhandlungen des 71. Deutschen Juristentages Essen 2016, Bd.II/1, 2017, P.66; Arbeitskreis Abstammungsrecht, Abschlussbericht, Empfehlungen für eine Reform des Abstammungsrechts, 2017, S. 53; Helms, Rechtliche, biologische und soziale Elternschaft-Herausforderungen durch neue Familienformen, Gutachten F zum 71. Deutschen Juristentag, 2017, F 51.

34) Roth, Vaterschaftsanfechtung durch den biologischen Vater, NJW 2003, 3153/3159; Hager, Der rechtliche und der leibliche Vater, in: Festschrift für Dieter Schwab, 2005, S. 774; Arbeitskreis Abstammungsrecht, Abschlussbericht, Empfehlungen für eine Reform des Abstammungsrechts, 2017, S. 28.

모와 모의 남편(법률상의 父)이 합의하여 가정을 유지하면서 자녀를 양육하기로 결정하고 실제로 양육을 하고 있는데, 출생 후 얼마 지나지 않은 시점에서 생부가 친생부인의 소를 제기한다고 가정해 볼 때, 법률상의 부와 자녀 사이에 실질적인 친자관계가 존재하지 않는다는 이유로 청구를 인용한다면 구체적인 사정에 비추어 자녀의 복리에 반할 가능성이 높다.[35] 이러한 점에서 실질적 친자관계의 존재를 친생부인권 행사의 제한 요건으로 규정하는 법제에 대해서는 비판이 가해지고 있다.[36]

다른 한편 생부의 친생부인권 행사를 제한하는 요건으로 법률상의 父와 자녀 사이에 형성된 실질적 친자관계의 존재를 규정하는 입법례(독일, 프랑스 등)에서는 생부와 자녀 사이에 발생한 실질적인 친자관계는 고려되지 않는다는 문제가 있다.[37] 혼인상태에 있는 모가 남편과 사이가 좋지 않아서 제3자(생부)와 사귀던 중 임신하여 자녀를 출산하였고, 몇 달 후 자녀를 생부에게 맡기고 떠났는데, 약 1년 후 남편과 화해하여 그 자녀를 함께 양육하기로 했다고 하며 자녀를 데려가는 경우를 상정해 볼 수 있다.[38] 이런 경우에 생부가 친생부인의 소를 제기한다고 해도 소송을 준비하고 진행하는 과정에서 상당한 기간이 경과할 수 있는데, 이 기간 동안 자녀를 실제로 양육하고 있는 법률상의 父와 자녀 사이에 실질적인 친자관계가 발생할 수 있다.[39] 생부의 친생부

---

35) 정구태, "친생추정의 한계 및 친생부인의 소의 원고적격", 『법학연구』 제26권 제1호(2015), 134면은 "친생추정 규정은 부자관계를 조속히 확정하여 자녀로 하여금 법적인 父에 의하여 안정적으로 양육될 수 있도록 하는 데 그 규범목적이 있으므로, 친생추정의 복멸여부를 판단함에 있어서 중요한 것은 夫와 子 간에 사회적 친자관계가 유지되고 있는지"의 여부라고 한다. 이 견해('사회적 친자관계설')는 모의 남편과 자녀 사이에 사회적 친자관계가 존재하는 경우에는 친생추정이 미치고, 그렇지 않은 경우에는 친생추정이 미치지 않는다고 본다. 그렇다면 자녀의 출생 직후나 출생 후 얼마 기간이 경과하지 않은 시점에서는 (모의 남편, 즉 법률상의 父가 양육의사를 가지고 양육에 참여하고 있다고 해도) 사회적 친자관계가 형성되지 않아서 친생추정이 미치지 않으므로, 생부나 그 밖의 이해관계인이 친생자관계부존재확인의 소를 제기할 수 있다고 보아야 할 것이다. 그러나 이러한 결과는 자녀의 복리를 침해할 수 있다는 점에서 받아들이기 어렵다. 다른 한편 위 견해에 의하면, 모의 남편이 모과 함께 자녀를 양육하여 그 사이에 사회적 친자관계가 형성되었으나, 그 후 자녀의 모와 이혼하면서 자녀와의 관계도 단절시킴으로써 사회적 친자관계도 소멸한 경우에는 더 이상 친생추정이 미치지 않으므로, 모의 남편 등 이해관계인의 친생자관계부존재확인청구는 인용되어야 할 것이다. 그러나 이러한 결과 또한 자녀의 복리에 반할 뿐 아니라, 부자관계를 조속히 확정하여 자녀의 신분을 안정시킨다는 친생추정제도의 목적과는 조화되기 어려운 것으로 보인다.

36) Frank, Rechtsvergeichende Betrachtungen zur Vaterschaftsanfechtung durch den leiblichen Vater des Kindes, in: Festschrift für Dieter Schwab, 2005, S. 1132.

37) Wellenhofer, Die Schranken des Anfechtungsrechts des leiblichen Vaters gem. § 1600 II, III BGB, NZFam 2017, 898/900.

38) 독일연방헌법재판소가 다루었던 사례에 기초하여 재구성한 것임. BVerfG FamRZ 2014, 191. Anm. Helms, FamRZ 2014, 277.

39) 독일가정법원은 사실심 변론종결일을 기준으로 실질적 친자관계의 존부를 판단한다

인권 행사를 제한하는 요건으로 법률상의 父와 자녀 사이에 형성된 실질적 친자관계를 기준으로 하는 입법례에서는, 이와 같이 생부와의 관계에서도 실질적 친자관계가 중첩적으로 형성된 경우에 생부와 자녀 사이에 발생한 실질적 친자관계는 고려되지 않는다는 문제가 있다.[40] 이런 경우에는 법률상의 父와 자녀 사이에 형성된 실질적인 친자관계만을 기준으로 하여 생부의 친생부인권을 일률적으로 배척할 것이 아니라, 법률상의 父와 자녀 사이에 형성된 실질적 친자관계와 생부와 자녀 사이에 발생한 실질적 친자관계를 비교하여 어느 관계를 보호하는 것이 궁극적으로 자녀의 복리 실현에 기여할 것인가를 판단할 필요가 있다.[41] 즉 자녀의 복리의 관점에서 여러 가지 구체적 요소(법률상의 父와 자녀 사이의 관계, 생부와 자녀 사이의 관계, 자녀의 연령, 자녀의 양육 적합성, 자녀의 모와 법률상의 부 사이의 혼인관계의 안정성 등)를 고려하여 생부의 친생부인청구를 인용할 것인가의 여부를 판단하여야 할 것이다.[42] 일반적으로 법률상의 父는 모와의 혼인관계가 안정적으로 유지되고 있는 때에만 자녀의 양육에 관심을 가지고 참여하는 경향을 보인다. 이러한 점에 비추어 볼 때(자녀의 모와 혼인관계가 파탄되면 자녀와의 관계도 단절시키는 법률상의 父가 적지 않다) 자녀의 모와 법률상의 부의 혼인관계가 얼마나 안정적으로 지속될 수 있을 것인가도 하나의 판단요소로서 고려되어야 할 것이다.

생부의 친생부인권 행사를 제한하는 요건으로 자녀의 복리를 기준으로 하는 것은 실질적인 친자관계의 존부를 기준으로 하는 것에 비하여 여러 가지 장점을 가질 수 있다(물론 실질적 친자관계의 존부는 자녀의 복리라는 보다 포괄적인 범주 내에서 고려되어야 할 하나의 중요한 요소임에 틀림없다). 무엇보다도 다양한 가족의 현실에서 발생하는 복잡한 문제에 대응하여 여러 가지 관련 요소를 종합적으로 고려함으로써 구체적인 사안에서 가장 자녀의 복리에 부합

(MüKoBGB/Wellenhofer BGB § 1600 Rn. 25; Staudinger/Rauscher, BGB, § 1600 Rn. 41; BGH NJW 2018, 947 = FamRZ 2018). 따라서 시간의 흐름은 법률상의 父에게 유리하게 작용하는 반면, 생부에게는 불리하게 작용한다.

40) von Scheliha, Familiäre Autonomie und autonome Familie, 2019, S. 138.

41) 이런 사례는 아직까지 우리사회에서는 보기 어렵지만, 외국에서는 드물지 않게 발생하고 있다(예를 들어 OLG Hamm, FamRZ 2016, 2135f.도 이러한 사례를 다루고 있다). 이러한 문제를 해결하기 위해 법률상의 父와 자녀 사이의 법률상 부자관계를 존속시키면서 생부와 자녀 사이에서도 이와 중첩하여 법률상의 부자관계를 인정하자는 견해도 주장되고 있다. Lönig, Anfechtung der Vaterschaft durch den leiblichen Vater – vorrangiges Elternrecht des rechtlichen vor dem leiblichen Vaters, NJW 2018, 906/908.

42) 독일민법은 이미 이러한 취지의 규정을 두고 있다(제1600a조 제4항). 예를 들어 미성년자녀의 모가 친권자로서 자녀를 대리하여 친생부인권을 행사하는 경우, 가정법원은 친생자관계를 부인하는 것이 자녀의 복리에 기여하는 때에만 청구를 인용한다. MüKoBGB/Wellenhofer BGB § 1600a Rn. 16.

하는 해결방안을 구할 수 있다는 것을 장점으로 들 수 있다. 유럽인권법원이 생부의 친생부인권 행사를 어느 범위에서 인정할 것인가의 문제에 대해서 판단하면서 자녀의 복리가 우선적으로 고려되어야 한다고 설시한 것도 이러한 맥락에서 이해될 수 있다.[43]

4. 외국의 입법례

생부의 친권부인권에 관하여는 다양한 입법례가 있다. 생부의 친생부인권을 아예 인정하지 않는 나라(오스트리아, 스위스, 스웨덴)가 있는가 하면,[44] 생부에게 기간의 제한이 없는 친생부인권의 행사를 인정하는 나라도 있다(노르웨이,[45] 러시아[46]). 이 두 나라에서는 생부가 친생부인권을 행사할 때 법률상의 父와 자녀 사이에 존재하는 실질적인 친자관계나 자녀의 복리는 고려되지 않는다.[47]

한편 독일과 벨기에와 같이 절충적인 태도를 취한 입법례도 있다. 위에서

---

43) Nr. 304 EuGHMR – EMRK Art. 8; franz. code civil(a. F.) Art. 339. Anm. Frank, FamRZ 2016, 530.

44) 오스트리아에서는 모의 남편과 자녀에게 친생부인권이 인정된다(오스트리아민법 제151조). 다만 생부에게는 (자녀가 모의 남편의 친생추정을 받는 경우에도) 자녀와 모의 협조를 받아 자녀를 인지할 수 있는 길이 열려있다(오스트리아민법 제147조). 스위스도 모의 남편과 자녀에게만 친생부인권을 인정한다(스위스민법 제256조). 생부는 후견청에 대해서 자녀를 대리하여 친생부인의 소를 제기할 수 대리인의 선임을 요청할 수 있으나, 친생부인의 소를 제기하는 것이 자녀의 복리에 부합한다는 점을 소명하여야 한다. 이러한 생부의 시도는 법률상 부모의 인격권을 침해하지 않는 경우에만 허용된다. Aebi-Müller, Streit um die Abstammung – Länderbericht Schweiz, in: Spickhoff/Schwab/Henrich/Gottwald(Hrsg.), Streit um die Abstammung, 2007, S. 359f. 스웨덴에서도 법률상의 父(모의 남편)와 자녀에게만 친생부인권이 인정된다(스웨덴친자법 제3장 제1조, 제2조). 생부의 부성 확인(자신이 자녀의 생부라는 확인)에 의해서 친생추정이 번복되는 것도 가능한데, 이 경우에는 생부의 부성 확인이 법률상의 父(모의 남편)와 모에 의해서 서면으로 승인되어야 한다. 나아가 생부의 부성 확인은 사회복지위원회의 승인을 거쳐야만 한다(스웨덴친자법 제1장 제2조). 사회복지위원회는 부성 확인을 하는 남자가 자녀의 유전적 아버지임을 확신하는 때에만 승인을 할 수 있다. Singer, Between genetic and social Parenthood – A legal dilemma: Establishment of legal parenthood in Sweden, in: Spickhoff/Schwab/Henrich/Gottwald(Hrsg.), Streit um die Abstammung, 2007, S. 141f.

45) 2002년 노르웨이 친자법 제6조.

46) 1995년 러시아 가족법 제52조.

47) 노르웨이와 러시아의 입법자는 법률상의 부자관계를 혈연관계와 일치시키는 것이 궁극적으로 자녀의 복리에 부합하는 해결책이라는 인식에 입각해 있다. Frank, Rechtsvergeichende Betrachtungen zur Vaterschaftsanfechtung durch den leiblichen Vater des Kindes, in: Festschrift für Dieter Schwab, 2005, S. 1136; 이와 관련하여 노르웨이의 Lødrup 교수는 다음과 같이 설명하였다(Lødrup, Challenges to an Established Paternity – Radical Changes in Norwegian Law, in: The International Survey of Family Law, 2003, 353). "it is in the best interest of child that the man who is the biological father should also be considered the legal father, even if it means that an existing father's parenthood is challenged."

이미 본 바와 같이 독일민법에 따르면 생부는 법률상의 父와 자녀 사이에 실질적 친자관계가 존재하지 않는 경우에 한하여 친생부인의 사유가 있음을 안 날(법률상의 父와 자녀 사이에 혈연관계가 없음을 안 날)부터 2년 내에 친생부인의 소를 제기할 수 있다(독일민법 제1600조, 1600b조).[48) 벨기에민법에 따르면 생부는 친생부인의 소를 제기할 수 있으나 자녀와 법률상의 父 사이에 실질적 친자관계가 존재하는 경우(신분점유가 인정되는 경우)에는 친생부인권의 행사가 제한된다(벨기에민법 제318조 제1항). 위에서 이미 본 바와 같이 프랑스에서는 자녀가 법률상의 父의 자녀로서 5년간 신분을 점유한 경우에는 생부는 친생부인의 소를 제기할 수 없다(이런 경우에는 생부뿐만 아니라 모, 모의 남편, 자녀 등 다른 제소권자도 더 이상 친생부인의 소를 제기할 수 없다. 프랑스민법 제333조 제2항). 따라서 생부는 신분점유 기간이 5년에 이르기 전까지는(자녀가 출생 시부터 법률상 父의 자녀로서 신분을 점유하고 있었던 경우[49)]라면 자녀가 만 5세가 될 때까지는) 친생부인의 소를 제기할 수 있다.

이와 달리 생부가 친생부인권을 행사할 때 법률상의 父와 자녀 사이의 실질적 친자관계의 존부나 자녀의 복리는 고려되지 않지만 기간의 제한을 두는 입법례도 있다. 예를 들어 슬로베니아에서는 생부가 친생부인권을 행사할 때 법률상의 父와 자녀 사이의 실질적 친자관계의 존부는 고려되지 않지만, 법률상의 부의 자녀로 출생등록이 된 때부터 1년 내에 친생부인의 소를 제기하여야 한다는 기간의 제한이 있다(슬로베니아 혼인가족법 제99조). 그리스민법도 이와 유사한 태도를 취하고 있다. 법률상의 父와 자녀 사이에 형성된 실질적

---

48) 법률상의 父와 자녀 사이에 실질적 친자관계가 존재하는 경우에도 생부가 친생부인권을 행사할 수 있는 기간은 정지되지 않는다(독일민법 제1600b조 제1항). 따라서 생부가 친생부인의 사유가 있음을 안 날부터 2년 내에 친생부인의 소를 제기하였으나 법률상의 父와 자녀 사이에 실질적인 친자관계가 존재하고 있어서 청구가 기각되었고, 그 후 2년의 제소기간이 경과하면 그 후에는 법률상의 父와 자녀 사이에 실질적 친자관계가 더 이상 존재하지 않는 경우에도 생부는 다시 친생부인의 소를 제기할 수 없다. 이에 대해서는, 법률상의 父와 자녀 사이에 실질적 친자관계가 소멸하면 (자녀의 복리에 반하지 않는 경우에 한하여) 그 때부터 다시 2년 내에 친생부인의 소를 제기할 수 있도록 법을 개정해야 한다는 비판적 의견이 있다(Wellenhofer, Die Schranken des Anfechtungsrechts des leiblichen Vaters gem. § 1600 II, III BGB, NZFam 2017, 898/903; Lönig, Anfechtung der Vaterschaft durch den leiblichen Vater – vorrangiges Elternrecht des rechtlichen vor dem leiblichen Vaters, NJW 2018, 906/907); 한편 독일에서는 생부의 친생부인 청구가 인용되어 판결이 확정되면 인지의 효력도 발생하도록 관련 규정이 보완되었다(구 독일민사소송법 제640h조 제2항. 현행 독일 가사 및 비송사건절차법 제182조 제1항). 이는 생부가 친생부인의 소를 제기하여 확정판결을 받고 나서도 스스로 인지를 하지 않음으로써 자녀가 아버지가 없는 공백상태에 처하게 되는 것을 막기 위한 규정이다. MüKoBGB/Wellenhofer BGB § 1600 Rn. 34, 35.

49) 자녀가 출생 직후 법률상의 父의 자녀로 출생등록이 되고, 양육과 가족공동생활을 통하여 법률상의 부와 자녀 사이에 실질적인 친자관계가 발생한 경우를 말한다.

인 친자관계는 생부의 친생부인권 행사에 있어서 고려되지 않지만, 생부50)는
자녀의 출생 후 2년 내에 친생부인의 소를 제기하여야 한다(그리스민법 제1469
조 제5호, 제1470조 제5호).51)

위에서 본 바와 같이 비교법적으로 고찰해 보면 생부에게 친생부인권을
인정하는 입법례가 다수임을 알 수 있다.52) 한편 생부의 친생부인권이 어떠한
요건 하에 인정되어야 하는가에 대해서는 공통된 입법 경향을 찾기 어렵다(다
만 나라에 따라 각각 다양한 규정을 두면서도 그 저변에는 자녀의 복리 실현이라는
공통된 가치가 깔려 있음을 확인할 수 있을 뿐이다). 따라서 생부의 친생부인권에
관하여 어떤 규정을 마련했을 때 자녀의 복리가 실현될 수 있을 것인가의 문
제는 결국 각 나라의 입법자에게 맡겨진 과제라고 볼 수 있다. 우리가 생부의
친생부인권에 관한 규정을 신설한다고 할 때, 위에서 본 외국의 입법례는 하
나의 참고자료가 될 수 있겠지만, 궁극적으로는 우리사회의 현실에서 자녀의
복리실현에 가장 기여할 수 있는 해결방안을 강구하여야 할 것이다.

Ⅳ 맺 음 말

생부가 모의 인적사항을 알 수 없어서 출생신고서에 기재하지 않은 경우
에는 출생신고가 수리되지 않는다. 생부가 자녀를 양육하고 있고, 유전자검사
결과 생물학적인 부자관계가 존재한다는 것이 증명되어도 모의 인적사항이 기
재되지 않은 출생신고가 수리되지 않는다는 점에는 영향이 없다. 생부의 출생
신고와 관련하여 법원이 처음부터 이러한 태도를 고수하고 있었던 것은 아니
다. 종래의 호적선례는 생부가 모의 인적사항을 알지 못하여 모불상의 출생신

---

50) 자녀의 모가 임신 시기에 남편과 별거 중이었으며, 생부로 추정되는 자가 자녀의 모와 그
무렵 지속적으로 성적 교섭을 가진 경우에 생부에게 친생부인권이 인정된다.

51) 이러한 나라들은 자녀의 출생 후 1년 내지 2년이라는 비교적 단기의 제소기간을 규정하고,
이 기간 동안 실질적 친자관계가 확고하게 형성되는 데에는 한계가 있으므로, 생부의 친생부인청
구를 인용하더라도 자녀의 복리에 미치는 영향이 크지 않다고 보는 것이다. Novak, Das
Abstammungsrecht in Slowenien, in: Spickhoff/Schwab/Henrich/Gottwald(Hrsg.), Streit um
die Abstammung, 2007, S. 267; 그리스민법에 따르면 생부는 자녀의 출생 후 2년 내에 친생부인
권을 행사할 수 있는 반면, 모의 남편은 자녀의 출생 사실과 친생부인의 사유가 있음을 안 때부터
1년간 친생부인권을 행사할 수 있다(그러나 자녀의 출생 후 5년이 경과하면 더 이상 친생부인권을
행사하지 못한다. 그리스민법 제1470조 제1호).

52) 오스트리아, 스위스, 스웨덴과 같이 생부의 친생부인권을 인정하지 않는 나라들도 다른 방
법을 통하여 생부와 자녀 사이에 법률상 부자관계를 창설할 수 있는 길을 열어 두고 있다(각주 44
참조).

고를 하는 경우 이를 수리하여야 한다는 취지를 밝히고 있었다. 그러나 2011년에 법원이 새롭게 가족관계등록선례를 제정하면서 모불상의 출생신고는 수리하여서는 안 된다는 쪽으로 입장을 선회하였다. 그 이후 생부가 자녀를 양육하고 있으면서도 출생신고를 하지 못하는 사례가 계속해서 이어지고 있다.

이 문제에 대한 사회적 관심이 높아지면서 가족관계등록법이 일부 개정되어 생부가 모의 인적사항(성명·등록기준지·주민등록번호)을 알 수 없는 경우에는 법원의 확인을 받아 출생신고를 할 수 있는 제도가 마련되었다. 그러나 일부 법원에서는 모의 인적사항을 전부 알 수 없는 경우에만 생부의 확인 신청을 인용하였기 때문에 생부가 모의 인적사항 중 일부(성명)만을 아는 경우에는 여전히 출생신고를 하지 못하는 문제가 발생하였다. 이러한 상태는 오늘날까지 계속 되고 있다. 일부 법원에서 생부가 모의 인적사항을 전부 알 수 없는 경우에만 친생자 출생신고를 위한 확인 신청을 인용할 수 있다는 태도를 취하는 것은 개정된 가족관계등록법 규정 체계를 제대로 이해하지 못한 데서 비롯된 것이다. 개정된 가족관계등록법 제57조 제2항과 제4항을 연결하여 해석해 보면, 생부가 모의 인적사항을 전부 알지 못하는 경우이든 일부만을 알지 못하는 경우(성명은 알지만 나머지 인적사항을 알지 못하는 경우)이든 모를 특정할 수 없어서 임신 당시 모의 혼인 상태를 확인할 수 없는 때에는 일단 출생신고를 수리하라는 취지로 이해된다. 일단 생부의 출생신고를 수리하되, 그 후 모를 특정할 수 있게 되어 임신 당시 혼인 중이었다는 사실이 밝혀지면 (그 자녀는 모의 남편의 친생자로 추정되므로) 모 또는 모의 남편이 다시 출생신고를 하고 가족관계등록부를 정정하라는 것이 신설된 가족관계등록법 제57조 제2항과 제4항의 취지이다. 생부의 출생신고를 수리한 후에 모가 임신 당시 혼인 중이었다는 사실이 확인되어 위와 같이 가족관계등록부를 정정하는 절차를 거친다고 해도 민법상 친생추정규정과의 관계에서 큰 문제는 생기지 않는다. 반대로 민법상 친생추정제도와의 충돌을 우려하여 생부의 확인 신청을 기각하는 경우에는 아예 자녀의 출생신고를 할 수 없게 되므로, 자녀의 복리가 중대하게 침해되는 사태가 발생한다. 민법상 친생추정에 부합하지 않는 출생신고를 수리하였다가 가족관계등록부를 다시 정정해야 하는 수고로움과 민법상 친생추정규정과의 충돌을 미연에 방지하기 위하여 처음부터 아예 출생신고를 하지 못하게 함으로써 자녀의 복리를 침해하는 것을 비교해 본다면 어느 쪽을 선택하여야 하는가는 스스로 분명해진다. 법원은 지금이라도 가족관계등록법 제57조 제2항에 대한 해석론을 정립하여 법원에 따라 상반된 결정이 나오지 않도록 적절한 조치를 취하여야 할 것이다. 만약 법원이 이 문제를 스스로 해결하지 못하다면 공은 국회로 넘어갈 수밖에 없다(이미 이 문제를 해결하기 위하여 4개의 법안이 국회에 제출되어 있다).

한편 자녀를 양육하고 있는 생부가 가정법원의 확인을 받아 출생신고를 한 후에 모가 임신 당시 혼인 중이었다는 사실이 밝혀지면 그 자녀는 모의 남편의 친생자로 추정되어 가족관계등록부가 정정되어야 한다. 이런 경우에는 생부가 자녀를 양육하고 있음에도 자녀의 법률상의 부가 생부에서 모의 남편으로 변경되는데, 이러한 결과가 자녀의 복리를 침해하고 생부와 자녀로 구성된 가정의 안정을 해친다는 점에는 의문의 여지가 없다. 생부와 자녀 사이에 다시 법률상의 부자관계를 창설하기 위해서는 친생부인의 소를 제기하여 확정판결을 받고 생부가 자녀를 인지하는 절차를 거쳐야 하는데, 현행 민법상 생부는 친생부인의 소를 제기할 수 없으므로, 이러한 절차를 시작할 수도 없다. 이런 경우 모나 모의 남편이 친생부인의 소를 제기하면 생부에게 인지의 기회가 올 수 있겠지만, 모나 모의 남편이 자녀에게 관심이 없거나 소재불명 등의 사유로 친생부인의 소를 제기하지 않는다면, 생부는 자녀를 인지할 수 있는 기회조차 갖지 못하게 된다. 따라서 이러한 사안에서는 생부에게 독자적인 친생부인권을 인정할 필요가 있을 것이다. 굳이 이러한 사안에 국한할 것이 아니라 생부가 친생부인의 소를 제기하는 것이 자녀의 복리 실현을 위하여 필요하다고 인정되는 경우에는 생부에게도 친생부인권을 인정하는 것이 타당하다고 본다. 전통적으로 생부에게 친생부인권을 인정하지 않았던 주된 이유는, 생부의 친생부인권 행사가 자녀의 복리와 가정의 평화를 해친다는 데 있었다. 모와 모의 남편(법률상의 父), 자녀로 구성된 가족이 안정적으로 유지되고 있으며, 자녀가 그 가정에서 건강하게 성장하고 있는 경우에 생부가 친생부인의 소를 제기한다면 자녀의 복리와 가정의 평화가 위협을 받는다는 것은 분명하다. 따라서 이런 경우로 한정해 본다면 생부에게 친생부인권을 인정하지 않는 입법태도가 타당하다고 볼 수 있다. 그러나 사회현실이 변화하면서 이와 같은 전제도 수정이 불가피하게 되었다. 전통적으로 생부는 자녀의 양육에 관심이 없고 양육책임을 회피하는 경향이 있는 것으로 여겨져 왔으나, 최근에 들어와 이러한 통념을 깨뜨리는 변화가 나타나고 있다. 적극적으로 자신의 자녀를 인지하고 양육하려는 의지를 가진 생부들이 우리사회에도 나타나기 시작한 것이다. 이런 경우에 모와 모의 남편(법률상의 父) 사이의 혼인관계가 해소 또는 파탄되었고, 모의 남편이 자녀의 양육에 아무런 관심도 없다면, 생부가 친생부인의 소를 제기하더라도 가정의 평화를 해치지 않는 것은 물론 자녀의 복리를 침해하는 문제도 생기지 않는다. 오히려 이런 경우에는 생부가 친생부인의 소를 제기함으로써 자녀의 복리를 실현할 수 있다.

우리사회의 변화한 현실을 고려해 볼 때 이제 생부의 친생부인권에 대해서 진지한 논의를 시작할 때가 되었다고 본다.

〈중앙법학 제22집 제1호(2020년 3월) 수록〉

2. 자녀의 친생부인권에 관한 소고(小考)

Ⅰ 들어가는 말

민법상 친생추정 규정에 따라 모가 혼인 중에 임신하여 출산한 자녀는 모의 남편의 친생자로 추정된다(민법 제844조[1]). 이러한 친생추정의 효과에 따라 모의 남편과 자녀 사이에는 출생과 더불어 법률상의 부자관계가 발생한다. 법률상 부자관계의 성립에 관한 이러한 법원칙은 로마법에서 확립된 이래 현재까지도 각 나라의 입법례에 반영되어 있다.[2] 그런데 이러한 친생추정의 효과에 따르면 법률상의 부(父)와 생물학적인 부가 일치하지 않는 경우가 생길 수 있다. 모가 혼외관계에서 자녀를 임신하여 출산한 경우에도 임신한 시기가 혼인 중이라면 그 자녀는 일단 남편의 친생자로 추정되고, 그 결과 자녀와 모의 남편 사이에 법률상의 부자관계가 발생하기 때문이다. 이러한 경우를 대비하여 각국의 입법례는 공통적으로 혈연과 일치하지 않는 법률상의 부자관계를 소멸시킬 수 있는 제도를 두고 있다(친생부인제도). 그러나 누구에게 친생부인권을 인정할 것인가, 친생부인권을 행사할 수 있는 기간을 언제까지로 할 것인가에 대해서는 각 나라마다 다양한 규정을 두고 있다. 친생부인권자의 범위와 그 행사기간에 관한 규정은 이와 관련되어 있는 다양한 법익(자녀의 신분안정, 혈연진실주의의 관철, 가정의 평화 보호 등)에 직접적인 영향을 미치게 되므로,[3] 이러한 여러 가지 법익 중 어느 것에 더 큰 가치와 비중을 두는가에

---

1) 아래에서 민법 조문은 별도로 법명을 표시하지 않는다.

2) "혼인 중에 아내가 출산한 경우에는 그 남편이 자녀의 아버지이다"라는 명제는 로마법에서 확립된 이래 오늘날까지 각국의 입법례에서 자녀의 아버지를 정하는 일반원칙으로 확고하게 자리 잡고 있다. pater vero is est, quem nuptiae demonstrant. Dig. 2, 4, 5(Paulus); der Vater aber wird durch die Ehe bestimmt(자녀의 아버지는 혼인에 의해서 정해진다); Als Vater des Kindes einer verheirateten Frau gilt der Ehemann(모의 남편은 자녀의 아버지로 간주된다). Behrends/Knütel/Kupische/Seiler(Hrsg.), Corpus Iuris Civilis · Text und Übersetzung Ⅱ(1995), S. 182; Liebs, Lateinische Rechtsregeln und Rechtssprichwörter(1991), S. 151. "pater vero is est, quem nuptiae demonstrant"에 대해서는 조금 다른 번역도 있다. 예를 들면, Liebwirth, Latein im Recht(1993), S. 221에서는 Vater ist, wen die Eheschließung ausweist(아버지는 혼인이 명시하는 사람이다)라고 되어 있다. 그러나 결국 혼인 중에 아내가 자녀를 출산한 경우 모의 남편이 그 자녀의 아버지가 된다는 의미에서는 다르지 않다.

따라 나라마다 규정에 차이가 생기는 것이다. 즉 친생부인권자의 범위와 친생부인권의 행사 기간을 정하는 문제는 각 나라가 위와 같은 여러 법익의 비중을 고려하여 결정하는 입법정책의 문제라고 할 수 있다.

우리 민법은 제정 당시 부(夫. 모의 남편)에게만 친생부인권을 인정하였는데, 이에 대해서는 양성평등의 원칙에 반하는 가부장적인 규정이라는 비판과 더불어 구체적인 사안에 있어서 자녀의 복리를 침해한다는 문제점이 지적되었다.4) 이에 따라 2005년 민법개정5)에 의해서 처음으로 모에게도 친생부인권이 인정되었다. 그런데 비교법적으로 살펴보면 친생부인권자로서 부와 더불어 자녀를 규정하지 않은 입법례는 찾기 어려운 반면, 오히려 모에게는 여전히 친생부인권을 인정하지 않는 입법례가 상당수 발견된다. 외국에서 친생부인권자로서 공통적으로 부와 자녀를 규정하는 이유는, 이들이 부자관계의 당사자로서 친생부인에 따른 부자관계의 소멸에 의해서 직접적인 영향을 받는 지위에 있다는 점에 있다(이것은 마치 양친자관계에 있어서 파양청구권자로서 양친자관계의 당사자인 양부모와 양자를 함께 규정하는 것과 본질적으로 다르지 않다). 한편 모에게도 혈연과 일치하지 않는 법률상의 부자관계를 소멸시켜야 할 독자적인 이익이 인정될 수 있으나,6) 이러한 모의 이익은 자녀의 법정대리인으로서 자녀를 대리하여 친생부인의 소를 제기함으로써 충족될 수 있으므로, 굳이 별도로 모에게 독자적인 친생부인권을 인정하지 않아도 무방하다는 논리가 성립할 수 있다.

---

3) 예를 들어 친생부인권자의 범위를 넓게 인정하여 이해관계인까지 포함시키면 혈연진실주의의 관철에는 유리하지만, 자녀의 신분 안정이나 가정의 평화와 같은 법익은 위태롭게 될 수 있다. 또한 친생부인권을 행사할 수 있는 기간에 제한을 두지 않으면 자녀의 출생 후 수십 년이 지난 후에도 혈연과 일치하지 않는 부자관계를 소멸시킬 수 있게 되는데, 이는 혈연진실주의의 실현에는 부합하는 결과이지만, 다른 한편 자녀의 신분은 평생 안정되지 못한 채 유동적인 상태로 머물게 된다.

4) 예를 들어 모가 혼인 중에 제3자(생부)와의 관계에서 임신하여 자녀를 출산하였고, 이러한 사실을 알게 된 남편과 이혼한 후 생부와 혼인하여 재혼가정에서 자녀를 양육하고 있는 경우에도 모의 전남편(법률상의 父)이 친생부인의 소를 제기하여 판결이 확정되지 않으면, 생부는 자녀를 인지할 수 없었다(자녀도 생부를 상대로 인지청구를 할 수 없었다). 1960년부터 시행된 제정민법에 의하면 부(모의 남편)만이 친생부인의 소를 제기할 수 있었으므로, 실제로 이러한 사례가 종종 발생하였다. 이러한 결과가 모와 생부, 자녀로 구성된 새로운 가정의 안정을 저해하고, 자녀의 복리를 침해한다는 점에는 의문의 여지가 없었다. 김갑동, "親生否認의 訴에 관한 現行法上 問題點에 관한 考察", 『법조』제46권 7호(1997년 7월호), 192면 이하; 김상용, "모의 친생부인권에 관한 연구", 『법조』제541호(2001년 10월호). 96면 이하.

5) 법률 제7427호, 2005. 3. 31. 공포(공포한 날부터 시행).

6) 위에서 본 각주 4)와 같은 사례에서는 모에게도 친생부인에 대한 독자적인 이익이 존재한다. 다만 이러한 경우 친생부인에 대한 모의 이익은 대개 자녀의 이익과 겹치게 되므로, 자녀에게 친생부인권을 인정하는 입법례에서는 이와 별도로 모에게 친생부인권을 인정하지 않기도 한다(예를 들어 스위스, 오스트리아 등. 자세한 내용은 후술하는 III. 2. (2) 부분 참조).

우리 민법은 현재 부와 모에게만 친생부인권을 인정하고 있는데, 모에게 친생부인권을 인정하면서 정작 부자관계의 당사자인 자녀에게 친생부인권을 인정하지 않는 것에 대해서는 의문을 제기할 수 있다. 다만 자녀에게 친생부인권을 인정하는 경우에 다른 법익과의 균형을 고려하여 어느 정도의 제한을 두어야 할 것인가는 또 다른 문제이다.

이러한 문제의식에서 출발하여 이하에서는 우선 자녀에게 친생부인권을 인정하지 않는 현행법의 태도에 대하여 검토하고(Ⅱ), 자녀의 친생부인권에 관한 외국의 입법례(입법연혁과 현행법의 태도)를 살펴본 후(Ⅲ), 우리 민법에 자녀의 친생부인권에 관한 규정을 도입하는 경우에 다른 법익과의 균형을 고려하여 어떠한 제한을 두어야 할 것인가에 대해서 모색한다(Ⅳ).

Ⅱ 자녀에게 친생부인권을 인정하지 않는 현행법에 대한 검토

1. 현행법의 태도에 대한 문제 제기

위에서 본 바와 같이 현행 민법은 부 이외에 모에게만 친생부인권을 인정하면서 자녀는 친생부인권자의 범위에서 제외하고 있는데, 이러한 현행법의 태도에 대해서는 다음과 같은 문제를 제기할 수 있다.

첫째, 우선 법체계상의 문제점을 지적할 수 있다. 친생부인이란 친생추정의 효과에 의하여 발생한 법률상의 부자관계를 자녀의 출생시로 소급하여 소멸시키는 것인데, 부자관계의 일방 당사자인 부에게만 친생부인권을 인정하고 다른 일방 당사자인 자녀에게는 아무런 권리도 인정하지 않는 것은 균형이 맞지 않는다.[7] 즉 현행법에 따르면 자녀는 친생부인권의 객체에 지나지 않는데,[8] 이러한 입법태도가 불가피한 것인가 또는 자녀의 복리라는 관점에서 볼

---

7) 자녀에게 친생부인권을 인정한다면, 자녀가 미성년자인 때에도 법정대리인(예컨대, 부모가 이혼하여 모가 친권자로 지정된 때에는 모가 법정대리인으로 자녀를 대리하여 친생부인의 소를 제기할 수 있다)이나 특별대리인(예를 들어 혼인 중에 모가 사망하여 부가 단독친권자의 경우에는 법원이 선임한 특별대리인을 통하여 부를 상대로 친생부인의 소를 제기할 수 있다. 민사소송법 제62조)을 통하여 친생부인의 소를 제기할 수 있게 된다. 따라서 친생부인의 소가 제기되는 많은 사례에 있어서 대부분의 자녀가 미성년자라는 점은 자녀에게 친생부인권을 인정하지 않는 이유가 될 수 없다.

8) 이는 2007년 민법(법률 제8720호. 2007. 12. 21. 공포. 공포한 날부터 시행) 개정 전에 자녀가 면접교섭권의 객체에 불과할 뿐 주체로서의 지위를 갖지 못하였던 것과 유사하다고 볼 수 있다(개정 전 제837조의2 제1항: 자를 직접 양육하지 아니하는 부모중 일방은 면접교섭권을 가진다). 개정 전 제837조의2 규정이 가지고 있던 문제점에 대해서는 김상용, "면접교섭권", 『법학연구』 제40권 제1호(1999년), 246면 참조.

때 정당화될 수 있는가에 대해서는 검토가 필요하다고 생각된다.

친자관계가 입양에 의해서 성립한 경우에 양친자관계의 당사자인 양부모와 양자 쌍방에게 양친자관계를 소멸시킬 수 있는 권리, 즉 파양청구권[9](또는 입양취소권[10])이 인정되는 것과 비교해 보아도 친생자의 신분을 갖는 자녀에게 친생부인권을 아예 인정하지 않는 것은 균형이 맞지 않는 것으로 보인다. 친생부인이란 친생추정에 의해서 성립한 친생자관계를 소멸시키는 것이고, 파양은 입양에 의해서 성립한 양친자관계를 소멸시키는 것이지만, 친자관계를 소멸시킨다는 점에서는 본질적으로 다르지 않다. 양부모가 양자의 복리를 해치는 경우에 양자가 파양청구를 하여 양친자관계를 해소할 수 있는 것이 당연하게 여겨지듯이,[11] 생부가 아닌 법률상의 부가 자녀의 복리를 해치는 경우에도 자녀가 친생부인의 소를 제기하여 친생자관계를 소멸시킬 수 있는 길이 열려 있어야 할 것이다.

혼인외의 자의 경우에 생부가 아닌 사람이 인지를 하여 가족관계등록부에 부로 기록되었다면 자녀는 인지에 대한 이의의 소를 제기하여 가족관계등록부를 정정할 수 있다(제862조). 혈연의 진실에 반하는 인지에 의해서 법률상 부자관계가 발생한다고 해석한다면,[12] 이 경우에도 혼인외의 자가 인지에 대한 이의를 소를 제기하여 혈연과 일치하지 않는 부자관계를 소멸시킬 수 있는 권리를 갖는 것으로 볼 수 있을 것이다. 반면에 혈연에 반하는 인지는 당연무효이므로 인지자와 피인지자 사이에 법률상 부자관계가 발생하는 것은 아니라고 해석하는 입장에서 보아도,[13] 자녀는 실체에 부합하지 않는 부자관계가 가족관계등록부에 기록된 경우에 인지에 대한 이의의 소를 제기함으로써 가족관계등록부의 기록사항을 정정할 수 있다.

양자와 혼인외의 자에게는 위와 같이 파양청구권이나 인지에 대하여 이의

---

9) 제905조, 제908조의5.

10) 제885조, 제886조.

11) 제905조(재판상 파양의 원인) 제1호: 양부모가 양자를 학대 또는 유기하거나 그 밖에 양자의 복리를 현저히 해친 경우. 제908조의5(친양자의 파양) 제1호: 양친이 친양자를 학대 또는 유기(遺棄)하거나 그 밖에 친양자의 복리를 현저히 해하는 때.

12) 외국에서는 이렇게 규정하는 입법례가 적지 않다. 예를 들면 독일민법은 인지에 의해서 법률상의 부자관계가 발생한다는 전제하에 친생추정을 받는 자녀이든 인지를 받은 자녀이든 구별하지 않고 법률상의 부자관계를 소멸시키기 위해서는 일원적으로 친생부인의 소를 제기하도록 규정하고 있다(독일민법 제1592조, 제1599조, 제1600조). MüKoBGB/Wellenhofer, 2020, BGB § 1592 Rn. 1, 2, § 1599 Rn. 18-20; Wellenhofer, Familienrecht, 2019, S. 277ff; Schwab, Familienrecht, 2018, S. 292f.

13) 인지에 대한 이의의 소가 본질적으로 인지무효의 소와 다르지 않다고 해석한다면 인지에 대한 이의의 소의 성질은 확인의 소라고 볼 수 있다. 김주수·김상용, 주석 민법 친족(3), 사법행정, 2016, 147면 이하; 법원실무제요 가사[II], 71면; 대판 1992. 10. 23, 92다29399 참조.

를 제기할 수 있는 권리가 인정되는데, 이는 이들이 친자관계의 당사자라는 점에 비추어 볼 때 당연한 것으로 여겨지고 있다. 반면에 친생추정의 효과에 따라 혈연의 진실에 반하는 법률상의 부자관계가 성립한 경우에는 친자관계의 일방 당사자인 자녀에게 친생부인권이 아예 인정되지 않는데, 이러한 입법태도는 법체계상 균형이 맞지 않는다는 비판을 받을 수 있다.

둘째, 자녀에게 친생부인권을 인정하지 않는 현행법체계는 자녀의 복리와 조화되기 어렵다는 점을 지적할 수 있다. 이미 위에서 언급한 바와 같이 양자가 양부모로부터 학대를 받는 경우에는 파양청구를 할 수 있지만, 친생자의 신분을 갖는 자녀가 생부가 아닌 법률상의 부로부터 학대를 받는 경우에는 친생부인청구를 할 수 없다. 자녀의 복리라는 관점에서 볼 때, 양부모로부터 학대받는 양자가 양친자관계에서 벗어나기 위하여 파양청구를 하는 것과 생부가 아닌 법률상의 부로부터 학대받는 자녀(친생자의 신분을 갖는 자녀)가 친생자관계에서 벗어나기 위해서 친생부인청구를 하는 것은 본질적으로 차이가 없는 것으로 보인다. 물론 현행법상 모에게 친생부인권이 인정되므로, 위와 같이 법률상의 부가 자녀를 학대하는 사례가 발생한다면 모가 친생부인의 소를 제기함으로써 법률상의 부자관계를 소멸시킬 것으로 기대할 수도 있다. 그러나 모가 사망한 경우라든가 소재불명인 경우 또는 법률상 부에 의한 자녀의 학대 사실을 알면서도 수수방관하는 경우[14] 등에는 자녀의 복리를 위하여 궁극적으로 법률상의 부자관계를 소멸시키는 것이 최선이라고 판단되는 때에도 취할 수 있는 방법이 없다.[15] 자녀가 친생부인권자로 규정되어 있으면, 이런 경우에 친족, 이해관계인(예를 들면 아동보호전문기관의 장), 지방자치단체의 장, 검사 등의 청구에 따라 법원에서 선임한 특별대리인이 자녀를 대리하여 친생부인의 소를 제기함으로써[16] 자녀의 복리를 지속적으로 침해하는 법률상의 부와의 친자관계를 궁극적으로 소멸시킬 수 있을 것이다.

이와 같이 자녀의 복리라는 관점에서 본다면 자녀를 굳이 친생부인권자의 범위에서 제외해야 할 타당할 이유를 찾기는 어렵다고 생각된다. 오히려 자녀

---

14) 모가 친생부인의 소를 제기할 수 있는 기간(친생부인의 사유 있음을 안 날부터 2년)이 이미 경과한 때에도 문제가 될 수 있다. 반면에 자녀에게 친생부인권을 인정하는 경우에는 제소기간도 상대적으로 유연하게 정할 수 있으므로(후술하는 IV. 부분 참조), 위와 같은 사례에 대해서도 보다 탄력적으로 대응하는 것이 가능하다.

15) 물론 자녀를 학대하는 법률상 부의 친권을 정지, 제한 또는 상실시키고 자녀와 격리하는 조치를 취하는 것은 현행법상으로도 가능하지만(「아동학대범죄의 처벌 등에 관한 특례법」 제36조, 제47조; 민법 제924조. 제924조의2 등), 이러한 단계를 넘어서 법률상의 부자관계를 궁극적으로 소멸시킬 필요가 있는 때에는 취할 수 있는 방법이 없다.

16) 민사소송법 제62조.

에게 친생부인권을 인정한다면 자녀의 복리 실현에 도움이 될 수 있을 것이다.

2. 자녀의 친생부인권을 인정하지 않는 현행법의 태도에 대한 분석

제정민법이 오로지 부(모의 남편)에게만 친생부인권을 인정한 것은 가부장적인 태도에서 비롯된 것임을 부인할 수 없다. 부에게만 친생부인권을 인정한 배경에는, 아내가 혼인 중에 임신하여 출산한 자녀와 부 사이에 혈연관계가 없는 경우에 그 자녀를 가족으로 받아들일 것인가의 여부는 가장인 부가 결정한다는 사상이 자리 잡고 있었다.[17] 다른 한편 부에게만 친생부인권을 인정한 제정민법의 태도는 혼인관계의 안정과 가정의 평화를 보호하려는 취지에서 비롯된 것으로 해석될 수도 있다. 아내가 혼외관계에서 자녀를 임신, 출산하였다는 사실을 알면서도 부가 아내를 용서하고 그 자녀를 자신의 자녀로 받아들여 양육하고 있는 경우에 다른 사람(예컨대 생부)이 친생부인의 소를 제기한다면 가정의 평화나 혼인관계의 안정은 더 이상 기대할 수 없기 때문이다. 또한 제정민법이 친생부인권자를 부로 한정하고, 친생부인권의 행사에 단기의 제척기간(자의 "출생을 안 날로부터 1년")[18]을 둔 취지를 함께 고려해 보면, 자녀의 신분(혼인중의 자의 신분)을 조속히 안정시키려는 또 다른 입법 의도가 있었음을 알 수 있다.

그러나 민법 시행 이후 시대가 변화하면서 이와 같은 규정만으로는 우리 사회의 현실에서 발생하는 문제들을 더 이상 적절하게 해결할 수 없다는 것이 분명해졌다. 이혼과 재혼이 증가하면서, 혼외관계에서 자녀를 임신, 출산한 모가 남편과 이혼한 후 자녀의 생부와 재혼하여 새로운 가정을 꾸리는 사례도 점차 늘어나기 시작했는데, 유일한 친생부인권자인 부(전 남편)가 친생부인의 소를 제기하지 않으면, 모와 자녀, 생부로 구성된 새로운 가정은 안정적인 기반을 갖출 길이 없었다. 생부의 인지에 의해서 자녀와 생부 사이에 법률상의 부자관계가 발생하고, 자녀는 혼인중의 자의 신분을 가지게 되는데(준정. 제855조 제2항), 생부가 자녀를 인지하려면 그 전제로서 친생부인판결이 확정되어 모의 전 남편과 자녀 사이에 법률상의 부자관계가 소멸되어야 한다. 만약 전 남편이 친생부인의 소를 제기하지 않은 상태에서 제소기간이 경과하여

---

17) 이와 같이 친생부인권을 부에게만 인정하는 태도는 과거 외국의 입법례에서도 일반적으로 볼 수 있는 현상이었다. 김상용, "모의 친생부인권에 관한 연구", 『법조』 제541호(2001년 10월호). 87면 이하 참조.

18) 제정민법 제847조 제1항: 부인의 소는 자 또는 친권자인 모를 상대로 하여 그 출생을 안 날로부터 1년내에 제기하여야 한다.

친생부인권이 소멸한다면, 생부는 영구히 자녀를 인지할 수 없게 되어(자녀도 생부를 상대로 인지청구를 할 수 없다) 생부와 자녀 사이에 법률상의 부자관계가 성립할 수 없게 된다. 이러한 결과가 모와 자녀, 생부로 구성된 새로운 가정의 안정을 해치고 궁극적으로 자녀의 복리를 위태롭게 할 수 있다는 점에 대해서는 굳이 긴 설명이 필요하지 않을 것이다.

이와 같은 문제를 해결하기 위해서는 결국 관련 규정의 개정을 통하여 친생부인권자의 범위를 확대할 수밖에 없었다. 새로 친생부인권자의 범위에 포함될 수 있는 사람으로는 원론적으로 자녀와 모, 생부가 거론될 수 있었으나, 이러한 개정논의가 이루어지던 1990년대와 2000년대 초반의 사회 상황에서 생부에게 친생부인권을 인정한다는 것은 공감을 얻기 어려웠다. 그렇다면 남은 대안은 자녀나 모를 친생부인권자로 규정하는 것이었는데, 결국 모에게 친생부인권을 인정하는 개정안이 마련된 데에는 당시 가족법개정에서 중요한 흐름을 형성하고 있었던 양성평등(부부평등)의 실현요구가 상당한 영향을 미친 것으로 보인다.[19] 또한 위에서 든 재혼가정의 사례를 보면 모에게 친생부인권을 인정함으로써 문제를 해결할 수 있으므로, 이와 별도로 자녀에게 친생부인권을 인정해야 할 만한 특별한 이유가 없다고 보았을 수도 있다. 나아가 자녀에게 친생부인권을 인정한다고 해도 자녀가 미성년자인 때에는 어차피 법정대리인이 자녀를 대리하여 친생부인의 소를 제기하여야 하는데, 그렇다면 대부분의 경우에 결국 모가 법정대리인으로서 자녀를 대리하여 친생부인의 소를 제기하게 될 것이므로, 모가 자녀의 법정대리인의 자격으로 친생부인의 소를 제기하는 것보다는 직접 자기의 이름으로 친생부인권을 행사하는 편이 더 편리할 것이라는 생각도 작용하였을 것이다.

위에서 본 바와 같이 2005년 민법개정 당시에 모에게 친생부인권이 인정된 데에는, 그 시대적 배경과 더불어 모의 친생부인권을 통해 모의 이익과 자녀의 이익이 동시에 실현될 수 있다는 인식이 작용한 것으로 생각된다. 또한 당시의 사회상과 국민의 정서에 비추어 친생부인권자의 범위를 자녀에게까지 확대하려는 개정시도는 무리한 것으로 인식되어 결국 실현되지 못했을 가능성이 높아 보인다. 이렇게 볼 때 부와 더불어 모에게도 친생부인권을 인정한 2005년 민법개정은 그 당시의 사회적 여건하에서는 최선의 선택이었다고 평가할 수 있을 것이다.

---

19) 법무부, 민법개정특별분과위원회 회의록 제3권(1996. 11.), 114면 이하 참조. 당시에도 자녀에게 친생부인권을 인정하자는 의견이 있었으나, 모의 친생부인권 도입 논의에 묻혀 본격적으로 다루어지지는 못하였다.

그러나 2005년 민법개정으로부터 다시 십수 년의 세월이 흐른 오늘의 시점에서 보다 객관적인 시선으로 바라보면, 자녀에게 독자적인 친생부인권을 인정하지 않는 민법의 태도는 법체계의 균형이라는 관점(양자와 혼인외의 자에게는 각각 파양청구권과 인지에 대한 이의의 소를 제기할 수 있는 권리가 인정되는 반면 친생자에게는 이에 상응하는 권리가 인정되지 않는다)이나 자녀의 복리라는 관점(생부가 아닌 법률상의 부로부터 지속적으로 학대를 받는 경우에도 친생자의 신분을 갖는 자녀는 독자적으로 그 부자관계에서 벗어날 길이 없다)에서 볼 때 개선의 필요가 있다고 생각된다. 물론 원론적으로 자녀에게 친생부인권을 인정하는 데 공감한다고 해도, 구체적으로 어떠한 요건하에서 친생부인권을 행사할 수 있도록 할 것인가는 또 다른 문제이다. 자녀의 친생부인권에 대한 외국의 입법례를 살펴보면 이러한 문제의 해결방향에 대한 시사점을 얻을 수 있을 것이다. 이러한 취지에서 자녀의 친생부인권에 대한 외국의 입법례(입법연혁과 현행 규정)를 살펴보기로 한다.

Ⅲ 자녀의 친생부인권에 관한 외국의 입법례(입법연혁과 현행 규정) – 독일민법을 중심으로

1. 자녀의 친생부인권에 관한 독일민법 규정의 변화

(1) 1900년 독일민법

1900년부터 시행된 독일민법[20]은 원칙적으로 부(모의 남편)에게만 친생부인권을 인정하였으며(제1593조),[21] 그 행사기간은 자녀의 출생을 안 때부터 1년 내로 규정하고 있었다(제1594조 제1항, 제2항).[22] 이러한 규정의 배경에는, 부는 가장으로서 아내가 혼외관계에서 자녀를 임신하여 출산한 경우 그 자녀를 가족으로 받아들일 것인지의 여부를 결정할 수 있는 독점적인 권리를 갖

---

20) Bürgerliches Gesetzbuch vom 18. August 1896.
21) 예외적으로 부가 친생부인권을 보유하고 있는 상태에서 사망한 경우(즉 자녀의 출생을 안 때부터 1년이 경과하기 전에 사망한 경우)에는 이해관계인(예들 들어 부의 부모, 부의 다른 자녀들)이 친생부인권을 행사할 수 있었다(1900년 독일민법 제1593조). 이 경우에는 친생부인권을 행사할 수 있는 기간에 제한이 없었다.
22) 친생부인권자와 친생부인권의 제척기간에 관한 1900년 독일민법 규정은 우리 민법 제정 당시의 규정과 동일하다. 일본민법도 동일한 내용의 규정을 두고 있었으며, 현재까지도 그 규정을 그대로 유지하고 있다(즉 부에게만 친생부인권이 인정되며, 그 행사기간도 자녀의 출생을 안 날부터 1년으로 되어 있다. 일본민법 제774조, 제777조).

는다는 가부장적 관념이 자리 잡고 있었다.[23] 부가 간통을 한 아내를 용서하고 그 자녀를 자신의 자녀로 받아들이기로 결정하면, 가정의 평화, 아내의 명예, 자녀의 이익을 위해서 친족들은 부의 결정을 따라야 했다.[24]

독일민법 제정 과정에서 자녀에게 친생부인권을 인정할 것인가에 대한 논의가 있었지만, 결국 받아들여지지 않았다.[25] 친생부인에 의해서 자녀는 혼인외의 자의 신분으로 변경되고, 그 이전보다 열악한 법적 지위를 가지게 되는데, 이러한 결과는 자녀에게 이익이 되지 않는다는 것이 주된 이유였다. 이러한 논의는 자녀에게 독자적인 친생부인권을 인정할 이익이 없다는 결론으로 귀결되었다.

당시 독일민법의 입법자에게는 자녀를 조속히 부의 가족에 확정적으로 귀속시킴으로써 안정적인 신분을 가질 수 있도록 하는 것이 일차적인 과제로 인식되고 있었다. 반면에 생물학적인 혈통이나 자녀의 생부를 찾을 권리 등은 부차적인 것으로 평가되었다. 독일민법의 입법자를 지배하고 있었던 이러한 가치관은 친생부인권자의 범위와 친생부인권의 행사기간을 정하는 데 있어서 그대로 반영되었다. 독일민법이 부에게만 친생부인권을 인정하고, 그 행사기간도 자녀의 출생을 안 때부터 1년 내로 제한하게 된 데에는 위와 같은 관념이 자리 잡고 있었던 것이다.

(2) 바이마르 공화국 시대의 개정 시도

바이마르 공화국 당시 자녀에게도 친생부인권을 인정하려는 개정 시도가 있었으나 결실을 거두지는 못하였다. 1922년에 제출된 개정안은 부와 더불어 자녀를 친생부인권자로 규정하고 있었으며,[26] 자녀의 친생부인권은 성년에 이른 후 2년이 경과하면 소멸하는 것으로 되어 있었다.[27]

개정안은 모가 남편과 사별 또는 이혼한 후 생부와 재혼한 경우를 예로 들어 자녀에게 독자적인 친생부인권이 인정될 필요가 있다고 설명하였다. 이러한 사안에서 자녀는 친생부인에 이어 생부의 인지에 의해서 생부의 혼인중

---

23) Motive IV, S. 659.

24) Sauer, Die Vaterschaftsanfechtung, 1999, S. 60.

25) Mugdan IV, Familienrecht, S. 351; Motive IV, S. 659.

26) 1922년 개정안(Entwurf eines Gesetzes über die unehelichen Kinder und die Annahme an Kindesstatt) 제1593조. 바이마르 공화국에서는 이외에도 1925년, 1929년에 각각 친생부인과 관련된 개정안이 제출되었는데, 당시에 제출된 모든 개정안은 공통적으로 자녀를 친생부인권자로 규정하고 있었다.

27) 1922년 개정안 제1594조 제5항. 1925년 개정안은 이 기간을 1년으로 단축하였다(1925년 개정안 제1594조 제2항).

의 자의 신분을 취득하게 되기 때문이다.[28]

자녀가 미성년자인 경우에는 특별대리인이 자녀를 대리하게 되어 있었으며, 특별대리인은 후견법원의 허가를 받아서 친생부인청구를 할 수 있도록 규정되어 있었다(1922년 개정안 제1595조 제4항. 특별대리인이 친생부인청구를 할 때 사전에 후견법원의 허가를 받도록 한 이유는, 자녀의 이익에 반하는 친생부인청구를 사전에 통제하려는 데 있었다).

반면에 바이마르 공화국 당시 제출된 개정안에는 모의 친생부인권은 규정되지 않았다.

(3) 나치시대의 개정

바이마르 공화국에 이어서 등장한 나치정권은 인종주의를 실현할 목적으로 부자관계의 성립에 있어서도 생물학적인 혈통에 절대적인 가치와 비중을 부여하였다. 1938년 가족법개정[29]에 의해서 친생부인에 관한 민법규정이 개정된 것은 이러한 배경에서 이해될 수 있다.

부의 친생부인권은 전과 다름없이 유지되었으나, 친생부인권을 행사할 수 있는 기간이 늘어났다. 독일민법 제정 당시에는 부는 자녀의 출생을 안 때부터 1년 내에 친생부인권을 행사할 수 있었으나, 1938년 가족법개정에 의해서 이 기간은 부가 친생부인의 사유 있음을 안 때(즉 자녀가 자신의 친생자가 아님을 안 때)부터 1년으로 변경되었다(제1594조 제2항).[30]

1938년 가족법개정에서 가장 큰 변화는 검사에게 친생부인권을 인정한 것이다(제1595a조). 이에 따라 검사는 공공의 이익 또는 자녀의 이익[31]을 위하여

---

28) RT-Drs. IV/733, S. 22; Brock, Die Prinzipien des deutschen Abstammungsrechts, 2020, S. 129.

29) Familienrechtsänderungsgesetz(Gesetz über die Änderung und Ergänzung familienrechtlicher Vorschriften und über die Rechtsstellung der Staatenlosen) vom 12. 4. 1938.

30) 부가 친생부인권을 행사할 수 있는 기간을 늘린 이유는 당시에 다음과 같이 설명되었다: 1900년 독일민법 규정에 의하면 부는 자녀의 출생을 안 때부터 1년이 지난 후에는 그 자녀가 자신과 혈연관계가 없다는 사실을 알게 되어도 더 이상 친생부인의 소를 제기할 수 없는데, 이는 법이 부로 하여금 자신과 혈연관계가 없는 자녀를 혼인중의 자로 받아들이라고 강요하는 결과가 된다. 이러한 규정은 그 결과에 있어서 오늘날의 법관념과 맞지 않는다. 이 점은 친생부인의 소를 제기할 수 있는 기간이 경과한 후, 자녀가 모의 남편과는 다른 인종의 남자(또는 유전적 질환이 있는 남자)에 의하여 포태되었다는 사실이 드러난 경우에는 더욱 분명하다. Begründung zu dem Gesetz über die Änderung und Ergänzung familienrechtlicher Vorschriften und über die Rechtsstellung der Staatenlosen vom 12. 4. 1938, in: Schubert, Das Familien- und Erbrecht unter dem Nationalsozialismus, 1993, S. 101.

31) 혼외관계에서 임신하여 자녀를 출산한 모가 이혼 후 생부와 재혼하여 새로운 가정을 이루고, 생부와 함께 자녀를 양육하는 경우에 전남편이 친생부인의 소를 제기하지 않으면, 검사가 자녀

필요하다고 인정하는 경우에 친생부인의 소를 제기할 수 있었다. 그 당시에 공익이란 나치의 인종정책에 따라 '아리안'의 혈통이 아닌 자녀를 가려내어 법률상의 부자관계를 소멸시키는 것으로 인식되었다(예를 들어 아내가 유대인과의 혼외관계에서 임신하여 자녀를 출산한 경우에 남편이 그 자녀를 자신의 자녀로 받아들이고 친생부인권을 행사하지 않아도 검사가 '공익을 위하여' 친생부인의 소를 제기함으로써 모의 남편과 자녀 사이의 법률상 부자관계를 소멸시키는 것이 가능하게 되었다). 따라서 모의 남편과 생부가 둘 다 '아리안'이고, 모의 남편이 친생부인권을 행사할 의사가 없는 경우에는 굳이 검사가 친생부인권을 행사하여 실현해야 할 공익이 인정되지 않았다.[32]

검사는, ⅰ) 부가 자녀의 출생 후 1년 내에 친생부인권을 행사하지 않은 경우(즉 검사는 자녀의 출생 후 1년이 경과한 때부터 친생부인권을 행사할 수 있었다. 이런 점에서 친생부인에 있어서는 여전히 부에게 우선권이 인정되고 있었다고 할 수 있다), ⅱ) 부가 사망한 경우, ⅲ) 부가 소재불명인 경우에 친생부인권을 행사할 수 있었다. 검사의 친생부인권에는 제척기간의 제한이 아예 규정되지 않았으므로, 언제든지 친생부인의 소를 제기할 수 있었다.[33] 이는 "혼인이 자녀의 혈통을 은폐하는 수단으로 남용되는 것을 막고 자녀의 진실한 혈통을 찾아내기 위한 것"으로 이해되었다.[34] 이에 따라 검사는 자녀의 출생 후 1년이 경과하면 기간에 관계없이 이른바 '독일민족의 혈통이 아닌 자녀'를 찾아내어 친생부인의 소를 제기할 수 있었다.

(4) 1945년 이후의 변화

제2차 세계대전의 종전 후 친생부인제도와 관련하여 가장 큰 논란이 된 것은 검사의 친생부인권을 존속시킬 것인가의 문제였다. 위에서 본 바와 같이 1938년 가족법개정 당시 검사의 친생부인권을 도입한 주된 이유는 나치의 인종주의를 실현하려는 데 있었다. 따라서 이러한 입법취지에 비추어 본다면 검

의 이익을 위하여 친생부인의 소를 제기하는 경우를 상정하고 있었다. 검사의 친생부인권 행사에 의하여 전남편과 자녀 사이의 부자관계가 소멸하면 생부가 자녀를 인지함으로써 자녀는 혼인중의 자의 신분을 가질 수 있기 때문이다. Sauer, Die Vaterschaftsanfechtung, 1999, S. 69.

32) Sauer, Die Vaterschaftsanfechtung, 1999, S. 69.

33) Begründung zu dem Gesetz über die Änderung und Ergänzung familienrechtlicher Vorschriften und über die Rechtsstellung der Staatenlosen vom 12. 4. 1938, in: Schubert, Das Familien- und Erbrecht unter dem Nationalsozialismus, 1993, S. 100; Lange, Kritisches zur Anfechtung der Ehelichkeit, NJW 1962, 1697.

34) Begründung zu dem Gesetz über die Änderung und Ergänzung familienrechtlicher Vorschriften und über die Rechtsstellung der Staatenlosen vom 12. 4. 1938, in: Schubert, Das Familien- und Erbrecht unter dem Nationalsozialismus, 1993, S. 101f.

사의 친생부인권은 나치의 몰락과 함께 마땅히 폐지되어야 할 규정이라고 할 수 있었다. 그러나 다른 한편 검사의 친생부인권을 즉시 폐지하는 경우에 발생할 수 있는 현실적인 문제들도 간과할 수 없었다. 검사의 친생부인권을 폐지하면 결국 친생부인권자로는 부만이 남게 되는데, 당시에는 전쟁 중에 부가 사망하거나 실종된 경우가 적지 않았다. 이러한 상황에서 아무 대안없이 검사의 친생부인권을 폐지하면 남편의 부재 중에 아내가 혼외관계에서 자녀를 출산하여 생부와 함께 자녀를 양육하고 있는 경우에도 친생부인을 할 수 없게 되는데, 이는 결국 자녀와 모, 생부로 이루어진 가정의 안정을 해치는 결과로 이어질 가능성이 높았다(친생부인에 의해서 모의 남편과 자녀 사이의 법률상 부자관계가 소멸되지 않으면 생부가 자녀를 인지할 수 없으므로, 이들 사이에 법률상 부자관계가 창설될 수 없기 때문이다).[35] 이러한 현실적인 이유에서 검사의 친생부인권은 전후에도 그대로 존속되었다. 그러나 검사의 친생부인권을 실제 운용함에 있어서는 나치의 인종주의와 단절하고 자녀의 이익 실현에 초점을 맞추었다.[36] 예를 들어 혼인해소 후 모가 재혼하여 자녀의 준정(생부와 재혼한 경우)이나 입양(생부 아닌 남자와 재혼한 경우)이 가능한 경우에는 전남편의 의사와 관계없이 검사가 친생부인의 소를 제기할 수 있었다.

(5) 1961년 가족법개정

1) 검사의 친생부인권 폐지

1961년 가족법개정[37]에 의해서 친생부인에 관한 민법규정도 본질적인 변화를 겪었다. 가장 획기적인 변화로는 검사의 친생부인권 폐지와 자녀의 친생부인권 도입을 들 수 있다.[38] 1938년 가족법개정 당시 나치의 인종주의를 실현하기 위한 수단으로 도입되고, 또 실제로 그러한 목적으로 활용되었던 검사의 친생부인권은 결국 폐지의 수순을 피할 수 없었다. 검사의 친생부인권에 부정적인 면만 있었던 것은 아니며, 긍정적인 효과도 있었다는 점(자녀의 복리 실현에 기여한 점)을 들어 폐지에 반대하는 의견도 일부 있었으나(그 근거로서,

---

35) Sauer, Die Vaterschaftsanfechtung, 1999, S. 73.

36) Lange, Kritisches zur Anfechtung der Ehelichkeit, NJW 1962, 1697.

37) Gesetz zur Vereinheitlichung und Änderung familienrechtlicher Vorschriften (Familienrechtsänderungsgesetz) vom 11. 8. 1961.

38) Schwarzhaupt, Das Famlienrechtsänderungsgesetz von 1961, FamRZ 1961, 329; Finke, Zum neuen Entwurf eines Gesetzes zur Vereinheitlichung und Änderung familienrechtlicher Vorschriften(Familienrechtsänderungsgesetz), FamRZ 1958, 353; Lange, Kritisches zur Anfechtung der Ehelichkeit, NJW 1962, 1697; Dunz, Das neue Familienrechtsänderungsgesetz, NJW 1961, 2138f.

부의 사망 후 모가 자녀의 생부와 재혼한 경우에 검사가 친생부인의 소를 제기함으로써 자녀가 준정에 의하여 혼인중의 자의 지위를 갖게 된 사례가 제시되었다),[39] 이러한 논거는 1961년 가족법개정과 더불어 더 이상 설득력을 가질 수 없었다. 1961년 가족법개정에 의해서 자녀에게 친생부인권이 인정되어 위와 같은 사례에서는 검사에게 친생부인권이 없어도 자녀(자녀가 미성년자인 때에는 자녀의 법정대리인)가 친생부인의 소를 제기함으로써 동일한 결과에 이를 수 있게 되었기 때문이다.

2) 자녀의 친생부인권 도입

일정한 경우에 자녀에게 독자적인 친생부인권을 인정해야 할 필요성이 있다는 점에 대해서는 1961년 가족법개정 당시 공감대가 형성되어 있었다. 독일민법 제정 당시 자녀의 친생부인권 도입에 부정적이었던 의견을 반박하기 위하여 바이마르 시대의 개정안에서 이미 제시되었던 논거들이 다시 등장하였다: 자녀가 친생부인의 소를 제기할 수 있게 되면, 친생부인판결이 확정된 후 인지를 거쳐 생부를 상대로 부양청구를 할 수 있고, 모가 생부와 재혼하는 경우에는 이들의 혼인중의 자의 신분을 가질 수 있다는 것이었다.[40] 더구나 아무런 대안 없이 검사의 친생부인권을 폐지하게 되면, 이는 결국 다시 부에게 독점적인 친생부인권을 인정하는 결과로 이어지는데(1900년 독일민법으로 회귀하는 결과가 된다), 이러한 규정체계로는 현실에서 발생하는 문제들을 해결할 수 없다는 점이 이미 분명하게 드러나 있었다. 당시의 이와 같은 사정에 비추어 볼 때 친생부인권자의 범위를 확대하는 개정은 피할 수 없는 과제가 되어 있었으며, 다만 누구에게 추가로 친생부인권을 인정할 것인가의 문제가 남아 있었을 뿐이다. 당시에는 생부의 친생부인권에 대한 논의는 거의 없었으므로, 자녀나 모에게 친생부인권을 인정하는 방안 중에서 하나를 선택해야 했는데, 독일의 입법자는 자녀에게 친생부인권을 부여하기로 결정한 것이다.[41]

---

39) Sauer, Die Vaterschaftsanfechtung, 1999, S. 75.

40) BT-Drucks. 3/530, S. 14; Finke, Zum neuen Entwurf eines Gesetzes zur Vereinheitlichung und Änderung familienrechtlicher Vorschriften(Famlienrechtsänderungs-gesetz), FamRZ 1958, 354; Schwarzhaupt, Das Famlienrechtsänderungsgesetz von 1961, FamRZ 1961, 329.

41) 양성평등(부부평등)의 관점에서 모에게 친생부인권을 인정하자는 의견도 개진되었으나, 받아들여지지 않았다. 그 주된 논거로는, 모에게 자신이 행한 간통에 근거하여 친생부인권을 인정하는 것은 윤리적으로 비난가능성이 있다는 점, 친생부인에 대한 모의 이익은 일반적으로 친생부인에 대한 자녀의 이익과 겹치므로, 자녀에게 친생부인권을 인정하는 것으로 충분하다는 점 등이 제시되었다. Schwarzhaupt, Das Famlienrechtsänderungsgesetz von 1961, FamRZ 1961, 330; Lange, Kritisches zur Anfechtung der Ehelichkeit, NJW 1962, 1699. 생부에게 친생부인권을 인

1961년 개정에 의해서 자녀의 친생부인권이 도입되었으나, 자녀는 − 부와 달리 − 일정한 사유가 있는 경우에만 친생부인권을 행사할 수 있었다. 부는 아내가 혼인 중에 임신하여 출산한 자녀가 자신의 친생자가 아니라는 사실을 알게 되면 다른 법익(가정의 평화, 자녀의 복리 등)에 대한 고려 없이 친생부인권을 행사하여 혈연과 일치하지 않는 법률상의 부자관계를 소멸시킬 수 있다.[42] 그러나 자녀가 아무런 제한 없이 친생부인권을 행사하는 경우에는 다른 법익(가정의 평화, 부모의 혼인관계 보호)이 침해될 수 있다는 이유에서 자녀의 친생부인권 행사는 일정한 요건이 충족되는 때에만 허용되었다. 1961년에 개정된 제1596조 제1항은 자녀가 친생부인권을 행사할 수 있는 5가지 요건을 다음과 같이 규정하였다.

첫째, 부가 친생부인권을 행사할 수 있는 상태에서(즉 부가 친생부인의 사유 있음을 안 때부터 2년이 경과하지 않아서[43] 친생부인권이 소멸하기 전에) 사망하거나 실종선고를 받은 경우에 자녀는 친생부인권을 행사할 수 있었다(1961년 독일민법 제1596조 제1항 제1호). 따라서 부가 친생부인의 사유 있음을 안 때부터 2년의 기간 내에 친생부인권을 행사하지 않아서 이미 친생부인권이 소멸한 때에는 (부의 사망 이후에도) 자녀는 친생부인권을 행사할 수 없었다. 이러한 경우에는 부가 그 자녀를 자신의 가족에 궁극적으로 받아들이기로 결정한 것이므로, 자녀는 그러한 부의 의사에 따라야 한다는 것이 그 이유였다(이런 의미에서 부의 의사가 자녀의 의사에 우선하였다고 볼 수 있다. 즉 자녀는 부의 의사에 반하지 않는 한도에서만 친생부인권을 행사하는 것이 허용되었다). 다른 한편 이 요건의 도입에는 부의 사망 후에는 자녀가 친생부인권을 행사해도 가정의

정하자는 소수의 의견도 있었으나, 진지하게 검토되지는 않았다.

42) 아내가 혼인중에 임신하여 낳은 자녀가 자신의 친생자가 아님을 알게 된 부에게 혼인관계를 유지하면서 자녀를 양육하라고 요구할 수는 없기 때문이다. 따라서 부의 친생부인권 행사에 있어서는 혈연의 진실 이외에 다른 법익은 전혀 고려되지 않는 것으로 보이기도 한다. 그러나 부의 친생부인권 행사에 가해지는 기간의 제한을 보면 위와 같은 설명은 부분적으로만 타당함을 알 수 있다. 부의 친생부인권에 있어서 혈연진실주의가 절대적인 가치라면, 원칙적으로 행사기간에 제한을 두지 않는 것이 타당할 것이기 때문이다. 친생부인권 행사에 수반되는 기간의 제한은 혈연진실주의의 관철을 제약하지만, 자녀의 신분 안정이라는 또 다른 법익을 위해서 필요한 것으로 여겨져 왔다. 1961년 개정가족법 역시 친생부인권의 행사기간을 규정하고 있었다. 부가 친생부인권을 행사할 수 있는 기간은 친생부인의 사유 있음을 안 때부터 1년에서 2년으로 늘어났지만(1961년 독일민법 제1594조 제1항), 다른 한편 자녀가 출생한 날부터 10년이 경과하면(친생부인의 사유가 있음을 알았는가의 여부와 관계없이) 친생부인권이 소멸하는 규정도 신설되었다(1961년 독일민법 제1594조 제4항). 이 두 가지 제척기간의 병립은 혈연진실주의와 자녀의 신분 안정을 조화시키려는 의도로 풀이될 수 있다.

43) 1961년 가족법개정에 의해서 부가 친생부인권을 행사할 수 있는 기간은 친생부인의 사유가 있음을 안 때부터 2년으로 늘어났다(1961년 독일민법 제1594조 제1항).

평화(부모의 혼인관계)에 미치는 영향이 크지 않다는 점도 고려되었다.[44]

둘째, 부모의 혼인관계가 이혼, 혼인의 취소, 무효 등의 사유로 종료한 경우 또는 부모가 3년 이상 별거하고 있으며 혼인공동체의 회복을 기대할 수 없는 경우에 자녀는 친생부인권을 행사 할 수 있었다(1961년 독일민법 제1596조 제1항 제2호). 이런 경우에는 부모의 혼인관계가 법률상 또는 사실상 존재하지 않으므로, 자녀가 친생부인권을 행사해도 가정의 평화가 위태롭게 될 우려가 없기 때문이다.

셋째, 모가 자녀의 생부와 재혼한 경우에 자녀는 친생부인권을 행사할 수 있었다(1961년 독일민법 제1596조 제1항 제3호). 이러한 경우에는 자녀가 친생부인권을 행사하면 모의 전남편과의 관계에서 성립한 법률상의 부자관계를 소멸시킨 후, 준정에 의해서 모와 생부의 혼인중의 자의 신분을 가질 수 있기 때문이다.

자녀가 이상 세 가지 요건에 근거하여 친생부인권을 행사하는 데에는 2년의 기간 제한이 있었다.[45] 이 기간은 자녀가 친생부인의 사유(모의 남편이 자신의 생부가 아니라는 사실) 있음을 알고, 그 외에 위의 세 가지 요건 중 어느 하나가 존재함을 안 때로부터 진행되었다. 예를 들어 자녀가 친생부인의 사유가 있음을 알았다고 해도 부모의 혼인관계가 원만하게 유지되고 있을 때에는 친생부인권을 행사할 수 없지만, 그 후 부모가 이혼하여 혼인관계가 해소되면 그 때부터 2년 내에 친생부인권을 행사할 수 있게 되는 것이다. 따라서 자녀가 부모의 이혼 전에 친생부인의 사유 있음을 이미 알고 있었으나 부모의 이혼 후 2년이 지나도록 친생부인권을 행사하지 않았다면 자녀의 친생부인권은 소멸하게 된다. 그러나 그 후 모가 생부와 재혼하였다면 자녀는 그때부터 다시 2년간 친생부인권을 행사할 수 있게 되는 것이다.[46]

넷째, 부의 품행이 불명예스럽거나 공서양속에 반하는 경우 또는 부가 자녀에 대하여 중대한 위법행위를 한 경우에 자녀는 친생부인권을 행사할 수

---

44) Dölle, Familienrecht, Bd. II, 1965, S. 85.

45) 또한 자녀가 성년에 도달한 후 2년이 경과하면 – 친생부인의 사유가 있음을 알았는지와 관계없이 – 친생부인청구를 할 수 없었다. 1961년 독일민법 제1598조.

46) 자녀가 미성년자인 때에는 법정대리인이 자녀를 대리하여 친생부인권을 행사하였는데, 이 경우에는 친생부인권 행사 기간의 기산점은 법정대리인을 기준으로 하여 정하여졌다(즉 법정대리인이 친생부인의 사유 있음을 알고 친생부인권 행사의 요건이 존재함을 안 때부터 2년을 기산한다). 자녀가 미성년자인 동안 법정대리인이 친생부인의 소를 제기하지 않은 경우에는 자녀는 성년자가 된 후 2년간 친생부인권을 행사할 수 있었다(1961년 독일민법 제1598조). 이 2년의 기간이 경과하면 자녀의 친생부인권은 절대적으로 소멸하는 것으로 규정되어 있었다. 따라서 자녀가 친생부인의 사유 있음을 알지 못해서 친생부인의 소를 제기하지 않았다고 해도 성년 도달 후 2년이 경과하면 더 이상 친생부인의 소를 제기할 수 없었다.

있었다. 그러나 이러한 사유로 인한 자녀의 친생부인권 행사는 윤리적으로 정당화될 수 있는 경우에만 허용되었다(1961년 독일민법 제1596조 제1항 제4호). 품행이 불명예스럽거나 공서양속에 반한다는 것은 공공질서에 위반되는 비난받을 만한 행태를 의미하며, 장기간 지속되어 세상에 알려져서 자녀의 평판에 심각한 해를 끼치는 경우를 뜻하는 것으로 해석되었다.[47] 부의 자녀에 대한 중대한 위법행위의 개념에는 부의 자녀에 대한 범죄행위,[48] 부양의무 위반[49] 등이 포함되는 것으로 해석되었다.

다섯째, 부에게 심각한 유전적 질환[50]이 있는 경우에 자녀는 친생부인권을 행사할 수 있었다. 부에게 심각한 유전적 질환이 있는 경우에는 자녀의 사회생활, 혼인기회 등에 부정적인 영향을 미칠 수 있다는 것이 그 이유였다.[51] 그러나 위의 네 번째 요건과 마찬가지로 이 사유로 인한 자녀의 친생부인권 행사는 윤리적으로 정당화될 수 있는 경우에만 허용되었다(1961년 독일민법 제1596조 제1항 제5호).

넷째(제4호)와 다섯째 사유(제5호)가 있는 경우에 자녀의 친생부인권이 항상 허용되었던 것은 아니며, 구체적인 사정에 비추어 친생부인권의 행사가 윤리적으로 정당화될 수 있어야 했다. 예를 들어 부가 자녀에 대하여 양육의무를 다하였는데, 이제 성년이 되어 부에게 부양의무를 지게 된 자녀가 부의 유전적 질환을 이유로 친생부인권을 행사하는 것(실제로는 부에 대한 부양의무를 면할 목적으로)은 윤리적으로 정당화될 수 없다고 보았다.[52]

한편 제4호와 제5호의 사유가 있는 경우에는 자녀의 친생부인권 행사에 의하여 부모의 혼인관계(가정의 평화, 모의 명예)가 위태롭게 될 수 있다는 사정은 고려되지 않았다. 즉 이러한 사정이 있는 때에는 친생부인에 의해서 부자관계를 소멸시켜야 할 자녀의 이익이 가정의 평화에 대한 부모의 이익보다 우선한다고 보았다(따라서 자녀는 부모의 혼인관계가 유지되고 있는 경우에도 친생부인권을 행사할 수 있었다).[53] 또한 제4호나 제5호 사유에 의해서 자녀가 친생

---

47) MüKoBGB/Mutschler BGB § 1596 Rn. 9; Soergel/Gaul, Familienrecht II, § 1596 BGB, Rn. 5.

48) Finke, Zum neuen Entwurf eines Gesetzes zur Vereinheitlichung und Änderung familienrechtlicher Vorschriften(Famlienrechtsänderungsgesetz), FamRZ 1958, 354; MüKoBGB/ Mutschler BGB § 1596 Rn. 9; Soergel/Gaul, Familienrecht II, § 1596 BGB, Rn. 5.

49) BGH, NJW 1982, 177f.

50) 조현병, 간질 등의 유전적 질환을 말한다. Gernhuber, Lehrbuch des Familienrechts, 1980, S. 658. 폐결핵은 유전병에 해당하지 않는다. BayObLG, FamRZ 1968, 257.

51) Dölle, Familienrecht, Bd. II, 1965, S. 87.

52) Gernhuber, Lehrbuch des Familienrechts, 1980, S. 658; BT-Drucks. 3/530, S. 14.

53) BT-Drucks. 3/530, S. 14; Dölle, Familienrecht, Bd. II, 1965, S. 86.

부인권을 행사하는 경우에는 기간의 제한이 아예 존재하지 않았다(1961년 독일민법 제1596조 제1항 제4호, 제5호, 제2항). 따라서 자녀가 언제 친생부인의 사유 있음을 알았는지와 관계없이 언제든지 친생부인권을 행사할 수 있었다(다만 위에서 본 바와 같이 친생부인권의 행사가 윤리적으로 정당화될 수 없는 경우에는 허용되지 않는다는 제한이 있었을 뿐이다).[54]

한편 1961년 가족법개정에 의해서 부가 친생부인권을 행사할 수 있는 기간은 친생부인의 사유가 있음을 안 때부터 2년으로 늘어났다(1961년 독일민법 제1594조 제1항. 1938년 독일민법에서는 이 기간은 1년으로 규정되어 있었다). 이 규정만을 놓고 보면 1961년 개정가족법이 혈연진실주의의 실현에 더 많은 비중을 둔 것으로 보이기도 한다. 그러나 다른 한편 1961년 개정가족법은 자녀가 출생한 날부터 10년이 경과하면 부의 친생부인권이 소멸하는 것으로 규정하고 있었는데(1961년 독일민법 제1594조 제4항), 이 규정은 자녀의 신분을 조속히 안정시키기 위한 취지에서 도입된 것으로 이해되었다.[55] 따라서 이러한 점들을 종합해 보면, 1961년 개정가족법은 혈연진실주의와 자녀의 신분 안정, 가정의 평화와 같은 다양한 법익들의 균형있는 조화를 도모한 것으로 평가할 수 있다.

(6) 1997년 친자법개정

1) 자녀의 친생부인권에 가해진 제한의 폐지

1997년 친자법개정[56]에 의해서 친생부인에 관한 독일민법 규정은 다시 한 번 큰 변화를 겪게 된다. 1961년 가족법개정에 의해서 독일민법 역사상 처음으로 자녀에게 독자적인 친생부인권이 인정되었으나, 자녀의 친생부인권은 다른 법익(가정의 평화, 부모의 혼인관계 보호)과의 관계에서 상당한 제약을 받았다. 위에서 본 바와 같이 자녀는 부의 인격에 중대한 문제가 있거나 심각한 유전적 질환이 있는 경우(1961년 독일민법 제1596조 제1항 제4호, 제5호)를 제외하면 부모의 혼인공동체가 소멸한 이후에만 친생부인권을 행사할 수 있었다. 그러나 1997년 친자법개정에 의해서 자녀의 친생부인권에 가해진 이와 같은

---

54) Lange, Kritisches zur Anfechtung der Ehelichkeit, NJW 1962, 1700.

55) 이외에도 1961년 개정가족법은 부가 사망한 경우 그의 부모에게 친생부인권을 인정하였는데, 이 경우에 친생부인권은 부의 부모가 부의 사망과 자녀의 출생을 안 날부터 6개월 이내에 행사할 수 있었다(1961년 독일민법 제1595a조 제1항, 제2항). 또한 부가 친생부인권을 행사하는 경우와 마찬가지로 자녀의 출생 후 10년이 지나면 부의 부모의 친생부인권도 소멸하였다(1961년 독일민법 제1595a조 제3항).

56) Gesetz zur Reform des Kindschaftsrechts(Kindschaftsrechtsreformgesetz-KindRG) vom 16. 12. 1997(1998. 7. 1. 시행).

제한은 모두 폐지되었다. 개정법에 따라 자녀는 부모의 혼인상태와 관계없이 (즉 부모의 혼인관계가 원만하게 유지되고 있는 때에도) 친생부인의 사유가 있음을 안 때부터 2년 내에 친생부인권을 행사할 수 있게 되었다. 이로써 자녀는 – 부가 친생부인권을 행사하는 경우와 마찬가지로 제소기간의 제한을 제외하면 – 사실상 아무런 제한 없이 자유롭게 친생부인권을 행사할 수 있게 된 것이다. 이러한 개정의 계기를 제공한 것은 두 개의 연방헌법재판소 결정이었다.

2) 개정의 계기가 된 연방헌법재판소 결정

독일연방헌법재판소는 1989년 1월 31일 결정에서 당시 시행 중이었던 독일민법 제1596조 제1항의 위헌을 선고하였다. 위에서 본 바와 같이 1961년 개정가족법에 따르면 자녀는 일정한 사유가 있는 경우에 한하여 친생부인권을 행사할 수 있었는데(1961년 독일민법 제1596조 제1항 제1호 – 제5호), 연방헌법재판소는 이 규정이 인간의 기본권(인격권)인 자신의 친생부모를 알 권리를 침해한다고 판단한 것이다.[57] 친생부인에 의해서 부모의 혼인관계와 가정의 평화가 위태롭게 될 우려가 없는 경우에도 위 규정에 의해서 (자녀의 친생부인권을 제한함으로써) 자녀의 친생부모를 알 권리를 제한하는 것은 비례의 원칙에 부합하지 않는다는 것이 위 결정의 핵심적인 논거였다(위 결정은 자녀의 친생부인에 의해서 부모의 혼인관계와 가정의 평화가 위태롭게 될 우려가 없는 사례로서 부모가 성년자녀의 친생부인에 동의한 경우,[58] 자녀가 위탁가정에서 성장한 경우 등의 예를 들었다). 그 후 1994년 4월 26일 연방헌법재판소는 당시 시행 중이던 독일민법 제1598조[59]를 위헌으로 결정하였다. 자녀가 성년에 도달한 후 2년이 지나면 – 친생부인의 사유가 있음을 알았는지와 관계없이 – 일률적으로 친생부인청구를 할 수 없도록 하는 규정은 자녀의 친생부모를 알 권리를 과도하게 침해한다는 것이 그 이유였다.

3) 비판

위 연방헌법재판소 결정에 따라 독일의 입법자는 1997년 친자법개정을 통하여 자녀의 친생부인권에 관한 규정을 개정하였다. 자녀의 친생부인권을 제

---

57) 독일연방헌법재판소는 자신의 친생부모를 알 권리를 독일기본법 제1조, 제2조가 규정하는 일반적인 인격권의 한 부분이라고 보았다(BverfG, FamRZ, 1989, 255).

58) 이러한 예가 적절한지에 대해서는 의문을 제기할 수 있다. 성년자녀가 친생부인의 소를 제기하는 경우에 부모의 동의를 요건으로 한다면, 자녀가 부모에게 동의를 강요함으로써 가정의 평화가 위태롭게 되는 경우도 얼마든지 생길 수 있기 때문이다.

59) 1961년 독일민법 제1598조는, 위에서 본 바와 같이, 자녀가 성년에 달한 후 2년이 경과하면 친생부인의 사유가 있음을 알았는지와 관계없이 더 이상 친생부인권을 행사할 수 없다는 규정이다.

한하는 요건(1961년 독일민법 제1596조 제1항 제1호 - 제5호)들은 모두 삭제되었
으며, 자녀가 미성년자인 동안 법정대리인이 친생부인의 소를 제기하지 않은
경우에는, 자녀는 성년 도달 후 친생부인의 사유가 있음을 안 때부터 2년간
친생부인권을 행사할 수 있게 되었다. 이로써 자녀(특히 성년자녀)[60]에게는 실
질적으로 제한 없는 친생부인권이 인정되었다. 게다가 성년에 이른 후 친생부
인의 사유 있음을 안 때부터 2년 내에 자녀가 친생부인의 소를 제기하지 않
아서 친생부인권이 소멸한 이후에도, 부자관계의 존속이 자녀에게 참을 수 없
는 고통이 되는 때에는(예를 들어 부가 자녀에게 범죄행위를 한 경우 등) 자녀의
친생부인권이 부활하여, 자녀는 그 사정을 안 때부터 2년 내에 다시 친생부인
청구를 할 수 있다는 규정도 신설되었다(독일민법 제1600b조 제6항).[61] 이와 같
이 자녀에게 실질적으로 제한 없는 친생부인권이 인정됨으로써 자녀의 친생부
모를 알 권리는 실현되었으나, 다른 한편 이와 같은 자녀의 친생부인권 확대
는 부모의 혼인관계와 가정의 평화에 불안정을 초래하게 되었다. 이 점에 대
해서는 독일 학계에서도 강한 비판이 제기되었다. 자녀에게 실질적으로 제한
없는 친생부인권을 인정한 것은 연방헌법재판소가 제시한 개정의 목표를 훨씬
넘어선다는 것이 그 비판의 핵심적인 내용이었다.[62] 즉 연방헌법재판소 결정
에 따르면, 구 독일민법 제1596조에 의한 자녀의 친생부인권 제한은 독일기본
법 제6조 제1항(혼인과 가족의 보호)에 근거한 것이며, 다만 이 조항에 의해서

---

60) 자녀가 미성년자인 때에는 법정대리인이 자녀를 대리하여 친생부인의 소를 제기하게 되는
데, 이 경우에는 친생부인이 자녀의 복리에 반하지 않는 경우에 한하여 청구를 인용할 수 있다는
제한이 있다(독일민법 제1600a조 제4항. 예를 들어 부가 상당한 기간 자녀를 양육하여 이들 사이
에 실질적인 친자관계가 형성되어 있는데, 이혼 후 단독친권자로 지정된 모가 자녀를 대리하여 친
생부인의 소를 제기하는 경우가 있을 수 있다. 이러한 사안에서 법원이 친생부인청구를 인용하여
법률상의 부자관계를 소멸시킨다면, 이는 부와 자녀 사이에 형성된 실질적인 부자관계를 훼손하는
결과로 이어질 수 있다. 따라서 이와 같이 친생부인이 자녀의 복리에 반하는 경우에는 법원이 친
생부인청구를 기각할 수 있도록 한 것이다. 한편 1997년 친자법개정에 의해서 모에게도 독자적인
친생부인권이 인정되었는데, 모가 친생부인청구를 하는 경우에는 자녀의 복리가 고려되지 않는다.
실질적으로는 동일한 모가 친생부인청구를 하는데, 자녀의 대리인으로서 친생부인청구를 할 때에는
자녀의 복리가 고려되지만, 모 자신의 이름으로 친생부인청구를 하는 경우에는 자녀의 복리가 고
려되지 않는다는 것은 모순이라는 비판이 제기된다. Schwab, Familienrecht, 2018, S. 301f.;
Gaul, Die Neuregelung des Abstammungsrechts durch das Kindschaftsrechtsreformgesetz, in:
Schwab(Hrsg.), Das neue Familienrecht, 1998, S. 99.

61) 이 규정에 대해서는 자녀의 신분과 부모의 혼인관계를 장기간 불안정하게 만든다는 이유로
삭제하자는 의견이 있었으나(Stellungnahme des Bundesrats, BT-Drucks. 13/4899, S. 148f.), 받
아들여지지 않았다(Gegenäußerung der Bundesregierung, BT-Drucks. 13/4899, S. 166).
Helms, Reform des deutschen Abstammungsrechts, FuR 1996, 186은 비교법적으로 보아도 유
례가 없는 입법례라고 비판한다.

62) Gaul, Die Neuregelung des Abstammungsrechts durch das Kindschaftsrechtsre-
formgesetz, in: Schwab(Hrsg.), Das neue Familienrecht, 1998, S. 101.

요청되는 혼인과 가족의 특별한 보호는 자녀의 부모를 알 권리(자녀의 인격권)
와 조화를 이루어야 한다는 것이다. 따라서 자녀의 친생부인권 행사에 의해서
혼인과 가정의 평화가 위태롭게 될 우려가 없는 경우까지도 자녀의 친생부인
권을 제한하는 것은 헌법적 정당성을 결여한다는 것이다.[63] 연방헌법재판소는
자녀의 친생부인권 행사가 부모의 혼인과 가정의 평화를 위협하지 않는 예로
서, 부모가 자녀의 친생부인권 행사에 동의한 경우, 자녀가 성년에 이르기 전
에 이미 생부와 친밀한 관계를 발전시킨 경우(자녀의 마음이 이미 생부에게 완
전히 기울어진 경우), 자녀가 위탁가정에서 성장한 경우 등을 제시하였다. 이러
한 사례에서는 자녀에게 성년에 이른 후에도 부모의 혼인과 가정의 평화를
위하여 자신의 친생부모를 알 권리를 포기하도록 강요할 수는 없다는 것이
다.[64] 여기서 본 바와 같이 연방헌법재판소는 자녀의 친생부모를 알 권리와
혼인 및 가족의 보호라는 두 가지 법익의 조화를 요구하고 있을 뿐, 어느 한
법익(자녀의 친생부모를 알 권리)의 실현을 위하여 다른 법익(혼인 및 가족의 보
호)을 완전히 배제할 것을 요구하고 있지는 않다. 독일의 입법자는 1997년 친
자법개정에 의해서 자녀에게 실질적으로 제한 없는 친생부인권을 인정하였는
데, 이는 연방헌법재판소 결정의 취지와 부합하지 않을 뿐 아니라, 자녀의 친
생부인권 행사에 있어서 부모의 혼인과 가정의 평화가 더 이상 고려되지 않
게 되었다는 점에서 또 다른 문제를 낳았다는 비판을 받고 있다.[65]

2. 자녀의 친생부인권에 관한 입법례

(1) 친생부인권자의 범위 확대와 자녀의 친생부인권

위에서 본 바와 같이 1900년에 시행된 독일민법은 원래 부에게만 친생부
인권을 인정하였으나, 1961년 가족법개정에 의해서 자녀의 친생부인권이 도입
되었다. 그 당시에도 모에게 친생부인권을 인정할 것인가에 대하여 적지 않은
찬반논쟁이 있었으나, 결국 도입되지 못하였다. 그 후 1997년 친자법개정에
의해서 자녀의 친생부인권이 대폭 확대되었으며, 모에게도 처음으로 친생부인
권이 인정되었다. 그 후 2004년에 마침내 생부에게도 친생부인권이 인정됨으

---

63) BVerfG, FamRZ 1994, 881ff.
64) BVerfG, FamRZ 1989, 255ff.
65) Gaul, Die Neuregelung des Abstammungsrechts durch das Kindschaftsrechtsreform-
gesetz, in: Schwab(Hrsg.), Das neue Familienrecht, 1998, S. 103; Helms, Reform des deuts-
chen Abstammungsrechts, FuR 1996, 179는 "구 독일민법 제1596조 제1항 제1호-제5호는 여러
가지 법익의 조화를 도모한 전반적으로 균형 잡힌 규정이라고 할 수 있다"고 평가한다.

로써 친생부인권자의 범위는 한층 더 확대되었다.[66] 독일의 입법례에서 볼 수 있는 바와 같이 친생부인권자로서 인정될 수 있는 사람으로는 일반적으로 부, 자녀, 모, 생부를 들 수 있다.[67]

유럽에서 혈연진실주의와 자녀의 친생부모를 알 권리가 점차 확대되면서 친생추정 및 친생부인에 관한 법규정의 개정에도 상당한 영향을 미쳤다. 그 결과 각국의 입법례에서 친생부인권자의 범위가 확대되는 경향이 나타났으나, 구체적인 개정의 범위에는 상당한 차이가 있었다. 독일처럼 친생부인권자로서 인정될 수 있는 사람들을 전부 친생부인권자로 규정한 입법례가 있는가 하면, 부와 자녀에게만 친생부인권을 인정한 입법례도 있다(예를 들면 스위스). 또한 부와 자녀, 모를 친생부인권자로 규정한 입법례도 있다(예컨대 덴마크). 그러나 자녀를 친생부인권자의 범위에서 제외한 입법례는 거의 찾아보기 어렵다(따라서 우리나라와 같이 자녀를 제외하고 부와 모에게만 친생부인권을 인정한 입법례는 예외에 속한다고 볼 수 있다. 필자가 조사한 범위 내에서는 우리나라를 제외하면 체코공화국이 부와 모에게만 친생부인권을 인정한 유일한 나라였다). 친생부인권자의 범위가 확대되는 역사적 과정을 보면 부 다음으로 일반적으로 자녀에게 친생부인권이 인정되고, 이어서 모, 생부의 순서로 친생부인권이 인정된다는 사실을 알 수 있다.

(2) 친생부인권자의 범위에 관한 각국의 입법례

1) 부와 자녀에게 친생부인권을 인정하는 입법례

스위스는 부와 자녀에게만 친생부인권을 인정한다.[68] 자녀는 미성년자인

---

66) Gesetz zur Änderung der Vorschriften über die Anfechtung der Vaterschaft und das Umgangsrecht von Bezugspersonen des Kindes, zur Registrierung von Vorsorgeverfügungen und zur Einführung von Vordrucken für die Vergütung von Berufsbetreuern von 23. 4. 2004(2004. 4. 30. 시행); 그 전인 2003년 4월 9일에 독일연방헌법재판소는 – 법률상의 父와 자녀 사이에 실질적인 가족관계가 존재하지 않는 경우에도 – 예외 없이 생부의 친생부인권을 배제하는 당시 독일민법 제1600조가 독일기본법 제6조 제2항과 조화되지 않는다고 판단하였다(BVerfG FamRZ 2003, 816). 이 결정에 따라 독일민법 제1600조가 현재와 같이 개정되었다. 자세한 내용은 김상용, "생부(미혼부)의 권리에 관한 소고(小考)", 『중앙법학』 제22집 제1호(2020. 3.), 170면 이하 참조.

67) 이외에 예외적으로 부가 사망한 경우에 부의 부모 등에게 친생부인권을 인정하는 입법례가 있을 뿐이다(그 외에도 부의 판단능력이 부족한 경우 후견인이 친생부인의 소를 제기하는 입법례도 있으나 여기서는 이 부분에 대한 설명은 제외한다).

68) 부는 자녀의 출생과 친생부인의 사유가 있음을 안 때부터 1년 내에 친생부인의 소를 제기할 수 있다. 그리고 자녀의 출생일로부터 5년이 경과하면 친생부인의 사유 있음을 알았는지의 여부와 관계없이 부의 친생부인권은 절대적으로 소멸한다(스위스민법 제256c조 제1항). 다만 제소기간 내에 친생부인의 소를 제기하지 못한 데 중요한 이유가 있는 때에는 제소기간의 경과 후에도 예외적으로 소의 제기가 허용된다(스위스민법 제256c조 제3항). 제소기간이 경과하기 전에 부가

동안에 부모의 혼인공동체가 해소된 경우에 한하여 친생부인권을 행사할 수 있다.[69] 이 규정은 자녀의 친생부인권 행사로 안정적인 가족관계가 위태롭게 되는 것을 방지하는 기능을 갖는 것으로 이해되고 있다.[70] 자녀가 성년이 된 후에 부모의 혼인공동체가 해소된 때에는 자녀는 친생부인권을 행사할 수 없다. 자녀가 성년에 이를 때까지 오랜 기간 부모의 혼인공동체가 유지되었다면, 자녀로서 굳이 친생부인을 통하여 부자관계를 소멸시켜야 할 이익을 인정하기 어렵다는 것이 그 이유이다.[71] 성년이 된 후 1년이 경과하면 자녀의 친생부인권은 소멸한다.[72]

　오스트리아에서도 부와 자녀에게만 친생부인권이 인정된다.[73] 오스트리아에서는 2004년 민법개정[74]에 의해서 자녀에게 처음으로 친생부인권이 인정되었다.[75] 자녀는 친생부인의 사유가 있음을 안 때부터 2년 내에 친생부인청구를 할 수 있으나, 미성년자인 동안에는 기간의 진행이 정지된다.[76] 따라서 자녀는 성년에 이르면 그때부터 다시 2년간 친생부인청구를 할 수 있게 된다(성년자가 되기 전에 친생부인의 사유 있음을 알고 있었던 것을 전제로 한다. 성년에 도달한 후 비로소 친생부인의 사유 있음을 알게 되었다면 그때부터 2년을 기산한다). 모에게는 친생부인권이 인정되지 않는데, 이는 자녀와 부 사이에 형성된

사망하거나 의사능력(판단능력)을 상실한 경우에는 그의 부 또는 모가 소를 제기할 수 있다(스위스민법 제258조 제1항).

69) 스위스민법 제256조 제1항 제2호. 사망, 이혼 등으로 인한 혼인해소, 회복가능성이 없는 혼인관계의 파탄으로 인한 별거 등을 의미하는 것으로 해석되고 있다. ZGB-Schwenzer Art. 256 Nr. 3.

70) Hausheer/Geiser/Aebi-Müller, Das Familienrecht des Schweizerischen Zivilgesetzbuches, 2006, S. 261; ZGB-Schwenzer Art. 256 Nr. 3. 부모의 혼인공동체가 해소되지 않은 경우에도, 자녀가 부모의 가정에서 성장하지 않은 경우나 부모의 친권이 상실된 경우, 자녀가 생부와 함께 살고 있는 경우 등에는 자녀에게 친생부인권이 인정되어야 한다고 한다.

71) Aebi-Müller/Jaggi, Streit um die Abstammung - Länderbericht Schweiz, in: Schwab/Henrich/Gottwald(Hrsg.), Streit um die Abstammung(2007), S. 358. 자녀가 성년에 이를 때까지 부모의 혼인관계가 안정적으로 유지되었다면, 자녀 역시 안정된 가정에서 성장하였을 것이며, 부와 자녀 사이에 실질적인 친자관계가 성립하였을 가능성이 높기 때문이다.

72) 다만 제소기간 내에 친생부인의 소를 제기하지 못한 데 중요한 이유가 있는 때에는 제소기간의 경과 후에도 예외적으로 소의 제기가 허용된다(스위스민법 제256c조 제3항).

73) 오스트리아민법 제151조 제2항.

74) Familien-und Erbrechts-Änderungsgesetz 2004(2005. 1. 1. 시행).

75) 그 전에는 부와 검사에게 친생부인권이 인정되었다. 2004년 개정에 의해서 검사의 친생부인권이 삭제되면서 자녀에게 친생부인권이 인정된 것이다(오스트리아에서 검사의 친생부인권이 도입된 것은 1943년인데, 이것 역시 나치의 인종주의 정책과 직접적인 관련이 있었다. 독일에서는 1961년 가족법 개정에 의해서 검사의 친생부인권을 삭제하였으나, 오스트리아에서는 많은 비판에도 불구하고 계속 존속되어 오다가 2004년 개정에 의해서 비로소 삭제되었다. Ferrari, Streit um die Abstammung - die Rechtslage in Österreich, in: Schwab/Henrich/Gottwald(Hrsg.), Streit um die Abstammung(2007), S. 184f.

76) 오스트리아민법 제153조 제1항, 제2항.

실질적인 친자관계를 보호하려는 취지로 이해되고 있다(양육과 동거를 통하여 자녀와 부 사이에 실질적인 부자관계가 발생한 경우에 모가 이러한 관계를 고려하지 않고 친생부인권을 행사하면, 이들 사이의 관계가 훼손될 수 있다는 의미이다).[77] 이외에 스웨덴도 부와 자녀에게만 친생부인권을 인정한다.[78]

2) 부와 모, 자녀에게 친생부인권을 인정하는 입법례

부와 모, 자녀에게 친생부인권을 인정하는 입법례로는 네덜란드(자녀는 친생부인의 사유 있음을 안 날부터 3년 내에 친생부인청구를 할 수 있다. 미성년자인 동안에 친생부인의 사유 있음을 알았다면 성년에 도달한 후 3년 내에 친생부인청구를 할 수 있다),[79] 이탈리아(자녀는 친생부인의 사유가 있음을 안 날부터 12개월 내에 친생부인의 소를 제기할 수 있다. 미성년자인 동안에 친생부인의 사유 있음을 알았다면 성년에 도달한 후 12개월 내에 친생부인의 소를 제기할 수 있다),[80] 핀란드(부와 모는 자녀의 출생일부터 2년 내에 친생부인의 소를 제기할 수 있으나, 자녀가 친생부인의 소를 제기할 수 있는 기간에는 제한이 없다),[81] 덴마크(부와 모, 자녀(자녀의 후견인)는 자녀가 출생한 때부터 6개월 내에 친생부인의 소를 제기할 수 있다),[82] 폴란드(자녀는 성년에 이른 후 3년 내에 친생부인의 소를 제기할 수 있다)[83] 등이 있다.

3) 부, 모, 자녀, 생부에게 친생부인권을 인정하는 입법례

부, 모, 자녀, 생부에게 친생부인권을 인정하는 입법례로는 그리스(자녀는 성년에 이른 후 1년 내에 친생부인청구를 할 수 있다. 부는 자녀의 출생을 안 때부터 1년 내에 친생부인청구를 할 수 있으나, 자녀의 출생 사실을 알았는지와 관계없

---

77) Schwab, Streit um die Abstammung – Europäische Perspektiven, in: Schwab/Henrich/ Gottwald(Hrsg.), Streit um die Abstammung, 2007, S. 406.

78) Giesen, Länderbericht in Schweden, in: Bergmann ua, Internationales Ehe-und Kindschaftsrecht, Stand: 1.7.2013, S. 32. 스웨덴친자법 제3장 제1조, 제2조. 부의 사망 후에는 부의 상속인에게도 친생부인권이 인정되지만, 부가 자녀와 지속적으로 동거하지 않은 경우에 한하여 인정될 뿐이다(스웨덴친자법 제3장 제1조).

79) 네덜란드 민법 제1장 제200조 제1항. Vlaardingerbroek, Eherecht in den Niederlanden, in: Süß·Ring(Hrsg.), Eherecht in Europa, 2012, S. 830.

80) 이탈리아민법 제235조. 미성년자녀는 특별대리인을 통하여 친생부인의 소를 제기할 수 있는데, 자녀가 16세에 이르면 특별대리인을 선임할 수 있다. 자녀가 16세 미만인 때에는 검사가 자녀를 위하여 특별대리인을 선임할 수 있다. 이탈리아민법 제244조. Cubeddu/Wiedemann, Eherecht in Italien, in: Süß·Ring(Hrsg.), Eherecht in Europa, 2012, S. 656.

81) 핀란드 부성법(父性法. Vaterschaftsgesetz) 제35조. 부와 모는 자녀의 출생일부터 2년이 경과한 후에는, 중요한 사유가 있거나 법률상의 장애가 있었던 때에 한하여 친생부인의 소를 제기할 수 있을 뿐이다.

82) 덴마크아동법 제5조. Rieck/Reinel, Ausländisches Familienecht, Dänemark, Rn. 39; Adolphsen, Children's Constitutional Rights in the Nordic Countries, 2019, 377.

83) 폴란드 가족 및 후견법 제63조, 제69조, 제70조.

이 자녀의 출생일로부터 5년이 경과하면 친생부인권이 소멸한다. 모는 원칙적으로 출산 후 1년 내에 친생부인청구를 할 수 있다. 생부는 자녀의 출생일로부터 2년 내에 친생부인청구를 할 수 있다),[84] 슬로베니아(자녀는 성년에 도달한 날부터 5년 내에 친생부인의 소를 제기할 수 있다. 모는 자녀의 출생 후 1년 내에 친생부인의 소를 제기할 수 있다. 부는 친생부인의 사유 있음을 안 때부터 1년 내에 친생부인의 소를 제기할 수 있으나, 자녀의 출생일부터 5년이 경과하면 친생부인권이 소멸한다. 생부는 자녀가 출생등록부에 기록된 후 1년 내에 친생부인의 소를 제기할 수 있다),[85] 노르웨이(자녀는 물론 부, 모, 생부가 친생부인의 소를 제기하는 데에는 기간의 제한이 없다),[86] 프랑스(신분점유가 존재한 경우 — 예를 들어 자녀가 부의 자녀로 출생등록부에 기록되고 실제로 부가 자녀를 양육한 경우 — 에는 신분점유가 종료한 때부터 5년간 부, 모, 자녀, 생부가 친생부인의 소를 제기할 수 있다. 그러나 신분점유 상태가 자녀의 출생 시부터 5년간 지속된 때에는 누구도 더 이상 친생부인의 소를 제기할 수 없다.[87] 신분점유가 존재하지 않는 경우 — 예를 들어 자녀가 부의 자녀로 출생등록부에 기록되어 있으나, 부가 자녀를 실제로 양육하지 않은 경우 — 에는 이해관계인은 누구나 친생부인의 소를 제기할 수 있다.[88]), 벨기에(자녀는 12세에서 22세 사이에 친생부인의 소를 제기할 수 있으며, 그 후에는 모의 남편이 자신의 부가 아니라는 사실을 안 날부터 1년 내에 친생부인의 소를 제기할 수 있다. 모는 자녀의 출생일부터 1년 내에 친생부인의 소를 제기할 수 있다. 부는 친생부인의 사유 있음을 안 때부터 1년 내에 친생부인의 소를 제기할 수 있으며, 생부는 자신이 자녀의 부라는 사실을 알게 된 때부터 1년 내에 친생부인의 소를 제기할 수 있다. 그러나 신분점유 상태가 지속되는 경우에는 — 예를 들어 모의 남편이 자녀의 법률상 부로 신분등록부에 기록되고, 실제로 자녀를 양육하여 이들 사이에 실질적인 부자관계가 존재하는 경우 — 누구의 친생부인청구도 인용되지 않는다)[89] 등이 있다.

---

84) 그리스민법 제1469조 제1호-제5호, 제1470조.
85) 슬로베니아 혼인가족관계법 제96조-제99조.
86) 노르웨이친자법 제6조. 노르웨이에서는 생물학적 부자관계와 법률상의 부자관계를 일치시키는 것이 자녀의 최선의 이익에 부합한다고 보는 견해가 지배적이기 때문이다. Lødrup, Challenges to an Established Paternity - Radical Changes in Norwegian Law, in: The International Survey of Family Law, 2003, 353. "it is in the best interest of child that the man who is the biological father should also be considered the legal father, even if it means that an existing father's parenthood is challenged."; Frank, Rechtsvergeichende Betrachtungen zur Vaterschaftsanfechtung durch den leiblichen Vater des Kindes, in: Festschrift für Dieter Schwab, 2005, S. 1136.
87) 프랑스민법 제333조.
88) 프랑스민법 제334조. 소를 제기할 수 있는 기간은 자녀가 부의 자녀로 출생등록부에 기록된 때부터 10년간이다.
89) 벨기에민법 제318조. Hustedt·Schür·Sproten, Eherecht in Belgien, in: Süß·Ring(Hrsg.), Eherecht in Europa, 2012, S. 335; Pintens, Länderbericht in Belgien, in: Bergmann ua, Internationales Ehe-und Kindschaftsrecht, Stand: 15.03.2011, S. 55; Pintens, Reformen im

4) 그 밖의 입법례

이외에 부와 모에게 친생부인권을 인정하는 입법례로는 체코공화국,[90]이 있으며, 일본은 여전히 부에게만 친생부인권을 인정하는 민법규정을 고수하고 있다.[91] 한편 대만은 부, 모, 자녀에게 친생부인권을 인정한다.[92]

3. 소 결

위에서 본 바와 같이 누구에게 친생부인권을 인정할 것인가의 문제(친생부인권자의 범위를 정하는 문제)는 각 나라의 입법정책에 따라 다양하게 결정될 수 있다. 혈연진실주의, 자녀의 친생부모를 알 권리, 자녀의 신분 안정, 가정의 평화(부모의 혼인관계 보호)와 같은 여러 가지 법익 가운데 어느 쪽에 우선적인 가치를 둘 것인가, 각 법익 간의 균형과 조화를 어떻게 도모할 것인가에 따라 친생부인권자의 범위는 다르게 정해질 수 있다(친생부인의 소를 제기할 수 있는 제소기간도 이와 같은 다양한 법익을 고려하여 결정된다). 자녀의 신분 안정과 가정의 평화(혼인관계의 보호)에 우월적인 가치를 인정하는 사회에서는 그에 상응하여 친생부인권자의 범위도 좁게 인정될 수밖에 없다(친생부인의 소를 제기할 수 있는 제소기간도 단기간으로 정해진다). 반면에 혈연진실주의와 자녀의 친생부모를 알 권리에 더 큰 비중과 가치를 두는 사회에서는 친생부인권자의 범위도 그만큼 넓게 인정된다(친생부인의 소를 제기할 수 있는 제소기간도 상대적으로 유연하게 정해진다).

친생부인권자의 범위에 관한 입법례의 변천을 비교법적으로 고찰해 보면, 처음에는 부에 대해서만 친생부인권이 인정되었다가 시대의 흐름에 따라 자녀, 모, 생부 등으로 친생부인권자의 범위가 점차 확대되었음을 알 수 있다. 이러한 변화는 자녀의 신분 안정과 혼인관계의 보호(가정의 평화)라는 가족법에 있어서의 전통적인 가치가 상대적으로 약화되면서[93] 동시에 혈연진실주의

---

belgischen Familienrecht, FamRZ 2006, 1312/1313; Pintens, Die Abstammung im belgischen Recht, in: Schwab/Henrich/Gottwald(Hrsg.), Streit um die Abstammung, 2007, S. 133. 실제로 친생부인의 소가 제기되는 대부분의 사안에서 신분점유가 존재하여 소가 기각된다고 한다.

90) 체코민법 제785조 제1항, 제789조. 구 동독도 부와 모에게 친생부인권을 인정하고 있었다 (구 동독가족법 제61조). Brock, Die Prinzipien des deutschen Abstammungsrechts, 2020, S. 197.

91) 일본민법 제774조.

92) 대만민법 제1063조.

93) 부에게 독점적인 친생부인권이 인정된 데에는 가부장제의 영향도 적지 않았다. 제2차 세계 대전 이후 가부장제가 퇴조하고 양성평등의식이 확산되면서 이러한 사회 분위기도 친생부인권자의 범위 확대에 일정 부분 영향을 미친 것으로 평가된다(특히 모의 친생부인권 도입에는 양성평등의

(자녀의 친생부모를 알 권리)가 강하게 대두되는 사회현실을 반영한 것이라고 볼 수 있다. 이러한 경향이 친생부인권자의 범위에 관한 각 나라의 법개정에 영향을 미친 것은 분명하지만, 구체적으로 실현된 결과를 보면 나라에 따라 적지 않은 차이가 있음을 알 수 있다. 같은 독일법계 국가이면서도 독일에서는 혈연진실주의에 큰 비중을 두어 친생부인권자의 범위를 부, 자녀, 모, 생부에게까지 넓게 확대한 반면,[94] 스위스와 오스트리아는 부에 이어서 자녀에게 친생부인권을 인정하는 데 그쳤다. 또한 북유럽국가 중에서도 노르웨이는 부, 모, 자녀, 생부에게 친생부인권을 인정하였으나(나아가 노르웨이는 친생부인의 소를 제기할 수 있는 제소기간도 폐지하여 혈연진실주의에 더욱 기울어진 태도를 취하고 있다), 스웨덴은 부와 자녀에 대해서만 친생부인권을 인정하고 있다. 이와 같은 차이가 나는 이유는 나라마다 혈연진실주의 이외의 다른 법익, 특히 자녀의 복리(자녀의 신분 안정, 법률상의 부와의 관계에서 발생한 실질적인 친자관계의 보호)와 가정의 평화(부모의 혼인관계 보호)에 부여하는 비중과 가치가 다르기 때문이다. 그러나 이러한 차이 속에서도 발견되는 한 가지 공통점은 부에 이어서 일반적으로 자녀에게도 친생부인권을 인정하였다는 점이다. 모를 친생부인권자의 범위에서 제외한 입법례를 찾기는 어렵지 않으나, 자녀를 친생부인권자에서 배제한 입법례를 찾는 것은 쉽지 않다. 결국 비교법적으로 고찰해 볼 때 친생부인권자로서 가장 보편적으로 규정되는 대표적인 주체는 부와 자녀이며, 이외에 모나 생부는 각 나라의 입법정책에 따라 포함되기도 하고 제외될 수도 있다는 사실을 알 수 있다. 대부분의 나라들이 공통적으로 부와 더불어 자녀를 친생부인권자로 규정하는 기본적인 이유는 자녀 역시 친자관계의 당사자라는 점에서 찾을 수 있다. 친생부인이란 친생추정에 의해서 발생한 혈연과 일치하지 않는 법률상의 부자관계를 소멸시키는 것이므로, 법체계상으로나 논리적으로 볼 때 부자관계의 일방 당사자로서 그 관계의 소멸에 의해서 직접적인 영향을 받는 자녀에게도 그에 대한 권리를 인정하는 것이 타당하다고 보기 때문이다(이점은 양친자관계의 당사자인 양부모와 양자 쌍방에게 파양청구권이 인정된다는 점에 비추어 보면 자명하다). 또한 자녀의 복리라는 관점에서 보아도 자녀를 굳이 친생부인권자의 범위에서 배제해야 할 이유는 없

식이 절대적인 영향을 미쳤다고 해도 과언이 아닐 것이다).

94) 나아가 독일민법은 인공수정으로 출생한 자녀에게도 정자제공자에 대한 인지청구권을 인정하여 혈연진실주의(자녀의 친생부모를 알 권리)에 과도하게 기울어진 태도를 취하고 있다(독일민법 제1600조 제4항). 이러한 독일민법의 태도에 대해서는 독일 내에서도 비판적 의견이 적지 않다. Helms, Die Stellung des potenziellen biologischen Vaters im Abstammungsrecht, FamRZ 2010, 4; MüKoBGB/Wellenhofer, BGB § 1600 Rn. 59, 60.

다. 혈연과 일치하지 않는 법률상의 부자관계의 존속이 자녀의 복리를 중대하게 침해하는 경우 자녀에게 친생부인권이 인정되어 있지 않으면, 다른 친생부인권자(대개의 경우 모)가 친생부인의 소를 제기할 수밖에 없는데, 모가 사망한 경우나 소재불명인 경우 등에는 이마저도 기대할 수 없기 때문이다.

다만 자녀에게 친생부인권을 인정하는 것이 기본적으로는 타당한 입법방향이라고 할지라도, 다른 법익(가정의 평화, 자녀와 법률상의 부 사이에 발생한 실질적인 친자관계의 보호)과의 균형과 조화를 고려하여 어느 정도의 제한을 두어야 할 것인가는 또 다른 문제이다.

Ⅳ 자녀의 친생부인권을 도입하는 경우 고려되어야 할 문제들
– 자녀의 친생부인권에 대한 합리적 제한

자녀에게 친생부인권을 인정하는 것이 원론적으로 타당하다고 해도 이것이 곧 자녀에게 아무런 제한 없는 친생부인권의 행사가 보장되어야 한다는 것을 의미하지는 않는다. 독일민법의 입법례와 같이 자녀가 친생부인의 사유가 있음을 안 때(법률상의 부가 생부가 아님을 안 때)부터 일정한 기간(2년) 내에 친생부인의 소를 제기할 수 있다고 규정한다면(미성년자인 동안에 자녀의 법정대리인이 친생부인의 소를 제기하지 않은 경우에는 자녀가 성년에 도달한 후 친생부인의 사유 있음을 안 때부터 2년 내에 친생부인의 소를 제기할 수 있다.[95] 또한 제소기간의 경과로 친생부인권이 소멸한 후에도 부자관계의 존속이 자녀에게 참을 수 없는 고통이 되는 경우에는 자녀의 친생부인권이 부활하여 자녀는 그 사정을 안 때부터 2년 내에 친생부인의 소를 제기할 수 있다.[96]), 이는 사실상 자녀에게 제한 없는 친생부인권을 인정하는 것과 다름이 없다. 이러한 입법태도는 혈연진실주의(자녀의 친생부모를 알 권리)의 실현에는 충실하지만, 그 외의 다른 법익, 즉 가정의 평화(부모의 혼인관계 보호), 장기간 자녀를 양육해온 법률상 부의 신뢰(사실상의 양육을 통하여 형성된 법률상 부와 자녀 사이의 실질적인 친자관계)를 침해할 수 있다는 점에서 문제가 있다. 따라서 자녀의 친생부인권에 관한 독일민법 규정은 혈연진실주의에 지나치게 경도되어 있다는 점에서 우리가 받아들일 만한 모델이 될 수 없다고 본다. 독일 내에서도 이미 자녀의 친생부인권에 관한 규정을 다시 개정해야 한다는 의견이 개진되고 있다. 독일 연방법

---

95) 독일민법 제1600b조 제1항, 제3항.
96) 독일민법 제1600b조 제6항.

무·소비자보호부에서 조직한 연구위원회가 제시한 의견[97])에 의하면 자녀의 친생부인권은 현행법보다 제한되어야 하며, 구체적으로는 다음과 같은 사유가 있는 경우에 한정하여 인정되어야 한다고 한다. ⅰ) (법률상의) 부가 사망한 경우, ⅱ) 부가 자녀에 대하여 중대한 위법행위를 한 경우, ⅲ) 부가 동의한 경우, ⅳ) 자녀와 부 사이에 확고한 실질적 친자관계가 발생하지 않았던 경우.

이러한 의견의 기본 방향에 대해서 동의한다고 해도 구체적인 부분에 있어서는 역시 비판이 제기될 수 있다. 우선 법률상의 부가 자녀의 친생부인권 행사에 동의하였다면(ⅲ의 경우), 이는 실질적으로 부와 자녀가 부자관계의 소멸에 합의한 것과 다름이 없으므로, 자녀가 친생부인의 소를 제기하여 법률상의 부자관계가 소멸되더라도 별 문제가 없을 것으로 보인다(예를 들어 성년이 된 자녀가 자신의 생부가 누구인지를 알게 되었는데, 생부가 거액의 재산을 가지고 있는 경우라면 자녀는 생부를 상대로 인지청구를 하여 부자관계를 발생시키고 싶은 욕구가 생길 수 있다. 자녀가 법률상의 부에 대해서 이러한 사정을 설명하고 친생부인권 행사에 동의해 달라고 부탁하는 경우가 여기에 해당한다). 그러나 자녀가 자신을 양육해준 법률상의 부에 대해서 무리하게 동의를 강요하게 될 가능성을 배제할 수 없으며, 이러한 과정에서 그 동안 무난하게 존속해왔던 실질적인 부자관계가 심각하게 훼손될 수도 있을 것이다. 이러한 이유에서 자녀의 친생부인권 행사의 요건으로 부의 동의를 규정하는 것은 찬성하기 어렵다.

법률상의 부가 사망한 경우(ⅰ)에 자녀가 친생부인의 소를 제기할 수 있다는 의견에 대해서도 문제의식을 가질 수 있다.[98]) 법률상의 부가 생전에 자녀에 대해서 양육의 의무를 다하여 그 사이에 실질적인 친자관계가 확고하게 형성되어 있었다면, 자녀의 입장에서 부가 사망한 후에 굳이 그 관계를 소멸시켜야 할 이유는 없을 것으로 보인다(더구나 친생부인의 효력은 출생시로 소급하므로, 자녀는 상속개시시로 소급해서 상속권도 잃게 된다). 이러한 경우에 자녀가 친생부인의 소를 제기하는 이유는 재력이 있는 생부에게 인지청구를 하여 그 사이에서 새롭게 부자관계를 발생시키려는 것 이외에는 찾기 어려울 것이다. 그러나 부의 사망을 계기로 자녀가 재산상의 이득을 좇아 법률상의 부를 '교체'하는 것이 허용되어야 할 정당한 이익을 인정하기는 어렵다고 생각한다.

위에서 언급한 여러 가지 요소들을 종합하여 자녀의 친생부인권이 인정될

---

97) Bundesministerium der Justiz und für Verbraucherschutz, Arbeitskreis Abstammungsrecht Abschlussbericht, Empfehlungen für eine Reform des Abstammungsrechts, 2017, S. 50ff. 이 연구위원회에는 다양한 분야의 전문가(법학, 심리학, 아동복지학 등)가 참여하였으며, 2년간의 연구, 토론을 거쳐 최종보고서를 제출하였다.

98) Lönig, Reform des Abstammungsrechts überfällig, ZRP 2017, 205/206.

수 있는 경우를 정리해 본다.

첫째, 법률상의 부가 자녀에게 중대한 위법행위를 한 경우에는 자녀의 연령과 관계없이 친생부인권의 행사가 허용되어야 할 것이다. 여기서 위법행위에는 아동학대 등 범죄행위(자녀가 성년에 이른 후의 범죄행위도 포함된다)뿐만 아니라 부양의무의 불이행 등 부모로서의 의무를 이행하지 않아서 자녀의 권리를 침해한 경우도 포함된다. 구체적인 사안에 있어서 친자관계의 존속이 자녀를 복리를 중대하게 침해하는 것으로 판단되는 때에는 자녀의 친생부인권 행사가 허용되어야 할 것이다.

둘째, 자녀와 법률상의 부 사이에 안정적인 실질적 친자관계가 형성되지 않았던 경우에는 자녀의 친생부인권 행사가 허용되어야 할 것이다. 법률상의 부와 자녀 사이의 실질적인 친자관계는 부가 실제로 자녀를 양육함으로써 형성되는데, 동거하면서 양육한 기간이 어느 정도에 이르러야 안정적인 친자관계가 형성되었다고 볼 수 있는가에 대해서는 의견이 갈릴 수 있다.[99] 여기서 결론을 내리기는 어렵지만, 사견으로는 부가 자녀의 출생시부터 성년기에 이르기까지 자녀를 양육했다면(직접 양육한 경우뿐만 아니라 이혼 등의 사정으로 동거하지 못한 때에도 양육비를 지급하고 면접교섭의무를 성실히 이행한 경우를 포함한다), 성년자가 된 자녀는 특별한 사정(위에서 본 바와 같이 부가 자녀에 대해서 범죄행위를 한 경우 등)이 없는 한 친생부인권을 행사할 수 없도록 해야 할 것이다.[100] 자녀에 대해서 양육과 부양의무를 다한 부가 자녀의 부양을 필요로 하는 때가 되자, 자녀가 부양의무를 면할 목적으로 친생부인권을 행사하는 것이 허용되어서는 안 될 것이기 때문이다.[101]

---

99) 프랑스는 신분점유 상태가 5년간 지속되면 실질적인 친자관계가 발생한 것으로 보아서 누구도 친생부인의 소를 제기할 수 없도록 한다.

100) 부가 장기간 자녀를 양육, 부양하여 그 사이에 실질적인 친자관계가 발생한 경우에도 그 관계는 일방(예컨대 자녀)의 의사와 행태에 의하여 파탄에 이를 수 있다(실질적 친자관계는 일방적 의사에 의하여 소멸될 수 있는 성질의 것이다). 이런 경우에는 실질적인 친자관계는 더 이상 존재하지 않게 되는데, 그 관계를 파탄시킨 당사자인 자녀가 실질적인 친자관계가 존재하지 않는다는 이유로 친생부인의 소를 제기하는 것을 허용해야 하는가. 위에서 본 바와 같이 자녀가 미성년자인 동안 부가 계속해서 양육의무를 이행하여 그 사이에 실질적인 친자관계가 형성되었던 경우에는 현재 자녀의 일방적 의사에 의해서 그 관계가 소멸되었다고 해도 친생부인권의 행사를 허용하여서는 안 될 것이다(양친자관계에 있어서도 그 관계의 파탄에 주된 책임이 있는 유책당사자의 파양청구는 인용되지 않는다는 것이 학설과 판례의 태도인데(김주수·김상용, 친족·상속법, 법문사, 2020, 396면; 대판 2002. 12. 26, 2002므852), 그러한 법리가 자녀의 친생부인권 행사에도 원용될 수 있을 것이다).

101) 조미경, "親生否認의 訴에 관한 比較法的 考察", 『가족법연구』 제11호(1997), 205면은 자녀에게 제한 없는 친생부인권을 인정하되, 미성년인 동안에 그를 양육한 법률상 부의 부양의무를 회피할 목적으로 친생부인의 소를 제기하는 것은 금지하는 제한이 필요하다는 견해를 제시하고 있다; 이준영, "자신의 血統에 대한 子의 알 權利와 親生子關係", 『가족법연구』 제14호(2000), 107

부모의 혼인관계가 이혼 등으로 종료된 경우에도 자녀에게 친생부인권의 행사를 허용하는 것이 타당한가에 대해서 검토해 볼 필요가 있다(1961년에 개정된 독일민법은 부모의 혼인관계가 이혼, 혼인의 취소, 무효 등으로 종료된 경우에 자녀가 친생부인권을 행사할 수 있다고 규정하고 있었다. 이 규정은 부모의 혼인관계가 종료된 이후에는 더 이상 보호해야 할 혼인관계, 가정의 평화가 존속하지 않으므로, 자녀의 친생부인권 행사를 막을 이유가 없다는 데 기인하는 것이었다). 단지 부모의 혼인관계가 이혼 등으로 종료되었다는 이유만으로 다른 사정을 고려하지 않고 자녀의 친생부인권 행사를 허용한다면 부와 자녀 사이에 형성된 실질적인 친자관계가 훼손될 수 있다는 점에서 문제가 있다. 부가 모와 함께 장기간 자녀를 양육, 부양[102]하여 자녀가 이미 경제적으로 독립한 후에 이혼하는 경우도 있을 수 있는데, 이러한 사례에서 단지 부모가 이혼하였다는 이유만으로 자녀의 친생부인권 행사를 허용한다면, 장기간의 양육과 부양을 통하여 형성된 실질적인 부자관계를 훼손하는 결과로 이어질 것이다. 또한 자녀가 미성년자일 때 부모가 이혼한 경우에도 구체적인 사정에 대한 고려 없이 일률적으로 자녀의 친생부인권 행사를 허용한다면 위와 같은 결과를 초래할 수 있다. 이혼 후에 부가 직접 자녀를 양육한 경우는 물론 직접 양육하지는 않았더라도 양육비를 성실하게 지급하고 정기적으로 면접교섭을 하였다면, 부와 자녀 사이에 실질적인 친자관계가 형성될 수 있기 때문이다. 이러한 사정을 고려하지 않고 이혼 후 친권자로 지정된 모가 자녀의 법정대리인으로서 자녀를 대리하여 친생부인의 소를 제기한다면(예를 들어 모는 출생 직후 자녀와 남편 사이에 혈연관계가 없다는 사실을 알았으나, 남편과 협의하여 혼인관계를 유지하면서 자녀를 양육해오다가 10여년이 지난 후[103] 이혼을 하게 되자 자녀를 대리하여 친생부인의 소를 제기하는 경우), 이는 부와 자녀 사이에 형성된 실질적인 친자관계를 훼손하게 될 것이며, 결국 자녀의 복리를 침해하는 결과로 이어질 것이다.[104]

면 이하도 자녀가 경제적 동기로 친생부인의 소를 제기하는 것은 금지해야 한다는 의견을 밝히고 있으며, 일정한 제한 하에 자녀에게 친생부인권을 인정할 것을 제안하고 있다.

102) 자녀가 성년에 이른 후에도 대학교육에 필요한 학자금을 지원하는 등 경제적으로 독립할 때까지 부모로서 제2차적 부양의무를 이행한 경우를 의미한다.

103) 이런 경우 모는 친생부인의 사유 있음을 안 날부터 이미 2년이 경과하였기 때문에 더 이상 친생부인의 소를 제기할 수 없다.

104) 우리 민법에 따르면 모가 친생부인의 소를 제기하는 경우, 법원은 부와 자녀 사이에 혈연관계가 없다는 사실만 증명되면 청구를 인용하며, 그 외의 사정(예컨대 자녀의 복리)은 고려되지 않는다. 따라서 모의 친생부인청구가 인용되어 법률상의 부자관계가 소멸되면 그 동안 부와 자녀 사이에 형성된 실질적인 친자관계가 훼손될 우려가 있는 경우에도 모의 친생부인청구는 인용된다. 그러나 이러한 결과는 자녀의 복리를 침해할 수 있다는 점에서 문제가 있다. 모가 친생부인의 소

이러한 점을 고려해 볼 때 부모의 혼인관계가 이혼 등의 사유로 종료되었다는 사정만으로 자녀의 친생부인권 행사를 허용하는 것은 적당하지 않다고 생각된다.

위에서 논의한 바를 정리해 보면, 결국 자녀의 친생부인권은, ⅰ) 부가 자녀에게 중대한 위법 행위를 한 경우, ⅱ) 자녀와 법률상의 부 사이에 안정적인 실질적 친자관계가 형성되지 않았던 경우에 한정하여 허용될 수 있을 것으로 생각된다. 이와 같이 제한된 범위에서 자녀의 친생부인권을 인정한다면, 자녀의 복리, 혈연진실주의, 양육을 통하여 형성된 실질적인 부자관계, 부모의 혼인관계(가정의 평화) 등과 같은 다양한 법익을 조화롭게 실현할 수 있을 것이다.

Ⅴ 맺음말

민법상 친생추정의 효과에 의하여 모가 혼인 중에 임신하여 출산한 자녀는 모의 남편의 친생자로 추정되고, 그 사이에 법률상의 부자관계가 발생한다. 모가 혼외관계에서 임신하여 자녀를 출산한 경우에도 이러한 친생추정의 효과에는 변함이 없다. 따라서 이러한 경우에는 법률상의 부자관계와 생물학적인 부자관계가 일치하지 않는 상태가 발생한다. 민법은 이와 같이 혈연관계와 일치하지 않는 법률상의 부자관계가 성립한 경우를 대비하여 친생부인제도를 두고 있다. 민법에 따르면 친생추정의 효과에 의하여 혈연관계와 배치되는 법률상의 부자관계가 발생한 경우에 부(모의 남편) 또는 모가 친생부인의 소를 제기할 수 있으며, 친생부인 판결이 확정되면 법률상의 부자관계는 자녀의 출생시로 소급하여 소멸하게 된다. 우리 민법은 친생부인권자로서 원칙적으로 부와 모만을 규정하고 있는데, 자녀를 친생부인권자의 범위에서 제외한 민법의 태도에 대해서는 문제의식을 가질 수 있다.

자녀는 친생부인에 의하여 부자관계가 소멸되는 경우 직접적인 효력을 받는 지위에 있으므로, 친생부인권이 인정되어야 할 독자적인 이익이 인정될 수

를 제기한 때에는 자녀의 복리에 반하지 않는 경우에 한하여 청구를 인용할 수 있는 것으로 규정을 개정할 필요가 있을 것이다(자세한 내용은 김상용, "모의 친생부인권에 관한 연구", 『법조』제541호(2001년 10월호). 101면 이하 참조). 오스트리아민법은 모에게 친생부인권을 인정하지 않는데, 그 주된 이유는 모의 친생부인권 행사에 의해서 실질적인 부자관계가 훼손할 우려가 있기 때문이라고 한다. Schwab, Streit um die Abstammung − Europäische Perspektiven, in: Schwab/Henrich/Gottwald(Hrsg.), Streit um die Abstammung, 2007, S. 406.

있기 때문이다. 또한 자녀가 부와 더불어 법률상 부자관계의 당사자라는 점에 비추어 보면, 법체계상으로 보아도 자녀에게 친생부인권을 인정하는 것이 타당하다고 생각된다. 양친자관계에 있어서는 양친자관계의 당사자인 양부모와 양자 쌍방에게 모두 파양청구권이 인정되는 것과 비교해 볼 때, 친생자관계의 일방 당사자인 자녀를 친생부인권자의 범위에서 아예 제외하는 것은 법체계상으로도 균형이 맞지 않는 것으로 보인다. 양친이 양자를 학대하여 양자의 복리를 중대하게 침해하는 경우에는 양친자관계를 해소하는 것이 궁극적인 해결책이 될 수 있는데, 이러한 경우를 대비하여 양자에게는 파양청구권이 인정되고 있다. 반면에 혈연관계가 없는 법률상의 부가 친생자의 신분을 갖는 자녀를 학대하여 친생자관계를 소멸시킬 필요가 있다고 판단되는 때에도 자녀에게는 친생부인권이 인정되지 않는다. 이와 같이 본질적으로 차이가 없는 상황에서 양친자관계와 친생자관계를 다르게 다루어야 할 합리적인 이유는 없다고 생각된다. 물론 현행법상 모에게 친생부인권이 인정되어 있으므로, 위와 같은 상황이 발생하면 모가 친생부인의 소를 제기함으로써 법률상의 부자관계를 소멸시킬 수 있다. 그러나 모가 사망했거나 소재불명인 경우 또는 자녀의 복리가 침해되는 상황을 인식하고 있으면서도 아무런 조치를 취하지 않는 경우 등에는 모의 친생부인권만으로는 자녀의 복리가 침해되는 상황을 종식시킬 수 없다. 이러한 경우에 자녀에게 독자적인 친생부인권이 인정되어 있다면 법원에서 선임된 특별대리인이 자녀를 대리하여 친생부인의 소를 제기함으로써 자녀의 복리에 반하는 법률상의 부자관계를 소멸시킬 수 있을 것이다.

비교법적으로 고찰해 보아도 자녀를 친생부인권자의 범위에서 제외한 입법례를 찾기는 쉽지 않으나, 모를 친생부인권자의 범위에서 제외한 입법례는 어렵지 않게 발견할 수 있다. 물론 각국의 입법정책에 따라 친생부인권자의 범위를 넓게 인정하는 입법례도 있고, 상대적으로 좁게 인정하는 입법례도 있으나, 일반적으로 부와 더불어 자녀를 친생부인권자로서 규정하고 있다는 점에서는 차이가 없다. 이와 같이 많은 입법례가 자녀를 친생부인권자의 범위에 포함시킨 이유는 위에서 이미 본 바와 같다. 즉 법체계상으로나 자녀의 이익 실현을 위해서나 자녀에게 친생부인권을 인정하는 것이 타당하다고 보기 때문이다.

자녀에게 친생부인권을 인정하는 것이 원론적으로 타당하다고 해도 이것이 곧 자녀에 대하여 아무런 제한 없는 친생부인권의 행사를 허용해야 한다는 의미는 아니다. 혈연진실주의(자녀의 친생부모를 알 권리)의 실현이라는 관점에서 본다면 자녀에게 제한 없는 친생부인권을 인정하는 것이 최상의 선택이 될 수 있겠으나, 자녀의 친생부인권과 관련하여 고려되어야 할 법익에는 혈연진실주의만이 있는 것은 아니다. 혈연진실주의 이외에 가정의 평화(부모의 혼인관계 보호)나 장기간의 양육을 통하여 형성된 실질적인 부자관계 역시 자녀의 친생부인권 행사에 있어서 고려되어야 할 중요한 법익들이다. 따라서 자녀의 친생부인권에 대하여 규정을 마련할 때에는 혈연진실주의와 더불어 이러한 법익들을 조화롭게 실현할 수 있는 방안을 모색할 필요가 있다고 생각된다. 이러한 관점에서 본다면 자녀의 친생부인권에 대해서는 합리적인 제한을 두는 것이 불가피한 것으로 보인다.

어떠한 사정이 있을 때 자녀의 친생부인권 행사를 허용할 것인가에 대해서는 여러 가지 의견이 있을 수 있다. 법률상의 부가 자녀에 대하여 중대한 위법행위를 한 경우, 자녀와 법률상의 부 사이에 실질적인 부자관계가 안정적으로 형성되지 않았던 경우에 한정하여 자녀의 친생부인권 행사를 허용한다면, 혈연진실주의와 자녀의 복리, 가정의 평화, 장기간 자녀에 대하여 양육과 부양의무를 성실하게 이행한 법률상 부의 신뢰와 같은 다양한 법익의 균형 있는 조화를 실현할 수 있을 것으로 생각된다.

〈중앙법학 제22집 제4호(2020년 12월) 수록〉

3. 생부의 인지에 대한 자녀와 모의 동의권

I 들어가는 말

우리 민법에서 인지(임의인지)란 생부 또는 생모가 혼인외의 출생자를 자신의 자녀로 승인하고 법률상의 친자관계를 발생시키는 단독의 요식행위로 정의될 수 있다. 민법규정에 따르면 생부뿐만 아니라 생모도 혼인외의 출생자를 인지할 수 있게 되어 있으나(민법 제855조), 생모와 자녀의 친자관계는 출산에 의해서 당연히 발생하는 것으로 해석되고 있으므로, 실제에 있어서 모가 모자관계의 발생을 위해서 별도로 인지를 하는 경우는 거의 없다고 볼 수 있다. 따라서 우리 민법상 인지란 생부의 의사표시에 의해서 혼인외의 자녀와 생부 사이에 법률상 친자관계를 발생시키는 행위라고 할 수 있는데, 인지를 할 때에는 자녀나 모의 동의를 필요로 하지 않는다. 인지자와 자녀 사이에 생물학적 부자관계가 있는지의 여부를 심사하는 절차도 없으므로, 생부가 아닌 사람에 의한 인지의 가능성도 배제할 수 없다. 인지자가 생부라고 해도 인지가 항상 자녀의 복리에 유리한 결과로 이어지는 것은 아니며, 오히려 그 반대의 경우도 있을 수 있다. 그러나 인지자가 생부인 한 자녀는 인지에 대해서 어떠한 이의도 제기할 수 없으며, 자신의 의사에 반하더라도 부자관계의 성립을 감수할 수밖에 없다. 그런데 인지가 자녀의 신분 및 가족관계에 미치는 절대적인 영향을 고려해 본다면, 이와 같이 생부의 일방적인 의사에 따른 인지를 허용하는 것이 과연 최선이라고 할 수 있는가에 대해서는 의문이 제기될 수 있다. 모의 경우에는 인지에 의해서 직접적인 신분관계의 변동을 겪는 것은 아니지만, 친권과 양육 등의 영역에 있어서 상당한 영향을 받을 수 있으므로, 역시 인지에 대해서 직접적인 이해관계를 갖는다고 볼 수 있다. 인지를 하기 전에 생부가 자녀의 모와 협의하는 과정을 거치는 것은 인지 후의 친권, 양육, 면접교섭, 자녀의 성·본 문제 등과 관련하여서도 필요하다고 여겨지는데, 모의 동의를 인지의 요건으로 규정한다면 이러한 협의가 원만하게 이루어질 가능성이 높아질 것이다.

위와 같은 문제의식에서 출발하여 본문에서는 우선 자녀와 모의 동의를 인지의 요건으로 규정하지 않는 현행법의 태도에 대해서 분석, 검토하고(Ⅱ), 이 문제에 대한 외국의 입법례에 대해서 살펴본 후(Ⅲ), 이를 바탕으로 생부와 모, 자녀의 이익을 조화시킬 수 있는 하나의 대안을 제시하려고 한다(Ⅳ).

Ⅱ 현행법의 태도에 대한 분석과 검토

1. 현행법 규정에 대한 검토

(1) 인지제도의 본래 목적은 혼인외의 자녀와 생부 사이에 법률상의 부자관계를 발생시킴으로써 부로 하여금 자녀에 대한 부모로서의 의무를 이행하게 하고, 이를 통하여 자녀의 복리를 실현하려는 데 있다고 할 수 있다.[1] 이러한 취지에 비추어 본다면 인지는 자녀의 출생 후 가능한 한 이른 시기에 이루어지는 것이 바람직하다. 그러나 우리 민법에는 인지를 받는 자녀(피인지자)의 연령에 제한이 없으므로, 성년자녀이든 이미 혼인한 자녀이든 관계없이 생부는 언제든지 자신의 의사에 따라 일방적으로 인지를 할 수 있으며, 성년에 이른 자녀라도 해도 이에 대해서 어떠한 의사표시도 할 수 없다.[2] 그러나 자녀가 태어나서 성년에 이를 때까지 부모로서의 의무를 전혀 이행하지 않은 생부가 뒤늦게 나타나 인지를 하는 것은 자녀의 복리에 도움이 되지 않을 뿐만 아니라 오히려 자녀에게 부담과 불이익만을 주는 경우가 적지 않을 것이다.[3] 이러한 경우에 자녀의 입장에서 생부의 인지에 반대하는 의사를 가지게 되는 것을 비난할 수는 없으며, 이는 오히려 자연스러운 현상이라고 할 수 있을 것이다. 그러나 현행법에 의하면 이러한 경우에도 자녀의 의사는 전혀 고려되지 않으며, 자녀는 생부의 일방적 인지에 의한 부자관계의 형성을 감수하지 않을 수 없다.[4] 이와 같이 당사자의 의사를 전혀 고려하지 않는 가족관계의 형성이

---

1) 김주수·김상용, 친족·상속법, 2020, 317면. 생부가 인지를 통하여 법률상 부의 신분을 가지게 되면 자녀에 대해서 양육(부양)의무를 부담하게 되고, 면접교섭도 할 수 있게 되며, 친권자가 되어 친권을 행사하는 것이 가능하게 된다. 또한 상속관계도 발생한다.
2) 생부가 이미 혼인한 혼인외의 자(아들)를 일방적으로 인지하여 그의 성과 본이 생부의 성·본을 따라 변경되었을 뿐 아니라, 인지된 자녀의 자녀까지도 성·본이 변경된 사례도 있다(한국가정법률상담소 상담 사례). 이는 인지에 따른 부자관계 창설의 효과가 혼인외의 자의 신분과 가족관계에 얼마나 심대한 영향을 미치는가를 보여주는 하나의 예가 될 것이다.
3) 자녀가 성년에 이를 때까지 생부가 자녀에 대한 부양의무, 면접교섭의무 등 부모로서의 의무를 전혀 이행하지 않았고, 인지를 하는 현재 시점에서 채무초과 상태에 있으면서 자녀로부터 부양을 받으려는 의도로 인지를 하는 경우도 있을 수 있다.

오늘날 우리 사회에서 당연한 것으로 받아들여질 수 있는가에 대해서는 의문이 제기된다.[5]

　(2) 법률상 친자관계를 창설하는 또 다른 방법인 입양에 있어서는 민법은 당사자인 자녀(자녀가 13세 미만의 미성년자인 경우에는 그 법정대리인)의 승낙과 부모의 동의를 요건으로 규정하고 있다(민법[6] 제869조). 이에 따라 입양의 경우에는 자녀와 그 부모의 의사에 반하는 양친자관계의 성립은 원칙적으로 가능하지 않다(예를 들어 미혼모 A가 미성년자녀 B(13세)를 양육하고 있는 경우에 생부 C가 B를 입양하려면 B의 승낙과 A의 동의를 받아야 한다.[7]). 양친자관계의 성립이 자녀의 인생 전반에 미치는 심대한 영향을 고려해 볼 때 이러한 요건은 당연한 것으로 이해된다. 인지 역시 생부와 혼인외의 자녀 사이에 친생자관계를 발생시키는 행위로서 그 효과가 자녀의 삶에 미치는 영향은 입양과 비교하여 결코 적다고 할 수 없다. 양친자관계이든 친생자관계이든 친자관계의 발생이 자녀에게 미치는 영향에는 본질적으로 아무런 차이가 없다고 할 수 있는데, 양친자관계의 성립에는 자녀와 그 부모의 의사가 반영되는 반면, 인지에 의한 친생자관계의 발생에는 자녀와 모의 의사가 전혀 고려되지 않는다는 것은 법체계상 균형이 맞지 않는 것으로 보인다.

　인지에 의한 친자관계의 발생은 ─ 당사자의 의사에 기초한 입양과는 달리 ─ 혈연에 기초한 것이므로, 자녀와 모의 의사를 굳이 고려할 필요가 없다는 의견도 있을 수 있다(이는 혈연에 따른 친자관계의 성립을 당연한 것으로 보는 입장이라고 할 수 있다). 그러나 현행 법체계에서도 친생자관계의 성립과 존속은 혈연진실주의에 의해서만 결정되는 것은 아니며, 자녀의 복리 역시 중요한 요소로서 고려되고 있다는 점에 비추어 보면 이러한 의견이 반드시 타당하다고는 볼 수 없다. 혼인 중에 아내가 임신하여 출산한 경우에는 아내의 남편이 그 자녀의 부(父)로 추정되어 자녀와의 관계에서 법률상 부자관계가 발생하는

---

　4) 심지어 모가 생부의 강간에 의해서 자녀를 임신, 출산하였다고 해도 현행법상 생부의 인지를 저지할 방법은 없을 것이다.

　5) 생부가 혼인외의 자녀를 인지하여 법률상 부자관계를 창설하는 것은 혈연의 진실에 따른 것이므로(즉 혈연에 따른 부자관계의 창설로서 당연한 것으로 볼 수 있으므로), 설령 자녀의 의사에 반하더라도 문제가 없다는 의견이 있을 수 있다. 그러나 이러한 주장은 일면에 치우친 것으로서 현행 민법체계와도 조화되지 않는다. 현행법체계상으로도 친생자관계의 성립에 있어서 혈연진실주의가 유일한 기준은 아니며, 자녀의 복리 또한 중요한 기준으로 고려되고 있다. 자세한 내용은 이어서 서술하는 (2) 부분 참조.

　6) 이하에서 민법조문은 별도로 법명을 표시하지 않는다.

　7) A가 B의 법정대리인으로서 B의 입양승낙에 동의한 경우에는 이와 별도로 다시 부모의 지위에서 입양에 동의할 필요는 없다(제870조 제1항).

데(제844조), 이러한 친생추정의 효과는 아내의 남편과 자녀 사이에 생물학적인 혈연관계가 없는 경우에도 동일하게 발생한다. 이러한 경우에 부는 친생부인의 소를 제기하여 친생자관계를 소멸시킬 수도 있지만(제846조), 그 자녀가 친생자임을 승인하고(제852조) 자녀를 양육할 수도 있다.[8] 부(또는 모)가 친생부인의 소를 제기하지 않아서 법률상의 부자관계가 소멸하지 않으면, 생부라 할지라도 자녀를 인지할 수 없으므로, 혈연의 진실에 부합하는 법률상 부자관계의 형성은 가능하지 않다. 친생추정과 친생부인에 관한 이와 같은 민법규정은 혈연진실주의와는 상당한 거리가 있는 것이지만, 가정의 평화와 자녀의 복리를 위하여 필요한 것으로 받아들여지고 있다(예를 들어 아내가 혼외관계에서 임신하여 자녀를 출산하였지만, 남편이 이러한 사실을 알면서도 아내와 협의하여 혼인관계를 유지하면서 자녀를 양육하기로 결정한 경우, 세월의 흐름에 따라 이들 사이에는 실질적인 부자관계가 형성될 수 있다. 이런 경우에 생부가 인지를 할 목적으로 친생부인의 소를 제기하는 것이 허용된다면, 이는 모와 모의 남편, 자녀로 구성된 가정의 평화를 깨뜨리고 자녀의 복리를 침해하는 결과를 초래할 것이다).[9]

위에서 본 바와 같이 혼인중의 자녀의 경우에도 법률상 부자관계의 성립과 존속은 혈연의 진실이라는 하나의 기준에 의해서만 결정되는 것은 아니며, 자녀의 복리 역시 중요한 요소로서 고려되고 있다. 이러한 원칙과 기준은 혼인외의 자녀의 법률상 부자관계의 성립에 있어서도 그대로 적용될 수 있을 것이다. 즉 인지에 있어서도 혈연진실주의가 유일한 기준이 될 수는 없으며, 인지에 따른 법률상 부자관계의 발생이 자녀의 복리에 미치는 영향도 고려되어야 할 것이다. 이러한 관점에서 본다면 비록 생부에 의한 인지라고 할지라도 자녀의 복리를 침해할 것으로 예상되는 경우에는 사전에 이를 저지할 수 있는 제도적 장치가 마련될 필요가 있을 것으로 생각된다. 인지에 대한 모나 자녀의 동의에는 여러 가지 의미가 부여될 수 있겠으나, 우선 자녀의 복리에 반하는 인지로부터 자녀를 보호한다는 차원에서 이해될 수 있을 것이다. 자녀나 모에게 인지에 대한 동의권을 인정한다면 자녀의 복리에 반하는 인지를 걸러내는 장치로서 기능할 수 있을 것이기 때문이다.[10]

---

8) 또한 부나 모가 친생부인의 사유가 있음을 안 날부터 2년간 친생부인의 소를 제기하지 않으면 친생부인권이 소멸하므로, 혈연의 진실에 부합하지 않는 부자관계가 항구화된다(제847조).

9) 김상용, "친생추정에 관한 법리의 검토 – 하급심 판결에 나타난 법리를 중심으로 –", 중앙법학 제21집 3호(2019. 9.), 71면 이하 참조.

10) 자녀나 모에게 인지에 대한 동의권을 인정하는 경우, 동의권의 남용에 대한 우려가 있을 수 있다. 예를 들어 모가 생부와의 공동양육, 친권 등을 배제하기 위하여 생부의 인지에 대해서 동의하지 않는 경우를 상정할 수 있다. 이 문제에 대해서는 후술하는 IV. 부분 참조.

(3) 인지에 대해서 자녀의 동의를 요건으로 하지 않는 현행법 규정은 자녀를 단지 인지의 대상(또는 객체)으로 취급하는 입법자의 관념이 반영된 것으로 볼 수 있다. 인지가 혼인외의 자녀와 생부 사이에 법률상의 부자관계를 창설하는 중대한 행위라는 점을 인식한다면, 아동인권의 관점에서 보더라도 그 관계의 당사자인 자녀에게 의견을 표명할 수 있는 기회를 주는 것이 타당하다고 생각된다. 유엔아동권리협약도 자신의 의견을 형성할 능력이 있는 아동에 대하여 본인에게 영향을 미치는 모든 사안에서 자신의 의견을 자유롭게 표명할 권리를 보장하고, 특히 아동에게 영향을 미치는 모든 사법·행정절차에 있어서는 직접 또는 대리인 등을 통하여 아동의 의견을 청취하도록 규정하고 있다(유엔아동권리협약 제12조).

또한 가사소송규칙에 따르면 가정법원은 자녀의 양육에 관한 처분과 변경 및 친권자의 지정과 변경에 관한 심판, 면접교섭권의 처분 또는 제한·배제·변경에 관한 심판을 할 때 사전에 자녀(13세 이상인 자녀)의 의견을 들어야 하는데(가사소송규칙 제100조),[11] 이 규정도 아동의 인권과 복리 실현을 위하여 마련된 것으로 이해할 수 있다. 인지에 의한 법률상 부자관계의 창설은 양육에 관한 처분이나 친권자 지정 등과 비교해 볼 때 그 효과면에서 자녀에게 미치는 영향이 훨씬 더 크다고 할 수 있는데, 자녀에게 의견을 표명할 수 있는 기회가 전혀 주어지지 않는다는 것은 쉽게 납득하기 어렵다.

(4) 자녀나 모에게 인지에 대한 동의권을 인정한다면 생부가 아닌 자에 의한 허위의 인지를 방지하는 효과도 기대할 수 있다. 현행법 규정에 의하면 생부가 아닌 자가 – 심지어 모나 자녀가 모르는 사이에 – 인지를 하는 경우에도 사전에 이를 저지할 수 있는 방법이 없는데,[12] 실제로 이러한 사례가 발생한다면 모나 자녀는 인지에 대한 이의의 소(제862조)나 인지무효의 소(가사소송법 제26조 제1항, 제28조)를 제기할 수밖에 없다. 그러나 일단 인지신고가 수리되어 가족관계등록부에 기록된 후 소송을 통하여 이를 무효로 하는 것은

---

11) 가사소송규칙 제18조의2(자의 의견의 청취)도 같은 취지를 규정하고 있다(가정법원이 미성년자인 자의 친권자 지정, 양육과 면접교섭권에 관한 사항을 직권으로 정하는 경우 자가 13세 이상인 때에는 가정법원은 그 자의 의견을 들어야 한다).

12) 대판 2014. 2. 27, 2012므4478은 "입양신고서 기재에 필요한 양모의 본과 등록기준지는 전산정보처리조직에 의하여 이를 확인할 수 있는 이상 입양신고를 위해 가족관계등록부를 첨부할 필요가 없고, 담당공무원이 전산상으로 이를 확인한 후 신청인에게 알려주어 기재하게 할 수도 있"다고 한다. 이러한 대법원의 태도는 일방적 신고에 의한 무효인 신분행위(성년자 입양신고, 혼인신고, 인지신고 등) 성립의 원인이 될 수 있다고 생각된다. 자세한 내용은 김주수·김상용, 주석 민법(친족 3), 2016, 344면 이하 참조.

자녀와 모에게 불필요한 비용과 시간을 소모하게 하고 정신적으로도 큰 부담을 준다는 점에서 결코 바람직한 해결책이라고 할 수 없다. 자녀나 모에게 인지에 대한 동의권을 인정한다면 생부가 아닌 자에 의한 허위의 인지를 미연에 방지할 수 있게 되므로, 일단 인지신고가 수리된 후 이를 무효로 하기 위해서 소송을 해야만 하는 수고를 덜 수 있을 것이다.

다른 한편 인지를 할 때 사전에 자녀와 모의 동의를 받도록 한다면 인지를 통하여 새롭게 형성되는 가족관계도 그만큼 안정적으로 유지될 가능성이 높아질 것이다. 생부에 의한 인지이든 생부가 아닌 자에 의한 인지[13]이든 모와 자녀가 그에 동의한다는 것은 인지자와 모, 자녀가 새로운 가족을 이루는 데 합의가 되었다는 사실을 의미한다. 이와 같이 당사자의 합의에 기초하여 성립된 가족관계는 이후에도 원만하게 유지될 가능성이 상대적으로 높고, 이는 결국 그 가정에서 성장하는 자녀의 복리에 긍정적인 영향을 미치게 될 것이다.

2. 현행법 규정의 연혁에 대한 검토

(1) 비교법적으로 살펴보면 우리 민법과 같이 생부가 일방적으로 인지를 할 수 있는 입법례는 상대적으로 드물고, 인지에 대해서 자녀와 모의 동의를 요건으로 하는 입법례가 보편적임을 알 수 있다.[14] 인지에 관한 민법 제855조는 민법제정 이후 한 번도 개정되지 않고 제정 당시의 원형을 그대로 유지하고 있으며, 생부가 자녀나 모의 동의 없이도 일방적으로 인지를 할 수 있도록 규정하고 있다. 이와 같이 생부의 일방적 의사에 의해서 법률상의 부자관계를 창설할 수 있도록 하는 규정은 오늘날의 관점에서 보면 시대에 뒤떨어진 것이라는 평가를 받을 수 있다. 생부의 의사에 절대적인 가치를 부여하는 반면(이는 부계혈통에 대한 절대적 가치 부여라고 볼 수도 있다), 자녀의 복리에 대한

---

13) 외국에서는 생부가 아닌 사람에 의한 인지도 처음부터 유효한 것으로 인정하는 경우가 적지 않다(프랑스, 독일 등. Helms, Die Feststellung der biologischen Abstammung, 1999, S. 66ff.). 우리나라에서는 허위의 인지는 기본적으로 무효라고 본다. 다만 허위의 인지가 입양의 실질적 요건을 갖춘 경우에는 입양으로서의 효력이 인정된다고 해석할 뿐이다(대판 1992. 10. 23, 92다29399 판결). 앞의 나라들에서는 혈연의 진실에 반하는 인지라도 당사자(생부, 생모)의 합의가 있으면, 처음부터 유효한 인지로 보는 반면(따라서 입양의 법리를 원용할 필요가 없다), 우리는 혈연의 진실에 반하는 인지는 원칙적으로 무효라고 전제하고, 다만 입양의 실질적 요건을 갖춘 경우에는 입양으로서 효력을 인정할 수 있다(무효행위의 전환)고 보는 점에서 차이가 있다.

14) 이는 다시 자녀의 동의만을 요건으로 하는 입법례, 자녀와 모의 동의를 요건으로 하는 입법례, 모의 동의만을 요건으로 입법례로 나누어진다. 인지에 자녀나 모의 동의를 요건으로 하지 않는 대표적인 입법례로는 스위스민법을 들 수 있다. 자세한 내용은 후술하는 III. 부분 참조.

고려가 전혀 없고 인지에 의해서 상당한 영향을 받게 되는 모의 의사도 완전히 배제되기 때문이다.[15] 이러한 규정은 민법 제정 당시 우리 사회를 지배하고 있던 가치관을 반영한 것으로 볼 수 있을 것이다. 그런데 이와 관련하여 한 가지 특이한 점은, 오히려 그 이전 시대인 일제강점기에는 성년자녀를 인지하는 경우 그 동의를 요건으로 하고 있었다는 것이다. 이어서 이 부분에 대해서 좀 더 상세히 살펴본다.

(2) 일제강점기인 1922년에 조선민사령이 개정되면서(제4차 개정. 1922. 12. 7. 1923. 7. 1. 시행)[16] 인지에 관한 일본명치민법 규정(친족편 제4장 제1절 제2관 서자 및 사생자 제827조-제836조)이 우리나라에 적용되기 시작하였다.[17] 그런데 해방 이후 제정된 우리 민법과 비교하여 특히 눈길을 끄는 부분은 성년자녀를 인지할 때에는 자녀의 승낙을 요건으로 하였다는 점이다(일본명치민법 제830조).[18] 이 규정은 당시 스페인민법(제133조 제1항)과 포르투갈민법(제126조)을 모델로 한 것으로 알려져 있는데,[19] 민법수정안이유서에는 일본이 이 두 나라의 규정을 계수한 이유가 다음과 같이 설명되어 있다. "부 또는 모가 그 사생자가 성년에 달할 때까지 방기하였음에도 불구하고 여전히 임의로 인지를 할 수 있게 하는 것은 타당하지 않을 뿐 아니라, 가볍게 사람의 신분을 좌우하는 결과를 발생시키기 때문이다. 제834조[20]의 규정만으로는 자의 이익을 보호하는 데에 충분하지 않다."[21] 梅謙次郎은 이 규정의 입법이유에 대해

---

15) 모가 단독친권자로서 안정적으로 자녀를 양육하고 있는데, 생부가 모와 협의하지 않고 인지를 한 후 면접교섭, 친권자(양육자)변경 등을 시도하면서 양육에 개입하려 한다면, 이는 모에게 정신적·물질적으로 큰 부담이 될 수 있다.

16) 자세한 내용은 정긍식, 조선민사령과 한국 근대 민사법, 동북아법연구 제11권 제1호, 2017, 117면 이하 참조.

17) 일본명치민법 제827조 1. 사생자는 그 부 또는 모가 인지할 수 있다. 2. 부가 인지한 사생자는 서자로 한다; 일본명치민법 제829조 1. 사생자의 인지는 호적리에 신고를 함으로써 한다. 2. 인지는 유언에 의해서도 할 수 있다.

18) 일본명치민법 제830조 성년의 사생자는 그 승낙이 없으면 인지할 수 없다; 또한 일본명치민법은 자가 사망한 경우에는 그 직계비속이 있는 때에 한하여 인지할 수 있도록 규정하면서, 이 경우에도 직계비속이 성년자인 때에는 그의 승낙을 받도록 하였다(일본명치민법 제831조 1. 부는 태내(胎內)에 있는 자라 하더라도 인지할 수 있다. 이 경우에는 모의 승낙을 얻을 것을 요한다. 2. 부 또는 모는 사망한 자라 하더라도 그 직계비속이 있는 때에는 인지할 수 있다. 이 경우에 직계비속이 성년인 때에는 그 승낙을 얻을 것을 요한다).

19) 스페인민법과 포르투갈민법에는 오늘날까지도 동일한 취지의 규정이 존속하고 있다. 즉 성년자녀의 경우에는 그의 동의가 없으면 인지할 수 없다(스페인민법 제123조, 포르투갈 민법 제1857조).

20) 일본명치민법 제834조 자(子) 기타 이해관계인은 인지에 대하여 반대의 사실을 주장할 수 있다.

21) 民法修正案理由書, 東京博文館藏版, 1898, 106면.

서, 자녀가 미성년인 동안 부모로서의 의무를 이행하지 않은 부 또는 모에 의한 인지는 자녀에게 불이익한 결과를 초래할 수 있으므로(예를 들면 친자관계의 성립에 따른 부양의무의 발생) 성년자녀를 인지할 때에는 그의 승낙을 받도록 한 것이라고 설명하였다.[22] 또한 穗積重遠은 부모의 이기적인 동기에서 비롯된 인지를 방지하고 자녀의 의사와 인격을 존중하는 차원에서 정당한 규정이라고 평가하였다.[23] 제2차 세계대전에서의 패전 이후 일본민법이 개정될 때에도 이 규정의 본질적인 내용은 그대로 유지되었다(다만 문장이 다소 순화되고 조문의 위치가 변경되었을 뿐이다. 현행 일본민법 제782조: 성년의 자는 그 승낙이 없으면 인지할 수 없다).

이와 달리 우리나라에서는 해방 이후 민법을 제정할 때 이러한 취지의 규정을 두지 않았는데, 이에 대해서는 다음과 같은 비판적인 견해가 제기된 바 있다. "구민법에서는 자가 성년자인 경우에는 그 승낙을 얻어야 인지할 수 있었는데(제830조), 민법은 이것을 인정하지 않는다. 그러나 인지는 친자관계가 생겨서 여기에 여러 가지 권리의무를 발생하게 하므로, 성년자일 경우에는 그 의사를 존중하여 그 의사를 묻는 것이 타당할 것이다."[24]

제정민법의 입법자가 그 당시까지도 우리나라에 적용되고 있었던 일본명치민법(구민법) 제830조와 같은 취지의 규정을 두지 않은 이유는 명확하게 밝혀져 있지 않다. 제정민법의 입법자는 생부의 인지에 대해서 굳이 자녀나 모의 동의를 요건으로 규정해야 할 필요성을 인식하지 못했던 것으로 보인다. 당시의 사회상에 비추어 볼 때 생부가 혼인외의 자를 인지하여 법률상의 부자관계를 발생시키고, 부의 호적에 입적시키는 것은 자녀와 모의 입장에서도

---

22) "사생자의 인지는 부모의 의무이지만 왕왕 자(子)가 이를 원하지 않는 경우가 있다. 예를 들면 자는 현재 사회적으로 상당한 지위를 점하고 있는데, 수레꾼(車夫)이나 마부(馬丁) 따위가 이를 인지하여 자기의 자라고 하는 때에는 자를 위하여 도리어 불이익한 결과가 발생할 것이다. 그렇지 않더라도 일단 친자관계가 발생한 이상은 부양의무 기타 자를 위하여 불이익한 결과를 발생시킬 수 있다. 그럼에도 부 또는 모가 자의 출생 후 바로 인지하지 않고 성장한 다음에 인지하는 때에는 자에 대하여 충분히 그 의무를 다하였다고 말할 수 없다. 그리고나서 자기 혼자서 친자관계에서 생긴 이익을 얻고자 하더라도 법률은 이를 허용할 수 없다. 그러므로 자는 그 인지를 거부할 수 있지 않으면 안 된다. 다만 미성년의 자는 아직 자기의 이해를 교량할 충분한 지식, 경험을 가지고 있지 않으므로 이에 대하여 부 또는 모의 생각만으로 인지하는 것을 허용한다. 그러나 성년의 자는 그 승낙이 없으면 이를 인지할 수 없는 것으로 하였다." 梅謙次郎, 民法要義卷之四 親族編, 有斐閣書房, 1910, 262면.
23) 穗積重遠, 親族法, 岩波書店, 1933, 451면. "양육교육의 돌봄이 필요한 동안에는 모르는 척하거나 인지를 거부하다가 한몫을 할 수 있는 어른이 되었거나 되려고 할 때 내 자식으로 하자라는 인지자의 이기적인 행동(手前勝手)을 방지하는 의미에서도 피인지자의 의사인격(意思人格)을 존중하는 의미에서도 정당한 규정이다."
24) 김주수, 주석 친족·상속법, 1993, 325면; 같은 의견 한봉희, 가족법, 2007, 200면.

최상의 선택이라고 전제하고, 굳이 자녀나 모의 동의를 요건으로 할 필요가 없다고 보았을 것으로 추측된다.[25] 또한 부계혈통에 따른 법률상 부자관계의 창설은 자연스럽고 당연한 것이므로, 생부이면서도 자녀나 모의 반대에 부딪혀 인지를 하지 못한다면 그것이 오히려 문제라고 생각하였을 수도 있을 것이다[26](제정 민법의 입법자가 가부장적 가치관에서 자유롭지 못했다는 사실은 부정할 수 없을 것이다. 전후(戰後) 일본민법에서 삭제된 호주제를 우리 민법에 무비판적으로 수용한 사실만으로도 그 점은 부인할 수 없다고 생각된다).

Ⅲ 외국의 입법례 - 독일민법을 중심으로

한편 외국으로 시야를 넓혀보면 인지에 대해서 자녀나 모의 동의를 요건으로 규정하는 입법례가 상당수에 이른다는 사실을 알 수 있다. 여기서는 독일민법규정을 중심으로 하여 외국의 입법례에 대해서 구체적으로 살펴본다.

1. 독일민법규정

(1) 1900년 독일제정민법

1900년부터 시행된 독일제정민법[27]은 생부와 혼인외의 자 사이에 법률상 친족관계를 인정하지 않았다(1900년 독일민법 제1589조 제2항). 생부와 혼인외의 자 사이에는 법률상 부자관계가 성립할 수 없다는 것을 전제로 하고 있었으므로, 혼인외의 자와 생부 사이에 법률상 부자관계를 창설하는 인지제도 역시 존재의 이유가 없었다(따라서 독일제정민법은 오늘날과 같은 의미의 인지제도

---

25) 민법제정과정에서 혼인외의 자의 부가입적(父家入籍)과 관련된 논쟁이 있었는데, 부(父)의 배우자의 동의를 받아서 부가에 입적할 수 있도록 해야 한다는 주장(정일형 의원)에 대해서 당시 법제사법위원장대리 장경근은 "아내의 동의가 없더라도 아버지의 호적에 넣을 수 있다 하는 법제사법위원회의 수정안이 옳다고 생각을 합니다"라고 발언하였다(1957년 11월 29일 국회에서 진행된 민법안 제2독회. 제26회 국회정기회의 속기록 제49호 16면). 그는 그 이유로 '서자를 아버지의 호적에 못 넣게 하는 것은 사회적으로 문제가 되고 (서자로 하여금) 비굴한 생각을 가지게 하기 때문이다'라는 의견을 제시하였다.

26) 법전편찬위원회 위원장이자 친족상속편 초안을 작성한 김병로 대법원장은 1957년 11월 6일 국회에서 진행된 민법안 제1독회에서 부계혈통주의가 가족제도의 근본이라는 취지의 발언을 한 바 있다. "그 생리학과도 일치하는 그 부계계통을 계승하는 것이 우리나라 가족제도입니다. 뭐 제사 지내는 것이 가족제도라든지 이런 것이 아닙니다. 아주 근본의 골수는 그 부계계통…… 원래 부모의 애비의 몸에서 떨어진 분자니까 그 분자의 종자를 계승한다는 것이 소위 부계주의의 근본이라고 생각합니다." 제26회 국회정기회의 속기록 제30호 11면.

27) Bürgerliches Gesetzbuch vom 18. August 1896.

를 알지 못했다). 이러한 규정의 배경에는 혼인외의 자와 생부의 관계를 바라보는 그 당시 사회의 가치관이 자리잡고 있었다: 생부와 혼인외의 자 사이에 친밀한 관계가 발생하는 경우는 거의 없으며, 대부분의 생부는 혼인외의 자에 대해서 관심을 갖지 않는다. 생부는 혼인외의 자를 부담으로 느낄 뿐이며, 그의 복리나 성장에 대해서 관심이 없다. 이들 사이에 친족·상속법상의 권리의무관계를 발생시키기 위한 사실적·윤리적인 전제는 존재하지 않는다.[28]

이와 같이 독일제정민법은 혼인외의 자와 생부 사이에는 법률상 부자관계가 성립하지 않는다는 것을 전제로 하였으나, 예외적으로 부양의무에 관하여는 부자관계를 인정하였다(1900년 독일민법 제1708조-제1714조, 제1716조).[29] 따라서 당시에는 인지청구소송과 같이 법률상 부자관계를 창설하는 절차는 존재하지 않았으며, 부양료청구소송에서 선결문제로서 부자관계가 확정되었을 뿐이다.[30] 부양의무에 관하여만 부자관계를 인정한 배경에는, 혼인외의 자가 생부에 대해서 부양을 청구할 수 없다면, 혼인외의 자녀의 부양 문제가 결국 국가의 부담이 될 것이라는 정책적 판단이 자리잡고 있었다.[31]

(2) 바이마르 공화국에서의 개정논의

혼인외의 자에 대한 법규정을 개정해야 한다는 주장은 이미 제1차 세계대전의 와중에 제기되었다. 인구증가를 위한 정책의 하나로서 혼인외의 자의 지위를 개선하는 방안이 제시되었기 때문이다(당시 사회에서 혼인외의 자의 사망률은 혼인중의 자의 그것에 비하여 현저히 높았다.[32] 이와 같이 높은 사망률은 혼인외

---

28) 이러한 이유에서 독일제정민법의 입법자는 프랑스민법에서와 같은 인지제도(인지에 의하여 생부와 혼인외의 자 사이에 법률상 부자관계가 성립되어 친족·상속법상의 권리의무관계가 발생한다)의 도입을 명백히 거부하였다. 만약 예외적으로 생부와 모, 혼인외의 자 사이에 실질적인 가족관계가 존재한다면, 준정이나 입양에 의해서 인지와 같은 목적을 달성할 수 있다고 보았다. Motive IV, S, 851ff.

29) 이외에도 모는 생부에 대하여 출산비용의 상환을 청구할 수 있었으며, 출산 직후 6개월간의 부양료(모에 대한 부양료)를 청구할 수 있었다(1900년 독일민법 제1715조, 제1716조). 또한 독일제정민법은 준정에 관한 규정을 두었는데(1900년 독일민법 제1719조), 이러한 한도에서 생부와 혼인외의 자 사이에 법률상 부자관계가 인정되었다고 볼 수 있다.

30) 1900년 독일민법 제1717조에 의하면 임신기간 중에 자녀의 모와 동침한 남자가 부양료지급의무에 관하여 부로 간주되었다. 그러나 그 기간 동안 모가 다른 남자들과도 성관계를 가졌고, 자녀가 이러한 관계에서 임신되었다는 사실을 명백히 배제할 수 없는 때에는 모와 동침한 남자의 부양의무는 인정되지 않았다(exceptio plurium concubentinum: Defense of the father of an illegitimate child, that the mother had conversed with several men in the time of conception).

31) Motive IV, S, 868ff.

32) Schubert, Die Projekte der Weimarer Republik zur Reform des Nichtehelichen-. des Adoptions- und des Ehescheidungsrechts, 1986, S. 37.

의 자의 모의 대다수가 사회적, 경제적으로 열악한 상황에 처해 있다는 사실에 기인하였다).

이러한 시대상황을 반영하여 1921년에 개최된 제32차 독일법률가대회에서는 임의인지 또는 소송을 통하여 생부와 혼인외의 자 사이에 부자관계를 창설할 수 있게 하자는 의견이 제시되었다.[33] 1922년 개정안[34]은 이러한 흐름을 반영하여 모와 동침한 적이 있고 자녀의 동의[35]를 받아 인지를 한 사람을 부로 간주하는 규정을 두었다. 또한 부자관계를 확정하는 소송을 통하여 생부와 혼인외의 자 사이의 부자관계를 창설하는 규정도 마련하였다.[36] 1925년 개정안과 1929년 개정안 역시 생부와 혼인외의 자 사이의 법률상 부자관계성립에 관하여는 1922년 개정안과 동일한 태도를 유지하였다.[37] 그러나 바이마르공화국 말기의 경제적, 정치적 위기로 말미암아 이러한 개정논의는 아무런 성과를 거두지 못하였다.

(3) 나치시대의 개정논의

나치시대에도 혼인외의 자에 관한 법개정 논의는 지속되었다. 이 논의는 주로 독일법 아카데미의 가족법위원회[38]를 중심으로 이루어졌는데, 이 위원회

---

33) 나아가 임신 중에 모가 여러 남자와 성관계를 가져서 자녀의 생부가 불확실한 때에는 모와 동침한 남자 모두가 연대하여 부양료채무를 부담하는 방안이 제시되었다(이 제안은 1925년 개정안에 반영되었다). 이러한 제안이 혼인외의 자의 부양청구권을 강화하려는 의도에서 나온 것임은 긴 설명이 필요하지 않을 것이다. Deichfuß, Abstammungsrecht und Biologie, 1991, S. 21.

34) Entwurf eines Gesetzes über die uneheliche Kinder und die Annahme an Kindesstatt.

35) 1922년 개정안 제1717조a. 인지가 자녀의 신분과 가족관계에 미치는 법적 효과에 비추어 볼 때 자녀에게도 인지에 영향을 미칠 수 있는 권리가 인정되어야 한다는 것이 그 근거였다. 당시 개정안은 모의 동의는 인지의 요건으로 규정하지 않았다. Brock, Die Prinzipien des deutschen Abstammungsrechts, 2020, S. 129.

36) 1922년 개정안 제1717조.

37) 1925년 개정안(제1717조)과 1929년 개정안(제1705조a: Als Vater des unehelichen Kindes gilt, 1. wer die Vaterschaft gegenüber dem Vormundschaftsgerichte nach der Geburt des Kindes mit dessen Zustimmung anerkannt hat, 2. wer auf eine gegen ihn gerichtete Klage des Kindes rechtskräftig als Vater festgestellt ist)도 1922년 개정안과 마찬가지로 임의인지와 부자관계확정소송이라는 두 가지 방법을 통하여 혼인외의 자와 생부 사이에 법률상 부자관계를 창설하는 방식을 유지하였다. Schubert, Die Projekte der Weimarer Republik zur Reform des Nichtehelichen-. des Adoptions- und des Ehescheidungsrechts, 1986, S. 129, 166, 364. 또한 1925년 개정안과 1929년 개정안은 1922년 개정안과 같이 혼인외의 자를 인지나 부자관계확정소송을 통해 법률상 부가 확정된 경우와 그렇지 않은 경우로 나누어 규정하였다. 개정안은 전자에 대해서만 자녀의 부라는 용어를 사용하였으며, 후자는 부양의무를 부담하는 남자로 지칭하였다(인지나 재판에 의해서 부자관계가 창설되지 않았으나, 부양청구소송에서 생부일 가능성이 있는 것으로 인정된 자를 말한다. 1929년 개정안은, 모의 임신기간 중 성관계를 가진 남자가 다수여서 자녀의 생부가 불확실한 경우에는 자녀로부터 먼저 부양료청구를 받은 자가 부양료채무를 이행하고 그 외의 다른 남자들을 상대로 구상권을 행사할 수 있도록 규정하였다). Deichfuß, Abstammung und Biologie, 1991, S. 25.

의 위원장이었던 뫼스머(F. Mößmer)가 위원회의 회의결과를 취합하여 작성한 개정요강에는 부자관계는 항상 직권으로 확정되어야 한다는 방침이 담겨있었다(부자관계의 조사를 위하여 법원은 모든 적절한 수단을 사용할 수 있으며, 특히 혈액형 검사를 명할 수 있고 이를 강제할 수 있다).[39] 이로써 위원회는 바이마르 시대의 개정안에서 제시된 임의인지에 의한 부자관계의 창설 가능성과 단절하였다. 이러한 원칙은 법률상의 친족관계를 생물학적인 친족관계와 일치시키려는 의지가 표현된 것으로서 생물학적 혈통이 강조되었던 당시의 사회 분위기를 추종한 결과라고 할 수 있다. 그러나 이러한 시도는, 혼외자의 모에게 어떤 경우에도 어떤 방식으로도 생부의 이름을 말하도록 강제하여서는 안 된다는 히틀러의 명령과 충돌하였기 때문에,[40] 끝내 법개정으로 이어지지는 못했다.[41] 나치시대에는 혼인외의 자에 관한 법개정이 필요하다는 일반적인 공감대는 형성되어 있었으나, 구체적인 개정시도는 히틀러의 의지와 전쟁의 발발로 인하여 결국 좌절되고 말았다.

(4) 제2차 세계대전 이후의 개정논의

1962년 개최된 제44차 독일법률가대회에서는 혼인외의 자에 대한 법개정을 주제로 논의가 이루어졌으며, 뵈머(G. Boehmer)와 보쉬(F. W. Bosch)가 의견서를 제출하였다. 뵈머는 임의인지만으로 법률상 부자관계가 창설되는 것에 반대하면서, 인지자와 피인지자 사이에 생물학적 부자관계가 있는지의 여부는 항상 직권으로 조사되어야 한다는 의견을 제시하였다(즉 생부와 혼인외의 자의 법률상 부자관계는 반드시 생물학적인 혈연관계와 일치하여야 한다는 의견이었다). 그의 의견에 따르면 아동청이나 후견법원이 인지의 진실여부(인지가 혈연의 진실에 부합하는 것인지의 여부)를 심사하여야 하며, 인지의 의사표시가 있는 경우에도 법원의 재판을 통해서만 법률상 부자관계가 성립하여야 한다.[42] 뵈머

---

38) 독일법 아카데미(Akademie für Deutsches Recht)는 1933년에 설립된 학술기관으로 법무부와 내무부의 감독을 받았다. 독일법 아카데미의 가족법위원회에는 가족법에 관심을 가진 나치조직의 대표뿐만 아니라 교수, 고위법관, 변호사 등이 참여하였다.

39) Leitsätze von Ferdinand Mößmer zur Neugestaltung des Rechts der Ehelichkeit und Unehelichkeit von Kindern, Schubert(Hrsg.), Akademie für Deutsches Recht 1933-1945, Protokolle der Ausschüsse, Band III, 2, Familienrechtsausschuß, 1989, S. 401.

40) 히틀러의 아버지가 혼인외의 자라는 개인사(個人史)에서 비롯된 가치관이라고 알려져 있다. Deichfuß, Abstammungsrecht und Biologie, 1991, S. 39.

41) 가족법위원회의 회의결과를 토대로 1940년에 개정안이 마련되었으나, 히틀러에 의해서 거부되었다. Schubert, Der Entwurf eines Nichtehelichengesetzes vom Juli 1940 und seine Ablehnung durch Hitler, FamRZ 1984, 1/4ff.

42) Boehmer, Verhandlungen des 44. DJT, Bd. I, 1. Teil, Heft A, S. 113ff. 이런 의미에서 인지의 의사표시는 하나의 증거방법("nur ein Beweismittel für die wirkliche blutmäßige

는 모나 자녀의 동의가 있는 경우에도 혈연의 진실에 반하는 허위의 인지는 허용될 수 없다고 보았다. 이와 같이 혈연진실주의에 과도하게 기울어진 뵈머의 경직된 의견은 그 후에 이어진 개정작업에 영향을 미치지 못했다.

보쉬는 생부와 혼인외의 자 사이에 법률상 부자관계를 창설하는 방법으로, 임의인지와 재판에 의한 부자관계의 창설이라는 두 가지 방법을 제시하였다.[43] 보쉬는 허위의 인지에 의한 부자관계 창설에 찬성하면서 다음과 같은 근거를 제시하였다[44]: 인지가 혈연에 부합하는가의 여부는 통상 공공의 이익과는 관련이 없으며, 실질적인 부자관계의 형성과 발전은 생물학적인 혈연관계에 의존하지 않는다. 모, 자녀와 협의하여 이루어진 인지는 일반적으로 자녀의 복리에 부합한다고 볼 수 있으므로(자녀는 당사자의 합의에 기초하여 이루어진 가정에서 안정적인 보호와 양육을 받을 수 있기 때문이다), 국가기관이 혈연의 진실을 조사한다는 명분으로 개입할 필요가 없다.

이러한 보쉬의 의견은 제44차 법률가대회에서 압도적인 동의를 받았으며, 1969년 법개정에 큰 영향을 미치게 된다.

(5) 1969년 혼인외의 자에 관한 법개정

1969년에 혼인외의 자의 법적 지위에 관한 법률[45]이 공포되어 1970년 7월 1일부터 시행에 들어갔다. 이에 따라 생부와 혼인외의 자는 친족이 아니라고 규정하였던 1900년 독일제정민법 제1589조 제2항[46]은 폐지되었으며, 임의인지 또는 재판을 통한 법률상 부자관계의 창설이 가능하게 되었다(이로써 혼인외의 자의 생부도 처음으로 법률상 부모의 개념에 포함되었다).[47]

생부가 인지를 할 때에는 자녀의 동의를 받도록 하였는데,[48] 자녀가 14세

Abstammung")에 지나지 않는다는 것이 뵈머의 의견이었다.

43) 이와 같은 보쉬의 의견은 바이마르 시대의 개정논의를 승계한 것으로 볼 수 있다.

44) Bosch, Verhandlungen des 44. DJT, Bd. I, 1. Teil, Heft B, S. 31("Wie die langjährigen Erfahrungen in Frankreich und den Niederlanden, wo eine Nachprüfung der Richtigkeit des Anerkenntnisses von Amts wegen nicht vorgenommen wird, beweisen, ist die fehlende "Inquisition" hier im Regelfall viel besser als eine Amtserforschung, ein Eindringen der Behörden in Intimverhältnisse, die sich mit Zustimmung aller Beteiligten zur Ordnung hin entwickeln."), 80ff.

45) Das Gesetz über die rechtliche Stellung nichtehelicher Kinder vom 19. 8. 1969.

46) 1900년 독일민법 제1589조 제2항: Ein uneheliches Kind und dessen Vater gelten nicht als verwandt.

47) 1969년 독일민법 제1600조a.

48) 1969년 독일민법 제1600조c 제1항. 반면에 모의 동의는 인지의 요건으로 규정되지 않았다. 인지의 남용으로부터 자녀를 보호하기 위해서는 자녀의 동의만으로 충분하며, 이외에 모의 동의는 필요하지 않다고 본 것이다. 또한 모에게 동의권을 인정할 경우, 모가 이기적인 동기에서 동의의 의사표시를 거부하거나 소재불명인 경우 등에는 인지를 할 수 없는 곤란한 상황이 발생할 수 있다

미만인 경우에는 법정대리인이 자녀를 대리하여 동의하고, 14세에 이른 자녀는 스스로 동의를 할 수 있었다(다만 사전에 법정대리인의 동의를 받아야만 했다).[49] 인지는 자녀의 신분 및 가족관계에 직접적인 영향을 미치는 행위이므로, 그에 대한 자녀의 동의는 필요불가결한 것으로 여겨졌다.[50]

인지와 관련된 사안에 있어서는 일반적으로 아동청이 법정대리인으로서 자녀를 대리하였으므로,[51] 인지에 대한 동의의 의사표시도 아동청이 하였다.[52] 인지에 대한 동의는 기본적으로 자녀의 복리를 위하여 마련된 제도이므로, 생부에게 자녀의 복리에 부정적인 영향을 미칠 수 있는 중대한 사유가 있는 경우(누적된 범죄경력, 과다한 채무, 마약중독, 알콜중독 그 밖에 자녀의 사회적 평판에 부정적 영향을 미칠 수 있는 심각한 인격적 결함이 있는 경우 등)에는 아동청은 인지에 대한 동의를 거부할 수 있었다.[53] 반면에 생부가 아닌 사람이 인지를 하려는 경우에도 아동청은 그 인지가 자녀의 복리실현에 기여할 것이라고 판단하는 때에는 인지에 대한 동의를 할 수 있었다(예를 들어 인지자와 모가

고 보았다. 이러한 이유에서 모에게는 동의권을 인정하지 않았고, 인지에 대한 취소권만을 부여한 것이다(1969년 독일민법 제1600조g). BT-Drucks. V/2370, S. 28; 모에게 동의권을 인정하지 않는 개정안에 대해서는 비판적인 의견이 제기되었다. Göppinger, Betrachtungen zum Referententwurf eines Unehelichengesetzes, FamRZ 1966, 418/421; Lange, Ein Reformvorschlag zum Unehelichenrecht, JZ 1966, 727/729.

49) 1969년 독일민법 제1706조 제1호, 제1709조.

50) 인지에 대한 동의권을 통해서 자녀의 자기결정권이 실현된다고 보는 견해도 있었다. Schwab, Familienrecht, 6. Aufl., 1991, Rz. 571.

51) 1969년 독일민법 제1706조.

52) 「혼인외의 자의 법적 지위에 관한 법률」에 따라 혼인외의 자의 모도 친권자가 될 수 있게 되었다(그 전에는 혼인외의 자를 위해서 원칙적으로 후견이 개시되었다). 그러나 혼인외의 자와 관련된 특정한 사안(인지, 생부에 대한 부양청구 등)에 있어서는 기관후견인(지역의 아동청이 그 역할을 수행하였다)이 일종의 법정대리인으로서 자녀를 대리하였다(따라서 이러한 사안에서는 모는 친권을 행사할 수 없었다). 기관후견인제도는 미혼모를 지원하기 위한 수단으로 마련되었으나, 1998년 7월 1일 개정친자법이 시행되면서 폐지되었다. 자세한 내용은 김상용, 한부모 가정의 자녀 양육비 확보를 위한 제도 개선방안, 가족법연구 I, 2002, 119면 이하 참조.

53) Deichfuß, Abstammungsrecht und Biologie, 1991, S. 63f. 여기서 생부의 인지를 자녀의 복리에 반한다는 이유로 막는 것이 정당한가라는 의문이 제기될 수 있다. 이는 결과적으로 혈연의 진실에 따른 부자관계의 창설을 저지하는 행위이기 때문이다. 이것은 궁극적으로 인지에 있어서 혈연의 진실이 유일하고 절대적인 기준이어야 하는가의 문제로 귀결된다. 1969년 혼인외의 자에 대한 개정법은 인지에 있어서 혈연의 진실뿐만 아니라 자녀의 복리(인지가 자녀에게 미칠 영향)도 중요한 요소로서 고려되어야 한다는 전제에서 출발하였다. 1969년 개정법이 혈연에 부합하지 않는 허위의 인지를 허용하는 태도를 취한 이유도 자녀의 복리에 대한 우선적인 고려에서 비롯된 것이다(BT-Drucks. V/2370, S. 30). 생부가 아닌 자가 인지를 할 때에는 보통 자녀의 모와 혼인한 다음 자녀를 함께 양육하겠다는 계획을 가지고 있는 것이 보통인데, 이런 경우 모의 남편과 자녀 사이에는 실질적인 부자관계가 형성되고 자녀는 안정된 가정에서 보호, 양육을 받을 수 있게 되므로, 혈연과 일치하지 않는 인지라도 자녀의 복리에 기여한다고 본 것이다(BT-Drucks. V/2370, S. 25). 그리고 생부가 아닌 자가 이와 달리 불순한 의도를 가지고 인지를 시도할 가능성도 배제할 수 없으나, 이런 때에는 자녀가 동의를 거부함으로써 인지를 저지할 수 있다고 보았다.

새로운 가정을 이루고 자녀를 함께 양육하기로 오래 전부터 계획해 왔던 경우).[54]

1969년 혼인외의 자에 관한 개정법은 기본틀에 있어서 바이마르 시대의 논의를 계승한 것이라고 평가할 수 있다.

(6) 1997년 친자법개정

1997년 친자법개정[55]에 의해서 모의 동의가 인지의 요건으로 규정되었다.[56] 모도 인지에 의해서 적지 않은 영향을 받는 지위에 있으므로, 인지의 효력 발생 후에 단지 취소할 수 있는 권리를 인정하는 것보다는 사전 동의권을 부여함으로써 인지를 하는 과정에 참여할 수 있도록 하는 것이 타당하다고 보았기 때문이다.[57]

인지에 대한 모의 동의권이 규정되면서 자녀의 동의 요건은 삭제되었는데, 그 배경에는 혼인외의 자를 위한 기관후견인제도의 폐지가 자리잡고 있었다.[58] 1997년 개정친자법이 시행되기 전까지는 혼인외의 자가 출생하면 지역의 아동청이 자동으로 기관후견인이 되어 특정한 사안(인지, 생부에 대한 부양청구 등)에 있어서 자녀를 대리하였다.[59] 이러한 사안에 있어서는 아동청이 자녀의 법정대리인이 되었으며, 모의 친권은 그 범위에서 제약을 받았다(예를 들어 자녀가 14세 미만인 경우에 인지에 대한 자녀의 동의는 모가 대리할 수 없었으

---

54) 이런 의미에서 아동청의 임무는 혈연의 진실에 반하는 인지에 대해서 동의를 거부함으로써 혈연진실주의를 실현하는 데 있었던 것은 아니다. 아동청은 인지가 자녀의 복리에 미치는 영향을 고려하여 인지에 대한 동의 여부를 결정하였다. Frank, Die wissentlich falsche Vaterschaftsanerkennung aus zivil- und strafrechtlicher Sicht, ZBlJugR 1972, 267ff. 271("Der Amtspfleger hat vielmehr abzuwägen, ob nicht möglicherweise doch die Zustimmung zur falschen Vaterschaftsanerkennung dem Wohl des Kindes am besten dient.").

55) Gesetz zur Reform des Kindschaftsrechts von 16. 12. 1997(1998년 7월 1일 시행).

56) 독일민법 제1595조 제1항. 다만 친권 중에서 인지에 관한 부분이 모에게 속하지 않는 경우에 한하여 추가로 자녀의 동의가 필요한 것으로 규정하였다(독일민법 제1595조 제2항. 예를 들어 모가 미성년자인 경우(이 경우 모의 친권은 정지된다. 독일민법 제1673조 제2항 1문), 모는 법정대리인의 동의를 받아 스스로 인지에 대한 동의의 의사표시를 하게 되지만, 이에 더하여 자녀의 동의도 필요하다. 보다 자세한 내용은 Frank, Die Zustimmung des Kindes zur Vaterschaftsanerkennung in den Fällen des § 1595 Abs. 2 BGB, StAZ, 2013, 133ff. 참조). 이에 따라 성년의 자녀를 인지할 때에는 자녀의 동의 이외에 모의 동의도 필요하다(자녀가 성년자가 되면 모는 더 이상 친권자가 아니지만, 모의 신분에서 인지에 대한 동의권을 갖는다. BT-Drucks. 13/4899, S. 84). 따라서 생부가 성년인 자녀와 협의하여 인지하려는 때에도 모가 동의를 거부하면 인지에 의한 부자관계창설은 불가능하다. 이런 경우 생부는 시간과 비용을 요하는 부자관계확정소송을 통하여 부자관계를 창설하는 방법을 선택할 수밖에 없다(독일민법 제1600조d).

57) BT-Drucks. 13/4899, S. 54.

58) Gesetz zur Abschaffung der gesetzlichen Amtspflegschaft und Neuordnung des Rechts der Beistandschaft von 4. 12. 1997(1998년 7월 1일 시행).

59) 기관후견인제도의 취지와 연혁에 대해서는 김상용, 한부모 가정의 자녀 양육비 확보를 위한 제도 개선방안, 가족법연구 I, 2002, 119면 이하 참조.

며, 아동청이 대리하였다). 1997년 개정친자법의 시행과 동시에 아동청에 의한 기관후견인제도가 폐지되면서 혼인외의 자의 모에게도 제한없는 친권이 인정되었으므로,[60] 이제 모는 친권자로서 인지 등의 사안에 있어서도 직접 자녀를 대리할 수 있게 되었다.

한편 위에서 본 바와 같이 1997년 친자법개정에 의해서 모의 동의가 인지의 요건으로 규정되면서 모는 인지에 대해서 자신의 이름으로 동의권을 행사하게 되었는데, 인지의 요건으로 자녀의 동의를 존속시킨다면 모는 자녀의 법정대리인으로서(즉 자녀의 이름으로) 다시 한번 동의의 의사표시를 하여야 하므로, 이는 결과적으로 무의미한 이중의 동의가 된다는 것이 당시 입법자의 인식이었다. 이러한 이유에서 인지에 대한 자녀의 동의는 모의 동의로 대체되었는데, 이에 대해서는 독일학계에서 강한 비판이 제기되었다. 그 주된 요지는 모에게 인지에 대한 동의권을 부여한 것은 타당하지만, 그것이 자녀의 동의권을 폐지해야 할 이유는 될 수 없다는 것이었다. 인지는 (모에게도 상당한 영향을 미치지만) 기본적으로는 자녀의 신분·가족관계에 직접적인 변동을 가져오는 행위인데, 그 과정에서 자녀의 의사가 완전히 배제된다면 결국 자녀는 부모에 의한 가족법상 법률행위의 객체에 불과한 존재가 된다는 점이 지적되었다.[61] 이러한 이유에서 개정과정에서 인지에 대한 모의 동의권과 자녀의 동의권을 함께 규정한 법안도 제출된 적이 있었으나,[62] 종내 받아들여지지 않았다.

결과적으로 현행 독일민법은 인지의 요건으로 모의 동의만을 규정하고 있는데, 이러한 입법태도에 대해서는 독일 내에서도 적지 않은 비판이 제기되고 있다. 이어서 다른 나라들은 이 문제에 대해서 어떠한 규정을 두고 있는지에 대해서 살펴본다.

2. 인지의 요건으로 자녀(모)의 동의를 규정한 각국의 입법례

(1) 자녀의 동의를 인지의 요건으로 규정한 입법례

스페인민법에 따르면 성년자녀를 인지할 때에는 자녀의 동의가 있어야만

---

60) 1997년 독일민법 제1626조a 제2항. BT-Drucks. 13/4899, S. 54.

61) Ramm, Kindschaftsrechtsreform? JZ 1996, 982/987; Richter, Soll die Amtspflegschaft abgeschafft werden?, FamRZ 1994, 8; Gaul, Die Neuregelung des Abstammungsrechts durch das Kindschaftsrechtsreformgesetz, in: Schwab(Hrsg.), Das neue Familienrecht, 1998, S. 76; 국내에서 이 문제를 다룬 문헌으로는 이준영, 임의인지에 의한 부자관계의 확정, 한양법학 제21권 제1집, 2010, 619면 이하 참조.

62) SPD-Entwurf, BT-Drucks. 13/1752, S. 3; BT-Drucks. 12/4024, FamRZ 1993, 278/279 (B. I. 5. Zur Anerkennung ist die Zustimmung des Kindes und seiner Mutter erforderlich).

한다.63) 이미 사망한 자녀를 인지하려는 때에는 그 직계비속(또는 그 법정대리인)의 동의를 받아야 한다.64) 미성년자녀를 인지할 때에는 법정대리인(일반적인 경우 자녀의 모)의 동의를 받아야 한다.65) 그러나 출생등록기간(자녀의 출생후 30일) 내에는 법정대리인의 동의 없이도 인지가 가능하다.66) 자녀의 출생직후에 이루어지는 인지는 그만큼 신뢰성과 진실성이 보장된다고 보기 때문이다. 다만 이러한 방식으로 이루어진 인지에 대해서는 모가 자녀의 출생일로부터 1년 내에 취소를 청구할 수 있다.67) 이에 대해서 인지자(부)가 인지의 효력 확인을 청구하면, 법원은 인지가 자녀의 복리에 미치는 영향과 인지의 신뢰성을 고려하여 인지 허가의 심판을 하게 된다(법원이 인지의 허가를 하면 그 인지는 유효한 것으로 인정된다).

포르투갈민법에도 스페인민법과 유사한 규정이 있다. 포르투갈민법 제1857조에 의하면 성년자녀를 인지할 때에는 그의 동의가 필요하다. 또한 사망한 자녀를 인지하려는 경우에는 그의 직계비속(또는 법정대리인)의 동의를 받아야 한다.68)

핀란드에서도 15세 이상인 자녀를 인지할 때에는 자녀의 동의가 필요하다.69)

(2) 자녀와 모의 동의를 인지의 요건으로 규정한 입법례

벨기에민법에 따르면 인지를 할 때에는 자녀와 모의 동의가 필요하다. 성년자녀가 인지에 대한 동의를 거부하는 경우에는 다른 방법에 의한 부자관계의 창설은 가능하지 않다(이러한 의미에서 성년자녀는 절대적인 거부권을 갖는다고 할 수 있다).70) 미성년자녀를 인지할 때에는 모의 동의가 있어야 하며, 이외에 자녀가 12세 이상인 경우에는 자녀의 동의도 받아야 한다.71) 미성년자녀

---

63) 스페인민법 제123조. 모의 동의는 필요하지 않다.
64) 스페인민법 제126조. 따라서 사망한 자녀에게 직계비속이 없는 경우에는 인지할 수 없다.
65) 스페인민법 제124조 제1항.
66) 스페인민법 제124조 제2항 1문.
67) 스페인민법 제124조 제2항 2문.
68) Albuquerque, Länderbericht Portugal, in: Bergmann ua, Internationales Ehe-und Kindschaftsrecht, Stand: 11. 5. 2009, S. 85; 이러한 스페인민법과 포르투갈민법의 태도는 일본명치민법에 계수되었으며, 현행일본민법에 온존되어 있다(앞의 II. 2. 부분 참조).
69) 핀란드 부성법(父性法) 제16조 제1항. Pöpken/Huhtala, Finnland, in: Rieck, Ausländisches Familienrecht, Stand: Juni 2016, Rn. 27; 스웨덴에서는 인지를 할 때 자녀가 성년에 이른 경우 자녀의 동의를 받아야 한다(스웨덴친자법 제1장 제4조). Giesen, Länderbericht Schweden, in: Bergmann ua, Internationales Ehe-und Kindschaftsrecht, Stand: 1. 7. 2013, S. 65.
70) 벨기에민법 제329조bis 제1항.
71) 벨기에민법 제329조bis 제2항 1문, 2문. Pintens, Die Abstammung im belgischen Recht,

를 인지하려는 사람이 인지에 필요한 동의를 받지 못한 경우에는 법원에 인지청구를 할 수 있다. 법원에서는 우선 당사자간에 합의를 유도하며, 합의가 성립한 때에는 법관이 인지에 대한 동의를 받는다. 만약 합의에 이르지 못하여 동의를 받지 못한 때에는 인지를 하려는 사람이 생부인 경우와 그렇지 않은 경우에 따라 결과가 달라진다. 생부가 아닌 것으로 증명된 경우에는 법원은 인지청구를 기각한다. 그 반대의 경우(즉 인지를 하려는 사람이 생부인 것으로 증명된 경우)에는 법원은 인지가 자녀의 복리에 명백히 반하는 경우에 한하여 인지청구를 기각한다.[72)

네덜란드민법도 자녀와 모의 동의를 인지의 요건으로 규정하고 있다.[73) 인지를 할 때 자녀가 16세 미만인 때에는 모의 동의가 있어야 한다.[74) 또한 자녀가 12세 이상인 경우에는 자녀의 동의도 받아야 한다.[75) 따라서 자녀가 12세 이상 16세 미만인 경우에는 인지를 할 때 자녀와 모의 동의가 모두 필요하다. 자녀나 모가 인지에 동의하지 않는 경우에는 법원은 생부의 청구에 따라 동의를 갈음하는 심판을 할 수 있다. 법원은 인지가 모의 이익과 자녀의 복리를 해치지 않는다고 판단하는 경우에만 동의를 갈음하는 심판을 할 수 있다.[76)

이탈리아민법에 의하면 인지를 할 때 자녀가 14세 이상인 경우에는 자녀의 동의를 받아야 한다.[77) 자녀가 14세 미만인 경우에는 인지를 할 때 모[78)의 동의가 필요하다.[79) 모가 동의를 거부하는 경우, 법원은 인지를 하려는 자의

in: Spickhoff/Schwab/Henrich/Gottwald(Hrsg.), Streit um die Abstammung, 2007, S. 129.

72) 벨기에민법 제329조bis 제2항 4문. 모를 강간한 자의 인지청구는 언제나 기각된다(벨기에민법 제329조bis 제2항 5문).

73) Jörn Vinnen, Niederlande, in: Rieck, Ausländisches Familienrecht, Stand: März 2017, Rn. 25.

74) 네덜란드민법 제204조 제1항 제3호.

75) 네덜란드민법 제204조 제1항 제4호.

76) 네덜란드민법 제204조 제3항. ① 모가 자녀를 안정적으로 양육하고 있는데, 인지에 의해서 이러한 안정된 관계가 침해될 우려가 있는 경우 ② 인지가 자녀의 사회적, 정서적 발달을 위태롭게 할 우려가 있는 경우에는 생부의 청구는 기각된다. Breemhaar, Streit um die Abstammung im niederländischen Recht, in: Spickhoff/Schwab/Henrich/Gottwald(Hrsg.), Streit um die Abstammung, 2007, S. 157f.

77) 이탈리아민법 제250조 제2항. 재판에 의해서 부자관계를 창설하는 경우에도 자녀가 14세 이상인 때에는 자녀의 동의가 필요하다(이탈리아민법 제273조 제2항).

78) 정확하게 표현하면 이미 인지를 한 부모의 일방이다. 이탈리아민법에 의하면 혼인외의 자와 모 사이의 모자관계도 인지에 의해서 발생하기 때문이다(이탈리아민법 제250조 제1항, 제261조. Deutsches Institut für Jugendhilfe und Familienrecht e. V., Umgangsrechte des biologischen Vaters - Europäische Staaten in Vergleich, 2010, S. 80).

79) 이탈리아민법 제250조 제3항.

청구에 따라 자녀의 복리를 고려하여 동의를 갈음하는 재판을 할 수 있다.[80]

(3) 모의 동의를 인지의 요건으로 규정한 입법례

그리스민법에 의하면 인지를 할 때에는 모의 동의를 받아야 한다.[81] 자녀는 성년자인 경우에도 인지에 대한 동의권을 갖지 못한다(다만 인지의 효력이 발생한 후에 취소권만이 인정될 뿐이다).[82]

덴마크에서도 인지를 하려면 인지자와 모가 자녀의 보호와 양육에 대한 책임을 함께 부담하겠다는 공동의 의사표시를 하여야 한다.[83] 이 의사표시에 의해서 생부와 모는 자녀에 대한 공동친권을 갖게 된다.[84]

(4) 자녀와 모의 동의를 인지의 요건으로 규정하지 않는 입법례

우리나라와 같이 인지를 할 때 자녀와 모의 동의를 필요로 하지 않는 입법례도 있다(스위스,[85] 오스트리아,[86] 프랑스[87]). 자녀와 모에게는 인지의 취소

---

80) 이탈리아민법 제250조 제4항. 이외에 헝가리민법에서도 인지의 요건으로 모와 자녀(14세 이상인 경우-)의 동의를 규정하고 있다(모 또는 자녀가 사망했거나 장기간 의사표시를 할 수 없는 경우에는 후견청의 동의가 필요하다). 헝가리민법 제4장 제101조 제5항. Szabo, Ungarn, in: Rieck, Ausländisches Familienrecht, Stand: Mai 2019, Rn. 25.
81) 그리스민법 제1475조 제1항. 모가 사망했거나 행위능력이 없는 경우에는 모의 동의 없이도 인지가 가능하다. 모가 인지에 대한 동의를 거부하는 경우에는 생부는 소송을 통하여 부자관계를 창설할 수 있다(그리스민법 제1479조 제1항).
82) 그리스민법 제1477조.
83) 덴마크친자법 제14조 제1항. Ring/Olsen-Ring, Eherecht in Dänemark, in: Süß/Ring, Eherecht in Europa, 2020, Rn. 178.
84) 이외에 슬로베니아에서도 모의 동의가 있어야만 인지가 가능하다. 모가 동의를 거부하는 때에는 생부는 자녀의 출생일로부터 5년 내에 인지청구의 소를 제기할 수 있다. Nemet, Slowenien, in: Rieck, Ausländisches Familienrecht, Stand: August 2017, Rn. 25-27; 체코에서도 인지를 하려는 사람은 모와 공동으로 의사표시를 하여야 하므로, 모의 의사에 반하는 인지는 가능하지 않다. Frimmel, Tschechien, in: Rieck, Ausländisches Familienrecht, Stand: Juli 2018, Rn. 27.
85) 스위스민법 제260조 제1항. 스위스민법 제정 과정에서 인지의 요건으로 모(또는 자녀)의 동의를 규정할 것인가에 대해서는 상당한 논쟁이 있었으나(Protokolle der Verhandlungen der grossen Expertenkommission 1901-1903, Art. 331. 당시 전문가위원회의 위원이었던 Burckhardt는 모(또는 자녀의 후견인)와 성년자녀의 동의를 인지의 요건으로 규정할 것을 제안하였다. 또한 모의 동의 거부에 따른 인지의 지연이 자녀에게 불리하게 작용할 때에는 후견청이 모의 동의를 대체할 수 있는 것으로 하였다. 이러한 제안은 전문가위원회에서는 받아들여졌으나, 그 후의 심의과정에서 폐기되었다. Berner Kommentar, Materialien zum Zivilgesetzbuch, Band III, 2013, S. 381f.), 결국 받아들여지지 않았다. 다만 모나 자녀(자녀의 사망 후에는 그 직계비속)는 인지의 사실을 안 때부터 3개월 내에 인지자가 생부가 아니라는 사실(조부가 인지한 경우에는 인지자가 조부가 아니라는 사실) 또는 인지가 자녀에게 불이익하다는 점을 들어 이의를 제기할 수 있었다(1907년 스위스민법 제305조 제1항). 한편 1907년 스위스제정민법은 생부가 사망하거나 장기간 판단능력이 없는 경우 조부(생부의 부)에 의한 인지를 허용하는 규정을 두었는데(1907년 스위스민법 제303조 제1항), 이는 비교법적으로 볼 때 전례가 없는 유일한 입법례였다. 이 규정은 1976년 개정 시 삭제되었는데, 실무상으로 무의미할 뿐만 아니라, 인지의 일신전속적 성격에도 반한다는 것이 그 이유였다(Berner Kommentar, Band III, 1984. Art. 260, S. 256).

또는 인지에 대한 이의의 소를 제기할 수 있는 권리가 인정될 뿐이다.[88]

(5) 정 리

위에서 본 바와 같이 대다수 외국의 입법례는 인지의 요건으로 사전에 일정한 사람(자녀, 모, 또는 자녀와 모)의 동의를 받도록 규정하고 있다. 그 중에서 모의 동의를 요건으로 규정한 입법례가 상당수에 이르는데(독일, 벨기에, 덴마크, 이탈리아, 그리스, 네덜란드, 슬로베니아, 스페인, 체코 등), 일반적으로 자녀가 미성년자이거나 일정한 연령(네덜란드: 16세, 이탈리아: 14세, 벨기에: 12세)에 도달하기 전에는 모의 동의를 받도록 규정하고 있다(예외적으로 독일과 같이 자녀가 성년에 달한 이후에도 모의 동의를 받도록 하는 입법례가 있다). 자녀의 동의를 인지의 요건으로 규정하는 입법례도 적지 않은데, 미성년자인 때에도 일정한 연령에 이르면 인지에 대한 동의권을 인정하는 나라가 있으며(벨기에, 네덜란드: 12세, 이탈리아: 14세), 자녀가 동의를 거부하는 때에는 다른 어떤 방법으로도 부자관계의 창설이 가능하지 않도록 하는 입법례도 있다(벨기에, 일본에서는 성년자녀에게, 이탈리아에서는 14세 이상의 자녀에게 인지에 대한 절대적 거부권이 인정된다). 예외적으로 인지를 할 때 아무런 동의를 필요로 하지 않는 입법례도 있다. 스페인에서는 자녀의 출생 후 30일 내에는 모의 동의 없이도 인지를 할 수 있으며, 스위스에서는 인지를 할 때 모나 자녀의 동의를 필요로 하지 않는다(자녀가 성년자이든 이미 혼인한 상태이든 묻지 않는다. 이런 점에서 스위스민법 규정은 우리 민법의 인지에 관한 규정과 가장 유사하다). 이와 같이 인지의 요건으로 자녀나 모의 사전 동의를 규정하지 않는 입법례에서는 인지의 효력 발생 후에 취소권을 인정함으로써 문제를 해결하는 방식을 취하고 있다.

인지를 하려는 사람이 인지에 필요한 동의를 받지 못한 경우에 취할 수 있는 방법에 대해서도 입법례가 나뉜다. 법원으로부터 동의를 갈음하는 재판을 받아서 인지를 할 수 있는 나라가 있는가 하면(네덜란드, 이탈리아[89]), 법원

---

86) 오스트리아민법 제145조.

87) 프랑스민법 제316조.

88) 스위스민법에 의하면 자녀와 모 이외에도 이해관계인은 누구나 인지취소의 소를 제기할 수 있다(스위스민법 제260조a). 오스트리아민법에 따르면 자녀와 모는 법원에 대하여 인지에 대한 이의를 제기할 수 있다(오스트리아민법 제146조 제1항). 모나 자녀의 이의제기가 있는 경우 법원은 인지의 무효를 선고하여야 한다(그러나 인지자가 생부임이 증명된 경우에는 그러하지 아니하다. 오스트리아민법 제154조 제1항 제2호). 프랑스민법에 의하면 부, 모, 자녀, 부나 모임을 주장하는 자 등은 인지에 대한 이의를 제기할 수 있다(프랑스민법 제332조).

89) 모가 동의를 거부하는 경우에 법원은 모의 동의를 갈음하는 결정을 할 수 있다. 이탈리아민법에 따르면 인지를 할 때 자녀가 14세 이상인 경우에는 자녀의 동의도 받아야 하는데, 이 경우 자녀의 동의는 법원의 결정으로 대체될 수 없다.

에 부자관계확정(실질적인 의미에서는 부자관계창설)의 소를 제기하여 판결에 의해서 법률상 부자관계를 창설할 수 있도록 하는 나라도 있다(독일, 핀란드, 그리스, 오스트리아, 슬로베니아, 체코).[90]

모의 동의를 요건으로 하는 입법례에서는 동의권자인 모가 사망한 경우에 어떻게 인지를 할 수 있는지(또는 생부와 혼인외의 자 사이에 어떤 방법으로 부자관계를 창설할 수 있는지)가 문제될 수 있다. 대략 세 가지의 유형으로 나누어 볼 수 있는데, 우선 독일에서는 동의권자인 모가 사망한 때에는 법원에 청구하여 재판을 통해서 법률상 부자관계를 창설할 수밖에 없다. 슬로베니아에서는 모가 사망한 경우 자녀의 법정대리인이 사회복지청의 허가를 받아 인지에 대한 동의를 한다. 그리스에서는 모가 사망한 경우에는 아무런 동의 없이도 인지가 가능하다.

Ⅳ 현행법 규정에 대한 대안의 제시

위에서 본 바와 같이 대다수 외국의 입법례는 인지의 요건으로서 자녀나 모의 동의를 규정하고 있으며, 우리 민법과 같이 인지를 원하는 사람이 일방적으로 인지를 할 수 있도록 허용하는 입법례는 예외에 속한다. 물론 자녀나 모의 동의를 인지의 요건으로 규정하는 입법례가 많다는 사실이 우리 민법을 그러한 방향으로 개정해야 하는 필연적인 이유가 될 수는 없다. 그러나 다른 나라에서 인지에 관한 규정이 왜 그러한 방향으로 발전되어 왔는가에 대해서는 관심을 가지고 성찰해 볼 필요가 있을 것이다.

많은 나라에서 인지를 할 때 사전에 자녀나 모의 동의를 받도록 요구하는 이유는, 무엇보다도 인지가 자녀와 모에게 중대한 영향을 미친다는 점에서 찾을 수 있다. 인지에 의해서 인지자와 자녀 사이에는 법률상 부자관계가 발생하게 되고, 자녀는 그로 인하여 직접적인 신분·가족관계의 변동을 겪게 된다. 인지에 의한 부자관계의 발생이 항상 자녀의 복리 실현에 유리하게 작용하는 것은 아니며 그 반대의 경우도 얼마든지 있을 수 있다. 그럼에도 불구하고 인지로 인하여 성립하는 부자관계의 일방 당사자인 자녀의 의사를 전혀

---

90) 스위스와 같이 자녀나 모의 동의 없이 생부가 일방적으로 인지를 할 수 있는 나라에서는 굳이 재판을 통하여 부자관계를 창설할 이유가 없으므로, 생부에게 부자관계확정의 소를 제기할 수 있는 권리가 인정되지 않는다. 따라서 부자관계확정의 소(우리의 인지청구의 소에 해당)를 제기할 수 있는 권리는 자녀와 모에게만 인정된다(이 점에 있어서도 우리 민법과 유사하다고 할 수 있다).

고려하지 않는 현행법의 태도에는 문제가 있다고 생각된다. 특히 자녀가 미성년자일 때 아무 교류가 없었고, 부모로서의 의무도 전혀 이행하지 않은 생부가 뒤늦게 인지하는 경우를 상정해 보면, 자녀의 의사에 반하여 법률상 부자관계의 성립을 강제할 수 있는 근거가 무엇인가에 대해서는 다시 한번 생각해 볼 필요가 있을 것이다. 이는 결국 인지에 의한 부계혈통의 법적 실현을 당연한 것으로 받아들이고 추종한 결과로 보이는데, 민법 제정 당시와는 달리 부계혈통주의가 현저히 약화되고, 자녀의 복리가 중시되는 오늘날의 가족법체계와는 더 이상 조화되기 어렵다고 생각된다.

이러한 이유에서 인지를 할 때에는 사전에 자녀의 동의를 받는 방향으로 현행법규정을 개정하는 것이 타당하다고 본다.[91] 구체적으로는 입양규정에 준하여 자녀가 13세 이상의 미성년자인 경우에는 법정대리인의 동의를 받아 인지에 대한 동의의 의사표시를 하도록 하고, 13세 미만인 때에는 법정대리인이 자녀를 갈음하여 동의의 의사표시를 하는 방법을 생각해 볼 수 있을 것이다. 법정대리인이 인지에 대한 동의를 거부하는 경우[92]에는 인지를 하려는 사람의 청구에 의해서 가정법원이 동의를 갈음하는 심판을 할 수 있을 것이다. 이 경우 가정법원은 인지가 자녀의 복리에 반하지 않는 것으로 판단되는 때에만 동의를 갈음하는 심판을 하여야 할 것이다. 일정한 연령에 이른 자녀에게 인지에 대한 절대적인 거부권을 인정할 것인가의 문제가 있는데, 13세에 이른 자녀[93]가 인지에 대해서 반대의 의사를 표시하는 경우에는 자녀의 의사를 존중하여 인지를 할 수 없도록 하는 것이 합리적이라고 생각된다. 인지에 대한 자녀의 동의를 받지 못한 생부는 먼저 자녀와의 교류를 통하여 신뢰를 쌓은 후에 자녀의 동의를 받아 인지할 수 있을 것이다.[94]

한편 인지에 의한 부자관계의 발생은 모에게도 상당한 영향을 미치게 된

---

91) 이준영, 임의인지에 의한 부자관계의 확정, 한양법학 제21권 제1집, 2010, 622면 이하; 반대의견 주해친족법(권재문 집필부분), 618면 이하.

92) ① 자녀가 13세 미만인 때에는 법정대리인이 자녀를 갈음하여 인지에 대해서 동의를 하고, ② 자녀가 13세 이상인 때에는 자녀가 법정대리인의 동의를 받아 인지에 대한 동의를 하게 되는데, 어느 경우이든 법정대리인이 동의를 거부하면 인지를 할 수 없게 된다. ①의 경우뿐만 아니라 ②의 경우에도 법원은 청구에 의해서 법정대리인의 동의를 갈음하는 심판을 할 수 있을 것이다.

93) 이탈리아민법은 2012/2013년 개정을 통하여 자녀가 인지에 대해서 절대적 거부권을 행사할 수 있는 연령을 16세에서 14세로 낮추었다.

94) 자녀의 의사에 반하여 면접교섭을 강제하는 것이 자녀의 복리에 반한다는 점에는 의문의 여지가 없다. 이와 같은 맥락에서 자녀의 의사에 반하여 법률상 부자관계를 발생시키는 것도 자녀의 복리에 반하는 결과를 초래할 가능성이 높다고 생각된다. 인지를 하려는 동기가 자녀에 대한 애정과 책임감에서 비롯된 것이라면 시간을 두고 자녀와 교류하면서 신뢰관계를 형성한 후 자녀의 동의를 받아 인지를 하는 것이 순리일 것이다.

다. 모가 생부의 도움 없이 안정적으로 자녀를 양육해 왔는데, 갑자기 생부가 나타나서 인지를 한다면 모와 자녀로 구성된 안정된 가족관계에 부정적인 영향을 미칠 수 있다. 현행민법에 따르면 인지자가 모의 동의를 받지 않고 인지를 하는 것이 가능하므로, 인지를 하기 전에 모와 협의를 거칠 필요가 없다. 그 결과 자녀, 모의 의사와 관계없이 자녀의 성·본이 변경되고, 법률상 부의 신분을 가지게 된 인지자는 친권자변경 또는 공동친권을 요구하면서 자녀의 양육에 개입할 수도 있다. 생부가 자녀에 대하여 부모로서의 책임과 의무를 다하겠다는 동기에서 인지를 했다면 큰 문제가 되지 않을 수도 있지만(만약 그렇다면 모와의 협의를 통하여 문제를 원만하게 해결할 가능성이 높을 것이다), 그렇지 않은 경우에는 자녀와 모에게 해결하기 어려운 난제를 안겨줄 수도 있다(예를 들어 생부에게 과다한 채무, 누적된 범죄경력 등이 있는 경우 등). 이러한 점을 고려해 볼 때 모에게도 인지에 대한 동의권을 인정하는 것이 원칙적으로 타당하다고 생각된다.[95] 다만 모의 동의권과 관련하여서는 몇 가지 정리해야 할 문제가 있다. 먼저 모가 정당한 이유 없이 동의를 거부하는 경우에 어떻게 처리해야 할 것인가의 문제이다. 자녀의 법정대리인이 동의를 거부하는 경우와 마찬가지로 인지를 하려는 사람이 가정법원에 동의를 갈음하는 심판을 청구하는 방법을 생각해 볼 수 있다. 이 경우에 가정법원은 모가 동의를 거부하는 동기, 인지가 자녀와 모에게 미치는 영향 등을 고려하여, 인지가 자녀의 복리에 반하지 않는 것으로 판단되는 때에만 동의를 갈음하는 심판을 하여야 할 것이다. 다음으로 모가 사망했거나 소재불명[96]인 경우에는 어떻게 할 것인가의 문제가 있다. 이러한 경우에는 자녀의 동의만 있으면 인지를 할 수 있도록 하는 방안을 생각해 볼 수 있다. 위에서 서술한 바와 같이 자녀의 동의에 관한 규정을 둔다면 자녀가 13세 미만인 때에는 법정대리인의 동의를 받아서

---

95) 모가 자녀의 친권자인 경우에는 자녀의 법정대리인으로서 인지에 대한 동의를 하게 되므로, 이와 별도로 모의 신분에서 또 다시 동의를 해야 한다면, 이는 결국 이중으로 동의를 하는 것이 되어 무의미하다는 비판이 나올 수 있다. 모가 법정대리인으로서 인지에 대한 동의를 하는 경우에는 이와 별도로 모의 동의는 받지 않아도 되는 것으로 규정한다면, 이중 동의의 문제는 해결할 수 있을 것이다(제870조 제1항 제1호 참조). 실제에 있어서 혼인외의 자의 모가 자녀의 법정대리인(친권자)이 아닌 경우는 상대적으로 드물 것이다(예를 들어 자녀가 성년에 이른 경우, 미성년자인 미혼모가 혼인외의 자를 출산한 경우(이 경우는 친권대행의 문제가 된다) 등). 친권상실선고를 받은 모에게는 인지에 대한 동의권도 인정하지 않는 것이 타당하다고 본다(제870조 제1항 제2호 참조).

96) 우리사회에서는 모가 소재불명인 상태에서 생부(미혼부)가 자녀를 양육하면서 출생신고를 하는 경우가 있다. 생부의 출생신고에 의해서 인지의 효력이 발생하므로, 이러한 경우에도 생부가 모의 동의를 받아야 한다면 출생신고가 더욱 어렵게 되는 문제가 생길 수 있다. 이러한 사안에서는 자녀와 모의 동의 없이 법원의 확인을 받아 출생신고를 할 수 있도록 하여야 할 것이다(가족관계등록법 제57조 참조).

인지를 할 수 있고, 자녀가 13세 이상인 때에는 자녀의 동의(이 경우 자녀는 법정대리인의 동의를 받아서 인지에 대한 동의의 의사표시를 한다)를 받아서 인지를 할 수 있으므로, 자녀의 복리에 반하는 인지를 방지할 수 있을 것으로 기대되기 때문이다.[97] 현행민법상 입양에 관한 규정도 이러한 방식을 취하고 있다(제870조 제1항 제3호 참조).

　인지의 요건으로 자녀나 모의 동의를 규정하지 않는 입법례(우리 민법, 스위스민법)에서는 생부가 아닌 사람도 사전에 아무런 심사를 받지 않고 인지를 하는 것이 가능하다는 문제가 있다(인지를 할 때 국가기관이 인지자와 자녀 사이에 혈연관계가 있는지의 여부를 심사하지 않는다). 이러한 입법례에서는 허위의 인지에 대비하여 자녀나 모 등이 인지취소의 소(스위스민법 제260조a. 우리나라에서는 인지에 대한 이의의 소나 인지무효의 소를 제기할 수 있다. 이하에서는 우리나라를 예로 들어 서술한다)를 제기할 수 있도록 규정하고 있다. 그러나 이러한 규정체계는 몇 가지 점에서 문제가 있다고 생각된다. 첫째, 인지에 대한 이의의 소나 인지무효의 소를 제기할 수 있는 사유가 허위의 인지로 제한되어 있어서 인지가 혈연관계에 기초한 경우(즉 허위의 인지가 아닌 경우)에는 자녀의 복리를 침해하는 결과를 초래하더라도 이를 무효로 할 방법이 없다. 둘째, 허위의 인지가 이루어진 후 가족관계등록부를 정정하려면 인지에 대한 이의의 소나 인지무효의 소를 제기할 수밖에 없는데, 이는 자녀와 모에게 상당한 시간과 비용을 소모하게 할 뿐 아니라 정신적으로도 큰 부담을 주는 것이다. 인지를 하기 전에 자녀나 모의 동의를 받도록 한다면 이와 같이 불필요한 소모와 부담을 피할 수 있을 것이다. 셋째, 생부가 아닌 사람이 인지한 경우에도 일단 가족관계등록부에 자녀의 부로 기록되므로, 인지무효판결이 확정될 때까

---

　97) 다만 자녀에게 법정대리인이 없는 경우에는 인지가 지연되는 문제가 생길 수 있다(모가 사망하였으나 후견인이 선임되지 않은 경우라든가 소재불명이어서 사실상 법정대리인으로서 역할을 할 수 없지만 후견이 개시되지 않은 경우 등이 있을 수 있다. 모가 소재불명인 경우에는 가족관계등록부상으로 모가 존재하므로 친권자가 있다고 보고, 후견인을 선임할 수 없다는 것이 판례의 태도이다(대결 2017. 9. 26, 2017스561. 원심 대구가정법원 2017. 5. 29. 2016브1037 결정. 이 결정의 문제점에 대해서는 김상용, 위탁아동의 친권과 후견 −보호의 공백에 처한 아동들−, 중앙법학 제19집 제4호, 2017, 223면 이하 참조). 따라서 이러한 경우에는 먼저 친권상실선고를 청구하여야 하는데, 판결이 확정되어 후견인이 선임될 때까지 인지가 지연된다는 문제가 있다). 이러한 문제를 완화하기 위해서는 자녀의 출생 후 일정한 기간(예를 들면 1년 내)에는 모의 사망, 소재불명 등의 사유가 있는 경우 누구의 동의도 받지 않고 인지를 할 수 있도록 허용하는 방법에 대해서도 생각해 볼 수 있다(스페인민법은 출생신고기간(출생 후 30일) 내에 이루어지는 인지에 대해서는 동의 요건을 면제한다. 물론 이 규정은 모의 사망 등의 사유가 있는 경우에 국한되지 않고 모든 경우에 적용된다. 벨기에민법은 모가 사망한 경우 아무 동의 없이 인지할 수 있도록 허용하되, 법정대리인과 12세 이상의 자녀에게 인지무효의 소를 제기할 수 있는 권리를 인정한다(벨기에민법 제329조 bis 제3항).

지 자녀는 생부를 상대로 인지청구를 할 수 없게 되는데(생부도 임의인지를 할 수 없다), 이는 결국 자녀의 복리를 침해하는 결과로 이어질 것이다(인지판결이 확정될 때까지는 생부에 대해서 양육비청구를 할 수 없고, 생부가 사망한 경우에는 상속권을 주장할 수 없다).

이러한 점들을 고려해 볼 때 인지의 요건으로 자녀와 모의 동의를 규정하는 방향으로 민법을 개정하는 것이 합리적이라고 생각된다.[98] 이러한 방향으로의 개정이 인지를 어렵게 하고 생부의 권리를 침해하는 것이 아닌가라는 의문이 제기될 수도 있겠으나, 이제까지 생부에게 지나치게 기울어져 있던 규정체계를 자녀와 모의 이익을 고려하여 균형을 잡는 차원으로 이해할 수 있을 것이다.

Ⅴ 맺 음 말

우리 민법에 따르면 인지를 할 때 자녀나 모의 동의가 필요하지 않다. 인지자와 자녀 사이에 생물학적 부자관계가 있는지의 여부를 심사하는 절차도 없으므로, 생부가 아닌 사람에 의한 인지의 가능성도 배제할 수 없다. 인지자가 생부라고 해도 인지가 항상 자녀의 복리에 유리한 결과로 이어지는 것은 아니며, 오히려 반대의 경우도 있을 수 있다. 그러나 인지자가 생부인 한 자녀는 인지에 대해서 어떠한 이의도 제기할 수 없으며, 자신에 의사에 반하더라도 부자관계의 성립을 감수할 수밖에 없다. 그런데 인지가 자녀의 신분 및 가족관계에 미치는 절대적인 영향에 비추어 볼 때, 인지의 과정에서 자녀의 의사가 전혀 반영되지 않는 것은 문제가 있다고 생각된다. 모의 경우에는 인지에 의해서 직접적인 신분관계의 변동을 겪는 것은 아니지만, 친권과 양육 등의 영역에 있어서 상당한 영향을 받을 수 있으므로, 역시 인지에 대해서 이해관계가 있다고 볼 수 있다. 인지를 하기 전에 생부가 자녀의 모와 협의하는 과정을 거치는 것은 인지 후의 친권, 양육, 면접교섭, 자녀의 성·본 문제 등과 관련하여서도 필요하다고 여겨지는데, 모의 동의를 인지의 요건으로 규정한다면 이러한 협의가 자연스럽게 이루어질 가능성이 높아질 것이다.

---

98) 다만 몇 가지 예외를 인정할 필요가 있을 것으로 생각된다. 예를 들어 유언에 의한 인지(스페인민법 제124조 제2항 참조), 생부(미혼부)가 가정법원의 확인을 받아 출생신고를 하는 경우(가족관계등록법 제57조. 이 경우 출생신고에 의해서 인지의 효력이 발생한다) 등에는 예외를 인정하여 동의를 면제하는 것이 합리적이라고 본다.

이와 같이 인지의 요건으로 자녀와 모의 동의를 규정한다면 자녀나 모가 동의를 거부하는 경우 인지가 어려워진다는 비판이 제기될 수 있다. 특히 모가 정당한 이유 없이 이기적인 동기에서 동의를 거부하는 때에도 인지를 할 수 없다면, 이는 인지에 대한 동의권을 도입하는 원래의 취지와는 반대로 오히려 자녀의 복리에 반하는 결과를 초래할 것이다. 이러한 경우에는 가정법원이 생부의 청구에 따라 동의를 갈음하는 심판을 할 수 있게 함으로써 문제를 해결할 수 있을 것이다. 가정법원은 이러한 심판을 할 때 모가 동의를 거부하는 이유, 생부와 자녀와의 관계, 자녀의 의사 등을 고려하여 자녀의 복리에 부합하는 판단을 하여야 할 것이다. 자녀가 인지에 대한 동의를 거부하는 경우에도 위와 동일한 방식으로 대응할 수 있을 것인가에 대해서는 조금 다른 관점에서 접근할 필요가 있다고 생각된다. 자녀가 일정한 연령(예를 들어 13세)에 도달하기 전에는 법정대리인이 자녀를 갈음하여 인지에 대한 동의를 하게 될 터인데, 이 경우에 법정대리인이 인지에 대한 동의를 거부한다면 ─ 모가 동의를 거부하는 경우에 준하여 ─ 가정법원이 동의를 갈음하는 심판을 할 수 있을 것이다. 반면에 스스로 동의의 의사표시를 할 수 있는 연령에 이른 자녀(예를 들어 13세 이상)가 인지의 동의를 거부한다면, 어떤 다른 우회적 방법을 통하여서도 인지를 할 수 없도록 하는 것이 타당하다고 본다. 인지를 거부하는 자녀의 의사가 외부의 부당한 영향을 받아 형성되었을 가능성도 배제할 수 없으나, 그럼에도 자녀의 의사에 반하여 강제로 법률상 부자관계를 성립시키는 것은 자녀의 복리에 반할 수 있다고 보기 때문이다. 인지를 원하는 생부는 우선 자녀와의 교류를 통하여 신뢰관계를 형성한 후 자녀의 동의를 받아 인지할 수 있을 것이다.

우리 민법에 있어서 인지란 생부의 의사에 따라 생물학적인 부자관계를 법적인 부자관계로 형성시키는 행위이며, 그 유일한 기준은 혈연진실주의라고 할 수 있다. 인지에 의한 부자관계의 성립에 있어서 혈연의 진실 외에 자녀의 복리와 같은 다른 가치들이 설 수 있는 여유 공간은 존재하지 않는다. 이러한 민법의 태도는 민법 제정 당시 우리 사회를 지배하고 있던 부계혈통중심의 가치관을 반영한 것으로 보인다. 그러나 이러한 가치관은 부계혈통주의가 현저히 약화되고 자녀의 복리가 중요한 가치로 인정되는 오늘날의 가족법체계와는 더 이상 조화되기 어렵다고 생각된다. 자녀와 모의 동의를 인지의 요건으로 규정한다면 생부로서는 인지가 다소 어려워진다고 할 수 있겠으나, 이제까지 생부에게 지나치게 기울어져 있던 규정체계를 자녀와 모의 복리를 고려하여 균형을 잡는 차원으로 이해하면 좋을 것이다.

인지는 생부와 자녀 사이에 법률상 부자관계를 발생시키는 행위이지만, 그 영향은 부자관계를 넘어서 부와 모의 관계에까지 미칠 수 있다. 특히 자녀가 미성년자인 때에는 친권, 양육, 면접교섭 등의 문제와 관련하여 부와 모 사이에 일정한 수준의 협력과 교류가 요구될 수 있다. 인지를 한 생부와 자녀 사이에 형식적인 법률상의 부자관계를 넘어서 실질적인 부자관계가 형성되고, 부와 모 사이에 자녀의 양육과 관련하여 협력이 이루어지려면 그 전제로서 가장 필요한 것은 당사자인 생부, 모, 자녀의 합의라고 할 수 있다. 생부의 인지에 대한 자녀와 모의 동의는 당사자의 합의를 향해 나아가는 첫걸음이 될 수 있을 것이다.

〈自律과 正義의 民法學(梁彰洙 교수 古稀기념논문집 2021년) 수록〉

제 **3** 장

상속에 관한 쟁점

1. 상속권상실선고에 관한 법무부 개정안의 문제점*

I 들어가는 말

최근에 우리 사회에서는 양육의무를 이행하지 않은 부모의 상속자격을 제한해야 한다는 사회적 요구가 분출되고 있다. 이에 따라 법무부에서는 상속법 개정안을 마련하여 입법예고를 하였는데, 그 주된 내용은 상속권상실선고라는 새로운 이름의 제도를 도입하는 것이다. 법무부 개정안이 제안하는 상속권상실선고제도의 주요 내용을 간단히 정리하면 다음과 같다. 첫째, 일정한 사유가 있는 경우(피상속인에 대한 부양의무의 중대한 위반, 피상속인 또는 그 배우자나 직계혈족에 대한 중대한 범죄행위, 학대, 그 밖의 심히 부당한 대우) 가정법원은 피상속인의 청구에 따라 상속인이 될 사람의 상속권 상실을 선고할 수 있다(개정안 제1004조의2 제1항). 둘째, 일정한 사유가 있는 경우에는 상속개시 후 법정상속인의 순위에 포함되는 사람이 상속인의 상속권 상실을 가정법원에 청구할 수 있다(개정안 제1004조의2 제3항). 셋째, 상속개시 후에 상속권상실선고가 확정된 때에는 해당 상속인은 상속개시시로 소급하여 상속권을 상실하게 되지만, 이러한 소급효는 제3자의 권리를 해하지 못한다(개정안 제1004조의2 제5항). 넷째, 피상속인이 상속인이 될 사람을 용서한 때에는 상속권상실선고를 청구할 수 없으며, 피상속인이 상속권 상실을 청구하여 판결이 확정된 후에 용서하면 상속권상실선고는 효력을 잃는다(개정안 제1004조의3).

법무부 개정안은 현행 민법에 규정되어 있는 상속결격과는 성격이 완전히 다른 새로운 제도의 도입을 시도하고 있는데, 이러한 개정방향이 타당한 것인지, 또한 개별 조문에는 문제가 없는지에 대해서는 검토가 필요하다고 생각된다. 아래에서는 개정안 조문의 순서에 따라 우선 피상속인의 생전 청구에 의한 상속권상실선고제도의 문제점에 대해서 살펴보고(Ⅱ), 상속개시 후 법정상속인의 순위에 포함되는 사람에 의한 상속권상실청구에 대해서 검토한다(Ⅲ). 이어서 상속권상실선고의 소급효와 제3자 보호 규정(Ⅳ) 및 피상속인의 용서

---

* 이 논문은 박인환 교수와 공동으로 작성하였음.

에 의하여 상속권상실선고가 효력을 잃게 되는 규정에 대해서 검토한 후(Ⅴ) 개정안에 대한 하나의 대안(Ⅵ)을 제시하고자 한다.

Ⅱ 피상속인의 생전 청구에 의한 상속권상실선고제도의 문제점

1. 연원상의 문제점

(1) 법무부 개정안(이하 개정안이라고 한다) 제1004조의2 제1항은 일정한 사유(피상속인에 대한 부양의무의 중대한 위반, 피상속인 또는 그 배우자나 직계혈족에 대한 중대한 범죄행위, 학대, 그 밖의 심히 부당한 대우)가 있는 경우에 가정법원은 피상속인의 청구에 따라 상속인이 될 사람의 상속권 상실을 선고할 수 있다고 규정한다. 이 규정에 따르면 피상속인이 될 사람(이하 피상속인이라고 한다)은 생전에 법원의 재판을 통하여 상속인이 될 사람의 상속권을 박탈할 수 있게 된다. 그런데 이와 같이 피상속인이 상속개시 전에 상속인이 될 사람을 상대로 소를 제기하여 재판을 통해서 상속권을 박탈하는 제도는 일본 이외의 나라에서는 찾아볼 수 없다. 유럽의 많은 나라들은 일반적으로 상속결격제도(일정한 법정의 사유가 있는 경우 피상속인의 의사와 관계없이 상속인의 상속자격을 당연히 잃게 하는 제도)와 유류분상실제도(피상속인의 유언에 의해서 상속에서 배제된 상속인도 유류분을 주장할 수 있으므로, 일정한 법정의 사유가 있는 경우 피상속인으로 하여금 유언으로 유류분을 박탈할 수 있도록 하는 제도)를 통하여 상속인의 지위에 있으나 상속재산을 받을 자격이 없는 사람들의 문제를 해결하고 있다. 상속결격제도는 일정한 사유가 있으면 피상속인의 의사와 무관하게 상속자격을 당연히 잃게 하는 제도인 반면, 유류분상실제도는 피상속인의 의사(유언)에 의하여 상속인을 상속에서 배제하는 제도라는 점에서 차이가 있다.

개정안 제1004조의2 제1항이 규정하는 상속권상실선고는 위의 두 가지 제도 중 어느 것에도 해당하지 않는다. 개정안 제1004조의2 제1항은 일본민법 제892조(추정상속인의 폐제)를 모델로 한 것인데[1], 이 규정은 명치민법의 가독상속(家督相續) 제도[2]에서 연원한 것으로서 다른 나라의 입법례에서는 유례를

---

1) 일본민법 제892조(추정상속인의 폐제) 유류분을 가진 추정상속인(상속이 개시된 경우에 상속인이 될 자를 말한다. 이하 같다)이 피상속인에 대하여 학대를 하거나 중대한 모욕을 가한 때 또는 추정상속인에게 그 밖의 현저한 비행이 있는 때에는 피상속인은 그 추정상속인의 폐제를 가정재판소에 청구할 수 있다.

2) 일본명치민법 제975조 ① 법정 추정 가독상속인에 대하여 다음의 사유가 있는 때에는 피상속인은 그 추정상속인의 폐제를 재판소에 청구할 수 있다.

찾을 수 없기 때문이다. 가독상속은 무사계급의 단독상속제에 기초한 것으로 장남이 호주권과 가산(家産)을 단독으로 상속하게 함으로써 호주의 절대적 지배권 확립을 목적으로 하는 제도였다(명치민법의 가독상속제가 일제강점기에 호주상속이라는 이름으로 우리나라에 강제로 이식되었음은 주지의 사실이다).[3) 가독상속인은 호주권과 더불어 가산을 단독으로 상속하는 자로서 가(家)의 승계자라고 할 수 있으므로, 가의 승계에 적당하지 않은 사유가 있는 경우에는 피상속인이 생전에 재판소에 청구하여 가독상속인의 자격을 박탈할 수 있도록 한 것이다.[4) 그런데 명치민법의 입법자는 여기서 그치지 않고 가독상속인 폐제의 취지를 재산상속인에 대해서도 적용하여 유산상속인의 폐제에 관한 규정도 마련하였다.[5)

　　제2차 세계대전의 종전 후 일본은 미군정의 영향하에서 호주제도 폐지의 수순을 밟지 않을 수 없었다.[6) 호주제도가 폐지되면서 그 중요 부분을 구성하고 있던 가독상속제도 역시 폐지되었으며,[7) 이와 함께 가독상속인의 폐제에

---

　1. 피상속인에 대하여 학대를 하거나 중대한 모욕을 한 경우
　2. 질병 기타 신체 또는 정신적 사유로 집안을 다스릴(家政) 수 없는 경우
　3. 가명(家名)을 더럽히는 죄로 형벌을 받은 경우
　4. 낭비자로 한정치산의 선고를 받아 개전의 가능성이 없는 경우
　② 기타 정당한 사유가 있는 때에는 피상속인은 친족회의 동의를 얻어 그 폐제를 청구할 수 있다. (각 항 표시는 필자가 첨부한 것임)
　3) 전봉덕, "호주제도의 역사와 전망",『대한변호사협회지』제81호(1982. 10.), 31면 이하.
　4) 일본명치민법의 가독상속인 폐제는 원래 전통적 가(家)제도의 일부였던 폐적(廢嫡)을 입법화한 것이다. 新版注釋民法 (26) 有斐閣, 1992, 320면(泉 久雄); 原田慶吉著, 石井良助編, 日本民法典の史的素描, 創文社, 1954, 206면 이하 참조.
　5) 일본명치민법 제998조: 유류분을 가지는 추정유산상속인이 피상속인에 대하여 학대를 하거나 중대한 모욕을 한 때에는 피상속인은 그 추정유산상속인의 폐제를 재판소에 청구할 수 있다. 제982조의 규정은 추정유산상속인의 폐제에 이를 준용한다; 그 취지에 대하여 일본민법수정안이유서는 "유산상속인의 폐제 및 그 취소에 관한 규정은 기성법전(旣成法典)에 그 예가 없으나 이미 가독상속인의 폐제 및 그 취소를 인정한 이상은 유산상속인에 대하여 이를 금할 이유가 없다. 뿐만 아니라 도의상의 이유 및 피상속인의 의사를 참작할 때에는 유산상속인의 폐제 및 그 취소도 역시 본디 이를 인정하지 않을 수 없다"라고 설명하였다. 民法修正案理由書, 東京博文館藏版, 1898, 264면.
　6) 일본에서 호주제도는 패전 이전의 천황제국가에서 지배체제를 지탱하는 기둥의 역할을 담당하고 있었으므로, 호주제의 폐지에는 보수세력의 강력한 저항이 있었다. 예를 들면 吉田武 총리대신은 1946년 6월 27일 중의원 본회의에서 호주권, 가독상속으로 대표되는 일본의 가족제도는 일본 고유의 미풍양속이므로, 헌법의 정신과 모순되는 것이 아니라는 취지의 발언을 하였다. 그러나 이러한 시도는 결국 성공을 거두지 못하였다. 천황제 가족국가의 기초를 제공하였으며, 광신적 군국주의의 온상이었던 호주제의 폐지와 근대적 가족제도로의 이행은 맥아더 사령부의 성공적인 정책 수행을 위해서 필요한 것으로 인식되고 있었기 때문이다. 依田精一, "戦後家族制度改革と新家族観の成立", 前後改革 1 (課題と視覚), 東京大学出版会, 1974, 299면 이하, 273면 및 302면 이하 참조; 자세한 내용은 김상용, "다시 호주제 폐지를 말한다(Ⅱ)", 가족법연구 Ⅰ, 법문사, 2002, 330면 이하 참조.
　7) 호주제를 구성하는 3개의 중요한 요소는 가제도, 호주권, 가독상속이었다.

관한 규정도 삭제되었다. 그 결과 현행 일본민법에는 재산상속인의 폐제 규정만이 남게 된 것이다(제892조).8)

(2) 위에서 본 바와 같이 개정안 제1004조의2 제1항의 상속권상실선고는 일본민법 제892조(추정상속인의 폐제)를 모델로 한 것인데, 이 규정은 연혁적으로 살펴보면 일본명치민법의 가독상속인의 폐제에서 연유하는 것이다. 현행 일본민법 제892조를 일본 고유의 제도라고 일컫는 이유가 바로 여기에 있다.9) 따라서 결국 개정안 제1004조의2 제1항의 뿌리도 역사를 거슬러 올라가면 역시 일본명치민법의 가독상속인의 폐제에서 찾을 수 있다. 해방 이후 민법을 제정할 당시에 일본민법전을 참고하면서도 상속인의 폐제에 관한 규정은 계수하지 않았는데, 이제 와서 굳이 일본민법의 상속인 폐제 제도를 도입해야만 할 불가피한 이유가 있을까.

일본민법의 상속인 폐제 규정을 도입해야만 우리 사회가 당면한 상속 관련 문제10)를 해결할 수 있다면, 개정안이 비록 가독상속제도에 뿌리를 둔 상속인 폐제 제도를 모델로 하고 있다고 해도 감내할 수 있을 것이다. 그러나 현재 우리 사회에서 상속과 관련하여 발생하고 있는 문제는 굳이 일본민법의 상속인 폐제 규정을 들여오지 않더라도 다른 방법(예를 들어 상속결격에 관한 민법 제1004조의 개정과 유류분상실제도의 도입)으로 충분히 해결할 수 있다(대안에 대해서는 후술하는 VI. 부분에서 자세히 살펴보기로 한다). 따라서 구태여 일본민법의 상속인 폐제 규정을 모방하여 무리하게 새로운 제도를 도입하려는 시도를 할 필요는 없다고 본다. 일본사회에는 가독상속인을 폐제하는 전통이 있었기 때문에 유산상속인의 폐제에 관한 규정도 자연스럽게 일본인의 정서에 스며들 수 있었을 것이다. 그러나 우리 사회에는 가독상속인의 폐제와 같은 전통이 없었으므로, 일본문화의 토양에서 발달된 상속인의 폐제와 같은 제도는 우리사회에서 가족간 마찰과 갈등의 요인이 될 가능성이 매우 높아 보인다. 일제 강점기에 일본의 호주제가 강제로 이식될 때조차도 가독상속인의 폐

8) 다만 폐제사유로서 '현저한 비행'이 추가되었을 뿐이다.
9) 島津一郎, "わが国の相続人廃除似ついて", 判例時報 第1595号(1997. 5.), 5면; 田中通裕, "相続人の廃除に関する若干の考察ー制度の根拠と廃除の判断基準を中心として", 判例タイムズ 第51巻 24号(2000), 58면.
10) 천안함, 세월호 사태 이후 자녀에 대한 양육의무를 이행하지 않은 부모들이 나타나 상속인으로서 유족보상금을 수령하는 사례들이 있었고, 최근에는 가수 구하라씨의 사망 이후 역시 부모로서 양육의무를 이행하지 않은 모가 나타나 상속권을 주장한 사례가 있었다. 우리 사회에서 이러한 일련의 사례들이 발생하면서 자녀에 대하여 부양의무를 이행하지 않은 부 또는 모의 상속자격을 그대로 인정하는 현행 상속법에 대한 논란이 시작되었다.

제 규정은 우리나라에 적용되지 않았다는 점도 상기해 볼 필요가 있다.[11] 결국 개정안 제1004조의2 제1항과 같은 상속권상실규정(실질적으로는 상속인의 폐제 규정)은 부모와 자녀 사이의 분쟁과 감정을 격화시켜 이미 냉각된 부모와 자녀의 관계를 회복불가능하게 파탄시킬 가능성이 매우 높고, 그 와중에 예측하지 못한 불상사가 발생할 가능성도 배제할 수 없다고 생각된다.

2. 상속개시 전에 상속권을 상실시키는 것의 문제점

(1) 개정안 제1004조의2 제1항에 따라 피상속인이 생전에 상속인이 될 사람의 상속권상실선고를 청구하면 상속개시 전(즉 피상속인 사망 전)에 상속권상실선고 판결[12]이 확정될 가능성이 높다. 상속권상실선고 판결이 확정되면 상속인이 될 사람은 그때 상속권을 상실하게 되므로, 그 후 상속이 개시되어도 상속권을 취득할 수 없게 될 것이다. 그러나 상속개시 전에 아직 구체적인 권리로서 발생하지도 않은 상속권을 상실시키는 것이 논리적으로 과연 가능한가에 대해서는 의문이 제기된다. 외국에서와 마찬가지로[13] 우리 상속법에서도 상속권은 상속개시에 의해서 비로소 발생되는 권리로 이해되고 있으므로(상속개시 전의 상속포기는 효력이 없다는 판례의 태도도 이러한 이해에 기반하는 것이다.[14]), 상속개시 전에 아직 구체적인 권리로서 발생하지도 않은 상속권을 상실시킨다는 것은 논리적으로 모순이기 때문이다. 상속개시 전에 상속인이 될 사람이 일종의 기대권으로서 상속권을 갖는다고 보기도 하지만, 이러한 의미의 상속권은 권리라기보다는 일종의 기대 또는 희망적 지위에 불과하다(상속개시 전에 상속인이 될 사람이 상속권을 처분, 양도할 수 없다는 것도 상속개시 전의 상속권이란 권리로의 성질을 갖지 못한다는 점을 보여준다).[15]

---

11) 일제 강점기에 일제가 우리나라에 호주제를 강제로 이식하였지만, 당시에도 가독상속인의 폐제에 관한 규정은 우리나라에 적용되지 않았다. 대판 1976. 7. 13. 76다494, 등기예규 제279호 참조.

12) 상속권상실선고 사건은 가사소송 나류사건으로 분류되어 있다(가사소송법 제2조 제1항 1. 나. 15).

13) Ferrari-Likar · Peer(Hrsg), Erbrecht, 2007, S. 37f; Leipold, Erbrecht, 1993, S. 1.

14) 대판 1998. 7. 24. 98다9021: 유류분을 포함한 상속의 포기는 상속이 개시된 후 일정한 기간 내에만 가능하므로, 상속개시 전에 한 상속포기약정은 효력이 없다. 따라서 상속인 중의 1인이 피상속인의 생존시에 피상속인에 대하여 상속을 포기하기로 약정하였다고 하더라도, 상속개시 후에 자신의 상속권을 주장하는 것은 정당한 권리행사로서 권리남용에 해당하거나 또는 신의칙에 반하는 권리의 행사라고 할 수 없다.

15) 김주수 · 김상용, 친족 · 상속법, 법문사, 2020, 617면; 곽윤직, 상속법, 박영사, 2004, 7면은 상속개시 후 확정적으로 상속인이 된 자의 법적 지위를 상속권이라고 정의한다; 박병호, 가족법, 한국방송대학교 출판부, 1999, 299면은 상속개시 전에 추정상속인이 갖는 상속권이란 장래에 상속이 개시된 때에 상속인으로 될 수 있는 자격 내지 지위를 의미할 뿐이며 처분할 수 없다고 한다.

(2) 우리 민법전에서 상속권이라는 용어는 제999조(상속회복청구권)와 제1057조의2(특별연고자에 대한 분여)에서 사용되고 있으나, 여기에서의 상속권 역시 상속개시와 더불어 구체적인 권리로서 발생한 상속권을 의미하는 것이다. 따라서 개정안 제1004조의2 제1항이 상속개시 전의 기대권에 대해서 상속권이라는 용어를 사용한다면, 우리 상속법 내에서 상속권이라는 개념의 불통일과 혼란을 야기할 것이다.[16] 또한 개정안 제1004조의2 제3항에 따르면 민법 제1000조 제1항이 규정하는 법정상속인의 순위에 포함되는 사람은 상속개시 후 6개월 내에 개정안 제1004조의2 제1항의 사유가 있는 상속인을 상대로 상속권 상실을 청구할 수 있는데, 여기서의 상속권은 상속개시 후에 구체적인 권리로서 발생한 상속권을 의미한다.[17] 결국 개정안 제1004조의2(상속권 상실선고) 규정 내에서도 상속권이라는 용어는 통일되지 못하고 각각 다른 개념으로 사용되고 있는 것이다.

(3) 개정안 제1004조의2 제1항은 위에서 이미 본 바와 같이 일본민법 제892조를 모델로 한 것으로서 실질에 있어서는 추정상속인의 폐제에 관한 규정이다. 일본민법상 상속인의 폐제는 피상속인의 의사에 따라 상속개시 전에 상속인이 될 사람의 상속자격을 박탈하는 것인데, 이는 상속권의 상실과는 분명히 구별되는 개념이다. 상속이 개시되기 전이라도 상속인이 될 사람에 대한 제재로서 상속자격을 박탈하는 것은 가능하지만, 상속개시 전에 아직 권리로서 발생하지도 않은 상속권을 상실시키는 것은 논리적으로 가능하지 않기 때문이다. 상속결격의 경우에도 상속개시 전에 상속결격사유가 생긴 사람은 결격사유 발생 시에 상속자격을 잃게 되므로 그 후에 상속이 개시되어도 상속권을 가질 수 없게 되지만, 상속결격사유가 발생했을 때 상속권을 상실하는 것은 아니다. 상속개시 전에 상속결격사유가 발생한 사람은 아직 상속인이 된 것도 아니고 따라서 상속권을 가지고 있는 것도 아니므로, 그 단계에서 상속권을 상실시킨다는 것은 논리적으로 성립할 수 없기 때문이다. 이러한 점에 비추어 볼 때 개정안 제1004조의2 제1항과 제2항[18]은 별도로 분리하여 '추정

---

16) 나아가 상속개시 전의 상속권 상실이 가능하다면 같은 논리에서 상속개시 전의 상속포기약정도 유효하다는 해석도 나올 수 있다.

17) 개정안 제1004조의2 제2항에 의하면 피상속인이 유언으로 상속권 상실의 의사를 표시한 때에는 유언집행자가 상속개시 후에 상속권 상실의 소를 제기하여야 하는데, 여기서의 상속권 역시 상속개시 후에 구체적인 권리로서 발생한 상속권을 의미한다.

18) 개정안 제1004조의2 제2항도 상속인의 폐제에 관한 규정으로 일본민법 제893조(유언에 의한 추정상속인의 폐제)를 모델로 한 것이다(일본민법 제893조: 피상속인이 유언으로 추정상속인을

상속인의 폐제'라는 별개의 조문으로 규정하는 것이 체계상으로 맞다고 본다.19) 어차피 일본민법 제892조 추정상속인의 폐제를 모델로 한 규정인데, 굳이 제목을 다르게 함으로써 불필요한 개념상의 혼란을 야기할 필요는 없을 것이다.

Ⅲ 상속개시 후 법정상속인의 순위에 포함되는 사람에 의한 상속권상실청구에 대한 검토

개정안 제1004조의2 제3항은 상속인에게 제1항 각호의 사유(피상속인에 대한 부양의무의 중대한 위반, 피상속인 또는 그 배우자나 직계혈족에 대한 중대한 범죄행위, 학대, 그 밖의 심히 부당한 대우)가 있는 경우 법정상속인의 순위에 포함되는 자[20](제1000조 제1항에 따라 피상속인의 4촌 이내의 방계혈족까지 포함된다)가 상대방이 상속인이 되었음을 안 날부터 6개월 내에 가정법원에 상속권의 상실을 청구할 수 있다고 규정하고 있다. 이 규정에 따르면 어느 상속인에게 개정안 제1004조의2 제1항 각호의 사유가 있는 경우, 법정상속인의 순위에 포함되는 사람의 청구에 의하여 법원이 해당 상속인의 상속권상실여부를 판단하게 된다. 이 규정에 대해서는 다음과 같은 점을 검토해 볼 필요가 있다

폐제할 의사를 표시한 때에는 유언집행자는 그 유언이 효력을 발생한 후 지체없이 그 추정상속인의 폐제를 가정재판소에 청구하여야 한다. 이 경우 그 추정상속인의 폐제는 피상속인의 사망 시로 소급하여 그 효력이 생긴다). 개정안 제1004조의2 제2항에 의하면 피상속인의 유언에 따라 유언집행자가 상속개시 후에 상속권상실선고를 청구하게 되므로, 제1항과 달리 상속개시 전 상속권 상실의 문제는 생기지 않는다. 그러나 개정안 제1004조의2 제2항의 입법목적은 유류분상실제도에 의해서 실현될 수 있으므로, 상속인의 폐제 규정을 신설하는 것보다는 유류분상실에 관한 규정을 도입하는 것이 바람직하다고 본다. 일정한 사유가 있는 경우 피상속인이 유언으로 상속인의 유류분까지 박탈할 수 있는 제도가 유류분상실제도인데, 이 경우에는 유언집행자가 반드시 소를 제기할 필요가 없다. 유류분을 박탈당한 자가 유언에 따르는 경우에는 소송을 거칠 필요가 없으며, 유류분상실사유가 없다고 주장하며 유언의 효력을 다투는 경우에는 그쪽에서 유언무효확인(또는 유류분반환청구)의 소를 제기하여야 할 것이다. 유류분을 상실한 사람이 여전히 상속인의 신분을 갖는가에 대한 해석론상의 문제가 있을 수 있으나(만약 상속인의 신분을 유지한다면 상속세, 상속채무의 분담 문제가 생길 수 있다), 유류분을 상실한 자는 상속인의 지위를 갖지 못하는 것으로 규정하거나(스위스민법 제478조 제1항 참조) 상속개시 전에 이미 사망한 것으로 본다는 규정을 둔다면 이러한 논란을 사전에 차단할 수 있을 것이다(보스니아 헤르체고비나 상속법 제47조 참조).

19) 필자는 추정상속인 폐제 규정의 도입에 반대하는 입장이다. 다만 법무부 개정안과 같이 상속인 폐제에 관한 규정을 도입하고자 한다면, 체계상으로는 개정안 제1004조의2 제1항, 제2항과 제3항을 분리하여 별도로 규정하는 것이 타당하다는 의견을 밝히는 것뿐이다.

20) 개정안 제1004조의2 제3항에는 "제1000조 제1항의 각 호 중 어느 하나에 해당하는 자"라고 되어 있는데, 이는 결국 제1000조 제1항 제1호(피상속인의 직계비속), 제2호(피상속인의 직계존속), 제3호(피상속인의 형제자매), 제4호(피상속인의 4촌 이내의 방계혈족)를 모두 포함하는 것이므로, 이 중 누구나 상속권 상실을 청구할 수 있다고 해석된다.

고 생각된다.

1. 법정상속인의 순위에 포함되는 사람에 의한 상속권상실청구제도의 성격

(1) 어느 상속인(또는 상속인이 될 사람)이 피상속인과의 정서적·경제적 유대관계를 파탄시키는 행위를 하여 제재를 가할 필요가 있다고 판단되는 경우에 취할 수 있는 조치로는 일반적으로 두 가지를 생각할 수 있다. 하나는 법률이 정하는 일정한 사유가 발생하면 피상속인의 의사와 관계없이 해당 상속인의 상속자격을 당연히[21] 상실시키는 방법이다(상속결격제도). 이는 일정한 사유가 있는 상속인에게는 상속자격을 인정하지 않는 것이 타당하다는 입법자의 의사에 의한 것이며, 여기서 피상속인의 의사는 고려되지 않는다(즉 피상속인이 그 상속인의 상속자격을 박탈하겠다는 의사를 표시하였든 하지 않았든, 해당 상속인이 상속자격을 잃는데 아무런 영향이 없다).[22] 다른 하나는 피상속인의 의사에 의하여 특정 상속인을 상속에서 배제하는 방법이다. 일반적으로 법정의 사유가 있는 경우에 피상속인이 유언으로 해당 상속인의 유류분을 상실시키는 방법으로 이루어진다(유류분상실제도. 피상속인이 생전증여 또는 유언을 통해서 해당 상속인을 상속에서 배제한 경우에도 그 상속인이 유류분반환청구를 할 수 있으므로, 유언으로 유류분마저 박탈함으로써 상속재산으로부터 아무런 이익도 받을 수 없도록 하는 것이다). 어느 상속인에게 법률이 규정하는 유류분상실사유가 있는 경우에도 반드시 피상속인이 그 상속인의 유류분을 상실시키는 유언을 하여야 하는 것은 아니며, 해당 상속인을 상속에서 배제할 것인가의 여부는 전적으로 피상속인의 의사에 달려 있다(법률이 정한 유류분상실사유가 있는 경우에 해당 상속인에게 아무런 재산도 남기고 싶지 않은 피상속인이 있을 수 있는 반면, 굳이 문제 삼지 않고 특별한 조치를 취하지 않는 피상속인도 있을 수 있다). 따라서 유류분상실제도는 피상속인의 최종 의사를 존중하는 제도라고 할 수 있다.[23]

---

21) 결격사유에 해당하는 사람의 상속자격을 당연히 상실시키는 입법례(즉 상속결격사유가 발생하면 법원의 판결이 없어도 해당 상속인은 자동으로 상속자격을 잃는다. 이러한 입법례에 속하는 나라에서는 법원이 직권으로 상속결격사유를 판단한다)와 일정한 사람의 청구에 따라 법원의 판결에 의해서 상속자격을 상실시키는 입법례가 있다. 전자의 입법례가 일반적이라고 할 수 있으며 프랑스민법, 오스트리아민법, 스위스민법, 벨기에민법, 일본민법, 우리 민법 등이 여기에 속한다. 후자에 속하는 입법례로는 독일민법(프랑스민법 제727조, 제727-1조도 여기에 속한다고 볼 수 있을 것이다)이 있다.

22) 이러한 결과는 피상속인의 의사를 추정한 것이라고 볼 수 있는 여지도 있으나, 용서에 관한 규정을 두지 않은 우리 민법과 같은 입법례에서는 단순히 피상속인의 의사 추정이라고 보기 어렵다.

23) 역사적으로 상속결격제도와 유류분상실제도는 피상속인과의 유대관계를 파탄시키는 행위를 한 상속인을 상속에서 배제시키는 제도로서 발전해왔다. 물론 이 두 가지 제도를 다 도입한 나라

그런데 개정안 제1004조의2 제3항은 위 두 가지 중 어느 것에도 해당하지 않는다. 개정안 제1004조의2 제3항이 의거하고 있는 사유(개정안 제1004조의2 제1항 각호의 사유)가 있다고 해서 해당 상속인이 당연히 상속자격을 잃게 되는 것도 아니고,[24] 피상속인이 유언으로 그러한 사유가 있는 상속인의 유류분을 상실시킬 수 있는 것도 아니기 때문이다.

(2) 개정안 제1004조의2 제3항은 법정상속인의 순위에 포함되는 자의 청구에 의하여 상속개시 후 동조 제1항의 사유가 있는 상속인의 상속권을 상실시킬 수 있다는 규정인데, 이는 넓은 의미에 있어서 상속결격제도의 일종으로 보아도 틀리지 않을 것이다. 우리 민법에서는 상속결격사유가 발생하면 당연히 상속자격을 잃게 되므로(즉 별도의 절차를 요하지 않는다), 상속결격과 당연결격을 일체의 관계로 파악하는 경향이 있지만, 외국의 입법례에서는 - 일부이기는 하지만 - 법정의 상속결격사유가 있는 경우에 상속개시 후 일정한 사람의 청구에 따라 판결에 의해서 상속자격을 소멸시키는 규정도 볼 수 있다.[25] 만약 법무부가 이러한 입법례에 따라 새로운 제도를 도입하려는 의도로 제1004조의2 제3항 규정을 마련하였다면, 이는 종래의 상속결격제도(현행 민법 제1004조)와는 구별되는 새로운 종류의 상속결격제도로 볼 수 있을 것이다. 그렇다면 실질적으로 상속인의 폐제 규정인 개정안 제1004조의2 제1항, 제2항과 분리하여, 다른 제목(예컨대 '선고에 의한 상속결격')하에 규정하는 것이 그 제도의 실체에도 부합하고 법체계상으로도 무리가 없었을 것으로 생각된다. 개정안 제1004조의2 제1항, 제2항은 실질적으로 추정상속인의 폐제에 관한 규정이고, 제3항은 선고에 의한 상속결격에 관한 규정으로서 그 성격이 전혀

(예를 들어 독일, 오스트리아 등)도 있고, 상속결격제도만을 도입한 나라(예를 들어 프랑스, 이탈리아 등)도 있다.

24) 개정안 제1004조의2 제3항이 현행 민법 제1004조의 상속결격에 관한 규정과 다름은 명백하다. 상속결격에 관한 현행 민법 제1004조에 의하면 동조가 규정하는 사유에 해당하는 사람은 당연히 상속인이 되지 못하는 반면, 개정안 제1004조의2 제3항에 따르면 동조 제1항의 사유가 있는 경우 법정상속인의 범위에 포함되는 자의 청구에 의하여 법원이 상속권상실선고를 함으로써 비로소 상속권을 상실하게 되기 때문이다.

25) 프랑스민법 제727조, 제727-1조. 프랑스민법 제727-1조에 따르면 법원은 상속개시 후 상속인의 청구에 의하여 제727조가 규정하는 사유가 있는 상속인에 대해서 상속결격의 선고를 할 수 있다. 이 규정은 제727조와 함께 2001년 프랑스민법 개정 시에 신설되었는데, 제726조가 당연결격에 관한 규정이라면 제727조와 제727-1조는 선고에 의한 상속결격에 관한 규정이라고 할 수 있다 (이 규정의 도입배경에 관하여는 양창수, "相續缺格制度 一斑", 民法研究 제5권, 박영사, 1999, 341면 이하 참조). 어느 상속인에게 제726조의 상속결격사유가 있는 경우에는 당연히 상속에서 배제되나, 제727조의 상속결격사유가 있는 경우에는 다른 상속인의 청구가 있으면 법원의 선고에 의해서 상속결격이 된다는 점에서 양 제도는 구별된다. Christian JUBAULT, Droit civil : les successions, les libéralités, L.G.D.J, 2005, pp. 132-133.

다른데, 이를 상속권상실선고라는 하나의 제목하에 규정하는 것은 체계적인 입법안이라고 볼 수 없다.

(3) 개정안 제1004조의2 제3항에 의하면 법정상속인의 순위에 들어가는 사람은 누구나 상속권 상실을 청구할 수 있는데, 이 중에는 상속에 직접적인 이해관계가 없는 사람도 얼마든지 있을 수 있다. 예를 들어 피상속인 갑의 자녀 A, B가 공동상속인이 되었는데, A는 B의 상속권 상실을 청구할 생각이 없으나, 갑의 사촌인 C가 B를 상대로 상속권 상실을 청구하는 경우도 있을 수 있다. 여기서 C는 피상속인 갑의 사망에 따라 개시된 상속관계에서 아무런 법률상의 이해관계도 없는 사람인데(B가 상속권을 상실한다고 해도 C가 상속인이 되는 것은 아니기 때문이다), 굳이 C와 같은 제3자에게 상속권상실청구권을 인정하는 근거가 무엇인지는 이해하기 어렵다. 이러한 규정은 상속과 관련하여 친족간에 불필요한 분쟁을 야기할 가능성도 상당히 높아 보인다. 나아가 이러한 결과가 피상속인의 의사에 부합하는지에 대해서도 의문이 있다. 개정안 제1004조의2 제1항의 사유가 있었다고 해도 피상속인에게 해당 상속인을 굳이 상속에서 배제하려는 의사가 없었을 수도 있는데(피상속인이 어느 상속인을 상속에서 배제하겠다는 의사가 확고했다면, 개정안 제1004조의2 제1항에 의하여 생전에 상속권상실청구를 하거나 제2항에 따라 유언으로 상속권 상실의 의사를 표시할 가능성이 높다.[26]), 이러한 경우에 피상속인의 의사를 무시하고 상속관계에 있어서 제3자에 지나지 않는 사람에게까지 상속권 상실을 청구할 수 있도록 허용해야 할 합리적인 이유가 있는지는 의문이 아닐 수 없다.[27] 피상속인의 의사와 무관하게 일정한 법정사유에 해당하는 상속인의 상속권을 상실시키겠다는 취지라면 상속결격(당연결격)으로 규정하여 당연히 상속자격을 잃게 하는

---

26) 예외적으로 피상속인이 미성년자인 경우(생전에 스스로 상속권상실청구를 할 수 없고, 유언능력이 없었던 경우)에 제3자에 의한 상속권상실청구의 필요성이 인정될 여지가 있겠으나, 이러한 경우를 대비한다면 피상속인의 부모를 상속에서 배제하는 것이 마땅한 전형적인 사유들(예를 들어 부양의무의 불이행, 친권상실)을 상속결격(당연결격)사유로 규정함으로써 문제를 해결할 수 있다.

27) 이러한 규정에 의하면 개정안 제1004조의2 제1항 각호의 사유에 해당하는 상속인이 있는 경우에도 상속권의 상실여부는 결국 청구권자(법정상속인의 순위에 포함되는 자)의 의사에 따라 결정된다. 청구인의 범위에 속하는 자가 상속권의 상실을 청구하려는 의사가 없다면, 법원이 직권으로 상속권상실선고를 할 수는 없기 때문이다. 따라서 청구인의 범위에 속하는 자가 없는 경우나 청구권자가 있다고 해도 소재불명, 연락두절, 관심부족, 그 밖의 사정으로 청구를 하지 않는 경우에는 상속권상실사유에 해당하는 상속인일지라도 아무 제재 없이 상속을 받게 된다. 이와 같이 청구권자의 의사나 그 밖의 우연한 사정에 따라 상속권상실여부가 갈리는 것이 과연 합리적인가에 대해서는 의문이 있다. 프랑스민법 제727-1조가 상속인이 없는 경우 검사에게 상속결격선고의 청구권을 인정한 이유도 그와 같은 우연한 사정에 의해서 상속권상실여부가 결정되는 것을 막기 위한 고려라고 생각된다.

것이 타당하다고 본다.

2. 상속으로 인한 법률관계의 불안정과 친족간의 상속분쟁 유발 가능성

　개정안 제1004조의2 제3항과 관련하여서는 다음과 같은 점에 대해서도 검토해 볼 필요가 있다고 생각된다: 현행 민법 제1004조의 상속결격사유에 해당하는 상속인은 당연결격이 되므로, 상속결격사유 중 어느 하나가 존재한다는 사실만 확정되면 상속개시 전후를 가리지 않고 당연히 상속자격을 잃게 된다. 예를 들어 어느 상속인이 피상속인을 살해하려다 미수에 그쳤다는 사실이나 유언서를 변조하였다는 사실이 확정되면, 그 사실만으로 해당 상속인은 당연히 상속자격을 잃게 되며, 여기에 법원의 재량이 개입할 여지는 없다. 반면에 개정안 제1004조의2 제4항에 의하면 개정안 제1004조의2 제1항의 사유가 있는 경우에도 법원은 "상속권 상실 사유의 경위 및 정도, 상속인과 피상속인과의 관계, 상속재산의 규모 및 형성과정, 그 밖의 사정을 고려하여" 상속권 상실이 적당하지 않다고 인정하는 경우에는 상속권상실청구를 기각할 수 있다. 이 규정에 의하면 개정안 제1004조의2 제1항의 사유가 있다는 사실이 확정된 경우에도(예를 들어 상속인이 피상속인에 대한 부양의무를 중대하게 위반하였다는 사실이 확정된 경우 또는 피상속인에 대하여 중대한 범죄행위를 하였다는 사실이 확정된 경우) 법원이 위와 같은 제반 사정을 고려하여 상속권상실청구를 기각하는 것이 가능하다. 이 규정을 개정안 제1004조의2 제3항과 관련하여 살펴보면, 법정상속인의 순위에 포함되는 사람이 어느 상속인을 상대로 상속권상실청구를 하였고, 그 상속인에게 개정안 제1004조의2 제1항의 사유가 있다는 사실이 확정된 경우에도 법원은 여러 가지 사정을 고려하여 청구를 기각할 수 있다는 의미이다.[28] 그런데 개정안 제1004조의2 제4항은 판결의 예측가능성을 현저히 떨어뜨릴 수 있다는 점에서 문제가 있다고 생각된다.[29] 여기에 개정안 제1004조의2 제1항에 열거되어 있는 상속권 상실 사유 자체의 불명확성까지 더해지면(예를 들어 피상속인에 대한 중대한 범죄행위가 구체적으로 어느 정도의 범죄행위를 의미하는 것인지는 명확하지 않다.[30] 심히 부당한 대우 역시 마

---

　28) 피상속인이 생전에 상속인이 될 사람을 상대로 상속권상실청구를 한 경우(개정안 제1004조의2 제1항)나 피상속인이 유언으로 상속권 상실의 의사를 표시하여 유언집행자가 상속권 상실의 소를 제기한 경우(개정안 제1004조의2 제2항)에도 개정안 제1004조의2 제4항이 적용되므로, 동일한 상황이 발생할 수 있다.

　29) 법무부에서 발표한 조문별 개정이유서에 따르면 가정법원이 상속권상실에 있어서 구체적 타당성을 도모할 수 있도록 사정판결제도를 도입한다고 한다.

　30) 예를 들면 오스트리아민법은 상속인이 피상속인에 대하여 고의로 1년 이상의 자유형에 처

찬가지이다. 상속인이 될 사람이 피상속인에게 심히 부당한 대우를 한 경우에는 상속권상실사유가 되는데, 어느 정도의 행위가 심히 부당한 대우에 해당하는 것인지는 명확하지 않으며, 법원에 따라 서로 다른 판단이 나올 가능성이 높다) 개정안 제1004조의2 제3항에 의해서 상속권상실청구를 하는 경우에 그 청구의 인용 여부를 예측하기는 더욱 어려울 것으로 예상된다.[31] 이와 같은 규정은 결국 상속으로 인한 법률관계의 불안정을 초래할 수 있을 뿐 아니라, 친족간의 상속 분쟁을 촉발, 격화시킬 수 있다는 점에서 환영하기 어렵다(법규정 자체만을 보면 다양한 해석이 가능할 뿐만 아니라 법원의 재량까지 작용하게 되므로, 분쟁 당사자들은 서로 자기에게 유리한 방향으로 해석을 하게 될 가능성이 높고, 이는 결국 소송으로 이어질 수 있기 때문이다).

Ⅳ 제3자 보호 규정에 대한 검토

개정안 제1004조의2 제5항은 "상속개시 후에 상속권 상실의 선고가 확정된 때에는 상속이 개시된 때에 소급하여 상속권을 상실한다. 그러나 제3자의 권리를 해하지 못한다"라고 규정하고 있다. 개정안 제1004조의2 제5항 본문에 따르면, 예를 들어, 피상속인 갑이 사망하여 상속이 개시된 후 갑의 동생 A가 갑의 자녀 B를 상대로 상속권 상실을 청구하였는데(설명의 편의상 갑에게는 배우자가 없고 B가 유일한 자녀로서 단독상속인이 되는 경우를 상정한다), 갑의 사망 후 9개월이 지나서 상속권상실선고가 확정되었다면 B는 갑의 사망시로 소급하여 상속권을 상실하게 된다.[32] 이런 경우 B는 갑이 사망한 때(예를 들어 3월 1일)에 상속권을 취득하지만, 상속권상실선고 판결이 확정되면(예를 들어 12월 1일) 갑의 사망 시(3월 1일)로 소급하여 상속권을 상실하게 되는 것이

해질 수 있는 범죄행위를 한 경우를 상속결격사유로 규정하고 있다(제539조). 독일형법은 1년 이상의 자유형에 처해질 수 있는 범죄를 중죄로 정의하므로(독일형법 제12조 제1항), 중대한 범죄라는 용어를 사용해도 그 개념이 명확하지만, 우리 형법에는 이러한 규정이 없으므로 민법에서 막연히 '중대한 범죄'라는 개념을 사용하는 경우 법원에 따라 서로 다른 해석이 나올 가능성을 배제할 수 없다.

31) 일명 '사랑이법'(가족관계등록법 제57조 제2항)에 대해서 법원에 따라 서로 다른 해석을 함으로써 미혼부의 자녀가 출생신고를 하지 못한 사례가 속출하였음은 이미 널리 알려진 사실이다. 한겨레신문 2020. 2. 22. 보도("출생신고 거부된 미혼부, 아빠 되기를 포기하지 않는다") 참조; 김상용, "생부(미혼부)의 권리에 관한 소고(小考) — 생부의 출생신고와 친생부인권을 중심으로 —", 『중앙법학』 제22집 제1호(2020. 3.), 161면 이하 참조.

32) 개정안 제1004조의2 제3항에 따라 법정상속인의 순위에 포함되는 사람이 상속개시 후 상속권 상실 선고를 청구하여 인용된 경우에는 해당 상속인의 상속권은 상속개시시로 소급하여 소멸한다.

다. 따라서 만약 B가 갑의 사망 후 상속권상실선고가 확정되기 전인 6월 1일에 갑이 소유하고 있던 부동산을 X에게 매도하고 소유권이전등기까지 해주었다면 이는 무권리자에 의한 처분으로 무효가 될 것이다(결과적으로 X는 부동산의 소유권을 취득하지 못한다). 그러므로 진정한 상속인 A가 X를 상대로 등기말소청구(상속회복청구)를 하는 경우, X는 A의 청구를 감수할 수밖에 없을 것이다.[33]

그런데 개정안 제1004조의2 제5항은 이런 경우에 X와 같은 제3자를 보호할 목적으로, 상속권 상실의 소급효는 "제3자의 권리를 해하지 못한다"는 단서를 두었다(이 단서에 따라 X를 상대로 한 A의 상속회복청구는 기각될 것이다). 이는 상속인(위의 예에서 B)이 상속권상실선고로 인하여 상속권을 상실하기 전에 그 상속인으로부터 상속부동산을 양수한 자(위의 예에서 X) 등을 보호하기 위하여 마련된 규정이다. 특히 X가 선의인 경우에는 X와 같은 제3자를 보호할 필요가 있으므로, 이와 같은 제3자 보호 규정이 필요하다는 주장을 반영한 것으로 보인다.[34] 물론 이 단서에 따르면 진정한 상속인 A는 상속부동산의 소유권을 회복하지 못하므로, 진정한 상속인은 보호되지 않는다. 진정한 상속인(위의 예에서 A)과 상속권상실선고를 받은 자로부터 상속부동산을 양수한 제3자(위의 예에서 X) 중에서 누구를 보호할 것인가는 입법정책의 문제라고 볼 수 있으며, 이런 경우에 입법자가 제3자를 보호하는 쪽으로 결정하여 위와 같은 규정을 두는 것 자체가 문제라고 할 수는 없다.[35] 그러나 우리 민법체계에 비추어 볼 때 이 단서 조항은 형평성을 결여한 규정이라는 비판을 받을 수 있다.

현행 민법 제1004조에 의한 상속결격에는 상속개시 전에 결격사유가 발생하는 경우(예를 들어 상속인이 될 사람이 피상속인을 살해하려다 미수에 그친 경우)와 상속개시 후에 결격사유가 발생하는 경우(예를 들어 상속인이 상속개시 후

---

33) 우리나라에서는 부동산등기에 공신력이 인정되지 않기 때문에 통상적으로 발생하는 결과라고 할 수 있다.

34) 서영교 의원안에 대한 법사위 검토 보고서(2020. 7.), 25면; 선의의 제3자를 보호하려는 취지라면 단지 "제3자"라고 쓸 것이 아니라, "선의의 제3자"라는 용어를 채택하는 편이 보다 명확할 것이다.

35) 그러나 이러한 규정은 실제에 있어서 개정안 제1004조의2 제3항 규정의 입법취지를 희석화할 가능성이 높다. 상속권상실사유에 해당하는 상속인이 상속개시 후 상속권상실선고를 받기 전에 상속부동산 등을 처분한 경우에는 진정한 상속인이 상속재산을 회복할 길이 없으므로, 이러한 법구조를 아는 상속인이라면 상속개시 후 신속하게(상속권상실선고가 확정되기 전에) 상속재산을 처분할 가능성이 높기 때문이다. 물론 개정안 제1004조의2 제6항 규정이 이러한 사태를 막는데 어느 정도 기능을 할 수도 있겠지만, 위와 같은 폐해를 완전히 방지하기에는 한계가 있을 것으로 보인다.

유언서를 위조·변조·파기 또는 은닉한 경우)가 있다. 후자의 경우 상속개시 후 상속결격사유가 생긴 상속인은 상속개시시로 소급하여 상속권을 상실하게 된다.[36](즉 개정안 제1004조의2 제1항－제3항에 의하여 상속개시 후 상속인이 상속권상실선고를 받은 경우와 같다. 개정안 제1004조의2 제5항 본문) 예를 들어 상속인 A가 상속이 개시된 때부터 몇 달이 지난 후에 유언서를 파기하여 상속결격자가 되었다면, A는 상속개시시로 소급하여 상속권을 상실하게 된다. 그런데 A가 유언서를 파기함으로써 상속결격자가 되기 전에 상속부동산을 B에게 매도하였고, 이러한 사실을 알게 된 진정한 상속인 C가 B를 상대로 등기말소청구(상속회복청구)를 하였다면, B는 그 청구를 물리칠 수 있는가? 상속결격에 관한 현행 민법 제1004조에는 개정안 제1004조의2 제5항과 달리 소급효를 제한하는 규정이 없으므로, B는 진정한 상속인 C의 상속회복청구를 감수하지 않을 수 없다. 상속개시 후 상속결격사유가 발생하여 상속권을 소급적으로 상실하게 된 상속인은 상속개시 후 상속권상실선고에 의해서 상속권을 소급적으로 상실하게 된 상속인과 실질적으로 어떤 차이가 있어서 전자로부터 상속부동산을 매수한 사람은 진정한 상속인의 상속회복청구를 감수할 수밖에 없는 반면, 후자로부터 상속부동산을 매수한 사람은 예외적으로 법의 보호를 받아 부동산의 소유권을 취득할 수 있는 것인가?[37] 실질적으로 동일한 상황에 있는 제3자를 어느 조문에서는 법이 보호하고, 또 다른 조문에서는 법의 보호 밖에 둔다는 것은 합리적인 기준을 결여한 것으로서 형평에 맞지 않는다고 생각된다.

---

36) 김주수·김상용, 친족·상속법, 법문사, 2020, 667면.

37) 이것과 예는 다르지만, 상속개시 전에 결격사유가 발생한 경우에도 제3자의 보호가 문제되는 상황은 얼마든지 있을 수 있다(실제 사례를 재구성한 것임. JTBC 뉴스 "살인사건 관련 집 샀다가 쫓겨날 위기에?" 2018. 11. 2. 보도). 예를 들어 A가 배우자 B를 살해한 후 단독상속인으로서 B의 아파트에 대하여 상속을 원인으로 소유권이전등기를 마친 후 이런 사실을 전혀 알지 못하는 C에게 그 아파트를 매도하였다고 가정해 본다. C가 가족과 함께 그 아파트에서 거주하고 있는데, 2년이 지난 후 A가 B를 살해하였다는 사실이 밝혀져 살인죄로 유죄판결을 받아 상속결격자가 되었다. 이에 따라 진정한 상속인 D(B의 동생)가 C를 상대로 상속회복청구를 하는 경우 C는 보호되지 않는다. 비록 상속결격사유는 상속개시 전에 발생하였지만, 상속개시 후 상당한 시간이 경과한 다음 법원의 유죄판결에 의해서 상속결격으로 확정된 경우, 상속결격이 확정되기 전에 결격자로부터 상속부동산을 양수한 제3자는 상속개시 후 상속권상실의 선고가 확정되기 전에 해당 상속인으로부터 상속부동산을 매수한 제3자와 비교하여 볼 때 보호에서 제외해도 좋을 타당한 이유가 있는지에 대해서도 생각해 볼 필요가 있다.

Ⅴ 용서에 의하여 상속권상실선고가 효력을 잃게 되는 것에 대한 검토

개정안 제1004조의3 제1항은 "피상속인이 상속인이 될 자[38]를 용서한 때에는 그 사유로 인한 상속권 상실의 선고를 청구하지 못하고, 상속권 상실의 선고는 효력을 잃는다"고 규정하고 있다. 이에 따르면 피상속인이 생전에 상속인이 될 사람을 용서하는 경우에는 두 가지가 있을 수 있다. 하나는 개정안 제1004조의2 제1항이 규정하는 상속권 상실의 사유가 있었으나, 피상속인이 상속권상실선고를 청구하지 않고 상속인이 될 사람을 용서한 경우이다.[39] 이 경우에는 피상속인은 생전에 그 사유로 인하여 상속권 상실의 선고를 청구할 수 없다. 예를 들어 자녀 B가 아버지 A에 대하여 중대한 범죄행위를 하였으나 A가 B를 용서하였다면 A는 그 후 그 범죄행위를 이유로 하여 상속권 상실의 선고를 청구할 수 없다(그러나 B가 그 후 다시 A를 학대하였다면 A는 학대로 이유로 상속권상실선고를 청구할 수 있게 된다). 다른 하나는 개정안 제1004조의2 제1항이 규정하는 상속권상실의 사유가 있어서 피상속인이 생전에 상속권상실의 선고를 청구하여 판결이 확정된 경우이다. 피상속인 생전에 상속권상실선고가 확정되면 나중에 피상속인이 사망하여 상속이 개시되어도 이미 상속권상실선고를 받은 사람은 상속권을 갖지 못한다. 그런데 개정안 제1004조의3 제1항에 따르면 피상속인이 사망하기 전에 그 상속인을 용서하는 의사표시를 한 경우,[40] 이미 확정된 상속권상실선고는 그 효력을 잃는다(따라서 상속권상실선고를 받은 사람은 상속이 개시되었을 때 상속권을 갖는다).

문제가 되는 것은 두 번째 경우이다. 사인(私人)의 의사표시로 확정된 판결의 효력을 잃게 하는 것은 매우 이례적일 뿐만 아니라 우리 법체계에서 전례를 찾기 어렵다. 현행 민법에서 개정안 제1004조의3 제1항과 비교할 수 있는 규정으로는 배우자의 부정행위를 용서하면 이혼청구권이 소멸한다는 제841조를 들 수 있을 것이다. 그러나 이것은 어디까지나 배우자의 부정한 행위를 용

---

38) 개정안 제1004조의2 제1항에서는 "상속인이 될 사람"이라는 용어를 사용하고 있는데, 개정안 제1004조의3 제1항에서는 "상속인이 될 자"라는 용어를 쓰고 있다. 하나의 용어로 통일하는 것이 바람직하다.

39) 피상속인이 생전에 상속권상실선고를 청구하여 소송계속 중에 용서하는 경우도 있을 수 있을 것이다.

40) 법무부 개정안 제1004조의3 제2항은 "용서는 공증인의 인증을 받은 서면 내지 공정증서에 의한 유언으로 하여야 한다"고 규정한다.

서한 경우에는 상대방 배우자의 이혼청구권이 소멸하여 재판상 이혼청구를 할수 없게 된다는 취지일 뿐, 이미 부정한 행위를 이유로 하여 이혼판결이 확정된 경우에 용서에 의해서 확정된 이혼판결이 효력을 잃게 된다는 의미는 아니다.

　개정안 제1004조의3 제1항과 같이 사인의 의사표시에 의해서 확정된 판결의 효력을 잃게 하는 것은 입법적으로 무리한 시도일 뿐만 아니라, 굳이 이러한 규정을 두어야 할 필요성도 인정하기 어렵다(피상속인이 상속권상실선고를 받은 상속인을 용서하고 싶다면, 생전증여를 함으로써 그 목적을 달성할 수 있기 때문이다). 외국의 입법례에서도 이와 유사한 규정은 찾아보기 어렵다. 앞에서 본 바와 같이 피상속인의 생전 청구에 의하여 법원의 선고로써 상속인이 될 사람의 상속권을 상실시킬 수 있는 규정을 둔 나라는 일본이 유일하다(일본민법 제892조 추정상속인의 폐제). 일본을 제외한 다른 나라들에서는 상속개시 전에 피상속인의 청구에 따라 상속인이 될 사람이 법원의 선고에 의해서 상속권을 상실하는 경우는 발생할 수 없으며, 따라서 법원의 판결에 의해서 이미 상속권을 상실한 자를 피상속인이 용서함으로써 판결의 효력을 잃게 하는 규정도 존재할 여지가 없다. 개정안이 모델로 하는 일본민법 역시 개정안 제1004조의3과 같은 취지의 규정을 두고 있으나, 그 방식에 있어서는 본질적인 차이가 있다. 즉 일본민법 제894조(추정상속인의 폐제의 취소)는 상속인 폐제 심판의 효력을 잃게 하려면 가정재판소에 폐제 심판의 취소를 청구하도록 하고 있다("피상속인은 언제든지 추정상속인의 폐제의 취소를 가정재판소에 청구할 수 있다."). 이와 같이 일본민법에서도 사인(피상속인)의 의사표시만으로 이미 확정된 상속인 폐제 심판의 효력을 소멸시킬 수는 없으며, 법원의 취소 심판에 의해서만 폐제된 상속인의 상속자격을 회복시킬 수 있다. 개정안 제1004조의3은 피상속인의 용서에 의해서 상속권 상실의 선고는 효력을 잃는다고 규정함으로써 사인의 의사표시만으로 확정판결의 효력을 소멸시킬 수 있다는 태도를 취하고 있는데, 이는 외국의 입법례에서도 유례를 찾기 어려운 무리한 입법적 시도라고 생각된다.

Ⅵ 상속결격제도의 개정을 통한 대안의 모색

　최근에 우리 사회에서는 자녀에 대한 양육의무를 이행하지 않은 부 또는 모의 상속권을 제한해야 한다는 공감대가 형성된 것으로 보인다.[41] 이러한 사회 분위기에서 양육의무를 이행하지 않은 부모의 상속자격을 제한하는 방향으로 상속법을 개정하는 것은 피할 수 없는 과제가 되었다고 생각된다.[42] 그러나 법무부가 마련한 상속권상실선고제도는 적지 않은 문제점을 안고 있을 뿐아니라, 문제를 해결할 수 있는 유일한 대안도 아니다. 위에서 본 바와 같이 법무부가 제안한 상속권상실선고제도는 일본민법의 상속인 폐제를 모델로 한 것인데,[43] 그 외에 많은 나라들은 상속결격제도와 유류분상실제도를 통하여 이러한 문제를 해결하고 있다. 즉 부모가 자녀에 대하여 친자관계에서 발생하는 가족법상의 의무를 이행하지 않은 경우를 상속결격사유로 규정하고, 해당 부모의 상속자격을 당연히 상실시키는 입법례가 있는가하면(예를 들면 오스트리아민법 제541조는 친자관계에서 발생하는 가족법상의 의무를 현저히 해태한 경우를 상속결격사유로 규정하고 있다), 이러한 사유를 유류분상실사유로 규정한 입법례도 있다(예를 들면 독일민법 제2333조는 상속인이 피상속인에 대하여 부담하는 법률상의 부양의무를 악의로 위반한 경우를 유류분상실사유로 규정하고 있다.[44]).

아래에서 친자관계에서 발생하는 가족법상의 의무위반을 상속결격사유 또는 유류분상실사유로 규정하고 있는 외국의 입법례에 대해서 보다 자세히 살펴본다.

1. 외국의 입법례

(1) 오스트리아민법은 친자관계에서 발생하는 가족법상의 의무를 현저히 해태한 경우를 상속결격사유로 규정하고 있다(제541조). 친자관계에서 발생하

---

41) 2020년 3월에 구하라씨의 오빠가 국회에 올린 국민동의청원은 약 2주일 만에 10만 명의 동의를 받았다.

42) 이미 같은 취지의 공무원연금법 개정안이 2020년 12월 1일 국회를 통과하여 12월 22일에 공포되었다(2021년 6월 23일 시행 예정). 공무원연금법 제63조 제4항: 퇴직유족급여를 받을 수 있는 사람 중 공무원이거나 공무원이었던 사람에 대하여 양육책임이 있었던 사람이 이를 이행하지 아니하였던 경우에는 「공무원 재해보상법」 제6조에 따른 공무원재해보상심의회의 심의를 거쳐 양육책임을 이행하지 아니한 기간, 정도 등을 고려하여 대통령령으로 정하는 바에 따라 해당 급여의 전부 또는 일부를 지급하지 아니할 수 있다; 또한 같은 취지의 군인연금법 개정안도 2021년 2월 23일 국방위 전체회의를 통과하였다.

43) 다만 개정안 제1004조의2 제3항은 프랑스민법 제727-1조와 유사한 점이 있다.

44) 유류분상실제도에 대해서는 위에서 이미 설명하였으나, 다시 한번 간단히 언급하면 다음과 같다: 피상속인이 생전증여나 유언을 통해서 특정한 상속인을 상속에서 배제한 경우에도 그 상속인은 유류분권리자로서 유류분반환청구를 할 수 있는데, 일정한 사유가 존재하는 경우에는 피상속인이 유언으로 그 상속인의 유류분마저 상실시킬 수 있는 제도를 말한다. 상속결격제도에 있어서는 일정한 사유가 존재하는 경우 해당 상속인의 상속자격이 피상속인의 의사와 관계없이 당연히 상실되지만, 유류분상실제도의 경우에는 법률이 규정하는 일정한 사유가 있다고 해서 당연히 유류분이 상실되는 것은 아니며 피상속인이 유언으로 해당 상속인의 유류분을 박탈하겠다는 의사를 표시한 때에만 유류분이 상실된다는 차이가 있다.

는 가족법상의 의무위반에는 부모의 미성년자녀에 대한 보호·양육의무(제146조 이하) 위반, 재산관리의무(제149조 이하)의 위반 등과 더불어 부양의무(제140조)의 위반도 포함된다(반대로 자녀가 부모에 대해서 부담하는 부양의무[45]를 위반한 경우도 제541조에 따라 상속결격사유가 된다).[46]

　친자관계에서 발생하는 가족법상의 의무를 현저히 해태한 경우는 1989년에 오스트리아상속법이 개정될 때 새롭게 상속결격사유로 추가되었다. 그 전에는 친자관계에서 발생하는 가족법상의 의무를 위반한 경우는 보다 구체적인 요건하에 유류분상실사유로 규정되어 있었을 뿐이다(구 오스트리아민법 제769조는 "부모가 자녀에 대한 보호·양육의무를 현저히 해태한 경우"를, 제768조 제2호는 "자녀가 피상속인이 곤경에 처해 있을 때 방임한 경우"를 각각 유류분상실사유로 규정하고 있었다.[47]). 친자관계에서 발생하는 가족법상의 의무를 현저히 해태한 경우를 상속결격사유로 규정한 것은 기존의 유류분상실사유의 범위를 확대하고 일반화하였다는 의미가 있을 뿐 아니라, 피상속인이 유언을 하지 않아도 결격사유가 있는 상속인을 당연히 상속에서 배제할 수 있게 되었다는 점에서 그 의의를 찾을 수 있다.[48] 상속결격의 효과는 피상속인의 의사와 관계없이 당연히 발생하므로, 피상속인이 유언능력이 없는 경우(또는 유언을 하지 않은 경우)에도 결격사유만 증명되면[49] 상속에서 배제할 수 있기 때문이다. 이 점은 특히 피상속인이 미성년자여서 유언능력이 없었던 경우(또는 유언능력이 있었다고 해도 유언을 할 기회를 갖지 못한 경우)에 중요한 의미가 있다. 실제로 이 규정에 의해서 상속결격자가 되는 사람들은 대부분 친자관계에서 발생하는 의무를 이행하지 않았던 부모라고 한다.[50]

　슬로베니아상속법은 피상속인에 대한 법률상의 부양의무를 중대하게 위반한 경우, 상속인이 피상속인에게 필요한 조력을 하지 않은 경우를 상속결격사유로 규정하고 있다(제126조).[51]

---

　45) 오스트리아 민법 제143조.

　46) OGH NZ 1997, 243; Ferrari-Likar·Peer(Hrsg), Erbrecht, 2007, S. 288; 이유 없이 장기간 면접교섭을 거부한 경우도 친자관계에서 발생하는 가족법상의 의무를 현저히 해태한 경우에 해당될 수 있다(688 der Beilagen XXV. GP – Regierungsvorlage – Erläuterungen).

　47) 현행 오스트리아민법 제770조 제5호는 유류분권자가 피상속인에 대한 가족법상의 의무를 현저히 해태한 경우를 유류분상실사유로 규정하고 있다.

　48) Adensamer, Erbrechtsänderungsgesetz 1989, ÖA(Der Österreichische Amtsvormund) 1991, 6/7.

　49) 상속결격을 주장하는 사람은 결격사유의 존재를 증명하여야 한다. 상속인의 상속자격이 상실되는 데 법적인 이해관계를 가진 사람은 누구나 상속결격을 주장할 수 있다. Ferrari-Likar·Peer(Hrsg), Erbrecht, 2007, S. 293.

　50) Ferrari-Likar·Peer(Hrsg), Erbrecht, 2007, S. 289.

　51) Ferid/Firsching/Dörner/Hausmann, Internationales Erbrecht, Bd. VII(Slowenien), 2014,

스페인민법(제756조)은 가족간의 의무를 위반하여 유죄판결을 받은 경우와 친권상실선고를 받은 경우를 상속결격사유로 규정하고 있다.[52] 이외에 부모의 자녀에 대한 부양의무 위반(제854조)을 유류분상실사유로 규정함으로써 이러한 사유가 있는 경우에는 자녀가 유언으로 해당 사유가 있는 부모를 상속에서 배제할 수 있다.[53]

이탈리아민법은 친권상실선고를 받고 상속개시시까지 친권을 회복하지 못한 부모를 상속결격자로 규정하고 있다(제463조).[54] 이탈리아 민법은 부모가 자녀에 대하여 친권자로서의 의무를 위반하거나 해태한 경우, 자녀에게 불이익하게 친권을 남용한 경우를 친권상실사유로 규정한다(제330조). 체코민법도 친권상실선고를 받은 부모를 상속결격자로 규정하고 있다(제1482조).[55]

미국의 여러 주법도 부모가 미성년자녀에 대한 부양의무를 이행하지 않은 경우를 상속결격사유로 규정하고 있다. 자녀에 대한 부모의 양육, 부양의무 위반을 상속결격사유로 규정한 첫 번째 주는 노스캐롤라이나였으며(1927년),[56] 뉴욕주법[57]이 그 뒤를 이어 같은 취지의 규정을 도입하였다(1941년). 그 후 펜실베니아주[58]가 세 번째로 자녀에 대한 부양의무를 이행하지 않은 부모의 상속자격을 부정하는 법률을 제정하였다(1984년).[59] 그 외에 — 필자가 조사한 범위에서는 — 현재 미국에서 자녀에 대한 부모의 부양의무 위반을 상속결격사유로 규정하고 있는 주는 다음과 같다: 코네티컷주,[60] 일리노이주,[61] 켄터키주,[62] 메릴랜드주,[63] 오하이오주,[64] 오리건주,[65] 사우스캐롤라이나주,[66] 버지

Rn. 40f.

52) Süß(Hrsg.), Erbrecht in Europa, 2020, S. 1400f.

53) Henrich/Schwab(Hrsg.), Familienerbrecht und Testierfreiheit im europäischen Vergleich, 2001, S. 317.

54) 이 규정은 2005년 민법개정에 의해서 추가되었다.

55) 이 외에 중국민법 제1125조 제1항 제3호는 피상속인을 유기하거나 피상속인을 학대한 중대한 사정이 있는 경우를 상속결격사유로 규정하고 있으며(김성수, 「중화인민공화국 민법전」(2020년) 해제, 2020, 368면), 대만민법 1145조는 피상속인에게 심각한 학대 또는 모욕을 하여, 피상속인이 상속을 못시키겠다는 의사를 드러내도록 하는 경우(제5호)를 상속결격사유로 규정하고 있다.

56) NC Gen Stat § 31A-2 (2018) 〈https://law.justia.com/codes/north-carolina/2018/chapter-31a/article-2/section-31a-2/〉 2021. 3. 9. 최종 접속(이하 같다).

57) NY Est Pow & Trusts L § 4-1.4 (2014) 〈https://law.justia.com/codes/new-york/2014/ept/article-4/part-1/4-1.4/〉.

58) 20 PA Cons Stat § 2106 (2016) 〈https://law.justia.com/codes/pennsylvania/2016/title-20/chapter-21/section-2106〉.

59) Anne-Marie Rhodes, Consequence of Heir's Misconduct: Moving from Rules to Discretion, Ohio Northern University Law Review Vol 33, 2007, p. 975, p. 982 이하.

60) 2011 Connecticut Code Title 45a Probate Courts and Procedure Chapter 802b Decedents' Estates Sec. 45a-439.

61) 2013 Illinois Compiled Statutes Chapter 755 — ESTATES 755 ILCS 5/Sec. 2-6.5.

니아주,[67] 캘리포니아주,[68] 뉴멕시코주,[69] 메인주,[70] 미네소타주,[71] 콜로라도 주,[72] 몬태나주,[73] 조지아주,[74] 버지니아주,[75] 뉴저지주[76] 등.[77]

(2) 부양의무의 위반 등 친자관계에서 발생하는 가족법상의 의무위반을 상속결격사유로 규정하지는 않지만 유류분상실사유로 인정하는 입법례도 상당수에 이른다. 대표적으로 독일민법은 상속인이 피상속인에 대하여 부담하는 법률상의 부양의무를 악의로 이행하지 않은 경우를 유류분상실사유로 규정하고 있다(독일민법 제2333조 제1항 제3호).

스위스민법에 따르면 상속인이 피상속인 또는 그의 친족에 대하여 가족법상의 의무를 중대하게 위반한 경우에는 피상속인은 유언으로 그 상속인의 유류분을 상실시킬 수 있다(제477조).[78] 가족법상의 의무에는 친족간의 부양의무(제328조), 부모와 자녀 사이에 서로 돕고, 배려하고, 존중할 의무(제272조), 부부간의 부양, 협조의무(제159조, 제163조, 제164조) 등이 포함된다.[79]

오스트리아민법 제770조 제5호는 유류분권자가 피상속인에 대한 가족법상의 의무를 현저히 해태한 경우를 유류분상실사유로 규정하고 있다. 부모와 자

---

62) KY Rev Stat § 391.033 (2019).
63) Maryland Estates and Trusts Section 3-112.
64) Ohio Rev Code § 2105.10 (2019).
65) OR Rev Stat § 112.047 (2015).
66) SC Code § 62-2-114 (2013).
67) 2006 Code of Virginia § 64.1-16.3.
68) CA Prob Code § 6452 (2013).
69) NM Stat § 45-2-114 (2018).
70) 18-C ME Rev Stat § 2-113 (2019).
71) MN Stat § 524.2-114 (2019).
72) CO Rev Stat § 15-11-114 (2017).
73) MT Code § 72-2-125 (2019).
74) GA Code § 53-2-1 (2014).
75) 2006 Code of Virginia § 64.1-16.3.
76) 2009 New Jersey Code TITLE 3B:5-14.1.
77) 또한 통일유언검인법(Uniform Probate Code, UPC)은 2008년 개정 시에 부모가 자녀에 대한 부양의무를 이행하지 않은 경우를 상속결격사유에 포함시켰다. UPC 제2-114조 제(a)항 제1호. 자세한 내용은 Susan N. Gary, The Probate definition of Family: A proposal for Guide Discretion in Intestacy, University of Michigan Journal of Law Reform Vol 45;4, 787(2012), p. 808; 박지원, "부양의무해태와 상속결격사유 확대에 관한 입법론", 『홍익법학』 제21권 제3호 (2020), 232면 이하 참조.
78) 터키민법도 이와 같은 취지의 규정을 두고 있다(제510조). 상속인이 가족구성원으로서 서로 협력하고 지원해야 할 의무, 부양의무, 배우자에 대한 성실의무를 심각하게 위반한 경우에는 피상속인은 유언으로 그 상속인의 유류분을 상실시킬 수 있다. Süß(Hrsg.), Erbrecht in Europa, 2020, S. 1531f.
79) ZGB-Bessenich, Art. 477 N 13.

녀 사이에 발생하는 가족법상의 의무를 현저히 해태한 경우는 물론, 부부간에 인정되는 가족법상의 의무를 현저히 해태한 경우도 여기에 해당한다.[80]

체코민법에 의하면 피상속인이 곤경에 처해 있을 때 직계비속[81]이 필요한 도움을 제공하지 않은 경우, 피상속인에 대하여 직계비속으로서 당연히 가져야 할 관심을 장기간 보이지 않은 경우, 피상속인은 유언으로 직계비속의 유류분을 상실시킬 수 있다(체코민법 제1646조).

헝가리민법은 상속인이 피상속인에 대한 법률상의 부양의무를 중대하게 위반한 경우를 유류분상실사유로 규정하고 있으며(제663조), 폴란드민법은 유류분권자가 피상속인에 대한 가족법상의 의무를 현저히 해태한 경우를 유류분상실사유로 규정한다(제1008조).[82]

2. 상속결격사유로서의 부양의무 위반

우리 사회 일각에서 부양의무의 불이행이 상속결격사유로서 적당하지 않다는 비판이 제기되고 있다.[83] 이러한 비판의 요점은 "부양의무의 이행이라는 개념이 불명확하고 상대적이어서 이를 상속결격사유로 규정하는 경우 상속결격여부를 명확하게 판단하기 어렵다"는 것이다. 그러나 이러한 의견에 대해서는 다음과 같은 반론이 가능하다. 첫째, 위에서 본 바와 같이 상당수의 외국 입법례가 부양의무의 위반은 물론, 이를 포함하는 보다 넓은 개념(예를 들어

---

80) Rabl/Zöchling-Jud(Hrsg), Das neue Erbrecht, 2015, S. 86f. 장기간 이유 없이 부모와 자녀 사이의 모든 접촉을 거부한 경우도 유류분상실사유가 될 수 있다고 한다.

81) 체코민법에 의하면 피상속인의 직계비속만이 유류분권자가 된다. Süß(Hrsg.), Erbrecht in Europa, 2020, S. 1496.

82) 유류분상실사유를 더 넓게 인정하는 입법례도 있다. 예를 들면 크로아티아상속법은 상속인이 피상속인에 대하여 법률상 또는 도의상 인정되는 가족의 의무를 중대하게 위반한 경우(예를 들어 부양의무 위반, 자녀의 보호·양육의무 위반, 배우자에 대한 의무위반 등)를 유류분상실사유로 규정하고 있다(제85조). Süß(Hrsg.), Erbrecht in Europa, 2020, S. 895; 보스니아 헤르체고비나 상속법은 상속인이 피상속인과의 가족관계에서 발생하는 법적 또는 도의적 의무를 중대하게 위반한 경우를 유류분상실사유로 규정하고 있다(제47조). Süß(Hrsg.), Erbrecht in Europa, 2020, S. 373; 슬로베니아 상속법에도 같은 취지의 규정이 있다(제42조). Süß(Hrsg.), Erbrecht in Europa, 2020, S. 1350.

83) 제377회 국회 제2차 법제사법위원회회의록 법안심사제1소위 회의록(2020. 4. 29.), 20면-28면. 제377회 국회 제3차 법제사법위원회회의록 법안심사제1소위 회의록(2020. 5. 19.), 34면-35면. "부양의무의 현저한 해태"라는 개념이 불명확하여 이를 보완할 필요성이 있다고 함; 서영교 의원안에 대한 법사위 검토 보고서(2020. 7.), 24면; 헌재결 2018. 2. 22, 2017헌바59. "개별 가족의 생활 형태나 경제적 여건 등에 따라 부양의무 이행의 방법과 정도는 다양하게 나타나기 때문에 '부양의무 이행'의 개념은 상대적일 수밖에 없다. 그럼에도 직계존속이 피상속인에 대한 부양의무를 이행하지 않은 경우를 상속결격사유로 본다면, 과연 어느 경우에 상속결격인지 여부를 명확하게 판단하기 어려워 이에 관한 다툼으로 상속을 둘러싼 법적 분쟁이 빈번하게 발생할 가능성이 높고, 그로 인하여 상속관계에 관한 법적 안정성이 심각하게 저해된다."

친자관계에서 발생하는 가족법상의 의무위반)을 상속결격사유(또는 유류분상실사유)로 규정하고 있음에도, 이러한 조항을 해석, 적용함에 있어서 실무상 어려움이 있다는 연구보고서나 입법론으로 이를 폐지하여야 한다는 주장은 보이지 않는다. 다른 나라의 법원에서 별 무리 없이 부양의무 위반이나 친자관계에서 발생하는 가족법상의 의무위반과 같은 사유의 존부를 심리, 판단하여 상속결격(또는 유류분상실) 여부를 판단하고 있다면, 우리 법원에서도 큰 어려움 없이 그러한 업무를 감당할 수 있을 것으로 기대해도 무방할 것이다.

둘째, 현행 민법 제1004조가 규정하는 상속결격사유의 존부를 확정하는 것은 법문상으로는 명확하고 간단하게 보이기도 하지만, 어차피 어떤 상속인에게 결격사유가 있는가의 여부는 대부분의 경우 재판을 통해서 확정될 수밖에 없다.[84] 부양의무의 위반이나 친자관계에서 발생하는 가족법상의 의무위반 역시 법원의 심리, 판단을 거쳐 확정될 수 있는 성질의 것이므로,[85] 이 점에 있어서 현행 민법의 상속결격사유와 본질적인 차이가 있다고 보기는 어렵다.[86] 예를 들어 피상속인의 자녀인 갑이 피상속인을 살해하였다는 의심이 있

---

[84] 물론 상속결격사유가 있는 경우에는 해당 상속인은 판결이 없어도 당연히 상속자격을 잃게 되므로, 이론상으로는 별도의 판결이 반드시 필요한 것은 아니다.

[85] 헌재결 2018. 2. 22, 2017헌바59는 "개별 가족의 생활 형태나 경제적 여건 등에 따라 부양의무 이행의 방법과 정도는 다양하게 나타나기 때문에 '부양의무 이행'의 개념은 상대적일 수밖에 없으므로, 직계존속이 피상속인에 대한 부양의무를 이행하지 않은 경우를 상속결격사유로 본다면, 어느 경우에 상속결격인지 여부를 명확하게 판단하기 어렵다"고 한다. 이와 같은 논리에 따른다면 양육친이 비양육친을 상대로 자녀의 과거 양육비를 청구하는 경우에도 법원으로서는 비양육친의 부양의무 이행 여부를 판단하는 것이 어려울 것이며, 따라서 과거의 양육비 청구에 대한 판단도 어려울 것이다. 다른 한편 위 헌재결정은 "부양의무를 이행한 직계존속은 부양의무를 이행하지 않은 다른 직계존속을 상대로 양육비를 청구할 수도 있다"고 하는데, 이는 부모의 일방(비양육친)이 과거에 부양의무를 이행하지 않았다는 사실의 확정을 전제로 하는 것이다. 양육친이 비양육친을 상대로 과거의 양육비를 청구할 때에는 별 어려움 없이 부양의무의 이행 여부를 확정할 수 있다고 전제하면서, 부모의 상속자격과 관련하여서는 과거의 부양의무 이행 여부를 판단하기 어렵다는 헌재의 논리는 자기모순에 빠진 것으로 보인다. 부양의무의 이행 여부가 문제되는 사례는 대부분 비양육친에게서 발생하는데, 자녀와 동거하지 않는 비양육친은 양육비의 지급을 통하여 부양의무를 이행하는 것이 보통이며, 양육비는 일반적으로 계좌이체의 방식으로 지급하게 되므로, 부양의무의 이행 여부를 판단하는 것이 어렵다는 주장은 실로 이해하기 어렵다.

[86] 상속재산분할심판에서 공동상속인간에 상속결격이 다투어지는 경우(예컨대 유언서의 위조 여부가 다투어지는 경우) 별도의 확인의 소를 거치지 않고도 가정법원이 선결문제로 결격사유의 존부를 심리, 판단할 수 있다는 것이 실무의 태도이다(법원행정처, 법원실무제요 가사 II, 2010, 636면). 따라서 만약 부양의무의 중대한 위반이 상속결격사유로 규정된다고 가정한다면, 공동상속인간에 상속결격에 관한 다툼이 있는 경우(예를 들어 공동상속인으로서 피상속인의 부모 A와 B가 있는데, 피상속인을 20년간 양육, 부양한 A가 양육의무를 이행하지 않은 B의 상속결격을 주장하는 경우) 상속재산분할심판절차에서 선결문제로서 상속결격여부를 판단하고 상속재산분할심판을 할 수 있을 것이다. 반면에 법무부 개정안에 따르면 이런 경우 A는 먼저 상속권상실선고를 청구해야 하고, 청구가 기각되는 경우에는 다시 상속재산분할청구를 하면서 기여분을 주장해야 할 것이므로 결과적으로 두 번의 재판절차를 거칠 수밖에 없게 된다. 이러한 이중의 절차는 당사자에게 적지

다고 해서 갑이 당연히 결격자가 되는 것은 아니며(갑이 피상속인을 살해하였다고 다른 공동상속인이 주장한다고 해서 갑이 상속결격자가 되는 것은 아니다), 법원의 재판을 통해서 살인죄의 유죄판결이 확정되어야만 결격자가 되는 것이다.[87] 피상속인의 유언서를 위조·변조·파기 또는 은닉한 경우도 상속결격사유에 해당하는데, 이 경우에도 상속인 A가 유언서를 파기했다는 정황이 있다고 해서 A가 당연히 상속결격자가 되는 것은 아니다. 이 경우에도 일반적으로 A가 유언서를 파기했다는 사실이 법원의 재판에 의해서 확정된 때에 비로소 A는 상속결격이 되어 상속에서 배제될 것이다. 이와 같이 상속인 중 누가 결격자인가는 현행 민법 제1004조 규정에 따르면 명확하게 결정될 것처럼 보이지만, 실제로 특정 상속인이 결격자가 되어 상속에서 배제되기 위해서는 일반적으로 법원의 재판을 거쳐 그 상속인이 제1004조가 규정하는 어느 사유에 해당한다는 점이 확정되어야 한다. 부양의무의 위반 여부도 역시 법원의 재판을 거쳐 확인될 수 있는 성질의 것이므로, 부양의무의 위반이라는 요건이 현행 민법 제1004조가 규정하는 5가지 사유와 달리 상대적이고 불명확한 개념이어서 상속결격의 사유로서 적당하지 않다는 주장은 설득력이 없다.

셋째, 현행 민법에 따르면 부모가 3년 이상 자녀에 대한 부양의무를 이행하지 않은 경우에는 법원은 부모의 동의가 없어도 입양의 허가를 할 수 있다(제870조 제2항 제1호, 제908조의2 제2항 제2호). 이는 자녀에 대한 가장 기본적인 의무인 부양의무를 이행하지 않은 부모가 입양에 동의하지 않더라도 자녀의 복리를 위하여 입양이 필요하다고 판단되는 때에는 입양이 성립될 수 있도록 하려는 취지의 규정이다.[88] 이 규정이 도입된 때[89]부터 10년에 가까운 세월이 흘렀으나 입법 당시는 물론이고 그 후에도 '부양의무의 이행'이라는 개념이 상대적이고 불명확하여 법원이 부모의 동의 없이 입양을 허가하는 기준으로서 부적절하다는 문제 제기는 듣지 못하였다. 이와 같이 '부양의무의 이행'은 우리 민법에서 이미 하나의 중요한 개념으로 자리 잡고 있다. 따라서 '부양의무의 이행'이라는 개념이 상대적이고 불명확하여 상속결격사유로서 적

않은 부담이 될 것으로 보인다.

87) 등기선례 제4-359호: 공동상속인중 1인이 피상속인인 직계존속을 살해함으로써 민법 제1004조 제1호에 의하여 상속결격자가 되었고 위 존속살인 범행이 대법원판결에 의하여 유죄로 확정된 경우, 나머지 공동상속인이 상속등기를 신청함에 있어서는 위 상속결격자에 대한 결격사유를 증명하는 서면으로 존속살인 범행에 대한 유죄의 사실심 판결등본과 대법원판결등본을 첨부하여야 하지만 그 이외에 별도의 확정증명원까지 첨부할 필요는 없으며, 상속등기신청서에는 신청인 표시란에 당해 상속인이 상속결격되었다는 취지의 기재를 하여야 할 것이다.

88) 김상용, "개정 양자법 해설", 『법조』 제668호(2012. 5.), 25면 이하, 48면 이하 참조.

89) 법률 제11300호, 2012. 2. 10. 공포, 2013. 7. 1. 시행.

당하지 않다는 주장은 이미 현행 민법에서 동일한 개념이 사용되고 있다는 점에 비추어 보아도 설득력이 없다.

3. 대 안

개정안 제1004조의2 제1항의 사유에 해당하는 상속인을 상속에서 배제하고자 하는 기본취지에는 공감할 수 있으나, 일본민법의 추정상속인 폐제를 모델로 하는 개정안에 대해서는 찬성하기 어렵다. 개정안이 추구하는 입법목적을 실현할 수 있는 대안으로는 현행 민법상 상속결격제도의 확충과 유류분상실제도의 도입을 들 수 있다. 개정안 제1004조의2 제1항의 사유 중 일부는 현행 민법 제1004조의 상속결격사유에 편입시키고(예를 들어 피상속인에 대한 부양의무를 중대하게 위반한 경우), 나머지 사유는 유류분상실사유로 규정한다면(예를 들어 피상속인 또는 그 배우자나 직계혈족에 대한 중대한 범죄행위. 다만 제1004조의2 제1항의 사유들은 명확성이 떨어지는 문제가 있으므로, 보다 명확하게 다듬을 필요가 있다고 생각된다) 개정안을 통해 실현하고자 했던 입법목적도 이룰 수 있고, 개정안과 관련하여 발생할 수 있는 상속법 이론상의 논란도 피할 수 있을 것이다. 또한 이러한 해결방식은 현행 상속법체계와 무리 없이 조화를 이룰 수 있다는 점에서도 장점이 있다. 상속결격은 이미 현행 민법에 규정되어 있는 제도이므로, 새로운 결격사유를 추가한다고 해서 무리가 될 것은 없다(다만 그러한 사유에 해당하는 상속인은 피상속인의 의사와 관계없이 상속에서 당연히 배제하여야 한다는 사회적 공감대가 전제되어야 할 것이다). 유류분상실제도는 새로운 제도이기는 하지만, 우리 상속법의 기본원칙인 유언자유의 원칙의 연장선상에서 인정될 수 있는 제도이므로, 현행 상속법체계와 조화를 이루는 데 문제가 없을 것이다(이러한 해결방식은 외국의 보편적인 입법례에 따른 것이기도 하다).

Ⅶ 맺음말

최근에 우리 사회에서는 자녀에 대한 양육의무를 이행하지 않은 부모의 상속자격을 제한해야 한다는 공감대가 형성되고 있다. 이러한 사회 분위기에서 양육의무를 이행하지 않은 부모의 상속자격을 제한하는 방향으로 상속법을 개정하는 것은 피할 수 없는 과제가 된 것으로 보인다. 이에 따라 법무부에서는 상속법 개정안을 마련하여 입법예고를 하였는데, 그 주된 내용은 상속권상실선고라는 새로운 제도를 도입하는 것으로 요약될 수 있다. 그러나 법무부가 마련한 상속권상실선고제도는 몇 가지 점에서 검토와 논의를 필요로 한다고 생각된다. 첫째, 개정안 제1004조의2 제1항 따르면 일정한 사유가 있는 경우(피상속인에 대한 부양의무의 중대한 위반, 피상속인 또는 그 배우자나 직계혈족에 대한 중대한 범죄행위, 학대, 그 밖의 심히 부당한 대우) 피상속인은 생전에 상속인이 될 사람의 상속권 상실을 청구할 수 있다. 이 규정은 일본민법 제892조(추정상속인의 폐제)를 모델로 하고 있는데, 연혁적으로 살펴보면 일본명치민법의 가독상속제도에서 그 뿌리를 찾을 수 있다. 해방 이후 민법전을 제정할 때 일본민법전을 참고하면서도 상속인 폐제에 관한 규정은 계수하지 않았는데, 이제 와서 굳이 일본에 고유한 제도인 상속인 폐제 제도를 도입해야만 할 불가피한 사정이 있는가에 대해서는 의문이 있다. 또한 이 규정에 따르면 피상속인이 될 사람과 상속인이 될 사람(많은 경우 부모와 자녀)이 상속권의 상실 여부에 관하여 법원에서 대립하는 당사자로 다투게 될 터인데, 이러한 과정을 거치면서 그 사이의 관계는 회복불가능하게 파탄될 가능성이 높다. 일본민법상 추정상속인의 폐제는 일본의 전통에서 유래하는 제도이므로, 오랜 기간에 걸쳐 일본인의 정서에 자연스럽게 스며들었다고 볼 수 있고, 따라서 실무상 별 마찰 없이 운용될 수 있을 것이다. 그러나 이러한 사회적 토양이 전혀 없는 우리 사회에 일본 특유의 제도를 갑자기 도입할 경우 적지 않은 부작용과 폐해가 우려된다. 둘째, 개정안 제1004조의2 제3항에 의하면 일정한 사유(개정안 제1004조의2 제1항에 규정되어 있는 상속권상실사유)가 있는 경우에는 상속개시 후 법정상속인의 순위에 포함되는 사람이 상속인의 상속권 상실을 가정법원에 청구할 수 있다. 이는 피상속인의 의사와는 무관하게 법정상속인의 순위에 포함되는 사람의 청구에 의하여 상속인의 상속권을 상실시킬 수 있는 규정이다. 피상속인이 어느 상속인(상속인이 될 사람)에게 상속권상실사유가 있다고 판단하고 그의 상속권을 상실시킬 의사가 있었다면 개정안 제1004조의2 제1항에 의하여 생전에 상속권 상실을 청구하거나 또는 개정안 제1004조의2 제2항에 의하여 유언으로 상속권 상실의 의사를 표시하였을 것이다. 만약 피상속인이 아무런 조치를 취하지 않고 사망했다면 해당 상속인의 상속권을 상실시킬 의사가 없었다고 보아도 무방한 경우가 많을 것이다. 그런데 개정안 제1004조의2 제3항은 이러한 경우에 상속에 법률상의 이해관계가 전혀 없는 사람(상속권상실선고에 의하여 상속분이 증가할 가능성도 없고, 상속인이 될 가능성도 없는 사람, 예를 들면 법정상속인으로서 자녀들이 있는 경우에 피상속인의 4촌과 같은 사람)까지도 상속권 상실을 청구할 수 있도록 허용하고 있다. 이와 같이 피상속인의 의사와 무관하게 제3자의 의사(청구)에 의하여 상속인의 상속권을 상실하게 하는 근거가 무엇인지 이해하기 어려울 뿐만 아니라, 입법의 필요성도 인정하기 어렵다. 피상속인의 의사와 무관하게 일정한 법정사유에 해당하는 상속인의 상속권을 상실시키겠다는 취지라면 상속결격으로 규정하여 당연히 상속자격을 잃게 하는 것이 타당하다고 본다. 셋째, 개정안 제1004조의2 제5항에 따르면 상속개시 후에 상속권상실선고가 확정된 때에는 해당 상속인은 상속개시시로 소급하여 상속권을 상실하게 되지만, 이러한 소급효는 제3자의 권리를 해하지 못한다. 이는 상속인이 상속권상실선고로 인하여 상속권을 상실하기 전에 그로부터 상속부동산을 양수한 사람 등을 보호하려는 취지로 마련된 규정인데, 우리 민법체계에 비추어 볼 때 형평성의 문제가 제기될 수 있다. 현행 민법 제1004조에 따르면 상속개시 후에 상속인이 유언서를 위조·변조·파기 또는 은닉한 경우에는 상속결격자가 되어 상속개시시로 소급하여 상속권을 상실하게 되는데, 해당 상속인이 상속결격자가 되기 전에 그로부터 상속부동산을 양수한 사람은 – 개정안 제1004조의2 제5항의 경우와는 달리 – 보호되지 않는다(즉 진정한 상속인의 상속회복청구를 감수할 수밖에 없다). 상속개시 후에 상속결격사유가 발생한 경우에는 해당 상속인의 상속권은 상속개시시로 소급하여 소멸하지만, 이 경우에는 소급효를 제한하는 단서 규정이 없기 때문이다. 이와 같이 실질적으로 동일한 상황에 있는 제3자를 어느 조문에서는 법이 보호하고, 또 다른 조문에서는 법의 보호 밖에 둔다는 것은 형평의 원칙에 맞지 않는다고 생각된다. 넷째, 개정안 제1004조의3에 의하면 피상속인이 상속권 상실을 청구하여 판결이 확정된 후에 용서한 때에는 상속권상실선고는 효력을 잃는다고 한다. 그러나 사인(私人)의 의사표시로 확정된 판결의 효력을 잃게 하는 것은 매우 이례적일 뿐만 아니라 외국의 입법례에서도 유례를 찾기 어려운 무리한 입법적 시도라고 생각된다. 개정안이 모델로 하는 일본민법에도 같은 취지의 규정이 있으나(제894조: 추정상속인 폐제의 취소), 상속인 폐제의 효력을 잃게 하려면 가정재판소에 폐제 심판의 취소를 청구하도록 되어 있다.

위에서 본 바와 같이 상속권상실선고에 관한 법무부 개정안에는 검토와 논의를 거쳐야 할 부분이 적지 않다. 개정안 제1004조의2 제1항의 사유에 해당하는 상속인(상속인이 될 사람)을 상속에서 배제하고자 하는 기본적인 입법취지에는 공감할 수 있으나, 상속법체계와의 조화를 고려한다면 그 구체적 실현은 다른 방법에 의하여야 할 것이다. 개정안 제1004조의2 제1항의 사유 중 일부는 민법 제1004조의 상속결격사유에 편입시키고(그러한 사유에 해당하는 상속인은 피상속인의 의사와 관계없이 상속에서 당연히 배제하여야 한다는 사회적 공감대가 전제되어야 할 것이다. 예를 들어 피상속인에 대한 양육의무를 현저히 위반한 경우, 친권상실선고를 받은 경우 등), 나머지 사유는 유류분상실사유로 규정한다면(예를 들어 피상속인에 대한 심히 부당한 대우 등. 이러한 사유에 있어서는 피상속인의 의사가 중요하기 때문이다) 개정안의 입법목적도 실현할 수 있고, 상속법체계와의 조화도 이룰 수 있을 것으로 기대된다.

〈중앙법학 제23집 제1호(2021년 3월) 수록〉

2. 상속권상실선고의 문제점에 대한 재론*
– 법무부 개정안에 대한 비판과 반론

Ⅰ 들어가는 말

2021년 1월 법무부가 상속권상실선고에 관한 개정안을 입법예고한 후, 필자는 "상속권상실선고에 관한 법무부 개정안의 문제점"[1]이라는 제목의 논문을 발표하여 법무부 개정안에 대한 비판적 검토를 시도한 바 있다. 그 후 법무부 개정안에 대해서 몇 편의 논문[2]이 더 발표되면서 관련 논의가 이어졌는데, 그 중에는 필자의 논문에 대한 반박을 담고 있는 것도 있다. 필자의 논문을 반박하는 주장 중에서 몇 가지 주요 쟁점을 정리해 보면 다음과 같다. 첫째, 필자는 이전에 발표한 논문에서 법무부 개정안이 일본민법 제892조 추정상속인의 폐제를 모델로 했다는 점을 지적하였는데, 이러한 비판은 아무런 근거도 없고 사실도 아니라는 주장이 제기되었다. 둘째, 법무부 개정안의 상속권상실선고 제도에 의하면 상속개시 전에 상속인이 될 사람의 상속권을 상실시키는 것이 가능한데, 필자는 상속개시 전에 상속권을 상실시키는 것은 우리 상속법체계와 조화가 되지 않는다는 점을 지적한 바 있다. 이러한 비판에 대해서 상속개시 전의 상속권상실은 법리적으로 문제가 없다는 반론이 제기되었다. 셋째, 법무부 개정안에 의하면 상속권상실선고 판결이 확정된 후에 피상속인이 용서하면 상속권상실선고는 효력을 잃게 되는데, 필자는 이에 대해서 사인(私人)의 의사표시로 확정된 판결의 효력을 잃게 하는 것은 매우 이례적이라는 점을 지적하였다. 이러한 지적에 대해서는 확정판결이 있더라도 당사자의 의사표시에 의하여 확정판결의 효력이 상실되는 것은 얼마든지 있을 수 있다는 반박

---

* 이 논문은 박인환 교수와 공동으로 작성하였음.

1) 김상용 · 박인환, "상속권상실선고에 관한 법무부 개정안의 문제점", 『중앙법학』 제23권 제1호(2021. 3), 7면 이하.

2) 김원태, "상속권상실선고 제도의 절차법적 관점에서의 몇 가지 검토 과제", 『민사소송』 제25권 제2호(2021. 6); 이동진, "상속결격 · 상속권상실과 대습상속", 『가족법연구』 제35권 2호(2021. 7); 윤진수, "상속권 상실에 관한 정부의 민법개정안", 『비교사법』 제28권 3호(2021. 8); 현소혜, "상속권 상실 선고 제도에 대한 입법론적 검토", 『가족법연구』 제35권 3호(2021. 11).

이 제기되었다. 넷째, 필자는 이전의 논문에서 법무부 개정안에 대한 대안으로 상속결격사유의 확대와 유류분상실제도의 도입을 제안하였는데, 유류분상실제도를 도입하자는 것은 우리 상속법의 구조적인 성격을 간과한 것이며, 유류분상실제도를 도입한 나라는 기본적으로 유언에 의한 상속인지정을 인정하고 있다는 반론이 제기되었다.

아래의 본문에서는 먼저 위와 같은 반론의 타당성 여부에 대해서 검토한 후, 법무부 개정안의 상속권상실선고에 대해서 이전에 발표한 논문에서보다 좀 더 상세한 대안을 제시하고자 한다.

Ⅱ 일본민법이 법무부 개정안에 미친 영향

1. 법무부 개정안 제1004조의2 제1항의 역사적 뿌리

필자는 이전에 발표한 논문에서 법무부 개정안 제1004조의2 제1항[3]은 일본민법 제892조(추정상속인의 폐제)를 모델로 한 것인데, 이 규정은 일본명치민법의 가독상속제도에서 연원한 것으로서 다른 나라의 입법례에서 유례를 찾을 수 없다는 점을 지적한 바 있다. 우리가 민법에 관한 개정안을 마련할 때 외국의 주요 입법례를 참고하는 것은 당연하며, 일본민법 역시 우리가 참고해야 할 주요 입법례라는 점에는 의문의 여지가 없다. 또한 일본민법 중에서 우리에게 필요한 제도가 있다면, 우리 민법에 도입하는 것도 얼마든지 가능하다고 생각한다. 따라서 일본민법을 모델로 했다는 사실 자체가 개정안의 흠이 되지는 않는다. 그러나 일본민법 제892조(추정상속인의 폐제)가 우리가 계수할 만한 가치가 있는 외국의 입법례라고 볼 수 있는가는 별개의 문제이며, 이에 대해서는 면밀한 검토가 이루어져야 할 것이다. 위의 논문에서 지적한 바와 같이 필자는 일본민법 제892조(추정상속인의 폐제)가 몇 가지 이유에서 우리 사회에 적합한 입법례가 아니라고 생각한다. 첫째, 이 규정은 일본명치민법의 가독상속제도에서 연원한 것이며, 가독상속제도는 봉건시대 일본 무사계급의 단독상속제에 기초한 것으로서 일제강점기에 호주상속이라는 이름으로 우리나라에 강제로 이식되었다는 점을 기억할 필요가 있다. 이러한 역사적 사실에

---

3) 제1004조의2(상속권상실선고) ① 다음 각 호의 어느 하나에 해당하는 사유가 있는 경우에는 가정법원은 피상속인의 청구에 따라 상속인이 될 사람의 상속권 상실을 선고할 수 있다. 1. 상속인이 될 사람이 피상속인에 대한 부양의무를 중대하게 위반한 경우 2. 상속인이 될 사람이 피상속인 또는 그 배우자나 직계혈족에 대한 중대한 범죄행위, 학대 그 밖의 심히 부당한 대우를 한 경우.

비추어 볼 때 일본민법 제892조(추정상속인의 폐제)를 우리 민법에 도입한다는 것은 우리 사회에 호주제의 잔재를 다시 들여온다는 의미로 해석될 수 있는 여지가 충분하다. 또한 현재 우리 사회가 당면한 상속 관련 문제[4]는 굳이 일본민법의 상속인 폐제 규정을 들여오지 않더라도 다른 방법으로 얼마든지 해결할 수 있다(이전에 발표한 논문에서 필자는 대안으로 상속결격사유의 확대와 유류분상실제도의 도입을 제시한 바 있다). 둘째, 일본사회에는 가독상속인을 폐제하는 전통이 있었으므로, 그로부터 연유하는 유산상속인의 폐제에 관한 규정도 오랜 세월에 걸쳐 자연스럽게 일본인의 정서에 스며들 수 있었던 것으로 보이지만, 이러한 사회적·문화적 토양이 전혀 없는 우리 사회에 일본 특유의 제도가 문제없이 정착될 수 있을 것인지에 대해서는 근본적인 검토가 필요하다. 셋째, 일본민법의 상속인 폐제를 모델로 한 법무부 개정안 제1004조의2 제1항과 같은 규정은 부모로 하여금 생전에 자녀를 상대로 상속권상실청구소송을 할 수 있는 길을 열어주게 되는데,[5] 이는 이미 냉각된 부모와 자녀 사이의 분쟁을 촉발시키고, 회복불가능하게 파탄시킬 수 있다는 점에서 득보다 실이 더 많을 것으로 예상된다.

그런데 이러한 의견에 대해서는 그 후에 나온 논문에서 다음과 같은 주장이 제기되었다. "개정안이 추정상속인의 폐제를 모델로 한 것이라는 주장은 근거 없고 사실이 아니며, 이를 이미 일본에서도 없어진 가독상속을 거쳐 호주상속의 강제이식까지 연결시키는 것 또한 온당하지 아니하다."[6] 이 주장의

---

4) 천안함, 세월호 사태 이후 자녀에 대한 양육의무를 이행하지 않은 부모들이 나타나 상속인으로서 유족보상금을 수령하는 사례들이 있었고, 최근에는 가수 구하라씨의 사망 이후 역시 부모로서 양육의무를 이행하지 않은 모가 나타나 상속권을 주장한 사례가 있었다. 우리 사회에서 이러한 일련의 사례들이 발생하면서 자녀에 대하여 부양의무를 이행하지 않은 부 또는 모의 상속자격을 그대로 인정하는 현행 상속법에 대한 논란이 시작되었다.

5) 법무부에서 상속권상실선고에 관한 개정안을 마련하게 된 직접적인 계기는 부양의무를 이행하지 않은 부모의 상속자격을 제한하여야 한다는 사회적 여론의 형성에 있었다. 그런데 법무부 개정안 제1004조의2 제1항은 정작 이러한 사회적 요구에는 부응하지 못한다. 자녀가 미성년자인 동안에 부 또는 모가 부양의무를 이행하지 않았다고 해도 그 자녀가 성년자가 된 후 그 동안 아무런 교류가 없었던 부모를 찾아내어 상속권상실선고를 청구한다는 것은 일반적으로 기대하기 어렵기 때문이다. 법무부 개정안 제1004조의2 제1항의 모델이 된 일본민법의 추정상속인 폐제 규정도 실제로 전후 일본사회에서 부모와 갈등을 빚거나 그 뜻에 거스르는 자녀에 대한 제재의 수단으로 이용되는 경우가 훨씬 많았다고 한다(新版注釋民法(26), 有斐閣, 1992, 333면(泉) 이하).

6) 이동진, "상속결격·상속권상실과 대습상속", 『가족법연구』 제35권 2호(2021. 3), 111면; 현소혜, "상속권 상실 선고 제도에 대한 입법론적 검토", 『가족법연구』 제35권 3호(2021. 11), 27면 이하는 "상속권 상실 제도는 일본식의 상속인 폐제 제도를 본떠 만든 것이 아니다"라고 주장하면서, "일본에 유사한 제도가 있고, 그것이 가독상속 시절부터 존재해 왔다는 이유만으로 우리 사회에 필요한 제도의 도입을 기피하는 것이야말로 사대주의의 발로이다"라고 필자의 의견을 비난한다. 이러한 주장은 가독상속제가 일본 역사에서 차지하는 의미, 일제강점기 이후 호주제가 폐지될 때까지 우리 사회에 미친 영향을 제대로 이해하지 못한 결과로 보인다.

타당성에 대해서 검토해 보기로 한다. 첫째, "개정안이 추정상속인의 폐제를 모델로 한 것이라는 주장은 근거 없고 사실이 아니다"라는 주장은 상식적으로 이해가 되지 않는다. 필자가 이전의 논문에서 이미 상세하게 지적한 바와 같이 법무부 개정안 제1004조의2 제1항은 일본민법 제892조(추정상속인의 폐제)와 그 내용과 구조에 있어서 매우 유사하다.[7] 다른 나라에 이와 유사한 입법례가 없다는 점에 비추어 보면, 법무부 개정안이 일본민법을 모델로 하였다는 점은 분명해 보인다. 위 주장에 따르면 일본민법을 전혀 참고하지 않고 개정안을 마련하였으나, 나중에 보니까 우연히 일본민법에 유사한 규정이 있었다는 것인데, 만약 이것이 사실이라면 개정안을 마련하는 과정에서 기본적으로 거쳐야 할 최소한의 비교법적 연구도 생략했다는 의미로밖에는 이해되지 않는다. 둘째, "이를 이미 일본에서도 없어진 가독상속을 거쳐 호주상속의 강제이식까지 연결시키는 것 또한 온당하지 아니하다"는 주장은 현행 일본민법 제892조(추정상속인의 폐제)의 역사적 배경을 무시한 것이다. 필자는 이전의 논문에서 봉건시대 일본 무사계급의 가독상속제가 일본명치민법에 수용되면서 가독상속인의 폐제 규정이 도입되었고, 이 규정의 직접적 영향을 받아 유산상속인의 폐제 규정도 마련되었으며, 제2차 세계대전의 패전 이후 가독상속인의 폐제 규정은 삭제되고, 유산상속인의 폐제 규정만이 잔존하게 되었다는 사실을 역사적으로 고찰한 바 있다. 이러한 역사적 사실에 비추어 볼 때 현행 일본민법 제892조(추정상속인의 폐제)가 일본명치민법의 가독상속인의 폐제에서

---

7) 아래의 조문대조표 참조; 현소혜, "상속권 상실 선고 제도에 대한 입법론적 검토", 『가족법연구』 제35권 3호(2021. 11), 11면-12면("재판에 의한 상속권 상실 제도를 운영하는 방법은 크게 세 가지로 나누어 볼 수 있다. ① 피상속인이 생전에 스스로 상속권 상실의 재판을 청구할 수 있도록 하는 방안, ② 피상속인이 생전에 상속권 상실의 유언을 해 놓은 경우에 유언집행자가 대신 상속권 상실의 재판을 청구하도록 하는 방안 (중략) 이 그것이다. 일본의 상속인 폐제 제도는 ①과 ②를 결합한 방안을 (중략) 택하고 있다"), 15면("2011년 개정안도 ①과 ②를 병행하는 내용의 개정안을 확정한 바 있다. 다만, TF안과 정부안은 (중략) 피상속인이 생전에 스스로 또는 유언에 의해 상속권 상실을 청구하는 제도와 아울러 피상속인 사후에 제3자도 상속권 상실을 청구할 수 있도록 하는 방법을 추가로 채택하였다")도 이 점을 인정하고 있다. 그런데 위 논문은 28면에서 "요컨대, 상속권 상실 제도는 독일식의 유류분 박탈 제도와 프랑스식의 재판에 의한 상속결격제도, 오스트리아의 유류분 박탈의 상속결격에 의한 보완 제도를 결합하여 각 제도의 단점을 최소화하고, 우리 상속법제와 실정에 최대한 부합하는 방식으로 피상속인의 의사실현이 가능하도록 하고자 하였다"라고 주장하면서 일본민법과의 관련성을 완전히 배제하고 있다. 법무부 개정안 제1004조의2 제3항이 프랑스민법의 선고에 의한 상속결격제도를 모델로 했다는 점은 어느 정도 수긍이 가지만, 그 외에 독일민법과 오스트리아민법의 유류분상실제도를 모델로 했다는 주장은 실로 이해하기 어렵다. 독일민법과 오스트리아민법의 유류분상실제도는 상속개시 전의 상속권상실을 인정하지 않는다는 점에서 법무부 개정안 제1004조의2와는 완전히 다른 성질의 제도이기 때문이다. 나아가 위 논문 36면은 "우리나라의 상속권 상실제도 자체가 우리 고유의 것으로서 창안된 것"이라고 주장하고 있으나, 객관적으로 볼 때 공감을 받기 어려운 무리한 주장이라고 생각된다.

연원한 규정이라는 점에는 의문의 여지가 없다. 또한 가독상속제가 일제강점기에 호주상속이라는 이름으로 우리나라에 강제로 이식되었다는 것 역시 이미 주지의 역사적 사실이며, 이러한 의미에서 가독상속제에 뿌리를 둔 추정상속인의 폐제 규정을 도입하는 것은 역사적 관점에서 볼 때에도 문제가 있다는 점을 지적한 것이다. 그런데 위 주장은 이러한 역사적 사실에 대해서 어떠한 논거를 들어 반박하는 것이 아니라, 추정상속인 폐제 규정의 역사적 고찰에 대한 서술을 단지 "온당하지 아니하다"는 한마디 말로 잘라서 비난하고 있다. 셋째, 논문에서 어떤 주장을 할 때는 그를 뒷받침하는 상당한 논거가 제시되어야 하는데, 위 주장은 아무런 근거의 제시도 없이 단지 "사실이 아니다", "근거가 없다",[8] "온당하지 않다"는 주관적이고 단편적인 주장만을 나열하고 있다. 논문을 쓸 때 이러한 서술방식은 일반적으로 지양되어야 할 것이며, 특히 타인의 논문을 비판할 때에는 그를 뒷받침할 수 있는 근거가 명확하게 제시되어야 할 것이다.

2. 법무부 개정안 제1004조의2 제1항이 마련되기까지의 과정

일본민법의 추정상속인의 폐제를 모델로 하여 상속법 개정안을 마련하고자 한 시도는 2020년 법무부 TF에서 처음 이루어진 것이 아니다. 이보다 약 10년 전인 2011년 법무부 가족법개정특별분과위원회(위원장 윤진수 교수)에서 이미 그러한 논의가 이루어진 바 있다. 당시 위원회에서는 유류분(또는 상속권) 상실에 관한 규정을 신설할 것인가에 대하여 논의가 이루어진 적이 있는데,[9] 위원장이었던 윤진수 교수는 제1004조의2(상속권 상실선고), 제1004조의3(상속재산의 관리), 제1004조의4(용서) 등으로 구성된 개정시안을 제안하였다. 이 때 제안된 개정시안 역시 일본민법 제892조(추정상속인의 폐제)를 모델로

---

8) 반면에 2020년 '법무부 상속권 상실 제도 도입을 위한 TF'의 위원장이었던 윤진수 교수는 일본민법의 추정상속인 폐제 규정을 참고하였음을 인정하고 있다. "개정안이 피상속인의 유언이 있으면 유언집행자가 상속권 상실의 청구하는 소를 제기하여야 한다고 규정하는 것은 일본 민법을 참고하였다." 윤진수, "상속권 상실에 관한 정부의 민법개정안", 『비교사법』 제28권 3호(2021. 8), 262면; 또한 상속개시 전의 상속권상실과 관련하여 "정부 개정안은 피상속인이 상속개시 전에 가정법원에 상속권 상실 청구를 할 수 있도록 함으로써, 피상속인 사망에 의한 상속개시 전에 상속인이 될 사람이 상속권을 상실할 수 있음을 인정하고 있다. 이처럼 상속개시 전에 상속인이 될 사람의 상속권을 상실시키는 예는 다른 나라에서 찾기 어렵고, 다만 일본이 피상속인의 청구에 의한 추정상속인의 폐제를 인정하고 있다"고 서술하여(윤진수, 위 논문 260면) 사실상 일본민법을 모델로 하였음을 인정하고 있다. TF의 위원장이었던 윤진수 교수의 이러한 태도와 달리, 동 위원회의 위원이었던 현소혜, 이동진 교수가 일본민법을 모델로 하였음을 극구 부인하는 태도를 보이는 것은 실로 이해하기 어렵다.
9) 입양법 개정을 목적으로 한 위원회였으므로 본격적으로 다루어지지는 않았다.

한 것이었으며,[10] 도표를 통해서 양자를 비교해 보면 다음과 같다.

2011년 개정시안	일본 민법
제1004조의2(상속권 상실선고) ① 다음 각 호의 어느 하나에 해당하는 사유가 있는 경우에는 피상속인은 가정법원에 상속인이 될 자의 상속권 상실선고를 청구할 수 있다. 1. 상속인이 될 자가 피상속인 또는 그 배우자나 직계혈족에 대하여 학대, 유기 그 밖의 심히 부당한 대우를 한 때 2. 상속인이 될 자가 피상속인에 대한 친족 사이의 의무를 중대하게 위반한 때 3. 상속인이 될 자가 고의로 중대한 범죄를 저질러 피상속인이 심한 정신적 고통을 입은 때	제892조(추정상속인의 폐제) 유류분을 가지는 추정상속인(상속이 개시된 경우에 상속인이 되어야 하는 자를 말한다. 이하 같다)이 피상속인에 대하여 학대를 하거나 중대한 모욕을 가한 때, 또는 추정상속인에게 그 밖의 현저한 비행이 있었던 때에는 피상속인은 그 추정상속인의 폐제를 가정재판소에 청구할 수 있다.
② 피상속인은 공정증서에 의하여 유언집행자에게 제1항의 상속권 상실의 선고를 청구할 것을 유언할 수 있다. ③ 상속개시 후에 상속권 상실의 선고가 확정된 때에는 상속이 개시된 때에 소급하여 효력이 생긴다.	제893조(유언에 의한 추정상속인의 폐제) 피상속인이 유언으로 추정상속인을 폐제할 의사를 표시한 때에는 유언집행자는 그 유언이 효력을 발생한 후 지체없이 그 추정상속인의 폐제를 가정재판소에 청구하여야 한다. 이 경우, 그 추정상속인의 폐제는 피상속인의 사망 시로 소급하여 그 효력이 생긴다.
제1004조의3(상속재산의 관리) ① 제1004조의2 제1항의 청구가 있은 후 그 선고가 확정되기 전에 상속이 개시되거나 제2항에 의한 청구가 있는 때에는 가정법원은 제777조의 규정에 의한 피상속인의 친족이나 이해관계인 또는 검사의 청구에 의하여 상속재산관리인을 선임하거나 그 밖의 상속재산의 관리에 관하여 필요한 처분을 명할 수 있다.	제895조(추정상속인의 폐제에 관한 심판 확정 전 유산의 관리) ① 추정상속인의 폐제 또는 그 취소의 청구가 있은 후 그 심판이 확정되기 전에 상속이 개시된 때에는 가정재판소는 친족, 이해관계인 또는 검찰관의 청구에 의하여 유산의 관리에 대하여 필요한 처분을 명할 수 있다. 추정상속인 폐제의 유언이 있었던 때에도 마찬가지이다.
② 법원이 상속재산관리인을 선임한 경우에는 제24조 내지 제26조의 규정을 준용한다.	② 제27조부터 제29조까지의 규정은 전항의 규정에 의하여 가정재판소가 유산관리인을 선임한 경우에 대하여 준용한다.
제1004조의4(용서) 피상속인이 상속인이 될 자를 용서한 때에는 상속권 상실의 선고를 청구하지 못하고, 상속권 상실의 선고는 효력을 상실한다.	제894조(추정상속인 폐제의 취소) ① 피상속인은 언제든지 추정상속인의 폐제의 취소를 가정재판소에 청구할 수 있다. ② 전조의 규정은 추정상속인의 폐제의 취소에 대하여 준용한다.

---

10) 이 개정시안에 대해서는 위원회 내부에서도 의견이 일치되지 않아서 개정안으로 제출되지는 못하였다.

필자는 2016년에 발표한 논문에서 이 개정시안에 대해서 소개하면서 일본
민법 제892조(추정상속인의 폐제)와 유사하다는 점을 지적한 바 있다.[11]

그 후 천안함, 세월호 사건과 유명 연예인의 사망을 계기로 하여 부양의무
를 이행하지 않은 부모의 상속자격에 대한 논의가 2020년에 국회에서 이루어
졌는데, 법무부 차관은 그 자리에서 "법무부에서 2011년도에 상속권 상실선고
제도 도입을 검토한 바 있다. 그런 대안들과 함께 좀 더 검토를 해야 되는 게
아닌가"라는 의견을 제시하였다. 그러나 이에 대해서 위원회에 참석한 국회의
원들은 2011년 개정시안에 따른 상속권상실선고로는 실제로 문제가 된 사건
들을 전혀 해결할 수 없다는 점을 지적하였다.[12]

부양의무를 이행하지 않은 부모의 상속자격을 제한하여야 한다는 사회적
요구가 계속 높아지면서 법무부는 2020년에 '상속권 상실 제도 도입을 위한
TF'(위원장 윤진수 교수)를 구성하였다. 이 위원회에서 상속권상실선고에 관한
법무부 개정안이 기초되었는데, 개정안에는 2011년의 상속권상실선고 개정시
안이 거의 그대로 들어갔고,[13] 그 외에 법정상속인에 의한 상속권상실청구 규
정이 새로 포함되었다(법무부 개정안 제1004조의2 제3항).

---

11) 김상용, "변화하는 사회와 상속법", 『민사판례연구』 제38권(2016), 995면.

12) 백혜련 의원은 다음과 같은 의견을 표명하였다. "상속권 상실선고제도 말이에요. 피상속인
이 하는 것으로 되어 있잖아요. 그런데 방금 이런 구하라 사건이라든지 이런 경우에는 어떻게 되
는 거예요, 만약에 한다 그러면? 피상속인은 죽었는데……." "제가 조문을 읽어 봤는데 문제된 사
안을 하나도 해결을 할 수가 없는 거예요, 문제는. 그런 정말 국민들이 분노하고 형평에 너무 반한
다고 생각하는 이런 사례들을 이 상속권 상실선고제도로 해결을 할 수 있냐는 거예요." 또한 채이
배 의원 역시 상속권상실선고에 대해서 비판적인 의견을 밝혔다. "지금 문제되는 사건들은 갑자기
죽어서 유언을 할 수가 없거나 유언을 미리 남겨 놓지 않은 경우가 문제가 되는 거고. 그런데 지
금 여기 상속권 상실선고제도 역시 죽기 전에 미리 자기가 이런 것들을 조정해 놓고 할 수 있는
제도라는 거여서 결국 이것은 굳이 없어도 유언을 통해서 할 수 있는 거여서 제가 보기에는 실효
성이 없어서 아마 논의가 되지 않았던 것 아닌가 싶고요. 그래서 지금은 이 상속권 상실선고제도
하고는 다른 경우를 상정하고 얘기하는 것이기 때문에 조금, 법안의 논의를 이 상속권 상실제도로
보완할 수 있다는 것은 아닌 것 같아요." 이상 제377회 국회 법제사법위원회 회의록(법안심사제1
소위원회, 2020. 4. 29.), 23면 이하 참조.

13) 윤진수, "상속권 상실에 관한 정부의 민법개정안", 『비교사법』 제28권 3호(2021. 8.), 243면
도 법무부 개정안은 2011년에 논의되었던 위의 개정시안을 바탕으로 하여 이를 수정, 보완한 것임
을 인정하고 있다("법무부는 2020년 다시 '상속권 상실제도 도입을 위한 TF'를 구성하였다. (중략)
여기서는 상속권 상실 선고제도를 주된 내용으로 하는 개정안을 마련하였는데, 기본적으로 2011년
개정안을 바탕으로 하여 이를 수정·보완한 것이었다."); 같은 취지 현소혜, "상속권 상실 선고 제
도에 대한 입법론적 검토", 『가족법연구』 제35권 3호(2021. 11.), 6면.

2020년 법무부 개정안	일본 민법
제1004조의2(상속권상실선고) ① 다음 각 호의 어느 하나에 해당하는 사유가 있는 경우에는 가정법원은 피상속인의 청구에 따라 상속인이 될 사람의 상속권 상실을 선고할 수 있다. 1. 상속인이 될 사람이 피상속인에 대한 부양의무를 중대하게 위반한 경우 2. 상속인이 될 사람이 피상속인 또는 그 배우자나 직계혈족에 대한 중대한 범죄행위, 학대 그 밖의 심히 부당한 대우를 한 경우	제892조(추정상속인의 폐제) 유류분을 가지는 추정상속인(상속이 개시된 경우에 상속인이 되어야 하는 자를 말한다. 이하 같다)이 피상속인에 대하여 학대를 하거나 중대한 모욕을 가한 때, 또는 추정상속인에게 그 밖의 현저한 비행이 있었던 때에는 피상속인은 그 추정상속인의 폐제를 가정재판소에 청구할 수 있다.
② 피상속인이 공정증서에 의한 유언으로 상속권 상실의 의사를 표시한 때에는 유언집행자가 제1항에 따른 상속권 상실의 소를 제기하여야 한다.	제893조(유언에 의한 추정상속인의 폐제) 피상속인이 유언으로 추정상속인을 폐제할 의사를 표시한 때에는 유언집행자는 그 유언이 효력을 발생한 후 지체없이 그 추정상속인의 폐제를 가정재판소에 청구하여야 한다.
⑤ 상속개시 후에 상속권 상실의 선고가 확정된 때에는 상속이 개시된 때에 소급하여 상속권을 상실한다. 그러나 제3자의 권리를 해하지 못한다.	이 경우, 그 추정상속인의 폐제는 피상속인의 사망 시로 소급하여 그 효력이 생긴다.
③ 상속인에게 제1항 각 호 사유가 있는 경우에는 제1000조 제1항의 각 호 중 어느 하나에 해당하는 자가 상대방이 상속인이 되었음을 안 날로부터 6개월 내에 가정법원에 그의 상속권 상실을 청구할 수 있다.	
④ 가정법원은 상속권 상실 사유의 경위 및 정도, 상속인과 피상속인과의 관계, 상속재산의 규모 및 형성과정, 그 밖의 사정을 고려하여 상속권 상실이 적당하지 아니하다고 인정하는 경우에는 제1항부터 제3항의 청구를 기각할 수 있다.	
⑥ 가정법원은 이해관계인 또는 검사의 청구에 의하여 상속재산관리인 선임, 그 밖의 상속재산의 보존 및 관리에 관하여 필요한 처분을 명할 수 있다. 법원이 상속재산관리인을 선임한 경우에는 제24조 내지 제26조의 규정을 준용한다.	제895조(추정상속인의 폐제에 관한 심판 확정 전 유산의 관리) ① 추정상속인의 폐제 또는 그 취소의 청구가 있은 후 그 심판이 확정되기 전에 상속이 개시된 때에는 가정재판소는 친족, 이해관계인 또는 검찰관의 청구에 의하여 유산의 관리에 대하여 필요한 처분을 명할 수 있다. 추정상속인 폐제의 유언이 있었던 때에도 마찬가지이다. ② 제27조부터 제29조까지의 규정은 전항의 규정에 의하여 가정재판소가 유산관리인을 선임한 경우에 대하여 준용한다.

제1004조의3(용서) ① 피상속인이 상속인이 될 자를 용서한 때에는 그 사유로 인한 상속권 상실의 선고를 청구하지 못하고, 상속권 상실의 선고는 효력을 잃는다.	제894조(추정상속인 폐제의 취소) ① 피상속인은 언제든지 추정상속인의 폐제의 취소를 가정재판소에 청구할 수 있다.
② 제1항의 용서는 공증인의 인증을 받은 서면 내지 공정증서에 의한 유언으로 하여야 한다.	② 전조의 규정은 추정상속인의 폐제의 취소에 대하여 준용한다.

국회 논의 과정에서 피상속인의 청구에 의한 상속권상실선고만으로는 우리사회에서 실제로 문제가 되는 사안을 해결할 수 없다는 비판이 제기되자, 이에 대응하여 피상속인 사후에 법정상속인의 순위에 포함되는 사람이 상속권상실청구를 할 수 있는 규정을 추가로 마련한 것으로 보인다. 그러나 법무부 개정안 제1004조의2 제1항은 실질적으로 추정상속인의 폐제에 관한 규정이고 제3항은 선고에 의한 상속결격에 관한 규정으로서 그 성격이 완전히 다르다는 점에 비추어 보면, 이를 상속권상실선고라는 하나의 조문하에 규정하려는 것은 법체계상 무리한 입법적 시도라고 생각된다. 적어도 법체계의 정합성만을 고려한다면 법무부 개정안 제1004조의2 제1항은 추정상속인의 폐제라는 조문으로 규정하고, 제3항은 선고에 의한 상속결격이라는 제목하에 별도의 조문으로 규정하는 것이 타당하다고 본다. 어차피 일본민법의 추정상속인의 폐제를 모델로 한 규정인데, 굳이 상속권상실선고라는 제도의 본질과 맞지 않는 이름을 붙여서 법체계상의 혼란을 야기할 필요가 있는지는 의문이다.[14)]

Ⅲ 상속개시 전 상속권상실선고의 문제점

법무부 개정안 제1004조의2 제1항에 따르면 피상속인이 생전에 상속권상실선고를 청구하여 판결이 확정되면 상속인이 될 사람은 그 때 상속권을 상실하게 된다. 이와 관련하여 필자는 이전의 논문에서, 다른 나라의 상속법에서와 마찬가지로 우리 상속법에서도 상속권은 상속개시에 의해서 비로소 발생되는 권리로 이해되고 있는데, 상속개시 전에 아직 구체적인 권리로서 발생하

---

14) 일본민법의 추정상속인의 폐제는 피상속인의 청구에 따라 재판에 의해서 추정상속인의 상속자격을 박탈하는 제도인 반면, 법무부 개정안의 상속권상실청구는 피상속인의 청구에 따라 재판에 의해서 상속인이 될 사람의 상속권을 상실시키는 제도이다. 상속개시 전 상속자격의 박탈은 우리 상속법체계에서도 허용되는 것이지만(상속결격의 경우에도 그러한 경우가 생길 수 있다), 상속권의 사전 상실은 우리 상속법체계와 조화되지 않는다는 문제가 있다.

지도 않은 상속권을 상실시킨다는 것은 우리 법체계와 조화되지 않는다는 점을 지적하였다. 이에 대하여 상속인이 상속개시 전에 기대권으로서 가지는 권리를 상속권에 포함시켜도 문제가 없으며, 입법론으로서 상속개시 전의 상속포기나 유류분의 포기를 인정하여야 한다는 주장도 제기되고 있으므로, 상속개시 전에 상속권상실을 인정해도 문제가 없다는 반론이 제기되었다.[15] 우선 상속인이 상속개시 전에 가지는 상속에 대한 기대에 대해서 상속권이라고 이름을 붙이고 그에 상응하는 권리로서의 지위를 부여할 수 있는가에 대해서는 국내에서도 이견이 적지 않으므로,[16] 일부 소수의 의견에 근거하여 이를 입법의 기초로 삼는다는 것은 무리한 시도로 보인다. 위 논문은 "민법 개정에 의하여 상속개시 전의 상속인이 가지는 기대 내지 기대권을 상속권이라고 하는 것이 허용되지 않을 이유는 없다"라고 하여 상속인이 상속개시 전에 가지는 상속에 대한 기대를 상속권으로 규정하는 입법을 하면 문제가 해결된다는 태도를 취한다. 그러나 법을 개정할 때에는 부득이한 사정이 없는 한 현행법체계를 고려하여 상호 모순되지 않게 규정을 마련하는 것이 바람직하다고 본다. 하물며 우리 사회에 반드시 필요하지도 않을 뿐 아니라 역사적·문화적으로 이질적인 일본민법의 추정상속인 폐제 조항을 도입하기 위하여 현행 상속법체계의 정합성을 깨뜨리는 무리수를 둘 필요는 없다고 생각한다.

외국의 입법례에서 상속개시 전의 상속권상실선고라는 제도를 찾아볼 수 없는 것도 이러한 이유와 무관하지 않다. 위 논문에는 "일본민법은 폐제라는 이름으로 상속권의 박탈을 인정한다"라고 서술되어 있으나,[17] 일본민법상 추정상속인의 폐제는 상속개시 전에 상속권을 박탈하는 것이 아니라, 상속인의 자격을 상실시키는 것이다.[18] 상속개시 전 상속자격의 박탈은 우리 상속법체계에서도 허용되는 것이지만,[19] 이는 상속권을 상실시키는 것과는 개념상 분

---

15) 윤진수, "상속권 상실에 관한 정부의 민법개정안", 『비교사법』 제28권 3호(2021. 8.), 261면.

16) 박병호, 가족법, 한국방송대학교 출판부, 1999, 299면은 상속개시 전에 추정상속인이 갖는 상속권이란 장래에 상속이 개시된 때에 상속인으로 될 수 있는 자격 내지 지위를 의미할 뿐이며 처분할 수 없다고 한다; 곽윤직, 상속법, 박영사, 2004, 7면은 상속개시 후 확정적으로 상속인이 된 자의 법적 지위를 상속권이라고 정의한다; 김주수·김상용, 친족·상속법, 법문사, 2022, 621면.

17) 윤진수, "상속권 상실에 관한 정부의 민법개정안", 『비교사법』 제28권 3호(2021. 8.), 249면.

18) 新注釋民法(19), 有斐閣, 2019, 143면(冷水).

19) 상속결격의 경우 상속개시 전에 상속결격사유가 생긴 사람은 결격사유 발생 시에 상속자격을 잃게 되므로 그 후에 상속이 개시되어도 상속권을 가질 수 없게 되지만, 상속결격사유가 발생했을 때 상속권을 상실하는 것은 아니다. 상속개시 전에 상속결격사유가 발생한 사람은 아직 상속인이 된 것도 아니고 따라서 상속권을 가지고 있는 것도 아니므로, 그 단계에서 상속권을 상실시킨다는 것은 논리적으로 성립할 수 없기 때문이다.

명히 구별되어야 한다. 또한 위 논문은 국내에서 입법론으로 상속개시 전의 상속포기를 인정하여야 한다는 주장이 일부 제기되고 있음을 상속개시 전의 상속권상실의 논거로 주장하고 있으나, 상속개시 전의 상속포기는 법무부 개정안에 나오는 상속개시 전의 상속권상실과 본질적으로 다른 제도이므로 애초에 비교의 대상으로 삼는 것이 적절하지 않다.[20] 외국의 입법례에서 볼 수 있는 상속개시 전 상속포기는 피상속인과 상속인 사이의 합의에 기초한 계약으로서 피상속인의 일방적 의사에 의한 상속권 박탈이 아니고, 그 내용도 일반적으로 피상속인이 생전에 상속포기계약의 상대방인 (장래의 추정적) 상속인에게 일정한 재산을 미리 주고, 상속이 개시되었을 때 상속권을 주장하지 못하게 한다는 것이므로,[21] 상속인에 대한 일종의 제재로서 도입하고자 하는 법무부 개정안의 상속권상실선고와는 그 성질이 완전히 다르다. 나아가 상속개시 전에 당사자의 합의에 의한 상속포기를 허용하는 나라에서도 법무부 개정안과 같은 상속권 박탈을 인정하지 않는다는 점에 주의할 필요가 있다.

한편 상속개시 전의 상속권상실이 우리 법체계와 조화되지 않는다는 비판에 대해서 "의무분 사전박탈을 인정하면서 상속권 사전박탈은 아직 발생하지 아니하여 불가능하다고 하는 것 또한 개념법학적 접근이고, 이해하기 어렵다"는 주장이 있다.[22] 여기서 말하는 의무분 박탈이란 유류분의 상실을 의미하는 것으로 이해되는데, 필자는 이전의 논문에서 유류분상실에 관한 외국의 입법례를 소개하면서 유류분상실제도의 도입가능성과 그 필요성에 대해서 서술하였지만, 상속개시 전의 유류분상실을 허용해야 한다는 주장을 한 적이 없다. 이전의 논문에서 유류분상실제도의 정의에 해당되는 부분을 그대로 인용해 본다. "피상속인이 생전증여나 유언을 통해서 특정한 상속인을 상속에서 배제한 경우에도 그 상속인은 유류분권리자로서 유류분반환청구를 할 수 있는데, 일정한 사유가 존재하는 경우에는 피상속인이 유언으로 그 상속인의 유류분마저 상실시킬 수 있는 제도를 말한다."[23] 이와 같이 유류분상실은 피상속인의 유

---

20) 상속개시 전의 상속포기를 인정할 필요가 있다는 국내의 주장도 외국의 입법례를 참고하여 피상속인과 상속인 사이의 계약에 의한 사전 상속포기를 인정할 필요가 있다는 주장이며, 피상속인의 일방적인 의사에 의한 상속권박탈제도를 도입하자는 주장은 아니다. 고상현, "독일 민법상 상속 및 유류분의 사전포기제도", 『가족법연구』 제29권 제1호(2015), 358면 이하("사전상속포기제도가 당사자들 간의 상호 타협을 통해 상속의 재산관계를 자율적으로 또한 유연하고 명료하게 형성할 수 있다는 순기능적 측면에 주목한다면, 잠정적으로는 긍정적인 평가를 내릴 수 있겠다.").

21) 오스트리아민법 제551조. Ferrari-Likar · Peer(Hrsg), Erbrecht, 2020, S. 470; 독일민법 제2346조 제1항. Frank, Erbrecht, 2007, S. 281; 스위스민법 제495조 제1항. Wolf · Hrubesch-Millauer, Schweizerisches Erbrecht, 2020, S. 255f.

22) 이동진, "상속결격 · 상속권상실과 대습상속", 『가족법연구』 제35권 2호(2021. 3.), 111면.

23) 김상용 · 박인환, "상속권상실선고에 관한 법무부 개정안의 문제점", 『중앙법학』 제23권 제1

언에 의해서 이루어지는 것이므로(외국의 입법례에서도 유류분상실은 피상속인의 유언에 의하는 것이 일반적이다), 유언의 일반적인 효력발생 시기인 피상속인 사망시에 그 효력이 발생한다. 따라서 유류분상실은 상속개시 전에 유류분을 박탈하는 제도가 아니다. 위의 주장은 필자가 이전의 논문에서 "의무분 사전 박탈을 인정"하고 있다는 것을 전제로 하고 있는데, 이는 유류분상실제도에 대한 오해에서 비롯된 것임을 알 수 있다. "유류분의 사전박탈을 인정하면서 상속권 사전박탈을 인정하지 않는 것은 개념법학적 접근"이라는 주장은 그 전 제 자체가 잘못된 것이므로, 타당성이 없다. 상속개시 전의 상속권상실이 타 당하다고 생각한다면 직접 그러한 주장을 뒷받침할 수 있는 구체적이고 논리 적인 근거를 제시하는 것이 정도(正道)라고 생각한다.

Ⅳ 용서에 의한 상속권상실선고의 효력 상실

법무부 개정안 제1004조의3 제1항에 따라 피상속인이 생전에 상속권상실 의 선고를 청구하여 판결이 확정되면 나중에 피상속인이 사망하여 상속이 개 시되어도 이미 상속권상실선고를 받은 사람은 상속권을 갖지 못한다. 그러나 피상속인이 사망하기 전에 그 상속인을 용서하는 의사표시를 한 경우에는 이 미 확정된 상속권상실선고는 그 효력을 잃게 되고, 그 결과 상속권상실선고를 받은 사람은 상속이 개시되었을 때 상속권을 갖는다. 이와 관련하여 필자는 이전의 논문에서 사인(私人)의 의사표시로 확정된 판결의 효력을 잃게 하는 것은 매우 이례적일 뿐만 아니라 우리 법체계에서 전례를 찾기 어렵다는 점 을 지적하였는데, 이에 대해서 다음과 같은 반론이 제기되었다. "확정판결이 있더라도 사실심 변론종결 후의 당사자의 의사표시에 의하여 확정판결의 효력 이 상실되는 것은 얼마든지 있을 수 있다."[24] "사인의 의사표시로 확정된 판 결의 효력을 잃게 하는 것은 매우 이례적이라고 비판하나, 판결로 확정된 권 리라 하더라도 이후 포기하면 사인의 의사표시로 판결의 효력이 없어지게 되 고, 이는 전혀 이례적이지 아니하며, (중략) 민사사건에서는 본래 '판결의 권 위' 보다도 사적자치가 더 중요하다는 점에서도 납득하기 어렵다."[25]

호(2021. 3.), 27면.

24) 윤진수, "상속권 상실에 관한 정부의 민법개정안", 『비교사법』 제28권 3호(2021. 8.), 265면.

25) 이동진, "상속결격·상속권상실과 대습상속", 『가족법연구』 제35권 2호(2021. 7.), 110면. 이러한 주장은 판결로 확정된 자신의 권리를 포기하는 것과 상속권상실의 확정판결의 효력을 피상 속인의 의사로 상실시키는 것을 동일시하고 있으나, 양자는 구별되어야 할 것이다.

그런데 이 주장에 따르면 당사자의 의사표시만으로 확정판결의 효력을 상실시키는 것은 법리상 당연하다고 하므로, 이에 관하여는 굳이 법무부 개정안 제1004조의3 제1항과 같은 별도의 용서 규정을 둘 필요도 없을 것으로 보인다. 나아가 이러한 논리대로라면 상대방 배우자의 부정한 행위를 이유로 재판상 이혼을 청구하여 이혼판결이 확정된 후에 원고였던 전 배우자가 부정행위를 용서함으로써 이혼판결의 효력을 잃게 하는 것도 허용될 수 있을 것이다 (결과적으로 이혼판결에 의해서 해소되었던 혼인관계는 용서를 통해서 부활하게 될 것이다). 위의 주장에 의하면 당사자의 의사표시만으로 확정판결의 효력을 상실시키는 것은 얼마든지 가능하다고 하므로, 이러한 경우에도 그러한 법리가 문제없이 적용될 수 있을 것이기 때문이다.[26) 그러나 이러한 결과를 받아들일 수 없다는 점에 대해서는 긴 설명이 필요하지 않을 것이다.

다른 한편 위의 주장에 대해서는 민사소송법 학계에서 다음과 같은 비판이 제기되었으며,[27) 필자는 이 의견이 타당하다고 생각한다. "절차의 신중을 기하여 공동상속인 그 밖의 이해관계인 사이의 법률관계를 명확히 할 필요가 있기 때문에 피상속인의 의사표시만으로 상속권상실선고의 효력을 잃게 하는 개정법률안은 문제가 있다. 특히 개정법률안대로 상속권상실선고 사건을 나류 가사소송사건으로 하면서 피상속인의 의사표시만으로 그 확정판결의 효력을 잃게 하는 것은 문제이다. 가류 또는 나류 가사소송사건의 청구를 인용한 확정판결은 제3자에게도 효력이 있다(가사소송법 제21조 제1항). 이는 일반적으로 확정판결이 가지는 기판력의 주관적 범위를 확장한 것으로 대세효가 있다고 설명된다. 물론 상속권상실의 소를 인용한 확정판결은 상속권(유류분권) 박탈이라는 효과를 가져오는 형성재판이다. 통설과 판례는 형성판결에도 기판력을 긍정한다. 기판력 있는 확정판결은 재심사유에 해당하는 경우에 한하여 재심의 소로만 이를 취소할 수 있다. 공증인의 인증을 받은 서면 내지 공정증서에 의한 유언으로 피상속인이 상속인이 될 사람을 용서하였다고 하여 곧바로 상속권상실의 선고가 효력을 잃는다는 것은 문제이다."

---

26) 현소혜, "상속권 상실 선고 제도에 대한 입법론적 검토", 『가족법연구』 제35권 3호(2021. 11.), 36면은 "나류 가사소송사건에서 청구인용판결이 대세적 효력을 가지고 있음을 고려하여 용서에 의해 그 판결의 효력을 상실시키고자 하는 경우에는 일정한 방식을 요구하여 그 의사의 존재를 명백히 하는 것으로 충분"하며, "재심절차를 거쳐야 하는 것은 아니다"라고 주장한다. 이러한 주장에 따르면 재판상 이혼도 나류 가사소송사건에 해당하므로, 이혼청구를 인용하는 판결의 효력을 상실시키고자 하는 경우에는 당사자의 의사표시만으로 충분하다는 결론에 도달하게 될 것이다.

27) 김원태, "상속권상실선고 제도의 절차법적 관점에서의 몇 가지 검토 과제", 『민사소송』 제25권 제2호 (2021. 6.), 219면 이하.

Ⅴ 유류분상실(또는 상속권상실)제도의 도입에 관한 논의

1. 용어의 혼용 - 유류분상실과 상속권상실

상속권상실선고제도의 도입을 지지하는 논문에 따르면 외국에서 "상속권상실제도는 상속결격을 보충하는 기능을 하고 있"으며, "피상속인의 의사표시나 재판상 청구에 의하여 상속권 또는 유류분을 상실하게 되는 상속권 박탈 또는 유류분 박탈을 구분하고 있"다고 한다.[28] 이러한 서술을 보면 상속권상실제도가 외국의 입법례에서도 보편적으로 받아들여지고 있는 제도라는 느낌을 받게 되는데, 이 점에 대해서 살펴본다. 우선 위 논문에서 상속권상실제도를 도입한 입법례로 열거하고 있는 독일, 오스트리아, 스위스, 프랑스 등에는 법무부 개정안의 상속권상실선고와 비교될 수 있는 제도가 없다.[29] 독일, 오스트리아, 스위스는 상속결격과 유류분상실에 관하여 규정하고 있으며, 프랑스는 상속결격에 관한 규정만을 두고 있다.[30] 예를 들어 오스트리아민법 제769조 이하는 'Enterbung'(직역하면 상속권박탈 또는 상속권상실로 번역된다)이라는 용어를 사용하고 있으나, 그 내용을 살펴보면 유류분의 상실임을 알 수 있다.[31] 위 논문은 또 다른 입법례로서 일본민법을 예로 들면서 "일본민법은 페

---

28) 윤진수, "상속권 상실에 관한 정부의 민법개정안", 『비교사법』 제28권 3호(2021. 8.), 245면, 250면.

29) 독일민법의 제1938조(Enterbung ohne Erbeinsetzung)은 법무부 개정안의 상속권상실선고와는 비교될 수 없는 성질의 것이다. 'Enterbung'은 직역하면 상속권박탈이라고 번역되지만(이진기 편역, 한국·독일 민법전 상속편, 박영사, 2019, 89면 참조), 이는 피상속인이 유언으로 특정상속인을 상속에서 배제하는 조치이며, 이렇게 상속에서 배제된 상속인은 유류분권리자가 된다. 현소혜, "상속권 상실 선고 제도에 대한 입법론적 검토", 『가족법연구』 제35권 3호(2021. 11.), 31면은 독일에서 유언에 의한 상속분 박탈이 허용된다고 하면서, "피상속인이 상속인으로부터 유류분이 아니라 상속분 자체를 박탈하고자 하는 경우에는 위 제도를 이용할 수 있다"고 서술하나, 독일민법 제1938조에 의해서 유언으로 상속권을 박탈당한 자는 유류분권을 가지므로, 위와 같은 서술은 오해에서 비롯된 것이다(위 논문 35면에는 법무부 개정안의 "상속권 상실 선고는 법정상속인의 상속권 자체를 박탈하는 제도이다"라고 서술되어 있는데, 법무부 개정안의 상속권상실선고에 의하면 유류분까지 당연히 상실되지만, 독일민법 제1938조의 상속권박탈은 유류분까지 상실시키는 제도가 아니라는 점에서 양자는 명확히 구별된다. 독일민법 제2303조 참조. Frank, Erbrecht, 2007, S. 106, 257; BeckokBGB/Müller-Christmann, 2021, BGB § 1938 Rn. 6, 7. 참조).

30) 다만 프랑스민법의 상속결격은 당연결격과 법원의 선고에 의한 결격으로 나누어져 있다.

31) Ferrari-Likar·Peer(Hrsg), Erbrecht, 2007, S. 380. "Der Begriff "Enterbung" erscheint insofern missverständlich, als damit nicht die Entziehung des gesetzlichen Erbteiles, sondern jene des Pflichtteiles gemeint ist."(이런 점에 있어서 상속권 박탈이라는 개념은 오해의 소지가 있다. 왜냐하면 이는 상속분의 박탈이 아니라 유류분의 박탈을 의미하기 때문이다). Ferrari-Likar·Peer(Hrsg), Erbrecht, 2020, S. 153, 576. 참조.; 스위스민법도 'Enterbung'이라는 제목하에 유류분상실을 규정하고 있다(제477조: Der Erblasser ist befugt, durch Verfügung von Todes wegen

제(廢除)라는 이름으로 상속권의 박탈을 인정한다"고 주장하나, 위에서 이미 언급한 바와 같이 일본민법 제892조 추정상속인의 폐제는 상속개시전에 상속권을 박탈시키는 것이 아니라 상속인의 자격을 상실시키는 것이므로,[32] 이를 상속권상실이라고 서술하는 것은 정확하지 않다. 따라서 위 논문에 열거되어 있는 입법례 중 상속권상실제도를 입법화한 나라는 보이지 않는다. 나아가 위 논문은 각주에서 유럽의 여러 나라를 나열하며(벨기에, 그리스, 폴란드, 핀란드, 노르웨이, 슬로베니아, 스페인, 체코, 헝가리),[33] 이 나라들에서 피상속인의 의사에 의한 상속권상실제도가 인정되고 있다고 하는데, 이 부분의 서술 역시 살펴볼 필요가 있다고 생각된다. 위 논문에서 상속권상실제도가 인정되고 있는 것으로 소개된 폴란드민법,[34] 슬로베니아상속법,[35] 체코민법,[36] 스페인민법,[37] 헝가리민법,[38] 그리스민법,[39] 노르웨이상속법,[40] 핀란드상속법[41]은 모두 유류

---

einem Erben den Pflichtteil zu entziehen. "피상속인은 사인처분으로 상속인의 유류분을 박탈할 수 있다."). Wolf·Hrubesch-Millauer, Schweizerisches Erbrecht, 2020, S. 317("Die Enterbung ist eine Verfügung von Todes wegen, mit welcher der Erblasser einem Erben den Pflichtteil entzieht." "Gegenstand einer Enterbung im Sinne der Art. 477ff. ZGB ist ausschließlich das Pflichtteilsrecht"). 이동진, "유류분법의 개정방향", 상속법개정론, 박영사, 2020, 155면은 이를 상속권박탈 또는 상속폐제라고 번역하고 있으나, 이는 내용의 실체와 맞지 않는 번역의 오류이다. 반면에 윤진수, "상속권 상실에 관한 정부의 민법개정안", 『비교사법』 제28권 3호(2021. 8.), 248면은 유류분 박탈로 정확하게 번역하고 있다.

32) 표준국어대사전에도 폐제는 상속인의 자격을 박탈하는 제도로 정의되어 있다("일정한 법정 원인이 있는 때에, 피상속인(被相續人)의 요구에 의하여 상속인의 자격을 박탈하는 제도").

33) 윤진수, "상속권 상실에 관한 정부의 민법개정안", 『비교사법』 제28권 3호(2021. 8.), 245면 각주 14).

34) 폴란드민법은 제1008조 이하에서 일정한 사유가 있는 경우 피상속인이 유언으로 자녀, 배우자, 부모의 유류분을 상실시킬 수 있다고 규정하고 있다. Süß, Erbrecht in Europa, 2020, S. 1100. (Die Enterbung ist eine Entziehung des Pflichtteils der Abkömmlinge, des Ehegatten und der Eltern ….)

35) 슬로베니아상속법 제42조 이하. 일정한 사유가 있는 경우 피상속인은 유언으로 유류분권리자의 유류분 전부 또는 일부를 상실시킬 수 있다. Süß, Erbrecht in Europa, 2020, S. 1350. (Bei Vorliegen bestimmter Enterbungsgründe kann der Erblasser durch testamentarische Verfügung einer pflichtteilsberechtigten Person den Pflichtteil ganz oder teilweise entziehen.)

36) 체코민법은 제1646조 이하에서 일정한 사유(예를 들어 자녀가 피상속인이 곤경에 처해 있을 때 필요한 조력을 하지 않은 경우)가 있는 경우 피상속인이 유언으로 유류분을 상실시킬 수 있다고 규정한다. Süß, Erbrecht in Europa, 2020, S. 1498. (… muss die Enterbung eines Abkömmlings (Pflichtteilsentziehung) aus den im Gesetz abschließend genannten Gründen durch Verfügung von Todes wegen erfolgen.)

37) 스페인민법은 제853조 이하에서 유류분상실에 관하여 규정하고 있다. 일정한 사유(예를 들어 자녀가 정당한 이유없이 부모에 대한 부양의무를 이행하지 않은 경우)가 있는 경우 피상속인은 유언으로 유류분을 상실시킬 수 있다. Henrich/Schwab(Hrsg.), Familienerbrecht und Testierfreiheit im europäischen Vergleich, 2001, S. 315ff. (Im spanischen Recht wird die Entziehung des Pflichtteils der Pflichtteilsberechtigten "Enterbung" genannt ….)

38) 헝가리민법에도 유언에 의한 유류분박탈에 관한 규정이 있다. Henrich/Schwab(Hrsg.), Familienerbrecht und Testierfreiheit im europäischen Vergleich, 2001, S. 367. (Die Enterbung

분상실에 관한 규정을 두고 있을 뿐이다.[42] 위 논문에서는 상속권상실과 유류분상실이 구분되지 않은 채 혼용되고 있는데, 이 둘은 본질적으로 다른 개념으로서 명확히 구별하여 사용되어야 할 것이다(나아가 외국의 입법례에서 유류분상실제도는 법무부 개정안의 상속권상실선고와는 완전히 다른 제도로서 비교의 대상이 되지 않는다).

2. 상속인지정제도와 유류분상실제도의 관계

(1) 필자는 이전의 논문에서 법무부 개정안에 대한 대안으로 상속결격사유의 확대와 유류분상실제도의 도입[43]을 제안한 바 있다. 이에 대해서 유류분상

---

bedeutet nach dem ungarischen Recht auch, den Pflichtteil zu entziehen.)

39) 그리스민법 제1839조 이하에 의하면 피상속인은 일정한 법정사유(예를 들어 직계비속이 피상속인에 대하여 법률상 부담하는 부양의무를 악의로 이행하지 않은 경우(제1840조 제4호), 상대방 배우자의 유책사유로 인하여 피상속인이 사망시에 이혼청구를 할 수 있었던 경우(제1842조))가 있는 경우에 유언으로 유류분을 상실시킬 수 있다. Henrich/Schwab(Hrsg.), Familienerbrecht und Testierfreiheit im europäischen Vergleich, 2001, S. 121; Ferid/Firsching/Dörner/Hausmann, Internationales Erbrecht, 2014, Griechenland, Texte B, S 20f.(그리스민법 제1839조: Der Erblasser kann aus im Gesetz bestimmten Gründen dem Pflichtteilsberechtigten den Pflichtteil entziehen (Enterbung). Die Enterbung erfolgt durch letztwillige Verfügung.)

40) 노르웨이상속법 제55조에 따르면 피상속인은 일정한 사유가 있는 경우(상속인이 피상속인, 상속인의 직계혈족, 형제자매 및 그 직계비속에게 범죄행위를 한 경우) 유언으로 그 상속인의 유류분을 상실시킬 수 있다. 유류분박탈의 유언은 법무부의 확인을 받아야 한다. Süß, Erbrecht in Europa, 2020, S. 1042. (Das Recht, einem Pflichtteilsberechtigten seinen Pflichtteil ganz zu entziehen, findet sich in § 55 Erbgesetz.)

41) 핀란드상속법 제15장 제4조는 피상속인의 유언에 의한 유류분상실에 관하여 규정하고 있다. 피상속인의 직계비속과 양자에게는 법정상속분의 1/2에 이르는 유류분이 인정되는데, 피상속인은 두 가지 법정사유(예를 들어 상속인의 고의의 범죄로 인하여 피상속인이 정신적인 고통을 받은 경우, 상속인이 불명예스럽거나 부도덕한 품행을 유지하는 경우) 중 어느 하나가 있는 경우에는 유언에 의하여 이들의 유류분을 박탈할 수 있다(Es sind zwei besondere Gründe, aus denen auch der Pflichtteil der Abkömmlinge und Adoptivkinder … entzogen werden können. Ferid/Firsching/Dörner/Hausmann, Internationales Erbrecht, 2014, Finnland, S 24f; Schlitt/Müller, Handbuch Pflichtteilsrecht, Länderübersichten Finnland, 2017, Rn. 131f.).

42) 또한 벨기에민법은 제727조에서 당연결격(제1항 제1호)과 법원의 선고에 의한 결격(제1항 제2호, 제3호)에 대하여 규정하고 있으나, 법무부 개정안과 비교될 수 있는 상속권상실규정은 두고 있지 않다. 그리고 벨기에민법 제915bis조는 일정한 요건하에 부부 일방의 유언에 의한 배우자의 유류분상실에 관하여 규정하고 있으나, 이것 역시 법무부 개정안의 상속권상실제도와는 비교될 수 없는 성질의 것이다.

43) 필자는 이전의 논문에서 유류분상실제도가 유럽에서 보편적으로 받아들여지고 있는 제도라고 소개하고, 유럽 여러 나라의 입법례를 소개한 바 있다(부양의무위반을 유류분상실사유로 규정하고 있는 입법례들을 소개하였으며, 구체적으로 독일, 스위스, 오스트리아, 체코, 헝가리, 폴란드, 크로아티아, 보스니아 헤르체고비나, 슬로베니아의 입법례를 열거하였다. 김상용·박인환, "상속권상실선고에 관한 법무부 개정안의 문제점", 『중앙법학』 제23권 제1호(2021. 3), 30면 이하. 현소혜, "상속권 상실 선고 제도에 대한 입법론적 검토", 『가족법연구』 제35권 3호(2021. 11.), 29면 이하는 필자가 "독일식의 유류분 박탈 제도를 도입하는 것으로 충분하다고 주장"했다고 전제하면서 여러 가지 반론을 전개하고 있는데, 필자는 "독일식의 유류분 박탈 제도"의 도입을 주장한 적이 없

실제도를 도입하자는 것은 "우리 상속법의 구조적인 성격을 간과한 것"이라는 비판이 있다. 이 논문에는 그 이유가 다음과 같이 서술되어 있다. "유류분 박탈 내지 유류분 상실을 규정하는 나라들은 기본적으로 유언에 의한 상속인 지정을 인정하고 있다. 그러므로 유언으로 법정상속인 아닌 사람을 상속인으로 지정하는 경우에 법정상속인이 유류분을 주장하는 경우에 대비하여 유류분 박탈제도가 필요한 것이다. 그러나 우리나라는 유언에 의한 상속인 지정을 인정하고 있지 않으므로, 유류분 박탈만으로는 불충분하고, 상속권 상실이 필요하다. 실제로는 유류분 박탈이 적용되려면 그 전제로서 피상속인이 상속인을 지정하거나 유증 등에 의하여 유류분권리자의 유류분과는 저촉되는 다른 처분을 할 것이 요구된다."[44) 이 주장의 타당성 여부에 대해서 검토해 본다. 이 주장에 따르면 피상속인이 유언으로 상속인을 지정할 수 있는 법제에서만 유류분상실이 가능하다고 하는데, 이는 쉽게 이해가 되지 않는다. 피상속인에 의한 상속인지정이 허용되는 법제(예를 들어 독일민법, 오스트리아민법, 스위스민법, 그리스민법 등)에서는 피상속인이 상속인을 지정함으로써 법정상속인이 상속에서 제외되는 경우가 생길 수 있다. 그러나 이러한 법제에서 피상속인이 법정상속인을 상속에서 제외하는 방법에는 상속인지정만이 있는 것이 아니다. 이외에도 피상속인은 유증(예를 들어 피상속인이 상속재산에 속하는 개개의 물건이나 권리를 전부 유증하여 남은 재산이 없는 경우)[45)이나 특정상속인을 상속에서 배제하는 유언[46) 등을 통하여 법정상속인을 상속에서 제외할 수 있다. 그

다. 현소혜 교수의 반박은 전제 자체가 잘못된 것이므로, 유류분상실제도의 도입을 주장하는 필자의 주장에 대한 반론으로 적절하지 않다. 예를 들어 현소혜 교수는 독일에서 유류분권리자가 상속인의 지위를 갖지 않기 때문에 유류분권을 상실시키는 것으로 충분하지만, 우리나라에서는 유류분권자가 상속인의 지위를 가지므로, 특정의 추정상속인을 상속에서 완전히 배제하려면 유류분이 아닌 상속권을 박탈해야 한다고 주장한다. 이전의 논문에서 필자가 소개한 입법례 중 스위스, 크로아티아, 보스니아 헤르체고비나에서는 유류분권리자가 (독일과 달리) 상속인의 지위를 갖지만, 그와 관계없이 유류분상실제도가 도입, 운용되고 있다(체코도 이러한 입법례에 속했으나, 최근의 민법개정으로 유류분권리자는 금전채권만을 갖게 되었다). 현소혜 교수는 이러한 입법례를 도외시한 채 독일의 입법례만을 취사선택하여 필자의 주장을 비판하는 논거로 삼고 있는데, 이는 논문서술의 방식으로서 균형을 상실한 것으로 보인다. 타인의 논문을 비판할 때에는 먼저 그 논문의 내용을 충분히 숙지하는 것이 필요하며, 논문의 내용을 임의로 재단하여 공격하는 것은 삼가야 할 것이다.

44) 윤진수, "상속권 상실에 관한 정부의 민법개정안", 『비교사법』 제28권 3호(2021. 8.), 259면 이하; 같은 취지 현소혜, "상속권 상실 선고 제도에 대한 입법론적 검토", 『가족법연구』 제35권 3호(2021. 11.), 29면 이하; 이동진, "상속결격·상속권상실과 대습상속", 『가족법연구』 제35권 2호(2021. 7.), 111면.

45) 독일민법 제1939조, 제2318조 참조. Kipp·Coing, Erbrecht, 1989, S. 84, 86; 오스트리아민법 제647조 이하, 제764조 참조. Ferrari-Likar·Peer(Hrsg), Erbrecht, 2020, S. 553ff. Welser in Rummel, ABGB I § 783 Rn. 3; 스위스민법 제484조, 제525조 참조. Henrich/Schwab (Hrsg.), Familienerbrecht und Testierfreiheit im europäischen Vergleich, 2001, S. 219. Wolf·Hrubesch-Millauer, Schweizerisches Erbrecht, 2020, S. 179, 287, 295, 304.

리고 어떠한 방식에 의해서(상속인지정, 유증, 상속배제의 유언 등) 상속에서 제외되었는가와 관계없이 피상속인의 유언에 따라 상속에서 제외된 법정상속인에게는 유류분이 인정되므로, 유류분을 주장할 수 있다.[47] 피상속인은 일정한 법정사유가 있는 경우에 유언으로 이러한 법정상속인의 유류분마저 상실시킴으로써 상속에서 완전히 배제할 수 있다. 이것이 유류분상실제도이다. 즉 유류분상실규정은 상속인지정에 의해서 상속에서 제외된 유류분권리자뿐만 아니라, 유증이나 상속배제의 유언에 의해서 상속에서 제외된 유류분권리자에게도 동일하게 적용된다.

우리 상속법에서는 피상속인에 의한 상속인지정이 허용되지 않으므로, 상속인을 지정하는 방식으로 법정상속인을 상속에서 제외하는 것은 가능하지 않지만, 피상속인이 유언으로 특정상속인을 상속에서 배제하는 것(예를 들어 자녀 갑, 을, 병 중에서 갑과 을에게 상속재산을 절반씩 준다고 유증(포괄적 유증)하면서 병에게는 아무것도 주지 않는다는 유언)은 유언자유의 원칙에 비추어 당연히 허용된다고 보아야 한다. 이런 경우 상속에서 배제된 법정상속인 병은 유류분권을 가지며, 이에 기초하여 유류분반환청구를 할 수 있다. 또한 피상속인이 상속재산에 속하는 개개의 물건이나 권리를 전부 유증(특정적 유증)한 결과 남는 재산이 없는 경우에도 상속인은 유류분권을 갖는다. 이 두 가지 경우에 피상속인의 유언으로 상속에서 제외된 상속인이 유류분을 갖는다는 점은 위에서 예로 든 외국의 법제와 다르지 않다(다만 차이가 나는 점은 위에서 본 외국에서는 일정한 법정사유가 있는 경우에 피상속인의 유언에 의한 유류분상실이 인정되지만, 우리나라에서는 허용되지 않는다는 것이다).

위에서 본 바와 같이 유럽의 여러 나라에서 유류분상실에 관한 규정은 상속인지정에 의해서 상속에서 배제된 유류분권리자에게만 적용될 수 있는 것이

46) 독일민법 제1938조. 피상속인은 특정의 법정상속인을 상속에서 배제하겠다는 유언을 할 수 있다. Frank, Erbrecht, 2007, S. 106; 그리스민법 제1713조에도 같은 취지의 규정이 있다; 오스트리아에서도 유언자유의 원칙에 따라 이와 같은 상속배제의 유언이 가능하다고 본다(이른바 'negatives Testament'). Ferrari-Likar · Peer(Hrsg), Erbrecht, 2020, S. 155, 576; 스위스 역시 마찬가지이다. BSK ZGB II-Staehelin/in, Art.481 N1, 5.

47) Leipold, Erbrecht, 2020, S. 337("Der Anspruch auf den Pflichtteil besteht nach § 2303, wenn eine pflichtteilsberechtigte Person durch Verfügung von Todes wegen (Testament, Erbvertrag) von der Erbfolge ausgeschlossen ist."). 유류분권리자가 피상속인의 사인처분으로 상속에서 배제되었을 때 유류분권이 존재한다는 의미인데, 피상속인이 사인처분(유언과 상속계약)으로 할 수 있는 행위에는 상속인지정(제1937조), 유언에 의한 상속권박탈(제1938조), 유증(제1939조) 등이 포함된다. 따라서 피상속인의 상속인지정에 의해서 상속에서 배제된 경우뿐만 아니라 상속권박탈의 유언이나 유증에 의해서 상속에서 배제된 경우에도 특별한 사정(유류분상실사유에 해당하는 사정)이 없는 한 유류분권이 존재한다.

아니다. 유류분상실에 관한 법정사유만 존재한다면 유증이나 상속배제의 유언에 의해서 상속에서 제외된 유류분권리자에게도 유류분상실에 관한 규정은 동일하게 적용된다. 즉 유류분상실은 상속인지정을 전제로 해서만 인정될 수 있는 제도가 아니라는 의미이다. 또한 외국의 입법례를 보아도 상속인지정제도가 있는 나라에만 유류분상실규정이 있는 것은 아니라는 사실을 알 수 있다. 예를 들어 핀란드상속법에는 상속인지정제도가 없으나,[48] 피상속인의 유언으로 유류분을 상실시킬 수 있는 규정이 있다.[49] 이러한 점에 비추어 볼 때 유류분상실제도가 유언에 의한 상속인지정이 허용되는 법제에서만 인정될 수 있다는 주장은 근거가 부족한 것으로 보인다.

우리 상속법에서도 유증 등의 방식으로 상속에서 배제된 법정상속인은 유류분을 가지게 되는데, 일정한 사유가 있는 경우에 피상속인의 유언으로 그 유류분마저 상실시킬 수 있도록 한다고 해서 우리 상속법의 체계와 충돌한다는 주장은 이해하기 어렵다.

(2) 위 논문에서는 "우리나라는 유언에 의한 상속인 지정을 인정하고 있지 않으므로, 유류분 박탈만으로는 불충분하고, 상속권 상실이 필요하다"고 주장하는데,[50] 이 문장이 정확히 무엇을 의미하는지는 쉽게 이해가 되지 않는다. 아마도 유언에 의한 상속인지정을 인정하지 않는 우리 법제에서는 유류분권리자가 유류분권만을 갖는 것이 아니라 상속권도 여전히 보유하고 있으므로, 상속권을 박탈시켜야 한다는 주장인 것 같기도 하다(이 주장에 따르면 상속인지정을 인정하는 법제에서 상속인지정의 방식으로 상속에서 배제된 사람은 더 이상 상속인이 아니고, 따라서 상속권을 갖지 못하므로, 유류분권만을 상실시키면 된다는 것이다. 그러나 이러한 전제가 반드시 정확하다고는 볼 수 없다. 예를 들어 그리스민법이나 스위스민법에 따르면 상속인지정의 방식으로 상속에서 배제된 유류분권리자도 상속인의 신분과 상속권을 갖는다).

그러나 위에서 본 바와 같이 상속인지정제도를 도입한 나라에서도 법정상속인을 상속에서 제외하는 방법으로는 상속인지정만이 있는 것이 아니고, 상속배제의 유언이나 유증 등의 방식으로 상속에서 제외하는 것도 얼마든지 가

---

48) Süß, Erbrecht in Europa, 2020, S. 544. (Die gewillkürte Erbeinsetzung ist dem finnischen Recht fremd. Nur die gesetzlichen Erben können Erben sein)

49) 핀란드상속법 제15장 제4조; 벨기에민법에도 상속인지정제도가 없으나, 부부의 일방이 일정한 요건하에 상대방 배우자의 유류분을 상실시킬 수 있다. 벨기에민법 제915bis조.

50) 같은 취지 현소혜, "상속권 상실 선고 제도에 대한 입법론적 검토", 『가족법연구』 제35권 3호(2021. 11.), 30면; 이동진, "상속결격·상속권상실과 대습상속", 『가족법연구』 제35권 2호(2021. 7.), 111면 각주 64) 참조.

능하다(위 논문에도 "실제로는 유류분 박탈이 적용되려면 그 전제로서 피상속인이 상속인을 지정하거나 유증 등에 의하여 유류분권리자의 유류분과는 저촉되는 다른 처분을 할 것이 요구된다"고 서술되어 있다). 위 주장에 따르면 유증의 방식으로 상속에서 제외된 상속인은 여전히 상속권을 가지고 있다고 보아야 할 텐데,[51] 그렇다면 그 경우에는 유류분이 아니라 상속권을 상실시켜야 할 것이다. 그러나 위에서 예를 든 외국의 입법례에서는 어떠한 방식(상속인지정이나 유증, 상속배제의 유언 등)으로 상속에서 제외시켰는가와 관계없이 일정한 법정사유가 있는 경우 동일하게 그 유류분권리자의 유류분을 상실시킬 수 있도록 하고 있을 뿐이며, 상속인지정 이외의 방식으로 상속에서 제외된 유류분권리자에게만 별도로 적용되는 상속권상실에 관한 규정을 두고 있지 않다.

(3) 우리 상속법에서 유류분권이 상속권의 일부인지, 유류분권리자가 어떤 법적 지위를 갖는가에 대해서는 해석이 갈릴 수 있다. 이 문제에 관한 외국의 입법례는 크게 두 가지로 나누어 볼 수 있다. 하나는 유류분권리자에게 상속인의 지위를 인정하지 않는 입법례이다(이러한 법제에서는 유류분권은 상속권의 일부가 아니다). 이러한 법제에서 유류분권리자는 상속재산을 관리하거나 상속재산분할에 참여할 수 없으며, 원물반환을 청구할 수 없고 유류분반환청구권은 일종의 금전채권일 뿐이다(대표적인 입법례로는 독일민법을 들 수 있다).[52] 다른 하나는 유류분권리자에게 상속인의 지위를 인정하는 입법례이다(이러한 법제에서는 유류분권은 상속권의 일부라고 본다). 유류분권리자는 상속인으로서 상속재산에 대하여 물권적 지위를 가지고, 상속재산의 관리와 분할에도 참여할 수 있다(프랑스민법, 스위스민법, 그리스민법 등이 이러한 입법례에 속한다).[53]

위 두 가지 입법례 중에서 우리 상속법의 유류분 규정에 큰 영향을 미친 것은 후자라고 할 수 있다.[54] 유류분권리자는 기본적으로 상속인의 지위를 가

---

51) 독일에서도 피상속인이 상속재산에 속하는 개개의 물건이나 권리를 모두 유증하여 남은 재산이 없다고 해도 법정상속인(유류분권리자)은 상속인의 신분을 유지한다고 본다. 상속인에게 유증을 이행하여야 할 책임이 있다는 점에 비추어 보면 당연한 해석이라고 할 수 있다(독일민법 제1967조. BayObLG, Beschluss vom 04.05.1979 참조).

52) Frank, Erbrecht, 2007, S. 272; 자세한 내용과 입법례는 김진우, "유류분반환청구권의 법적 성질에 관한 비교법적 고찰", 『인하대학교 법학연구』, 제12집 제1호(2009. 4.), 55면 참조.

53) 자세한 입법례는 김진우, "유류분반환청구권의 법적 성질에 관한 비교법적 고찰", 『인하대학교 법학연구』, 제12집 제1호(2009. 4.), 65면 참조; Burandt/Rojahn, Erbrecht, 2019, S. 1566.

54) 박병호, 가족법, 한국방송통신대학교 출판부, 1999, 480면. "유류분권자는 반환목적물상에 상속권을 가지는 것으로 보고 제3자의 관계로 상속재산에 대한 일반적 상속이론으로 해결하게 되며 유류분권자는 타상속재산에 있어서와 같이 목적물상에 소유권 기타 권리를 갖는 것으로 구성하게 된다."; 곽윤직, 상속법, 박영사, 2004, 280면 이하; 이진만, 유류분의 산정, 민사판례연구 제19권, 1997, 369, 382면; 김형석, 유류분의 반환과 부당이득, 민사판례연구 제29권, 2007, 158면; 반

지며(따라서 유류분권리자는 상속인으로서 상속의 승인, 포기도 할 수 있다), 유류분반환청구권을 행사하는 경우 유류분을 침해한 증여나 유증은 상속개시시로 소급하여 효력을 상실한다(그 결과 유류분권리자는 반환의 대상이 되는 상속재산에 대하여 유류분에 따른 공유지분을 가지게 된다). 유류분권리자는 원칙적으로 원물의 반환을 청구할 수 있으며(이는 물권적청구권 또는 부당이득반환청구권의 성질을 갖는다), 다른 공동상속인이나 포괄적 수증자를 상대로 상속재산분할청구도 할 수 있는 것으로 본다.[55]

위에서 본 바와 같이 유류분권리자의 법적 지위는 입법례에 따라 차이가 있으나, 여기서 한 가지 짚고 넘어갈 점은 어떠한 입법례에서도 유언에 의한 유류분상실제도를 배척하지 않는다는 것이다. 유류분권리자가 상속인의 지위를 가지지 않고, 단지 금전채권만을 갖는 입법례는 물론(예를 들어 독일민법과 오스트리아민법), 유류분권리자가 상속인으로서 상속재산에 대한 물권적 지위를 가지는 입법례에서도 유언에 의한 유류분상실제도를 찾는 것은 어렵지 않다(예를 들어 그리스민법, 스위스민법, 스페인민법 등). 그 중 하나인 그리스민법은 상속개시시부터 유류분권리자에게 공동상속인의 지위를 인정하지만(제1825조),[56] 일정한 법정사유가 있는 경우 피상속인의 유언에 따라 유류분을 상실시킬 수 있도록 규정하고 있다(그리스민법 제1839조 이하).[57] 또한 스위스민법에서도 상속인지정이나 유증 등의 방법으로 상속에서 배제된 유류분권리자는 상속인의 지위를 갖는데,[58] 피상속인은 일정한 법정사유가 있는 경우 유언으

면에 윤진수, 친족상속법강의, 박영사, 2020, 586면은 "유류분이 법정상속분의 1/2 또는 1/3이라고 하는 것은 그 유류분의 크기를 말하는 것이고, 유류분이 상속분 자체의 일부라는 의미로 이해할 필요는 없다"고 한다.

55) 대판 2012. 5. 24. 2010다50809.

56) 그리스민법에 따르면 피상속인의 직계비속, 부모 및 배우자가 유류분권리자에 포함되고, 유류분은 법정상속분의 1/2로 정하여져 있는데(제1825조 제1항), 이 비율에 있어서 유류분권리자는 상속인으로 간주된다(제1825조 제2항). 그리스민법 제1825조 제1항: Die Abkömmlinge und die Eltern des Erblassers sowie der überlebende Ehegatte, welche als gesetzliche Erben berufen wären, haben ein Pflichtteilsrecht gegen den Nachlass. Der Pflichtteil besteht in der Hälfte des gesetzlichen Erbteils. 제2항: In Ansehung dieser Quote gilt der Pflichtteilsberechtigte als Erbe; Burandt/Rojahn, Erbrecht, 2019, S. 1566 참조.

57) 일정한 법정사유가 있는 경우 피상속인은 유언으로 유류분권리자의 유류분을 상실시킬 수 있다. 그리스민법 제1839조: Der Erblasser kann aus im Gesetz bestimmten Gründen dem Pflichtteilsberechtigten den Pflichtteil entziehen (Enterbung). Die Enterbung erfolgt durch letztwillige Verfügung; 스페인민법도 이러한 태도를 취한다. 즉 유류분권리자는 상속인의 지위를 갖지만(Süß, Erbrecht in Europa, 2020, S. 1409; Schlitt/Müller, Handbuch Pflichtteilsrecht, Länderübersichten Spanien, 2017, Rn. 934), 일정한 사유가 있는 경우 피상속인은 유류분을 상실시킬 수 있다(스페인민법 제853조 이하. Schlitt/Müller, Handbuch Pflichtteilsrecht, Länderübersichten Spanien, 2017, Rn. 940).

58) 스위스에서는 본래 유류분권리자는 상속개시와 더불어 확정적으로 상속인의 지위를 가지고,

로 유류분도 박탈할 수 있다. 이와 같이 유류분권리자가 상속인의 지위를 갖는 입법례에서도 유언에 의한 유류분의 상실이 인정되며, 이와 별도로 상속권의 상실에 관한 규정을 두지 않는다.[59]

이러한 외국의 입법례를 통해 알 수 있는 것은 유류분권리자에게 상속인의 지위가 인정된다고 해서 유류분을 상실시킬 수 없는 것도 아니고, 또 반드시 상속권을 상실시켜야만 하는 것도 아니라는 점이다. 만일 상속인의 지위를 갖는 유류분권리자에 대하여 유류분을 상실시켰을 때 상속인의 지위는 그대로 유지되는 것인가라는 의문이 든다면, 유류분을 상실한 자는 상속인의 지위도 상실한 것으로 본다는 규정을 두면 충분할 것이다.[60] 이러한 점에 비추어 보면 우리 상속법에서 유언에 의하여 상속에서 배제된 유류분권리자는 상속인의

상속재산에 대해서 물권적 지위를 취득하는 것으로 보았다. 이러한 판례와 학설의 태도는 스위스민법 시행 이후 계속 유지되고 있었는데, 이러한 해석론은 1904년 스위스민법 초안에 근거한 것이라고 한다. 1904년 스위스민법 초안에는 유류분권리자가 상속포기를 하지 않는 한 상속인으로 본다는 규정이 있었는데(제535조: "Erheben die pflichtteilsberechtigten Erben keine Anfechtungsklage, so sind sie, selbst wenn sie vollständig übergangen sind, als Erben zu betrachten, solange die Erbschaft von ihnen nicht ausgeschlagen ist." Berner Kommentar Bd. III, Materialien zum Zivilgesetzbuch, 2013, S. 1743), 이 규정은 그 후 국민의회의 심리과정에서, 당연한 규정이므로 굳이 둘 필요가 없다는 이유로 삭제되었다고 한다(BSK ZGB II-Staehelin/in, Art.470 N4.). 즉 스위스민법의 입법자는 유류분권리자가 상속인의 지위를 갖는 것을 당연한 전제로 보았던 것이다. 스위스민법의 입법자가 유류분권을 상속권을 일부로 보는 태도를 견지하면서 피상속인의 유언에 의한 유류분상실제도를 도입하였다는 점에 주목할 필요가 있다(다만 근래에 들어와 판례와 학설이 변경되어 상속이 개시되면 유류분권리자에게 잠정적인 상속인의 지위가 인정되며, 유류분권리자가 감쇄의 소를 제기하여 판결이 확정되면 상속개시시로 소급하여 확정적으로 상속인의 지위를 갖는 것으로 해석하는 것이 지배적인 견해가 되었다. Wolf·Hrubesch-Millauer, Schweizerisches Erbrecht, 2020, S. 288f; 김진우, "유류분반환청구권의 법적 성질에 관한 비교법적 고찰", 『인하대학교 법학연구』, 제12집 제1호(2009. 4.), 69면 참조).

59) 이동진, "유류분법의 개정방향", 상속법개정론, 박영사, 2020, 156면은 스위스에서 "유류분은 상속권을 전제하므로 유류분박탈은 없고 상속권박탈(상속폐제)이 있을 뿐"이라고 서술하고 있으나, 이는 사실이 아니고 논리적으로도 타당하지 않다. Wolf·Hrubesch-Millauer, Schweizerisches Erbrecht, 2020, S. 317. ("Die Enterbung ist eine Verfügung von Todes wegen, mit welcher der Erblasser einem Erben den Pflichtteil entzieht." "Gegenstand einer Enterbung im Sinne der Art. 477ff. ZGB ist ausschließlich das Pflichtteilsrecht.")

60) 이와 관련하여 스위스민법 제478조와 같이 유류분을 상실한 자는 상속인의 지위를 갖지 않는 것으로 규정하는 방법도 생각해 볼 수 있다; 오스트리아민법은 본래 유류분을 상실한 자의 법적 지위에 관한 규정을 두지 않았으며, 판례와 학설은 유류분을 상실한 자는 상속인의 지위를 갖지 않는 것으로 해석하여 왔다. Ferrari-Likar·Peer(Hrsg.), Erbrecht, 2007, S. 392. 최근(2015년)에 개정된 오스트리아민법은 이에 관한 명문의 규정을 마련하였다. 이에 따라 유류분을 상실한 자는 상속권도 상실한 것으로 추정된다(오스트리아민법 제729조 제2항); 보스니아 헤르체고비나 상속법은 유류분을 상실한 자는 상속재산분할에 있어서 피상속인보다 먼저 사망한 것으로 본다(보스니아 헤르체고비나 상속법 제47조); 핀란드에서도 유류분상실의 유언이 취소되지 않는 경우(상속인이 유류분상실의 유언을 유효한 것으로 인정하는 경우, 상속인이 기간 내에 유언취소의 소를 제기하지 않은 경우, 유언취소의 소가 기각된 경우) 유류분권리자의 상속인 지위는 소멸되는 것으로 본다. Schlitt/Müller, Handbuch Pflichtteilsrecht, Länderübersichten Finnland, 2017, Rn. 132.

지위를 유지하므로, 유류분만을 박탈해서는 안 되고 상속권까지 박탈하는 규정을 두어야 한다는 주장은 설득력이 없다. 외국의 입법례를 보더라도 이러한 이유로 상속권상실제도를 도입한 나라는 찾아보기 어렵다.

Ⅵ 대안의 제시

필자는 이전의 논문에서 법무부 개정안의 상속권상실선고에 대한 대안으로 상속결격사유의 확대(부양의무의 위반을 상속결격사유로 추가하는 방안)와 유류분상실제도의 도입을 제시한 바 있다. 여기서는 상속결격사유의 확대와 관련하여 보다 구체적인 대안을 제시하고자 한다.

부양의무의 위반을 상속결격사유로 규정하는 방안에 대해서도 반대의견이 있는데, 그 기본적인 논거는 부양의무 이행의 개념은 상대적이어서 그 위반 여부를 판단하는 것이 곤란하기 때문에 상속결격사유로서 적당하지 않다는 것이다. 예를 들어 헌법재판소 2018. 2. 22, 2017헌바59 결정은 "개별 가족의 생활 형태나 경제적 여건 등에 따라 부양의무 이행의 방법과 정도는 다양하게 나타나기 때문에 '부양의무 이행'의 개념은 상대적일 수밖에 없으므로, 직계존속이 피상속인에 대한 부양의무를 이행하지 않은 경우를 상속결격사유로 본다면, 어느 경우에 상속결격인지 여부를 명확하게 판단하기 어렵다"고 한다. 이와 같은 논리에 따른다면 양육친이 비양육친을 상대로 자녀의 과거 양육비를 청구하는 경우에도 법원으로서는 비양육친의 부양의무 이행 여부를 판단하는 것이 어려울 것이고, 따라서 과거의 양육비 청구에 대한 판단도 어려울 것이다. 그런데 다른 한편 위 헌재결정은 "부양의무를 이행한 직계존속은 부양의무를 이행하지 않은 다른 직계존속을 상대로 양육비를 청구할 수도 있다"고 부언하는데, 이는 부모의 일방(비양육친)이 과거에 부양의무를 이행하지 않았다는 사실의 확정을 전제로 하는 것이다. 양육친이 비양육친을 상대로 과거의 양육비를 청구할 때에는 별 어려움 없이 부양의무의 이행 여부를 확정할 수 있다고 전제하면서, 부모의 상속자격과 관련하여서는 과거의 부양의무 이행 여부를 판단하기 어렵다는 헌법재판소의 논리는 상호 모순되는 것이어서 이해하기 어렵다. 부양의무의 이행 여부가 문제되는 사례는 대부분 비양육친에게서 발생하는데, 자녀와 동거하지 않는 비양육친은 양육비의 지급을 통하여 부양의무를 이행하는 것이 보통이며, 양육비는 일반적으로 계좌이체의 방식으로 지급하게 되므로, 부양의무의 이행 여부를 판단하는 것이 어렵다는 주장은 설득력이 떨어진다.

이와 관련하여 부양의무자가 자력의 부족으로 양육비를 지급하지 못하는 사례 등을 들면서 부양의무의 위반을 상속결격사유로 규정한다면 결격여부의 판단이 어려울 것이라는 주장이 제기되기도 한다.[61] 그러나 이러한 주장에 대해서는 동의하기 어렵다. 우선 부양의무위반을 상속결격사유로 규정한다면, 부양의무자가 부양능력이 있음에도 불구하고 고의로 부양의무를 이행하지 않은 경우에만 결격사유에 해당한다는 점을 명확히 하여야 할 것이다. 그러므로 예를 들어 비양육친이 양육비의 지급을 감당할 만한 소득이나 재산이 없어서[62] 양육비를 지급하지 못한 경우는 상속결격사유에 해당하지 않는다. 위 주장은 비양육친인 모가 경제적 능력이 부족하여 양육비를 지급하지 못하였는데, 자녀의 사망 후 "공동상속인 아버지가 등기공무원에게 위 여성은 상속결격이라고 하여 자녀의 부동산을 자신의 단독명의로 등기해 달라고 신청한다면, 등기공무원이 상속결격여부를 판단할 수 있을까?"라는 의문을 제기하면서 부양의무위반이 상속결격사유로서 적당하지 않다는 주장의 논거로 삼고 있다. 그러나 이러한 문제는 현행민법에 규정되어 있는 상속결격사유에서도 똑같이 발생할 수 있으므로, 부양의무위반이 상속결격사유로 적당하지 않다는 논거로는 적합하지 않다. 예를 들어 피상속인 A에게 자녀 B와 C가 있는데, B는 C가 A를 살해하였다는 사실을 알고 있다. 이런 경우 B가 C는 상속결격자이니 A의 부동산을 자신의 단독명의로 등기해 달라고 신청한다면, 등기공무원은 당연히 이러한 신청을 받아들이지 않을 것이다. C의 상속결격 여부는 법원의 판결에 의해서 확정될 수 있는 것이므로, B가 C의 상속결격을 이유로 단독등기를 신청하려면 우선 C에 대한 법원의 유죄판결이 확정되어야 할 것이다.[63] 또 다른 예로서 피상속인 갑의 자녀 을과 병 중에서 병이 유언서를 위조한 경우를 생각해 볼 수 있다. 이런 경우 을이 병에 의한 유언서의 위조 사실을 알고 있다고 해도 병의 상속결격을 이유로 상속부동산을 자신의 단독명의로

---

61) 윤진수, "상속권 상실에 관한 정부의 민법개정안", 『비교사법』 제28권 3호(2021. 8.), 259면.

62) 예를 들어 비양육친의 월 소득이 185만원에 미치지 못하는 경우. 민사집행법 제195조, 민사집행법 시행령 제2조, 제3조, 제7조 참조.

63) 등기선례 제4-359호: 공동상속인중 1인이 피상속인인 직계존속을 살해함으로써 민법 제1004조 제1호에 의하여 상속결격자가 되었고 위 존속살인 범행이 대법원판결에 의하여 유죄로 확정된 경우, 나머지 공동상속인이 상속등기를 신청함에 있어서는 위 상속결격자에 대한 결격사유를 증명하는 서면으로 존속살인 범행에 대한 유죄의 사실심 판결등본과 대법원판결등본을 첨부하여야 하지만 그 이외에 별도의 확정증명원까지 첨부할 필요는 없으며, 상속등기신청서에는 신청인 표시란에 당해 상속인이 상속결격되었다는 취지의 기재를 하여야 할 것이다.

등기해 달라고 신청한다면, 등기공무원은 그 신청을 받아들이지 않을 것이다. 을이 병의 상속결격을 이유로 상속등기에서 병을 배제하려면 먼저 병에 의한 유언서의 위조를 이유로 유언무효확인의 소를 제기하여 확정판결을 받거나 상속재산분할심판을 청구하여 병의 상속결격여부에 대한 판단을 받아야 할 것이다.[64] 이러한 예에서 볼 수 있듯이 현행민법의 상속결격사유에 있어서도 구체적인 경우에 결격사유가 존재하는지의 여부는 대부분 재판을 통해서 가려지게 되는 것이 보통이다.[65]

이와 같이 부양의무의 위반이 상속결격사유로 규정된다면, 구체적인 사안에 있어서 부양의무의 위반이 있었는지의 여부는 법원의 재판에 의해서 판단될 수 있을 것이므로, 부양의무의 위반이 현행법에 규정되어 있는 상속결격사유와 비교해 볼 때 불명확한 개념이어서 결격사유로 적당하지 않다는 주장은 이해하기 어렵다. 외국의 많은 입법례가 부양의무의 위반(또는 이보다 더 넓은 개념인 친자관계에서 발생하는 가족법상의 의무위반)을 상속결격사유나 유류분상실사유로 규정하고 있지만, 이러한 개념이 상대적이고 불명확하여 법원이 그러한 사유의 존부를 판단하는 데 있어서 어려움을 겪고 있다는 보고는 보이지 않는다.

부양의무의 이행이라는 개념이 입양의 요건과 관련하여 이미 민법에 들어와 있다는 사실도 주목할 필요가 있다. 민법 제908조의2 제2항에 따르면 가정법원은 "친생부모가 자신에게 책임이 있는 사유로 3년 이상 자녀에 대한 부양의무를 이행하지 아니하고 면접교섭을 하지 아니한 경우" 친생부모의 입양 동의가 없어도 친양자 입양 청구를 인용할 수 있다.[66] 친양자 입양이 성립하면 자녀와 친생부모의 친족관계가 소멸한다는 점(친생부모는 법률상 더 이상 부모의 신분을 갖지 않으므로, 자녀가 사망했을 때 상속인도 될 수 없다)에 비추어 볼 때, 민법이 악의로 부양의무를 이행하지 않고 면접교섭도 하지 않은 친생부모에 대해서 매우 엄중한 제재를 가하고 있음을 알 수 있다. 친생부모가 "자신에게 책임이 있는 사유로" 3년 이상 자녀에 대한 부양의무를 이행하지

---

64) 공동상속인간에 상속결격이 다투어지는 경우(예컨대 유언서의 위조 여부가 다투어지는 경우) 별도의 확인의 소를 거치지 않고도 가정법원이 선결문제로 결격사유의 존부를 심리, 판단할 수 있다는 것이 실무의 태도이다(법원행정처, 법원실무제요 가사 II, 2010, 636면). 이외에 부양의무를 이행하지 않은 자를 상속을 원인으로 하는 부동산등기절차에서 배제하기 위하여 상속권부존재확인 청구가 필요할 수도 있을 것이다. 입법론으로는 상속결격으로 인한 상속권부존재확인청구절차를 가사소송법상 가사소송절차로 규정하는 방안에 대해서 검토해 볼 수 있을 것이다.

65) 물론 우리 민법상 상속결격사유가 있는 경우에는 해당 상속인은 판결이 없어도 당연히 상속자격을 잃게 되므로, 이론상으로는 별도의 판결이 반드시 필요한 것은 아니다.

66) 민법 제870조 제2항 제1호도 일반양자의 입양과 관련하여 같은 취지를 규정하고 있다.

아니하고 면접교섭도 하지 아니한 경우에만 친생부모의 동의 없이도 친양자 입양이 성립할 수 있는 것이므로, 비양육친이 경제력이 없어서 양육비를 지급하지 못한 경우나 비양육친이 자녀와의 면접교섭을 원하였으나, 양육친의 방해로 면접교섭을 하지 못한 경우는 여기에 해당하지 않는다. 만약 부양의무의 이행이 상대적인 개념이어서 그 이행여부의 확정이 곤란하다면, 법률상 친자관계의 소멸이라는 엄중한 결과로 이어지는 친양자 입양의 요건과 관련하여 핵심적인 개념으로 자리 잡을 수는 없었을 것이다. 또한 이 규정이 도입된 때[67]부터 10년에 가까운 세월이 흘렀으나 입법 당시는 물론이고 그 후에도 '부양의무의 이행'이라는 개념이 상대적이고 불명확하여 법원이 부모의 동의 없이 친양자 입양 청구를 인용하는 기준으로서 부적절하다는 비판은 들려오지 않는다.

친생부모가 자신에게 책임이 있는 사유로 부양의무를 이행하지 않고 면접교섭을 하지 않은 경우에 그의 의사에 반하여 법률상 친자관계를 소멸시키는 것이 가능하다면(이로 인하여 친생부모는 잠재적인 상속인의 신분도 상실하게 된다), 동일한 사유가 있는 경우에 상속자격을 상실시키는 것이 무리하거나 과격한 입법이라고 생각되지는 않는다. 자녀가 살아 있을 때 법률상 친자관계가 소멸되는 것과 자녀가 이미 사망한 후에 부모의 상속자격이 부인되는 것을 비교해 본다면, 적어도 자녀에 대한 애정이 남아있는 부모에게는 전자가 더 고통스러운 경험일 것이다(후자의 경우에 자녀의 사망에 대한 애도의 마음과 자녀의 사망으로 상속인이 될 수 없다는 사실에 대한 불만은 구별되어야 할 것이다).

위에서 서술한 점에 비추어 본다면 부모가 자신에게 책임이 있는 사유로 자녀에 대한 부양의무를 이행하지 아니하고 면접교섭을 하지 아니한 경우를 상속결격사유로 추가해도 큰 무리는 없어 보인다.[68] 다만 이러한 규정에 대해

---

67) 법률 제11300호, 2012. 2. 10. 공포, 2013. 7. 1. 시행.

68) 물론 이러한 상태가 얼마나 지속되어야 하는지, 과거에 이러한 상태에 있었으나 자녀가 사망하기 전에 관계가 회복되어 있었던 경우에는 어떻게 판단해야 할 것인지 등의 의문이 제기될 수 있을 것이다. 그러나 이제까지 우리사회에서 현실로 발생한 사례들을 보면 자녀의 어린 시절에 부모가 떠난 후 자녀에게 아무런 관심을 보이지 않았던 경우들이 대부분이며, 판단에 있어서 경계선에 있는 사건들은 보이지 않는다. 이러한 사정은 앞으로도 크게 변하지 않을 것으로 보인다(위와 같은 우려를 고려하여 대안을 좀 더 보완한다면, "부모가 자신에게 책임이 있는 사유로 자녀에 대한 부양의무를 이행하지 아니하고 면접교섭을 하지 아니하여 친자관계가 사실상 단절되어 있었던 경우"로 할 수도 있을 것이다). 또한 공무원연금법에 자녀에 대한 양육의무를 이행하지 않은 사람을 배제하는 규정(제63조 제4항: 퇴직유족급여를 받을 수 있는 사람 중 공무원이거나 공무원이었던 사람에 대하여 양육책임이 있었던 사람이 이를 이행하지 아니하였던 경우에는 「공무원 재해보상법」 제6조에 따른 공무원재해보상심의회의 심의를 거쳐 양육책임을 이행하지 아니한 기간, 정도 등을 고려하여 대통령령으로 정하는 바에 따라 해당 급여의 전부 또는 일부를 지급하지 아니할 수 있다)이 도입되어 큰 문제없이 운용되고 있는 것을 보더라도 부양의무의 이행 여부를 확정하기 어

서는, 자녀가 부모에 대하여 부양의무를 이행하지 않은 경우도 형평의 원칙상 상속결격사유에 포함시켜야 한다는 비판이 나올 수 있다. 그러나 성년자녀의 부모에 대한 부양의무가 제2차적 부양의무라는 점에 비추어 볼 때[69] 자녀가 부모에 대한 경제적 부양의무를 이행하지 않은 사안에서 부모에게 이렇다 할 상속재산이 있을 가능성은 별로 없을 것으로 보인다. 따라서 자녀가 부모에 대해서 부양의무를 이행하지 않은 경우를 상속결격사유로 포함시킨다고 해도 큰 의미가 있다고 보기는 어렵다.[70] 또한 자녀와 달리 부모의 경우에는 유언능력이 있는 경우가 대부분이므로, 부양의무를 이행하지 않은 자녀를 상속에서 배제하기를 원한다면 유언에 의하여 유류분을 상실시키는 방법으로 대처할 수 있을 것이다(유류분상실제도의 도입을 전제로 하는 주장이다).

법무부 개정안의 상속권상실선고와 같이 비교법적으로 유례를 찾기 어려운 생경한 제도를 무리하게 도입하지 않더라도 이미 민법에 규정되어 있는 기존의 상속결격제도의 확충과 유류분상실제도의 도입을 통해서 우리 사회가 당면한 상속관련문제를 해결할 수 있을 것으로 기대한다.

Ⅶ 맺 음 말

필자가 2021년 초에 "상속권상실선고에 관한 법무부 개정안의 문제점"이라는 제하의 논문을 발표한 이후 이 주제에 관한 논쟁이 이어지고 있다. 그동안 발표된 논문 가운데에는 필자의 견해를 반박하는 주장을 담은 것도 있는데, 그 주장과 논거의 타당성에 대해서는 다시 한 번 검토하는 과정을 거침으로써 논의를 심화시킬 필요가 있다고 생각되었다. 이 논문에서 다룬 쟁점은 네 가지인데, 구체적으로 살펴보면 다음과 같다. 첫째, 법무부 개정안의 상속권상실선고가 추정상속인의 폐제에 관한 일본민법을 모델로 한 것이라는 비판

럽다는 주장은 설득력이 떨어진다.

69) 대결 2019. 11. 21. 2014스44, 45 전원합의체: 성년인 자녀가 부모에 대하여 직계혈족으로서 민법 제974조 제1호, 제975조에 따라 부담하는 부양의무는 부양의무자가 자기의 사회적 지위에 상응하는 생활을 하면서 생활에 여유가 있음을 전제로 부양을 받을 자가 자력 또는 근로에 의하여 생활을 유지할 수 없는 경우에 한하여 그의 생활을 지원하는 것을 내용으로 하는 제2차 부양의무이다.

70) 독일민법 제2333조 제1항 제3호는 상속인이 피상속인에 대하여 부담하는 법률상의 부양의무를 악의로 이행하지 않은 경우를 유류분상실사유로 규정하고 있으나, 실제로 이 규정이 갖는 의미는 크지 않다고 한다. 타인의 부양에 의존해서 생활을 이어갈 수밖에 없는 사람이 상당한 상속재산을 가지고 있을 가능성은 거의 없기 때문이다. MüKoBGB/Lange, 8. Aufl. 2020, BGB § 2333 Rn. 33 참조.

과 그에 대한 반론이다. 반론에 의하면 상속권상실선고제도가 일본민법의 추정상속인의 폐제를 모델로 하였다는 비판은 "아무런 근거도 없고 사실도 아니며, 우리 고유의 것으로서 창안된 것"이라고 한다. 이에 대해서 필자는 법무부 개정안 제1004조의2 제1항과 추정상속인의 폐제에 관한 일본민법규정의 유사성에 대해서 설명하고, 이 규정은 일본명치민법의 가독상속제도에서 연원한 것으로서 다른 나라의 입법례에서 유례를 찾을 수 없다는 점을 지적하였다. 우리가 민법개정안을 마련할 때 일본민법 역시 우리가 참고해야 할 주요 입법례라는 점에는 의문의 여지가 없으며, 일본민법 중에서 우리에게 필요한 제도가 있다면, 우리 민법에 도입하는 것도 얼마든지 가능하다고 생각한다. 그러나 필자는 몇 가지 이유에서 추정상속인의 폐제에 관한 일본민법규정이 우리 사회에 적합한 입법례가 아니라고 판단하고, 그와 유사한 내용의 법무부 개정안에 반대하는 입장을 표명한 것이다. 둘째, 법무부 개정안의 상속권상실선고에 의하면 상속개시 전에 상속인이 될 사람의 상속권을 상실시키는 것이 가능한데, 상속개시 전에 상속권을 상실시키는 것은 우리 상속법체계와 조화가 되지 않는다는 비판과 그에 대한 반론이다. 반론에 의하면 상속인이 상속개시 전에 기대권으로서 가지는 권리를 민법개정에 의하여 상속권에 포함시켜도 문제가 없으며, 입법론으로서 상속개시 전의 상속포기를 인정하여야 한다는 주장도 제기되고 있으므로, 상속개시 전의 상속권상실을 인정해도 문제가 없다고 한다. 그러나 상속인이 상속개시 전에 가지는 상속에 대한 기대에 대해서 상속권이라고 이름을 붙이고 그에 상응하는 권리로서의 지위를 부여할 수 있는가에 대해서는 국내에서도 이견이 적지 않으므로, 이에 대한 충분한 검토가 없는 상태에서 입법적으로 해결하면 된다는 태도는 무리한 것으로 보인다. 또한 국내에서 외국의 입법례를 참고하여 상속개시 전의 상속포기를 인정하여야 한다는 주장이 일부 제기되고 있는 것은 사실이나, 외국의 입법례에서 볼 수 있는 상속개시 전 상속포기는 피상속인과 상속인 사이의 합의에 기초한 계약으로서 피상속인의 일방적 의사에 의한 상속권박탈이 아니라는 점에서 법무부 개정안의 상속권상실선고와는 비교될 수 없는 성질의 것이다. 셋째, 법무부 개정안에 의하면 상속권상실선고 판결이 확정된 후에 피상속인이 용서하면 상속권상실선고는 효력을 잃게 되는데, 사인(私人)의 의사표시로 확정된 판결의 효력을 잃게 하는 것은 우리 법체계와 조화되지 않는다는 비판과 그에 대한 반론이다. 반론에 의하면 확정판결이 있더라도 당사자의 의사표시에 의하여 확정판결의 효력이 상실되는 것은 얼마든지 있을 수 있으며, "민사사건에서는 본래 '판결의 권위'보다도 사적자치가 더 중요하다"고 한다. 그러나 이러한 주장에 의하면 당사자의 의사표시만으로 확정판결의 효력을 상실시키는 것은 법리상 당연하고 아무런 문제도 없다고 하므로, 굳이 법무부 개정안과 같은 별도의 용서 규정을 둘 필요도 없을 것으로 보인다. 이 주장대로라면 상대방 배우자의 부정한 행위를 이유로 재판상 이혼을 청구하여 이혼판결이 확정된 후에 원고였던 전 배우자가 부정행위를 용서하면 이혼판결의 효력은 당연히 상실되므로 이혼으로 해소된 혼인관계는 부활할 것이다. 그러나 이러한 결과가 법리상 당연한 것으로 받아들여질 수 있는가에 대해서는 긴 토론이 필요하지 않을 것으로 보인다. 넷째, 필자는 이전의 논문에서 법무부 개정안에 대한 대안으로 상속결격사유의 확대와 유류분상실제도의 도입을 제안하였는데, 유류분상실제도를 도입하자는 것은 우리 상속법의 구조적인 성격을 간과한 것이며, 유류분상실제도는 유언에 의한 상속인지정을 전제로 하여서만 인정될 수 있다는 반론이다. 반론에 의하면 "우리나라는 유언에 의한 상속인 지정을 인정하고 있지 않으므로, 유류분 박탈만으로는 불충분하고, 상속권 상실이 필요하다"고 한다. 우리나라에서 생전증여나 유증 등으로 유류분이 침해된 상속인은 여전히 상속권을 보유하므로, 상속권의 상실이 필요하다는 주장으로 보인다. 그러나 외국의 입법례를 보면 피상속인의 사인처분(유언에 의한 상속인지정, 유증 등)으로 상속에서 제외된 자가 유류분만을 갖는 법제가 있는가 하면, 상속인의 지위를 유지하면서 상속권을 갖는 법제도 있는데, 전자의 입법례에 속하는 나라는 물론 후자의 입법례를 택한 나라에서도 유류분상실제도가 도입, 운용되고 있으며, 이와 별도로 법무부 개정안과 같은 상속권상실제도를 알지 못한다. 이러한 사실에 비추어 보더라도 유류분상실제도가 논리필연적으로 상속인지정제도를 전제로 해서만 인정될 수 있는 제도는 아니라는 점을 알 수 있다. 따라서 우리나라에서는 유언에 의한 상속인지정이 인정되지 않으므로, 유류분상실제도 역시 도입할 수 없다는 주장은 논리적으로 타당하다고 보기 어렵다.

　위와 같은 네 가지 쟁점에 대해서 서술한 후 끝으로 대안 부분에서는 "부모가 자신에게 책임이 있는 사유로 자녀에 대한 부양의무를 이행하지 아니하고 면접교섭을 하지 아니한 경우"를 상속결격사유로 추가하는 방안을 제시하였다. 민법 제908조의2 제2항에 따르면 위와 같은 사유가 있는 경우 가정법원은 친생부모의 입양 동의가 없어도 친양자 입양 청구를 인용할 수 있다. 친생부모가 자신에게 책임이 있는 사유로 부양의무를 이행하지 않고 면접교섭을 하지 않은 경우에 그의 의사에 반하여 법률상 친자관계를 소멸시키는 것이 가능하다면(이로 인하여 친생부모는 잠재적인 상속인의 신분도 상실하게 된다), 동일한 사유가 있는 경우에 상속자격을 상실시키는 것이 무리하거나 과격한 입법이라고 생각되지는 않는다. 부양의무 이행의 개념은 상대적이어서 그 위반 여부를 판단하는 것이 어렵다는 주장이 있으나, 친자관계의 소멸이라는 엄중한 결과로 이어지는 친양자 입양의 요건과 관련하여 동일한 개념이 이미 사용되고 있음에 비추어 볼 때 설득력이 부족한 것으로 보인다.

이 글을 마무리하면서 마지막으로 민법(친족·상속편) 개정에 임하는 법무부의 태도에 대해서 언급하지 않을 수 없다. 최근에 우리 사회에서 부양의무를 이행하지 않은 부모의 상속자격을 제한하여야 한다는 여론이 형성되면서, 법무부는 2020년에 '법무부 상속권 상실 제도 도입을 위한 TF'를 구성하였다. 부양의무를 이행하지 않은 상속인의 상속자격을 제한하는 방법으로는 여러 가지 대안이 있을 수 있으나, 법무부는 충분한 선행연구도 없이 처음부터 일본 민법의 추정상속인 폐제를 모델로 하는 상속권상실제도의 도입을 전제로 TF를 출범시킨 것이다. TF의 인적 구성을 보면 위원장을 포함하여 학계 출신 위원 3인은 전원 같은 대학 동문이고 사제지간으로 연결되어 있는데, 이러한 구성원 간에 얼마나 다양하고 비판적인 논의가 이루어질 수 있었을까에 대해서 의문이 드는 것은 필자만의 기우일까. 이렇게 구성된 TF에서 불과 서너 번의 회의만을 거쳐 개정안을 마련한 것으로 알려져 있다(법무부는 TF 회의록도 공개하지 않고 있다). 필자의 과문 탓인지도 모르지만, 기본법인 민법을 개정하겠다고 하면서 정식으로 개정위원회를 구성하지도 않고 이렇게 짧은 기간 내에 지극히 제한된 논의를 거쳐 개정안을 세상에 내놓는 예를 다른 나라에서는 본 적이 없다. 상속권상실선고에 관한 법무부 개정안에 대해서는 많은 비판이 쏟아지고 있다(2021년 9월 9일 한국가족법학회가 주최한 상속권상실선고제도에 대한 정책토론회에서 나온 토론의 내용은 비판적인 것이 대부분이었다). 민법 개정을 대하는 법무부의 폐쇄적이고 안이한 태도가 빚어낸 예견된 결과라고 할 수 있을 것이다.

〈중앙법학 제24집 제1호(2022년 3월) 수록〉

3. 유류분제도에 대한 헌법재판소의 판단

I 들어가는 말

2024년 4월 25일 헌법재판소는 민법[1] 제1112조부터 제1118조까지 규정되어 있는 유류분제도 중에서 몇 가지 조항에 대하여 위헌 내지 헌법불합치 결정을 선고하였다. 구체적으로 문제가 된 조항은 피상속인의 형제자매를 유류분권리자로 규정한 제1112조 제4호, 유류분권리자의 유류분상실사유를 별도로 규정하지 않은 제1112조 제1호부터 제3호, 기여분에 관한 제1008조의2를 준용하는 규정을 두지 않은 제1118조이다. 아래에서 구체적으로 위 규정들의 어떤 점이 문제가 되었는지 살펴보고, 그러한 문제점을 해소할 수 있는 하나의 대안(개정시안)을 제시한다.

II 유류분제도의 존재 이유

위헌 내지 헌법불합치 결정을 받은 위 규정들의 문제점을 이해하기 위해서는 우선 유류분제도의 존재 이유에 대한 이해가 필요하다.

유류분이란 피상속인의 의사와 관계없이 일정한 범위의 상속인이 상속재산에서 확보할 수 있는 비율을 말한다. 예를 들어 피상속인(부 또는 모)이 자신의 전 재산을 사회복지법인에 기부하고 상속인(자녀)에게는 아무것도 남기지 않겠다는 유언을 한 경우에도 상속인인 자녀는 유류분으로 법정상속분의 2분의 1을 받을 수 있다. 따라서 피상속인 A가 전 재산 10억을 B사회복지법인에 기부하겠다는 유언을 한 경우에도 자녀 C는 5억을 받을 수 있다. 결과적으로 피상속인 A의 유언에도 불구하고 B사회복지법인이 기부받는 재산의 액수는 5억에 그친다.

이와 같이 유류분은 피상속인의 유언의 자유를 제한하는 대표적인 제도이

---

1) 이하에서 민법 조문은 별도로 법명을 표시하지 않는다.

지만, 다음과 같은 이유에서 정당화되어 왔다.

첫째, 피상속인 사망 후 상속재산으로 상속인을 부양할 필요가 있다는 점이다. 이를 위하여 일정한 범위의 상속인에게는 피상속인의 의사와 관계없이 일정한 상속재산이 남겨질 수 있도록 제도로 보장되어야 한다.

둘째, 상속재산은 피상속인 개인뿐만 아니라, 배우자나 그 밖의 가족의 공동의 협력에 의하여 형성된 경우가 많을 것이라고 전제하고, 피상속인이 그 의사에 따라 상속재산의 형성에 기여한 가족구성원을 상속에서 배제한 경우에도 이들에게 일정한 비율의 상속재산을 보장함으로써 재산형성의 기여에 따른 청산을 할 필요가 있다는 것이다.

셋째, 피상속인과 가까운 친족관계에 있던 상속인에게는 일정한 비율의 상속재산이 보장되어야 한다는 것이다. 피상속인과 배우자, 자녀, 부모 등은 가족공동체에서 생활하면서 상호 간에 친밀한 유대관계를 형성하였을 것으로 일반적으로 추정되는데, 이러한 가족 간의 유대관계에 기초하여 유류분이 인정될 수 있다는 것이다.

Ⅲ 피상속인의 형제자매를 유류분권리자로 규정한 제1112조 제4호의 문제점

위에서 본 유류분제도의 존재 이유에 비추어 볼 때 피상속인의 형제자매에게 유류분을 인정해야 할 필요성은 찾기 어렵다. 이해를 돕기 위하여 하나의 사례를 들어 본다: 피상속인 A는 평생 독신으로 살면서 모든 30억의 재산을 사망하기 6개월 전에 X사회복지법인에 기부하였다. A의 유족으로는 형제자매인 B와 C가 있을 뿐인데, 생전에 A와 아무런 교류가 없었다. B와 C는 X사회복지법인에 유류분반환청구를 하여 각각 5억을 받아내는 데 성공했다.

이러한 결과는 X사회복지법인에 전 재산을 기부한 A의 의사에 반하는 것일 뿐만 아니라, 유류분제도의 존재 이유에 비추어 보아도 정당성을 찾기 어렵다. 유류분제도가 인정되는 첫 번째 이유는 피상속인 사망 후 상속재산으로 상속인을 부양할 필요가 있다는 것이다. 그런데 A가 생전에 형제자매인 B와 C를 부양해야 할 의무가 없었다는 점(제974조 제3호)에 비추어 보면, B와 C가 A의 상속재산으로 부양을 받아야 할 필요성은 인정되기 어렵다(더구나 B와 C가 자신의 소득과 재산으로 생활하고 있다면 부양의 필요조차 존재하지 않는다). 유류분제도가 인정되는 두 번째 이유는 상속재산의 형성에 기여한 상속인에게 그에 따른 청산분배를 해주어야 한다는 것인데, 현대사회에서 형제자매가 피상속인의 재산형성에 기여한 경우는 찾아보기 어렵다. 위의 예에서도 A의 생전에 A와 B, C는 거의 교류가 없었으며, B와 C가 A의 재산형성에 기여한 부분은 전혀 없다. 이러한 사정에 비추어 상속재산의 형성에 대한 기여의 청산으로 B와 C에게 유류분을 보장해야 할 이유는 없다. 유류분제도가 인정되는 세 번째 이유는 피상속인과 가까운 친족관계에 있던 상속인에게는 일정한 비율의 상속재산이 보장되어야 한다는 것이다. 그러나 오늘날 형제자매 사이의 관계는 피상속인의 의사에 반하여 일정한 재산을 강제로 나누어주어야 할 만큼 친밀하다고 보기는 어렵다. 만일 그 정도로 형제자매 간에 친밀한 관계가 존재했다면 피상속인이 스스로 형제자매에게 어느 정도의 상속재산을 남길 가능성이 크다. 그러나 위의 예에서와 같이 피상속인이 자신의 재산을 형제자매에게 주지 않고, 다른 사람(자연인 또는 법인)에게 주겠다는 의사를 명확히 한 때에는 그의 의사를 존중하는 것이 타당하다. 그런 경우에 피상속인의 의사에 반하여 그의 재산 중 일정 비율을 강제로 형제자매에게 분배하게 하는 것은 정당성을 찾기 어렵다.

이러한 이유에서 헌법재판소는 "피상속인의 형제자매의 유류분을 규정한 민법 제1112조 제4호는 헌법 제37조 제2항에 따른 기본권제한의 입법한계를 일탈하여 피상속인 및 유류분반환청구의 상대방인 수증자 및 수유자의 재산권을 침해하므로 헌법에 위반된다"고 판단하였다(이에 따라 피상속인의 형제자매의 유류분을 규정한 제1112조 제4호는 효력을 상실하게 되었다).

비교법적으로 보아도 형제자매에게 유류분을 인정하는 입법례는 찾기 어렵다. 예를 들어 일본민법은 직계존속과 자녀, 배우자에 대해서만 유류분을 인정하고 있으며(일본민법 제1042조), 독일은 부모와 직계비속, 배우자(생활동반자 포함)에 한하여 유류분이 인정된다(독일 민법 제2303조, 독일 생활동반자에 관한 법률 제10조). 오스트리아 역시 배우자(등록동반자 포함)와 직계비속에 대해서만 유류분이 인정된다(오스트리아민법 제757조). 스위스는 1984년 법개정을 통하여 형제자매의 유류분을 삭제하였으며, 현재는 배우자(등록동반자 포함), 직계비속에 대해서만 유류분이 인정되고 있다(스위스민법 제470조).

Ⅳ 유류분권리자의 유류분상실사유를 별도로 규정하지 않은 제1112조 제1호-제3호의 문제점

제1112조 제1호 – 제3호는 유류분권리자와 유류분에 관하여 다음과 같이 규정하고 있다: 피상속인의 직계비속(법정상속분의 2분의 1), 피상속인의 배우자(법정상속분의 2분의 1), 피상속인의 직계존속(법정상속분의 3분의 1)

이 규정에 따라 피상속인의 직계비속, 배우자, 직계존속이 상속인이 되는 경우에는(피상속인에게 배우자와 직계비속이 있는 경우에는 직계존속은 상속인이 될 수 없으므로, 유류분권도 없다) 피상속인이 생전증여나 유증을 통하여 상속재산을 처분하더라도 상속분의 2분의 1 또는 3분의 1을 확보할 수 있게 된다. 예를 들어 피상속인 A에게 배우자 B와 자녀 C가 있다면, A가 20억 원에 달하는 전 재산을 공익법인에 유증한 경우에도 B와 C는 각각 6억(법정상속분 12억의 2분의 1), 4억(법정상속분 8억의 2분의 1) 상당의 재산에 대해서 유류분의 반환을 청구할 수 있다. 헌법재판소는 제1112조가 이와 같이 "유류분권리자와 각 유류분을 획일적으로 정하고 있는 것 자체"는 문제가 없다고 보았다. 그러나 "민법 제1112조 제1호부터 제3호가 유류분상실사유를 별도로 규정하지 않은 것은 현저히 불합리하다"고 판단하였다.

제1112조와 유류분에 관한 다른 민법 규정(제1113조 – 제1118조)에 따르면 유류분권리자에게 상속결격사유(제1004조. 예를 들어 상속인이 피상속인을 살해한 경우, 살해하려다 미수에 그친 경우 등)가 없는 한, 위와 같이 정해진 유류분을 안정적으로 확보할 수 있다. 위의 사례에서 C가 A의 생전에 지속적으로 A를 신체적, 정신적으로 학대하였거나, A가 돌봄을 필요로 하는 상태에 있을 때 장기간 교류를 단절하고 방치했다고 해도, 유류분반환청구를 하는 데에는 아무런 지장이 없다. 요컨대 피상속인과 유류분권리자 사이에 최소한의 인간적인 유대관계가 존재하지 않았던 때에도 유류분권은 아무런 영향도 받지 않는다. 그러나 이러한 결과는 위에서 본 유류분제도의 존재이유에 비추어 볼 때 정당화되기 어려운 것이다. 유류분제도는 피상속인과 유류분권리자 사이에 최소한의 인간적인 유대관계가 존재했을 것을 전제로 하는데, 위의 사례에서 A와 C의 관계는 법적으로는 친자관계이지만, 실질적으로는 완전히 파탄되어 있기 때문이다. 그러나 현행 유류분제도는 이러한 사정을 전혀 고려하지 않고, 단지 일정한 신분(예컨대 피상속인의 자녀라는 신분)이 있다는 이유만으로 상속

재산의 일정 비율을 받을 수 있는 권리를 인정하고 있다. 헌법재판소는 이러한 점에서 현행 유류분제도에 문제가 있다고 판단하고, 일정한 사유(예컨대 피상속인을 장기간 유기, 학대한 경우 등)가 있는 경우에는 유류분을 상실시킬 수 있는 규정을 도입할 필요가 있다고 본 것이다("민법 제1112조의 경우 …… 유류분상실사유를 별도로 정하고 있지 않는 부분(제1호부터 제3호)은 불합리하고 자의적이어서 헌법 제37조 제2항의 기본권 제한의 입법한계를 일탈하여 재산권을 침해하므로 헌법에 위반된다." 헌법불합치 결정. 2025년 12월 31일까지 개선입법이 이루어지지 않으면 효력상실).

유류분상실제도는 유럽에서 보편적으로 받아들여지고 있는 제도로서 다음과 같이 정의할 수 있다: 피상속인이 생전증여 또는 유언을 통해서 특정 상속인을 상속에서 배제한 경우에도 그 상속인이 유류분반환청구를 할 수 있으므로, 유언으로 유류분마저 박탈함으로써 상속재산으로부터 아무런 이익도 받을 수 없도록 하는 제도이다.

이에 따르면, 위의 예에서 피상속인 A는 전 재산을 공익법인에 유증하면서 자신을 지속적으로 학대한 C의 유류분을 박탈한다는 유언을 할 수 있으며, 이런 경우 C는 유류분반환청구를 할 수 없게 된다(유류분상실사유가 없는 배우자 B는 유류분반환청구를 할 수 있다).

유류분상실에 관한 외국의 입법례를 소개하면 다음과 같다.

독일민법 제2333조 제1항에 따르면 피상속인은 다음과 같은 사유가 있는 경우에 유언으로 자녀(직계비속)의 유류분을 상실시킬 수 있다.[2] ⅰ) 자녀(직계비속)가 피상속인, 그의 배우자, 피상속인의 직계비속 또는 피상속인과 이와 유사하게 가까운 관계에 있던 사람(계부모, 계자녀, 위탁아동 등)의 생명을 빼앗으려 한 경우(살해의 의도가 외부에서 인식할 수 있는 행위로 나타나면 족하다), ⅱ) 직계비속이 위에 열거된 사람에 대해서 범죄(1년 이상의 자유형에 처해질 수 있는 범죄행위) 또는 중대한 비행(특히 부모와 자녀의 관계를 무시하고 부모에게 모욕적인 행위를 한 경우)을 저지른 경우, ⅲ) 직계비속이 피상속인에 대한 법률상의 부양의무를 악의적으로 위반한 경우,[3] ⅳ) 직계비속이 고의의 범죄로 인하여 1년 이상의 집행유예 없는 자유형의 확정판결을 받았으며, 그 이유로 피상속인의 입장에서는 직계비속이 상속재산을 받는 것을 받아들일 수 없

---

2) 그리고 제2333조 제2항에 의해서 이 규정은 부모와 배우자에게 준용된다.
3) 자녀가 부모에 대하여 가족 간의 유대관계에 기초한 의무의 이행을 스스로 저버렸다면, 부모의 사망 후 가족 간의 유대관계에 근거한 유류분도 주장할 수 없도록 하는 것이 형평에 맞는다는 취지이다.

는 경우. 직계비속이 이와 유사하게 중대한 고의의 범죄로 인하여 정신병원이나 중독치료소에 수용되도록 선고하는 판결이 확정된 경우.

오스트리아민법 제770조 제5호는 유류분권리자가 피상속인에 대한 가족법상의 의무를 현저히 해태한 경우를 유류분상실사유로 규정하고 있다. 부모와 자녀 사이에 발생하는 가족법상의 의무를 현저히 해태한 경우(예를 들어 노부모가 요양과 간호를 필요로 하는 상태에 있을 때, 자녀가 이를 외면하고 필요한 조력을 하지 않은 경우)는 물론,[4] 부부간에 인정되는 가족법상의 의무를 현저히 해태한 경우도 여기에 해당한다. 이 규정 역시 유류분이 인정되기 위해서는 피상속인과 유류분권리자 사이에 최소한의 유대관계가 존재해야 함을 전제로 한 규정으로 이해된다.

스위스민법에 따르면 상속인이 피상속인 또는 그의 친족에 대하여 가족법상의 의무를 중대하게 위반한 경우에는 피상속인은 유언으로 그 상속인의 유류분을 상실시킬 수 있다(스위스 민법 제477조 제2호). 가족법상의 의무에는 친족간의 부양의무(제328조), 부모와 자녀 사이에 서로 돕고, 배려하고, 존중할 의무(제272조), 부부간의 부양, 협조의무(제159조, 제163조, 제164조) 등이 포함된다.

체코민법에 의하면 피상속인이 곤경에 처해 있을 때 직계비속[5]이 필요한 도움을 제공하지 않은 경우나 피상속인에 대하여 직계비속으로서 당연히 가져야 할 관심을 장기간 보이지 않은 경우, 피상속인은 유언으로 직계비속의 유류분을 상실시킬 수 있다(제1646조).

헝가리민법은 상속인이 피상속인에 대한 법률상의 부양의무를 중대하게 위반한 경우를 유류분상실사유로 규정하고 있으며(제663조), 폴란드민법은 유류분권리자가 피상속인에 대한 가족법상의 의무를 현저히 해태한 경우를 유류분상실사유로 규정한다(제1008조). 이외에도 슬로베니아상속법(제42조 이하), 스페인민법(제853조), 그리스민법(제1839조 이하),[6] 노르웨이상속법(제55조),[7]

---

4) 장기간 이유 없이 부모와 자녀 사이의 모든 접촉을 거부한 경우도 유류분상실사유가 될 수 있다.

5) 체코민법에 의하면 피상속인의 직계비속만이 유류분권리자가 된다.

6) 그리스민법 제1839조 이하에 의하면 피상속인은 일정한 법정사유(예를 들어 직계비속이 피상속인에 대하여 법률상 부담하는 부양의무를 악의로 이행하지 않은 경우(제1840조 제4호), 상대방 배우자의 유책사유로 인하여 피상속인이 사망시에 이혼청구를 할 수 있었던 경우(제1842조))가 있는 경우에 유언으로 유류분을 상실시킬 수 있다.

7) 노르웨이상속법 제55조에 따르면 피상속인은 일정한 사유가 있는 경우(상속인이 피상속인, 상속인의 직계혈족, 형제자매 및 그 직계비속에게 범죄행위를 한 경우) 유언으로 그 상속인의 유류분을 상실시킬 수 있다. 유류분박탈의 유언은 법무부의 확인을 받아야 한다.

핀란드상속법(제15장 제4조) 등이 유류분상실에 관한 규정을 두고 있다.

나아가 이미 유류분의 상실에 관한 규정을 두고 있는 나라들에서 특히 자녀의 유류분과 관련하여 그 사유를 확대하자는 논의가 활발하게 진행되고 있다는 사실은 우리에게도 시사하는 바가 적지 않다.

Ⅴ 기여분에 관한 제1008조의2를 준용하는 규정을 두지 않은 제1118조의 문제점

현행 민법에서 기여분과 유류분은 서로 관계가 없다. 기여분과 유류분의 관계에서 발생하는 불합리한 모순을 두 개의 사례를 통해 살펴본다.

사례 1: 피상속인 A에게 자녀 B와 C가 있는데, A는 유언을 하지 않았으며 시가 5억 상당의 주택을 남겼다. B는 A의 생전에 20년간 A의 부양, 요양, 간호를 전담하고 A의 채무 3억까지 대신 변제하였으나, C는 그 동안 A를 한 번도 찾아오지 않았다. A의 사망 후 C가 법정상속분에 따라 상속재산분할을 요구하자, B는 법원에 기여분을 청구하였는데, 법원은 상속재산 전부를 B의 기여분으로 인정하였다. 이런 경우 상속재산은 전부 B에게 귀속하고, C는 이에 대하여 유류분반환청구를 할 수 없다. 기여분은 유류분반환청구의 대상이 되지 않기 때문이다.

사례 2: 위와 동일한 사례에서 A가 B의 기여에 대한 보답으로 유일한 재산인 주택을 생전에 B에게 증여한 경우를 상정해 본다. A가 사망하자 C는 B에 대하여 유류분(상속재산의 4분의 1)의 반환을 청구하였다. 이런 경우 현행법상 B는 유류분반환청구소송에서 자신의 기여분을 주장할 수 없으므로, C의 유류분(1억 2천 5백만원)을 반환하여야 한다.[8]

사례 1과 사례 2는 실질적으로 동일한 사례이지만, 결과에 있어서는 큰 차이가 생긴다. 사례 2에서와 같이 기여상속인 B가 피상속인 A로부터 기여에 대한 보상으로 생전증여(또는 유증)를 받았다면, 다른 상속인 C가 유류분반환

---

8) 대판 1994. 10. 14. 94다8334; 다만 최근에 판례는 이러한 불균형을 해소하기 위하여 다음과 같은 법리를 전개하고 있다: 피상속인이 상속인의 특별한 부양이나 기여에 대한 보상의 의미로 증여나 유증을 한 것으로 인정되는 경우에는 이러한 증여나 유증은 예외적으로 특별수익에서 제외할 수 있다. 따라서 이러한 재산에 대해서는 유류분반환청구를 할 수 없다(대판 2022. 3. 17. 2021다230083, 2021다230090). 그러나 헌법재판소는 이 판결만으로는 기여분에 관한 민법 제1008조의2를 유류분에 준용하는 효과를 거두고 있다고 평가하기는 어렵다고 보았다. 따라서 이 판결에도 불구하고 기여분과 유류분의 단절로 인하여 기여상속인의 정당한 이익이 침해되는 불합리한 문제는 여전히 남게 된다고 판단하였다.

청구를 하는 경우에 기여분을 주장할 수 없으므로, 상속재산의 4분의 1을 반환하여야 한다. 반면에 사례 1에서처럼 피상속인 A가 기여상속인 B에게 생전 증여(또는 유증)를 하지 않아서 기여상속인 B가 기여분을 청구하여 상속재산 전부가 기여분으로 인정되었다면, 다른 상속인 C는 유류분반환청구를 할 수 없으므로, 기여상속인 B는 상속재산 전부를 받을 수 있게 된다. 사례 2에서 피상속인 A는 생전에 상속인 B의 기여에 대한 보답으로 자신의 재산을 증여하였는데, 결과에 있어서는 사례 1에서와 같이 생전에 증여를 하지 않은 것이 오히려 상속인 B에게 유리하게 되는 모순이 발생한다. 이와 같이 불합리한 결과를 막으려면 사례 2에서 상속인 C가 기여상속인 B를 상대로 유류분반환청구를 할 때 B가 기여분을 주장할 수 있는 길을 열어주어야 할 것이다. 유류분반환청구소송에서 B가 기여분을 주장하여 상속재산 전부가 기여분으로 인정되면, 기여분은 유류분반환청구의 대상이 되지 않으므로, C의 유류분반환청구는 기각되고, 사례 1에서와 같이 B는 상속재산 전부를 받을 수 있게 될 것이다(결과적으로 사례 1과 사례 2는 동일한 결과에 이르게 된다).

　헌법재판소는 이러한 모순을 해결하는 방안으로 기여분에 관한 제1008조의2를 유류분에 준용하는 규정을 둘 것을 제시하였다: "기여분에 관한 제1008조의2를 유류분에 준용하지 않은 민법 제1118조 때문에 기여분제도와 유류분제도가 단절되고 이로 인하여 기여상속인이 정당한 대가로 받은 기여분 성격의 증여까지도 유류분반환의 대상이 됨으로써, 기여상속인과 비기여상속인 간의 실질적 형평과 연대가 무너지고, 기여상속인에게 보상을 하려고 하였던 피상속인의 의사가 부정되는 불합리한 결과를 초래한다." 따라서 제1118조가 "기여분에 관한 제1008조의2를 준용하는 규정을 두지 않아서 결과적으로 기여분과 유류분의 관계를 단절하고 있는 것은 현저히 불합리하고 자의적이어서 헌법 제37조 제2항에 따른 기본권제한의 입법한계를 일탈하여 재산권을 침해하므로 헌법에 위반된다"고 판단하였다(헌법불합치 결정. 2025년 12월 31일까지 개선입법이 이루어지지 않으면 효력상실).

Ⅵ　개정시안의 제시

　위에서 살펴본 유류분제도의 문제점을 해결할 수 있는 개정시안을 제시해 보면 다음과 같다.

제1112조(유류분의 권리자와 유류분) 상속인의 유류분은 다음 각 호에 의한다.

피상속인의 직계비속은 그 법정상속분의 2분의 1

피상속인의 배우자는 그 법정상속분의 2분의 1

피상속인의 직계존속은 그 법정상속분의 3분의 1

4. 삭제

④ 제1112조의2(유류분의 상실) ① 피상속인은 다음 각호의 사유가 있는 경우 유언으로 상속인의 유류분을 상실시킬 수 있다.

상속인이 자신에게 책임이 있는 사유로 피상속인에 대한 경제적, 신체적 부양의무[9]를 이행하지 아니한 경우

상속인이 피상속인에 대하여 1년 이상의 징역 또는 금고에 해당하는 범죄 행위를 한 경우[10]

② 전항의 규정에 따라 유류분을 상실한 자는 상속이 개시된 때부터 상속인이 아닌 것으로 본다.

제1118조(준용규정) 제1001조, 제1008조, 제1008조의2, 제1010조의 규정은 유류분에 준용한다.[11]

<월간 가정상담 2024년 6월호 수록>

---

9) 신체적 부양은 돌봄, 요양, 간호 등을 포함하는 개념이다.

10) 예를 들어 형법 제257조(상해), 제258조(중상해, 존속중상해), 제258조의2(특수상해), 제260조(폭행, 존속폭행), 제271조(유기, 존속유기), 제273조(학대, 존속학대), 제276조(체포, 감금, 존속체포, 존속감금), 제281조(체포·감금등의 치사상), 제283조(협박, 존속협박), 제350조(공갈) 등이 해당된다.

11) 제1118조 대신 기여분에 관한 제1008조의2를 개정하는 방안도 생각해 볼 수 있다.

제1008조의2(기여분) ①-③ 현행 유지

④ 제2항의 규정에 의한 청구는 제1013조 제2항의 규정에 의한 청구가 있을 경우, 제1014조에 규정하는 경우 또는 제1115조 제1항에 따른 청구가 있을 경우에 할 수 있다.

제 4 장

그 밖의 쟁점

1. 등록동반자관계는 혼인제도의 대안이 될 수 있는가?*

Ⅰ 들어가는 말

1980년대 후반 이후 유럽의 여러 나라들은 전통적인 혼인제도 이외에 두 사람 사이의 법적인 결합을 인정하는 새로운 제도를 도입하기 시작하였다. 혼인과 구별하여 보통 등록동반자관계라고 명명되었던 이 제도는 처음에는 주로 동성혼에 대한 대안으로서의 성격을 가지고 있었으므로, 동성 2인 사이에서만 허용되었고 이성간에 대해서는 개방되지 않았다(예를 들어 1989년에 세계 최초로 등록동반자관계를 도입한 덴마크는 동성간에 한하여 등록동반자관계의 성립을 허용하였다). 이성간의 법적 결합으로는 이미 혼인이라는 제도가 있으므로, 이와 별도로 새로운 제도를 둘 필요가 없다고 생각했기 때문이다. 이와 같이 초기의 등록동반자관계는 동성혼의 대안이라는 성격이 강했기 때문에 각국의 입법자는 이에 대해서 가능하면 혼인에 준하는 지위를 인정하려고 하였다. 그 후 각국에서 본격적으로 동성혼이 입법되기 시작하자 동성간의 준혼이라는 성격을 지닌 동성간의 등록동반자관계는 더 이상 존속할 근거를 잃게 되었다. 초기에 동성간의 등록동반자관계를 도입했던 나라에서 동성혼의 입법과 더불어 더 이상 등록동반자관계의 성립을 허용하지 않게 된 데에는 이러한 배경이 자리잡고 있다(예를 들어 덴마크에서는 2012년에 동성혼이 도입되면서 더 이상의 등록동반자관계는 성립할 수 없게 되었다. 노르웨이, 스웨덴, 핀란드, 독일 등도 이와 같은 방식을 취하였다).

한편 1990년대 후반에 프랑스와 벨기에, 네덜란드 등 일부 국가들은 전통적인 혼인제도 이외에 두 사람간의 새로운 법적 결합을 모색하면서 동성간과 이성간의 결합을 아우르는 새로운 제도를 마련하였다. 이러한 새로운 제도는 동성간은 물론 이성간의 결합을 허용한다는 공통점을 가지면서도 구체적인 면에 있어서는 나라에 따라 적지 않은 차이를 보였다. 혼인과 유사한 효력을 인

---

* 이 논문은 안문희 박사와 공동으로 작성하였음.

정한 '무거운 결합'을 선택한 입법례가 있는가 하면(네덜란드의 등록동반자제도), 혼인과 비교하여 성립과 효력, 해소에 있어서 '가벼운 결합'을 선택한 입법례도 있었다(프랑스의 PACS, 벨기에의 법정동거). 이러한 제도는 처음부터 단지 동성혼에 대한 대안으로서의 성격만을 갖는 것이 아니었으므로, 해당 국가에 동성혼이 도입된 후에도 그와 관계없이 별개의 제도로서 존속할 수 있었다. 최근의 통계에서는 이러한 새로운 제도에 대한 선호도가 점점 높아지는 경향을 읽을 수 있는데, 이러한 현상은 특히 혼인보다 '가벼운 결합'을 선택한 나라에서 현저하게 나타나고 있다. 이는 그 사회에서 전통적인 혼인제도와 비교하여 보다 가벼운 결합을 원하는 대중적 정서를 반영하는 현상으로 보인다.

아래에서는 동성간의 등록동반자관계를 도입했던 독일, 그와 달리 동성 및 이성간의 결합을 아우르는 새로운 제도를 도입한 프랑스, 벨기에, 네덜란드의 입법례를 간략히 소개하고(비교를 위하여 필요한 한도에서 핵심적인 내용만을 간추려서 소개한다), 후자의 입법례를 중심으로 비교, 분석하여 우리에게 시사하는 바를 모색해 본다.

Ⅱ 독   일

1. 도입과 현황

독일에서는 2001년 8월 1일부터 「생활동반자관계에 관한 법률」[2]이 시행되고 있다. 생활동반자관계란 그 실질에 있어서 동성 간의 준혼관계라고 할 수 있다. 당시 동성혼의 도입에 부담을 느끼고 있던 독일정치권이 동성혼에 이르는 일종의 과도적인 상태로서 생활동반자관계를 인정한 것이다.

2001년에 「생활동반자관계에 관한 법률」이 시행되면서 처음으로 동성간의 결합에 가족법상의 지위가 인정되었고, 2017년 10일 1일부터 동성혼이 허용되면서 동성부부의 법률상의 지위는 이성간의 부부관계와 동일하게 되었다. 동성간의 혼인이 가능해지면서 더 이상 생활동반자관계의 성립은 허용되지 않는다(따라서 생활동반자관계에 관한 법률은 2017년 10월 1일 이전에 독일에서 성립한 생활동반자관계와 외국에서 성립한 생활동반자관계에 대해서만 적용된다).[3] 기존

---

2) Gesetz zur Beendigung der Diskriminierung gleichgeschlechtlicher Gemeinschaften: Lebenspartnerschaften vom 16. Februar 2001.

3) 동성혼이 허용된 후에도 그와 병행하여 생활동반자관계의 성립이 허용되는 나라들도 있다(예를 들어 프랑스, 벨기에, 오스트리아, 네덜란드 등). 예를 들어 오스트리아에서는 2010년부터 동성

에 이미 성립한 생활동반자관계에 있는 사람들은 자유로운 의사에 따라 혼인관계로 전환할 수도 있고(생활동반자관계에 관한 법률 제20조a), 기존의 생활동반자관계에 머물러 있을 수도 있다. 2017년 10월 1일 전까지 독일에서는 매년 약 7,000건 가량의 생활동반자관계가 등록되었으며(2014년: 7,112, 2015년: 7,401, 2016년: 7,733), 동성혼이 시행된 이후 동성혼이 전체 혼인에서 차지하는 비율은 약 3% 정도에 이른다(2018년: 이성혼 449,446, 동성혼 21,757, 2019년: 이성혼 416,324, 동성혼 14,021, 2020년: 이성혼 373,304, 동성혼 9,939).

2. 성 립

위에서 본 바와 같이 2017년 10월 1일부터 독일에서 동성간의 혼인이 허용되면서 생활동반자관계의 성립은 더 이상 가능하지 않게 되었으며, 「생활동반자관계에 관한 법률」에서도 성립에 관한 규정은 모두 삭제되었다. 2001년 시행 당시의 법률은 생활동반자관계의 성립 요건을 다음과 같이 규정하고 있었다.[4] ⅰ) 생활동반자관계는 동성 사이에서만 성립할 수 있다(이 점에서 독일법은 노르웨이, 덴마크, 스웨덴, 핀란드, 스위스, 체코, 헝가리 등과 같고, 동성뿐만 아니라 이성 간의 결합까지도 허용한 프랑스, 벨기에, 네덜란드, 그리스, 오스트리아 등과 구별된다). ⅱ) 생활동반자관계를 형성하려는 사람들은 서로에 대하여 일생 동안(auf Lebenszeit) 생활동반자관계를 맺기를 원한다는 의사를 표시하여야 한다(이러한 의사표시는 관할관청에 제출되어야 하며, 신분등록공무원은 이를 신분등록부와 생활동반자관계등록부에 기록한다). 일생 동안 생활동반자가 되겠다는 의사를 요건으로 하는 점에 비추어 볼 때, 독일어의 'Lebenspartner'는 단순한 생활동반자라기보다는 '인생의 반려자' 또는 '인생의 동반자'로 번역하는 것이 그 관계의 실질과 무게감에 부합하는 번역이라고 생각된다(다만 이제까지 우리 사회에서 생활동반자라는 용어가 널리 사용된 점을 감안하여 그 용어를 그대로 사용한다). ⅲ) 미성년자는 생활동반자관계를 맺을 수 없다(혼인과 달리 예외가 인정되지 않는다). ⅳ) 이미 혼인 중이거나 생활동반자관계에 있는 사람은 이중으로 생활동반자관계를 맺을 수 없다. ⅴ) 직계혈족 및 형제자매(부 또는 모만을 같이 하는 형제자매 포함) 사이에는 생활동반자관계를 맺을 수 없다. ⅵ) 생활동반자 사이에 부양과 돌봄의 의무를 부담하지 않기로 하는 합의가 있는

간의 등록동반자관계가 허용되었고, 2019년부터 동성혼이 인정되었는데, 2019년부터 등록동반자관계를 이성간의 결합에 대해서도 개방하였다. 반면에 스웨덴, 덴마크, 핀란드, 노르웨이는 동성혼을 입법하면서 동성간의 등록동반자관계의 성립을 더 이상 허용하지 않는다.

4) 2001년 「생활동반자관계에 관한 법률」 제1조.

경우에는 생활동반자관계는 유효하게 성립하지 않는다(가장 생활동반자관계를 방지하려는 취지로 이해된다.[5]).

3. 효 력

(1) 생활동반자 사이의 관계

1) 생활동반자관계는 혼인과 마찬가지로 일생에 걸친 법적 공동체의 성격을 갖는다. 이에 따라 생활동반자는 서로에게 협조, 돌봄의 의무를 부담할 뿐만 아니라 공동으로 생활을 영위할 의무를 진다(생활동반자관계에 관한 법률 제2조).[6] 생활동반자는 역할분담에 관한 협의에 따라 소득활동 또는 가사를 통하여 서로에 대한 부양의무를 이행한다(생활동반자관계에 관한 법률 제5조[7]).[8] 생활동반자관계의 해소 후에는 각자의 생활을 스스로 책임지는 것이 원칙이지만, 스스로 자신을 부양할 수 없는 사정이 있는 때에는 전 생활동반자에 대하여 부양을 청구할 수 있다(생활동반자관계에 관한 법률 제16조[9]).[10]

2) 생활동반자는 부부와 마찬가지로 공통의 성(姓)을 쓸 수도 있고(공통의 성을 정하는 경우에는 동반자 각자의 출생 당시의 성이나 공통의 성을 정할 때까지 사용해 왔던 성 중에 하나를 선택할 수 있다), 그때까지 사용했던 성을 유지할 수도 있다. 또한 자신의 성이 공통의 성으로 정하여지지 않은 동반자는 공통

---

5) Dethloff, Die Eintragene Lebenspartnerschaft – Ein neues familienrechtliches Institut, NJW, 2001, 2598/2599.

6) BT-Drucksache 14/3751, S. 36, 37; "공동으로 생활을 영위할 의무"란 반드시 성적인 의무를 포함하는 것은 아니다. 따라서 당사자는 성생활을 배제하는 합의를 할 수도 있다. MüKoBGB/Duden, 9. Aufl. 2022, LPartG § 2 Rn. 4.

7) 이 규정에 따라 독일민법 제1360조 2문, 제1360조a, 제1360조b, 제1609조가 준용된다.

8) BGH NJW 2016, 2122f. zu §§ 1360, 1360a BGB.

9) 이 규정에 따라 독일민법 제1570조-제1586조b, 제1609조가 준용된다. 2007년 부양법개정에 관한 법률(Gesetz zur Änderung des Unterhaltsrechts vom 21.12.2007)에 따라 생활동반자관계의 해소 후 부양에 관하여는 부부간의 이혼 후 부양에 관한 규정이 적용된다. 이에 따라 공동의 자녀를 양육하기 때문에 소득활동을 할 수 없는 경우, 고령이나 질병, 자신에게 책임을 돌릴 수 없는 장기간의 실업 등으로 스스로 생활비를 벌 수 없는 경우 등에는 전 생활동반자에 대하여 부양을 청구할 수 있다. BeckOK BGB/Hahn, 62. Ed. 1.5.2022, LPartG § 16 Rn. 5.

10) 생활동반자관계에 관한 법률 제12조에 의하면 별거시에도 일방의 생활동반자는 상대방에 대해서 부양을 청구할 수 있다. 생활동반자관계가 안정적으로 유지되고 있을 때에는 생활동반자는 서로에 대해서 부양청구권을 갖지만, 별거시에는 부양을 필요로 하는 생활동반자가 일방적으로 (부양능력이 있는) 상대방에 대해서 금전적 부양을 청구할 수 있다. BT-Drucksache 14/3751, S. 40f. 여기서 별거란 생활동반자의 주거공동체가 더 이상 존재하지 않고, 생활동반자 중 1인이 주거공동체의 회복을 반대하는 경우를 말한다(생활동반자관계에 관한 법률 제15조 제5항 1문). 2007년 부양법개정에 관한 법률에 따라 생활동반자의 별거 시 부양에 관하여는 부부간의 별거 시 부양에 관한 규정(독일민법 제1361조, 제1609조)이 적용된다.

의 성 앞이나 뒤에 이제까지 자신이 사용해온 성이나 출생 당시의 성을 붙일 수도 있다(생활동반자관계에 관한 법률 제3조).[11]

　3) 2001년 시행 당시의 「생활동반자관계에 관한 법률」은 혼인의 경우와 달리 생활동반자관계의 성립 전에 생활동반자관계에 적용될 재산관계의 유형을 선택하여 관할관청에 제출하도록 의무화하고 있었다(이에 따라 생활동반자관계를 맺으려는 사람들은 혼인에 있어서의 법정부부재산제인 부가이익공동제(증가재산분할제[12])를 비롯하여 공유제, 별산제 등의 재산관계 유형을 선택할 수 있었다). 2004년 개정(2005년 1월 1일 시행)[13]으로 재산관계에 있어서 생활동반자관계와 혼인 사이의 차이가 없어졌으며, 이제 생활동반자도 별도의 합의가 없는 한 법정부부재산제의 적용을 받게 되었다(생활동반자관계에 관한 법률 제6조.[14] 법정부부재산제인 증가재산분할제란, 혼인 중에는 큰 틀에서 별산제를 유지하되,[15] 혼인해소 시에는 혼인기간 동안 증가한 재산을 균분하여 분할하는 방식을 의미한다.[16]).

　4) 2001년 시행 당시의 「생활동반자관계에 관한 법률」은 혼인해소의 경우와 달리 생활동반자관계 해소 시의 연금청산에 관한 규정을 두지 않았다. 2004년 개정에 의하여 2005년 1월 1일 이후에 성립한 생활동반자관계가 해소될 때에는 연금청산에 관한 법률[17]이 적용됨에 따라 생활동반자의 일방은 상대방에 대해서 연금에 대한 청산을 청구할 수 있게 되었다(생활동반자관계에 관한 법률 제20조). 상대방이 장래 수령하게 될 연금에 대한 권리와 현재 수령하고 있는 연금에 대한 권리가 모두 청산의 대상이 되며, 법정연금보험(근로자

---

　11) 이 규정에 의해서 자신의 성이 생활동반자 공통의 성으로 정하여지지 않은 동반자도 자신의 원래의 성을 부가적인 성(Begleitname)으로 유지할 수 있게 된다.

　12) 독일의 법정부부재산제인 'Zugewinngemeinschaft'는 국내에서 일반적으로 부가이익공동제로 번역되고 있으나, 혼인기간 동안 증가한 재산을 균분하여 분할한다는 점에 착안하여 증가재산분할제로 번역하였다. 김상용, "부부재산제 개정을 위한 하나의 대안", 『법조』 554호(2002. 11.), 146면 참조.

　13) Gesetz zur Überarbeitung des Lebenspartnerschaftsrechts vom 15.12.2004.

　14) 이 규정에 따라 독일민법 제1363조 제2항, 제1364조-제1390조가 생활동반자관계의 재산관계에 적용된다.

　15) 다만 다음과 같은 제한이 있다. 첫째, 생활동반자가 각자에게 속한 전 재산(거의 전 재산. 예를 들어 어느 재산이 전 재산 가액의 85% 내지 90%를 차지하는 경우. BGH NJW 1991, 1739/1740)을 처분할 때에는 상대방의 동의를 받아야 한다(독일민법 제1365조 제1항 1문). 보통 주택은 거의 전 재산에 해당하는 경우가 많기 때문에 주택을 처분할 때에는 상대방의 동의를 필요로 하는 것이 일반적이다. 둘째, 생활동반자 각자에게 속한 가재도구를 처분할 때에도 상대방의 동의를 받아야 한다(독일민법 제1369조 제1항).

　16) 다만 사망으로 인한 생활동반자관계의 해소 시에는 생존 동반자는 일률적으로 상속재산의 4분의 1을 더 받는 방식으로 부부재산관계를 청산한다(독일민법 제1371조 제1항 전단).

　17) Gesetz über den Versorgungsausgleich.

와 일정한 범위의 자영업자가 가입하는 노령연금)에 의한 권리, 공무원연금이나 직능별 연금(의사, 약사, 변호사 등의 직업을 가진 사람들이 가입하는 노령연금)과 같은 그 밖의 일반보장체계상의 권리, 기업노령연금상의 권리, 사적 노령연금 상의 권리, 사적 장애연금상의 권리 등이 모두 포함된다.[18) 연금의 청산에 대 한 권리는 생활동반자관계에 적용되는 재산관계와 관계없이 인정된다(예를 들 어 생활동반자관계가 성립할 때 재산관계에 대해서 아무런 의사표시를 하지 않아서 법정재산제가 적용되는 경우이든 생활동반자관계의 성립 시 별산제를 선택하여 별산 제의 적용을 받는 경우이든 연금의 청산에는 영향을 미치지 않는다).[19) 또한 생활 동반자관계 해소 후의 부양과는 달리, 생활동반자관계에 있던 일방이 스스로 부양을 할 수 없는 상태에 있을 때에만 인정되는 것도 아니다. 생활동반자관 계에 있었던 기간 동안 취득한 연금에 대한 권리는 균등한 비율로 분할되는 것이 원칙이다.[20)

(2) 부모와 자녀의 관계

1) 혼인한 부부와는 달리 생활동반자관계에 있는 두 사람은 공동으로 자 녀를 입양할 수 없다. 다만 생활동반자관계에 있는 일방이 자녀[21)를 단독으로

---

18) 연금청산에 관한 법률 제2조 제1항. 독일의 노령연금제도에 관한 상세한 내용은 김영미, "독일의 노후소득보장법제와 시사점", 『사회보장법학』 제3권 제1호(2014), 74면 이하 참조.

19) Johannsen/Henrich/Althammer/Holzwarth, 7. Aufl. 2020, VersAusglG § 2 Rn. 43; BGH NJW 1979, 1289ff.

20) 연금청산에 관한 법률 제1조 제1항. 생활동반자관계에 있던 쌍방이 각각 상대방에 대해서 연금청산에 대한 권리를 갖는 경우도 있을 수 있는데, 이러한 때에는 쌍방은 동시에 각각 연금청 산의 의무자가 된다. 예를 들어 두 사람이 모두 사무직 근로자로서 법정연금보험에 가입되어 있는 데, 일방 A는 연금에 대한 권리의 청산으로서 자신의 연금포인트 중 8EP(Entgeltpunkte의 약자인 데 Rentenpunkte라고도 칭하며, 일종의 연금포인트라고 번역할 수 있을 것이다)를 상대방 B에게 양도해야 하고, B는 A에게 4EP를 양도해야 하는 경우라면, 이를 상계하여 A는 B에게 4EP만을 양 도하면 된다(연금청산법 제10조 제2항. Johannsen/Henrich/Althammer/Holzwarth, 7. Aufl. 2020, VersAusglG § 10 Rn. 10 참조); EP의 개념에 대해서 간단히 설명하면 다음과 같다. 위의 예에서 A의 1년간 소득이 모든 보험가입자의 평균소득과 같다면, A는 1년간 1EP를 취득한다. A가 45년간 계속해서 모든 보험가입자의 평균소득에 해당하는 소득을 올렸다면, A는 총 45EP를 취득하게 된 다(2022년 7월 1일 기준으로 구 서독지역에서 1EP는 36.02유로이다). A가 이 상태에서 퇴직하여 연금을 받게 된다면 월 1620.9유로(45×36.02유로)를 수령하게 된다. 위의 예에서와 같이 생활동 반자관계가 해소될 때 연금에 대한 권리의 청산으로서 A가 B에게 4EP를 양도하였다면, A는 41EP 에 대해서 연금을 받게 되므로 월 약 1476유로를 수령하게 될 것이다(결과적으로 A의 연금수령액 은 월 144유로 감소된다). 위의 예에서 A는 B와 16년간 생활동반자관계를 유지하여 그 기간 동안 16EP를 취득하였고, 생활동반자관계가 해소되면서 연금에 대한 권리의 청산으로 B에게 그 중 절 반인 8EP를 양도하게 되는 것이다(반면에 B는 같은 기간 동안 8EP를 취득하여 그 절반인 4EP를 A에게 양도해야 한다). 만약 B가 가사에 종사하고 소득활동을 하지 않아서 스스로 취득한 연금포 인트가 없다면, A는 B에게 자신이 취득한 16EP의 절반인 8EP를 양도해야 한다.

21) 생활동반자관계에 있는 상대방의 자녀가 아니라 제3자의 자녀(fremdes Kind)를 말한다.

입양하는 것은 가능하며, 이때에는 상대방의 동의가 필요하다(생활동반자관계에 관한 법률 제9조 제6항[22]). 일단 생활동반자관계에 있는 일방이 자녀를 입양하면, 그 후 다른 일방이 순차적으로 그 자녀를 또 입양하는 것은 허용된다.[23] 이러한 경우에는 그 양자는 생활동반자 쌍방의 공동의 자녀가 되므로, 실질적으로 결과에 있어서는 공동입양을 한 것과 차이는 없다.

2001년 법 시행 당시에는 생활동반자관계에 있는 상대방의 자녀를 입양하는 것도 허용되지 않았으나(즉 생활동반자관계에 관한 법률이 제정될 당시 독일의 입법자는 생활동반자 쌍방이 공동으로 자녀의 부모가 될 수 있는 가능성을 인정하려고 하지 않았다), 2004년 개정에 의하여 2005년부터 상대방의 양자 또는 친생자를 입양하는 것이 가능하게 되었다(생활동반자관계에 관한 법률 제9조 제7항 2문).[24] 이러한 경우 그 자녀는 생활동반자관계에 있는 두 사람의 공동의 자녀가 되므로(두 사람의 생활동반자는 자녀의 공동친권자가 된다), 생활동반자 쌍방에 대해서 부양청구권을 가지고, 상속권도 취득하게 된다. 생활동반자에게도 부부와 같이 공동입양의 길을 열어주어야 한다는 주장도 제기된 바 있으나,[25] 현행법은 여전히 이를 허용하지 않는다. 따라서 공동입양을 원한다면 현재로서는 생활동반자관계를 혼인으로 전환한 후[26] 공동입양을 하는 방법이 있을 뿐이다.

2) 생활동반자관계의 일방(단독친권자)이 자신의 친생자나 양자를 생활공동체에 데리고 들어와 함께 사는 경우, (부모의 신분을 갖지 않는) 상대방은 친권자와 협의하여 자녀의 일상생활에서 필요한 사항[27]에 대해서 공동으로 결정

---

22) 이 규정에 따라 독일민법 제1749조 제1항 2문과 3문, 제2항이 준용된다.

23) 「생활동반자관계에 관한 법률」이 시행될 당시에는 이러한 방식의 순차적 입양이 허용되지 않았다. 생활동반자에 대해서 공동입양을 금지한 취지를 잠탈할 수 있다고 보았기 때문이다. 2013년 2월 19일에 독일연방헌법재판소는 생활동반자 쌍방에 의한 순차적 입양을 금지하고 있는 당시의 법상태를 위헌으로 판단하였으며(BVerfG NJW 2013, 847. 생활동반자와 해당 자녀의 평등권을 침해한다고 보았다), 그에 따라 「생활동반자관계에 관한 법률」 제9조 제7항 2문이 개정되었다 (Gesetz zur Umsetzung der Entscheidung des BVerfG zur Sukzessivadoption durch Lebens-partner vom 20.6.2014).

24) 이 규정에 따라 독일민법 제1742조, 제1743조 1문, 제1751 제2항, 제4항 2문, 제1754조 제1항, 제3항, 제1755조 제2항, 제1756조 제2항, 제1757 제2항 1문, 제1772조 제1항 1문 c호가 준용된다.

25) Dethloff, Adoption und Sorgerecht-Problembereiche für die eingetragenen Lebens-partner?, FPR 2010, 208/210.

26) 생활동반자관계에 있는 당사자가 원한다면 「생활동반자에 관한 법률」 제20조a에 의해서 생활동반자관계를 혼인으로 전환할 수 있다.

27) 일상적인 자녀의 돌봄, 음식을 제공하고 의복을 입히는 것 등 일상적으로 반복되고 자녀에게 큰 영향을 미치지 않는 행위를 의미한다. BeckOK BGB/Hahn, 62. Ed. 1.5.2022, LPartG § 9 Rn. 4.

할 수 있다(생활동반자관계에 관한 법률 제9조 제1항[28]).[29] 또한 지체를 하는 경우 자녀의 복리가 위태롭게 될 수 있는 상황에서 친권자의 결정을 적시(適時)에 받을 수 없는 때에는 중요한 사안에 대해서도 단독으로 결정할 수 있다(생활동반자관계에 관한 법률 제9조 제2항).[30]

자녀에 대해서 친권을 갖는 부모의 일방과 그의 생활동반자가 자녀와 가족공동생활을 하는 경우에는 자녀에게 생활동반자가 공동으로 쓰는 성을 부여할 수 있다(생활동반자관계에 관한 법률 제9조 제5항[31]).

생활동반자가 별거하는 때 또는 생활동반자관계가 해소된 경우, 자녀와 오랜 기간 가족공동생활을 해왔던 생활동반자에게는 자녀와 면접교섭을 할 수 있는 권리가 인정된다(독일민법 제1685조 제2항). 물론 면접교섭권이 언제나 당연히 인정되는 것은 아니며, 면접교섭이 자녀의 복리에 기여하고 생활동반자와 자녀 사이에 실질적인 가족관계가 형성되어 있는 경우에 한한다.[32]

(3) 상속

1) 상속에 있어서 생활동반자는 배우자와 마찬가지로 상속권과 유류분권(법정상속분의 2분의1)을 갖는다(생활동반자관계에 관한 법률 제10조).[33] 사망한 생활동반자의 직계비속과 공동상속인이 되는 경우 생존한 생활동반자의 상속분은 4분의 1이며,[34] 이외에 생활동반자관계의 해소에 따른 재산관계의 청산으로 상속재산의 4분의 1을 더 받는다(법정재산제의 적용을 받는 경우).[35] 사망

---

28) 이 규정에 의해 독일민법 제1629조 제2항이 준용된다.

29) 어떤 사안에 대해서 협의가 되지 않는 경우에는 단독친권자의 의사가 우선한다고 해석된다. Veit, Kleines Sorgerecht für Stiefeltern, (§ 1687b BGB), FPR 2004, 67/71; MüKoBGB/Duden, 9. Aufl. 2022, LPartG § 9 Rn. 3.

30) 예를 들어 사고나 질병 등으로 긴급한 상황에서 자녀를 병원에 입원시킬 필요가 있을 때에는 자녀를 사실상 양육하는 생활동반자는 단독으로 자녀를 대리할 수 있고, 필요한 조치를 취할 수 있다(예를 들어 필요한 의료적 처치에 동의하고, 의료계약을 체결할 수 있다. BeckOK BGB/Hahn, 62. Ed. 1.5.2022, LPartG § 9 Rn. 5; 다만 휴대폰의 보급으로 누구와 언제든지 연결이 가능하게 된 현대사회에서 친권자에게 적시에 연락되지 않는 경우는 그리 많지 않을 것이다. 따라서 이 규정의 실질적 의미는 크지 않다는 의견이 있다. MüKoBGB/Duden, 9. Aufl. 2022, LPartG § 9 Rn. 6.

31) 이 규정에 따라 독일민법 제1618조 2문에서 6문까지의 규정이 준용된다.

32) MüKoBGB/Hennemann, 8. Aufl. 2020, BGB § 1685 Rn. 6; OLG Karlsruhe NJW 2011, 1012ff.

33) 부양 및 재산관계에 있어서와 마찬가지로 상속에 관하여도 생활동반자는 배우자와 동일한 법적 지위를 갖는다.

34) 제1순위 상속인. 「생활동반자관계에 관한 법률」 제10조 제1항 1문.

35) 예를 들어 생활동반자관계에 있던 일방 A가 사망하여 상속이 개시된 경우, A가 남긴 상속재산이 2억이고 A에게 자녀 C와 D가 있다면 생존 생활동반자 B는 재산관계의 청산으로 그 중 4분의 1(5천만원)을 받고, 법정상속분으로 4분의 1(5천만원)을 더 받는다(결국 A는 상속재산의 2분

한 생활동반자의 부모나 형제자매[36] 또는 조부모와 공동상속인이 될 때에는 생존 생활동반자의 상속분은 2분의 1이다(이외에 생활동반자관계의 해소에 따른 재산관계의 청산으로 4분의 1을 더 받는 것은 동일하다. 결국 생존 생활동반자의 몫은 4분의 3이 된다). 위에서 언급한 공동상속인이 될 사람이 없는 때에는 생존 생활동반자는 단독상속인이 되어 전 재산을 상속한다.[37]

2) 이외에 생존 생활동반자는 공동생활에 사용하던 가재도구를 다른 상속인[38]에 우선하여 취득할 수 있다.[39]

사망한 생활동반자가 임차한 주택에서 함께 거주하고 있었던 경우에는 생존 생활동반자는 임차인의 지위를 승계하여 임차주택에서 계속 거주할 수 있다(생활동반자관계에 관한 법률 제11조).[40]

4. 생활동반자관계의 해소

생활동반자관계는 일방의 사망이나 법원의 심판에 의해서 해소된다(생활동반자관계에 관한 법률 제15조). 재판에 의한 해소 사유는 다음과 같다. ⅰ) 1년 이상의 별거를 전제로 하여 생활동반자 쌍방이 생활동반자관계의 해소를 청구하거나, 일방이 청구하고 다른 일방이 생활동반자관계의 해소에 동의하는 경우, ⅱ) 생활동반자 쌍방이 1년 이상 별거하고 있으며, 생활동반자관계가 파탄되어 그 회복을 기대할 수 없는 경우(생활동반자관계가 회복할 수 없을 정도로 파탄된 때에는 피청구인이 생활동반자관계의 해소에 동의하지 않는 경우에도 청구가 인용될 수 있다), ⅲ) 생활동반자 쌍방이 3년 이상 별거하고 있으며, 그 중 일방이 생활동반자관계의 해소를 청구한 경우(피청구인이 해소에 반대하더라도 청구가 인용될 수 있다), ⅳ) 생활동반자관계의 계속이 청구인에게 참을 수 없는 고통이 되는 경우로서 그 원인이 상대방에게 있을 때(예를 들어 피청구인에게

의 1을 받게 된다. 자녀의 법정상속분은 4분의 1이므로, C와 D는 각각 5천만원을 받게 된다).

36) 제2순위 상속인. 피상속인의 부모 및 그 직계비속이 제2순위 상속인이므로, 형제자매 외에 조카도 포함된다.

37) 「생활동반자관계에 관한 법률」 제10조 제2항 1문.

38) 생존 생활동반자가 제2순위 상속인과 공동상속인이 되는 경우에는 항상 우선하여 취득하며, 제1순위 상속인과 공동상속인이 되는 경우에는 생존 생활동반자가 가사를 유지하는데 필요한 경우에 한하여 가재도구에 대한 선취권이 인정된다(생활동반자관계에 관한 법률 제10조 제1항 3문, 4문).

39) 이를 선취물(Voraus)이라고 한다. 가재도구 이외에 생활동반자관계 성립 시에 받은 선물이 포함된다. 「생활동반자관계에 관한 법률」 제10조 제1항 3문.

40) 독일민법 제563조, 제563조a 참조. BeckOK BGB/Hahn, 62. Ed. 1.5.2022, LPartG § 11 Rn. 4.

폭력성향이 있는 경우[41]). 이러한 경우에는 일정한 기간의 별거를 거치지 않고도 바로 생활동반자관계의 해소를 청구할 수 있다.

생활동반자 쌍방이 3년 이상 별거한 경우에도 예외적으로 다음과 같은 사정이 있는 때에는 생활동반자관계의 해소 청구가 기각될 수 있다: 생활동반자관계의 해소가 이를 반대하는 피청구인에게 너무 가혹한 결과가 되는 예외적인 사정이 존재하고, 생활동반자관계를 유지하는 것이 청구인의 이익을 고려하더라도 예외적으로 필요하다고 인정되는 경우(예를 들어 생활동반자관계가 해소될 경우에 피청구인이 자살할 위험이 있는 경우[42].).

Ⅲ 프 랑 스

1. PACS[43]의 도입과 현황

(1) 프랑스의 PACS는 「PACS에 관한 1999년 11월 15일 법」[44]을 통해 제정되고 다음 날인 11월 16일부터 시행되었다. 프랑스에서 PACS가 제정된 이유는 크게 외부적 요인과 내부적 요인으로 구분할 수 있다.[45] 외부적 요인으로는 1980년대 후반부터 일련의 유럽국가들(1989년 덴마크, 1993년 노르웨이, 1994년 스웨덴, 1996년 아이슬란드)에서 동성간의 결합에 혼인에 준하는 법적 지위를 인정하는 입법이 이루어진 것을 들 수 있으며, 내부적 요인으로는 당시 프랑스 사회에서 벌어졌던 혼인율의 감소와 자유로운 동거의 증가를 들 수 있다.[46] 당시 프랑스 사회에서는 복잡한 이혼 절차, 이혼의 효과로 인한 재산분할 등에 부담을 느낀 젊은 세대가 혼인을 기피하는 경향이 나타나고 있었는데, 이를 계기로 프랑스 정부는 혼인에 비하여 부담이 적은 새로운 제도의 필요성을 인식하게 되었다. 이에 더하여 동성간의 결합에 대한 입법의

---

41) MüKoBGB/Duden, 9. Aufl. 2022, LPartG § 15 Rn. 8.

42) MüKoBGB/Duden, 9. Aufl. 2022, LPartG § 15 Rn. 8; BeckOK BGB/Neumann, 62. Ed. 1.5.2022, BGB § 1568 Rn. 14ff; BGH FamRZ 1981, 1161/1163 참조.

43) PACS(pacte civil de solidarité)는 일반적으로 연대의무협약으로 번역된다. 안문희, "PACS(pacte civil de solidarité), 연대의무협약에 대한 연구: PACS 제정 후 십여 년이 지난 지금은?", 법과사회 제42호 (2012), 201-204면 참조.

44) Loi n° 99-944 du 15 novembre 1999 relative au pacte civil de solidarité.

45) 안문희, "PACS(pacte civil de solidarité), 연대의무협약에 대한 연구: PACS 제정 후 십여 년이 지난 지금은?", 『법과사회』 제42호 (2012), 203면.

46) Hugues FULCHIRON, Philippe MALAURIE, La famille, L.G.D.J, 2006, p. 177 et s; Patrick COURBE, Droit de la famille, Dalloz-Sirey, 2009, p. 261.

필요성이 겹치면서 프랑스 정부는 동성간의 결합과 이성간의 결합을 아우르는 PACS라는 새로운 제도를 도입하게 되었다.

(2) PACS가 도입된 1999년 이후 혼인과 PACS의 성립추이를 비교해 보면, PACS의 성립수는 꾸준히 증가한 반면[47] 혼인수는 감소하는 경향을 보이고 있음을 알 수 있다. PACS 시행 초기에는 PACS의 성립수가 전체 혼인수의 약 10% 정도였으나(2002년 혼인수 286,169, PACS 성립수 25,305), 2019년에는 약 90%에 이르고 있다(2019년 혼인수 224,740, PACS 성립수 196,370. 2020년에는 오히려 PACS 성립수가 혼인수를 추월하는 현상이 나타나기도 했다. 2020년 혼인수 154,581, PACS 성립수 196,370).[48]

2013년에 프랑스에서 동성혼이 허용되었지만, 이와 관계없이 PACS의 성립수는 증가하는 추세를 보이고 있으며, 특히 이성간의 결합이 큰 폭으로 늘고 있다(2000년에는 동성간의 PACS 성립비율이 전체의 24%였으나, 2020년에는 5%에 미치지 못하였다). PACS가 도입될 당시에는 동성혼에 대한 대안이라는 성격이 강했으나, 현재의 상황을 보면 전통적인 혼인제도에 대한 대안으로서의 성격이 더 강하게 나타나고 있음을 알 수 있다. 이러한 현상은 PACS 도입 당시에는 미처 예상하지 못했던 것이다.

프랑스에서의 혼인 및 PACS의 변화추이에 대해서는 다음 표를 참조하기 바란다.

〈혼인 및 PACS 통계: 1999-2020〉[49]

연도	혼인			pacs		
	이성	동성	합(건수)	이성	동성	합(건수)
1999			293,544	3,551	2,600	6,151
2000			305,234	16,859	5,412	22,271
2001			295,720	16,306	3,323	19,629
2002			286,169	21,683	3,622	25,305

---

47) 특히 2005년, 2007년, 2008년에 큰 증가세를 보였는데, 이는 2005년과 2007년에 PACS 당사자에게 유리하게 세법이 개정된 것이 큰 원인이었던 것으로 분석되고 있다. NK-BGB/Junggeburth, Länderbericht(Frankreich), 2010, Rn. 179.

48) Mariages et Pacs, Données annuelles de 1990 à 2021, L'Institut national de la statistique et des études économiques (INSEE); https://www.insee.fr/fr/statistiques/2381498#tableau-figure1.

49) Mariages et Pacs, Données annuelles de 1990 à 2021, L'Institut national de la statistique et des études économiques (INSEE); https://www.insee.fr/fr/statistiques/2381498#tableau-figure1.

2003			282,756	27,276	4,294	31,570
2004			278,439	35,057	5,023	40,080
2005			283,036	55,597	4,865	60,462
2010			251,654	196,405	9,145	205,550
2013	231,225	7,367	238,592	162,609	6,083	168,692
2014	230,770	10,522	241,292	167,469	6,262	173,731
2015	228,565	7,751	236,316	181,930	7,017	188,947
2016	225,612	7,113	232,725	184,425	7,112	191,537
2017	226,671	7,244	233,915	188,233	7,400	195,633
2018	228,349	6,386	234,735	200,282	8,589	208,871
2019	218,468	6,272	224,740	188,014	8,356	196,370
2020	149,983	4,598	154,581	165,911	7,983	173,894

2. 성 립

(1) PACS는 공동생활의 영위를 위하여 동성 또는 이성인 2인의 성년에 의해 체결되는 계약(contrat)이다(프랑스민법 제515-1조). PACS가 성립하기 위해서는 다음과 같은 요건을 갖추어 신분등록공무원에게 신고하여야 한다. ⅰ) 당사자는 원칙적으로 성년자이어야 한다(프랑스민법 제515-1조),[50] ⅱ) 직계혈족(직계인척) 및 3촌 이내의 방계혈족간이 아니어야 한다(프랑스민법 제515-2조 제1호), ⅲ) 이미 혼인한 상태에 있거나(프랑스민법 제515-2조 제2호) 다른 사람과의 사이에서 PACS가 성립되어 있지 않아야 한다(프랑스민법 제515-2조 제3호).

(2) PACS를 체결하려는 당사자는 신분등록공무원[51]에게 공동으로 신고하여야 하며, 신고 시에 자신들이 작성한 PACS에 관한 약정서[52]를 제출하여야 한다. 신분등록공무원은 접수한 신고를 등록한 후 신고에 대한 공고절차[53]에

---

50) 제한능력자는 후견인의 동의를 받아 PACS를 체결할 수 있다(프랑스민법 제461조, 제462조).

51) 프랑스민법에 의하면 PACS 신고는 공증인에 대해서도 할 수 있다(프랑스민법 제515-3조 제5항 및 제6항).

52) 약정서에는 생활비용의 분담, 재산관계 등의 내용이 기재될 수 있다.

53) 일반적으로 프랑스의 신분등록에는 제3자의 이의제기가 가능한 공고절차가 포함되어 있는데, 혼인신고의 경우에는 10일의 공고기간이 정해져 있으나(프랑스민법 제64조 제1항), 혼인신고를 제외한 신분등록의 경우에는 별도의 공고기간은 정하여져 있지 않다. 공고기간이 만료되면 신분에 관한 신고절차가 완료된다(프랑스민법 제101-1조, 제101-2조).

착수하게 된다(프랑스민법 제515-3조 제1항 및 제3항).

PACS 신고가 등록되면 당사자 각자의 출생증명서에 PACS에 관한 약정, PACS의 성립 사실 및 상대방의 신분 사항이 기재된다(프랑스민법 제515-3-1조 제1항). PACS 성립의 효력은 당사자 사이에서는 신분등록공무원이 신고를 접수하여 등록한 날부터 발생하며, 제3자에 대해서는 공고기간이 완료된 때부터 발생한다(프랑스민법 제515-3-1조 제2항).

3. 효 력

(1) 당사자 사이의 관계

PACS 당사자 사이에는 동거, 부양, 협조의무가 발생한다(프랑스민법 제515-4조, 제515-3-1조).[54] PACS의 성립에 의해서 인척관계는 발생하지 않으며, 성(姓)도 변경되지 않는다(PACS 당사자는 공통의 성을 사용할 수 없다).

PACS 당사자는 신고 시에 제출하는 약정서를 통해 생활비용의 액수와 분담에 대해서 정할 수 있다. PACS 체결 당시 당사자들이 재산관계에 대하여 별도의 약정을 하지 않은 경우에는 법정재산제로서 별산제가 적용되므로,[55] PACS 성립 전에 각 당사자가 가지고 있던 재산은 물론, PACS의 존속 중에 소득활동이나 상속 등을 통해 취득한 재산은 각자의 소유가 된다(프랑스민법 제515-5조 제1항).[56] 적극재산은 물론 소극재산(채무)에 대해서도 별산제가 적용되지만, 일상가사에 관한 채무에 대해서는 예외적으로 연대책임이 인정된다(프랑스민법 제515-4조).[57] 다만 PACS의 존속 중에 취득한 재산 중에서 누구에게 속한 것인지 분명하지 않은 재산(예를 들어 가재도구 등)은 공유로 간주되어 PACS 당사자 각자에게 균등한 권리가 인정된다(프랑스민법 제515-5조 제2

---

54) 프랑스민법은 PACS 당사자 사이의 정조의무에 관해 규정하고 있지 않지만, 프랑스 헌법재판소는 이들 사이의 정조의무를 인정하였다(TGI Lille, Ord. 5 juin 2002, Dalloz, 2003, p. 515).

55) PACS 시행 당시에는 당사자 사이에 별도의 협의가 없으면 PACS 성립 후에 취득한 재산은 양 당사자의 공유(지분은 균등)가 되었으나, 2006년 6월 23일 개정(2007년 1월 1일 시행)에 의해서 별산제로 전환되었다. 이것은 PACS 시행 이후 가장 의미있는 개정으로 평가된다(NK-BGB/Junggeburth, Länderbericht(Frankreich), 2021, Rn. 224). 이로써 PACS에 있어서 개인주의는 더욱 부각되는 한편, 당사자간의 유대관계는 약화되었다고 생각된다.

56) PACS 신고 당시 제출한 약정서를 통해서 공유제를 선택하는 것도 가능하다(이런 경우에는 PACS 체결 이후에 취득한 재산에 대해서 두 사람이 각각 절반의 권리를 갖는다). 물론 이런 경우에도 일정한 재산(예를 들어 상속재산, 수증재산 등)을 공유에서 제외한다는 합의는 유효하다. 신고 당시에는 약정서에 별도로 정한 바가 없어서 별산제의 적용을 받았더라도 PACS의 존속 중에 약정서의 변경을 통해서 공유제를 선택하는 것도 가능하다(프랑스민법 제515-5-1조).

57) 다만 일상가사에 관한 채무라도 PACS 당사자의 생활수준에 비추어 과도한 경우에는 연대책임이 인정되지 않는다.

항).

(2) 자녀에 대한 효과

PACS 존속 중에 자녀가 출생한 경우 그 자녀는 혼인외의 출생자가 된다. 혼인 중에 아내가 자녀를 출산한 경우에 적용되는 친생추정에 관한 규정(프랑스민법 제312조)이 PACS에는 준용되지 않기 때문이다. PACS 당사자는 인지에 의하여 자녀와의 친자관계를 발생시킬 수 있다.

PACS 당사자 2인이 자녀를 공동으로 입양하는 것은 원래 허용되지 않았으나, 최근의 입양법 개정[58]을 통해 공동입양이 가능하게 되었다.

4. 해 소

(1) 사망이나 혼인으로 인한 해소

PACS 당사자 일방이 사망하거나 혼인(PACS의 상대방과 혼인하는 경우를 포함한다)하는 경우 PACS는 자동으로 해소된다(프랑스민법 제515-7조 제1항).

사망으로 해소되는 경우 PACS 당사자에게는 법정상속권이 인정되지 않는다. 다만 생존한 일방은 프랑스민법 제763조에 따라 부부의 일방이 사망한 경우와 동일하게, 사망한 일방이 임차한 주택에서 1년 동안 거주할 수 있으며, 그 기간 동안 가구 및 일상생활에 사용하던 동산에 대한 용익권을 가진다(프랑스민법 제515-6조 제3항).

(2) 당사자의 의사에 의한 해소

PACS 당사자는 협의 또는 단독으로 PACS를 해소할 수 있다(프랑스민법 제515-7조 제3항). PACS의 해소에 합의한 당사자 2인은 PACS 신고지의 신분등록공무원에게 PACS의 해소에 관한 공동의 의사를 제출한다(프랑스민법 제515-7조 제4항).

PACS 당사자 일방이 PACS를 해소하려는 경우에는 해소의 의사를 상대방에게 서면으로 고지하고, 그 사본을 PACS 신고지의 신분등록공무원에게 제출해야 한다(프랑스민법 제515-7조 제5항).

PACS 해소의 의사를 전달받은 신분등록공무원[59]은 해당 사실을 등록하고

---

58) 입양 개정에 관한 2022년 2월 21일 법. Loi n° 2022-219 du 21 février 2022 visant à réformer l'adoption.

59) PACS 신고를 공증인에게 했던 경우에는 담당 공증인을 통해서 PACS를 해소하는 것도 가능하다.

공고절차에 착수한다(프랑스민법 제515-7조 제6항). PACS 해소의 효과는 그 사실이 등록된 날에 발생한다(프랑스민법 제515-7조 제7항).

(3) 해소의 효과

대부분의 PACS는 그 존속기간 동안 별산제의 적용을 받으므로, 해소(생전 해소와 사망에 의한 해소를 포함한다) 시에도 별산제의 법리가 그대로 적용된다. 따라서 재산관계에 대한 청산으로서 재산분할청구나 연금에 대한 권리의 청산은 원칙적으로 인정되지 않는다. 다만 누구에게 속한 것인지 분명하지 않은 재산이 있는 경우에는 당사자의 합의에 의해서 분할할 수 있으며, 합의에 이르지 못하는 경우에는 당사자의 청구에 따라 판사가 결정한다(프랑스민법 제515-7조 제10항).

PACS를 일방적으로 해소하는 경우에도 상대방에 대한 손해배상의무는 원칙적으로 발생하지 않는다. 왜냐하면 PACS의 일방적 해소 가능성은 PACS의 본질에서 나오는 것이기 때문이다.[60] 프랑스 헌법재판소는 PACS의 일방적 해소가 1789년의 인권선언에 기인한 헌법의 기본 이념에 원칙적으로 위배되지 않는다고 판단한 바 있다.[61]

Ⅳ 벨 기 에

1. 법정동거의 도입과 현황

(1) 1996년 초부터 벨기에의 몇몇 도시 및 소규모 지방자치단체는 그 고유권한에 의해서 동성간 및 이성간의 동반자관계를 지방자치단체의 등록부에 기록하기 시작하였다. 물론 이런 식으로 지방자치단체에 등록된 동반자관계는 아무런 법적 효력도 없었고 단지 상징적인 의미밖에 갖지 못했으나, 벨기에 입법자로 하여금 이에 관한 입법적 조치를 취하도록 하는 계기가 되었다.[62] 그 결과 1998년 10월에 법정동거에 관한 법안이 국회를 통과하여 1998년 11월 23일 국왕의 승인을 받아 2000년 1월 1일에 발효되었다.[63]

---

60) NK-BGB/Junggeburth, Länderbericht(Frankreich), 2021, Rn. 242.

61) Frédérique GRANET-LAMBRECHATS, L'enregistrement des couples non mariés en Europe, Droit de la famille, Hors série, 1999, p. 108. 다만 일방적 해소가 권리남용에 해당하거나 폭력을 원인으로 하는 경우 등에는 예외적으로 손해배상을 청구할 수 있다고 본다.

62) Pintens, Partnerschaft im belgischen und niederländischen Recht, FamRZ 2000, 69/70.

63) 23 NOVEMBRE 1998. - Loi instaurant la cohabitation légale.

　　법정동거라는 새로운 제도는 당사자 사이에 어떠한 가족법상의 신분도 창
설하지 않으며(예를 들어 일방 당사자와 상대방의 친족 사이에는 인척관계가 발생
하지 않는다), 단지 당사자 간의 재산관계에 대해서 몇 가지 실용적인 규정을
두는 것을 목적으로 하였다. 이런 이유로 법정동거에 관한 규정은 벨기에민법
전 제1편(人)[64]에 들어가지 못하고, 소유권취득의 방식에 관한 제3편에 편입
되었다. 벨기에 입법자는 이 새로운 제도가 당사자 사이에 신분관계를 창설하
지 않는다는 점을 고려하여 ― 다른 나라의 입법례와 달리 ― 등록동반자관계
라는 용어 대신 법정동거라는 명칭을 채택하였다.[65]

　　(2) 2000년에 법정동거제도가 도입된 이후 2003년부터 벨기에에서도 동성
혼이 가능하게 되었으나, 법정동거제도는 그와 관계없이 병존하고 있다. 혼인
에서 있어서 동성혼과 이성혼의 비율, 법정동거(법정동거는 동성이든 이성이든
관계없이 허용되는데, 이에 관한 별도의 통계는 내지 않는 것으로 보인다)의 추이는
아래의 표와 같다. 2000년 이래 혼인수에는 큰 변화가 없는 반면, 법정동거수
는 크게 증가하였음을 알 수 있으며, 특히 2020년에는 법정동거수가 혼인수를
추월하는 현상이 나타나기도 하였다.

<혼인 · 법정 동거: 2000–2020>[66]

연도	혼인			법정 동거
	이성	동성	합(건수)	합(건수)
2000			45,123	2,694
2001			42,110	10,796
2002			40,434	4,527
2003			41,777	5,712
2004	41,131	2,138	43,296	9,386
2005	41,087	2,054	43,141	15,513
2010	39,995	2,164	42,159	36,962
2015	43,914	1,091	45,005	40,770
2020	31,870	909	32,779	36,329

---

64) 벨기에민법전 제1편(人)에는 인(人) 이외에 혼인, 친자관계, 후견 등에 관한 규정이 자리잡
고 있다.

65) Pintens, Partnerschaft im belgischen und niederländischen Recht, FamRZ 2000, 69/71.

66) STABEL, La Belgique en chiffres; https://statbel.fgov.be/fr; 벨기에의 동성혼은 2003년 1
월 30일 법을 통해 제정되어, 2003년 6월 1일부터 시행되었다.

2. 성 립

(1) 법정동거의 성립요건은 다음과 같다(벨기에민법 제1475조). ⅰ) 법정동거는 두 사람 사이에서만 성립할 수 있다. ⅱ) 원칙적으로 성년자만이 법정동거를 성립시킬 수 있다. 제한능력자가 법정동거를 성립시키려면 법원의 허가를 받아야 한다. ⅲ) 법정동거를 성립시키려는 사람은 타인과 혼인관계에 있거나 법정동거관계에 있어서는 안 된다. ⅳ) 이외에 다른 제한은 존재하지 않는다. 따라서 혼인이 금지되는 혈족이나 인척간에도 법정동거는 허용된다. 또한 법정동거는 성별에 관계없이 성립할 수 있으며, 가족관계에 있는 사람에 대해서도 개방되어 있다(예를 들면 2인의 자매 사이에 법정동거가 성립할 수 있다). 법정동거는 본질적으로 혼인과 완전히 다른 제도로서 성적인 결합을 전제로 하지 않기 때문이다.[67]

(2) 법정동거는 당사자가 신분등록공무원에게 법정동거의 의사를 서면으로 제출하고, 수령증을 교부받으면 성립한다(벨기에민법 제1476조). 신분등록공무원은 법정동거의 요건이 갖추어져 있는지를 심사하고, 문제가 없으면 주민등록부에 기록한다. 신분등록부에 기록하지 않는 이유는 법정동거가 신분의 변동을 일으키지 않기 때문이다.

3. 효 력

(1) 법정동거에 대해서는 몇 가지 강행규정이 적용되며, 당사자는 이와 다른 합의를 할 수 없다(벨기에민법 제1477조). 첫째, 혼인의 효력으로 인정되는 혼인주택의 보호에 관한 규정(벨기에민법 제215조)이 법정동거에 준용된다. 이에 따라 법정동거인 쌍방이 거주하는 주택은 그 중 1인이 단독소유자라고 해도 상대방의 동의없이 처분할 수 없는 것이 원칙이다.[68] 둘째, 법정동거인 쌍방은 각자의 능력에 따라 생활비용을 분담하여야 한다. 셋째, 법정동거인 일방이 공동생활과 자녀양육(법정동거인 쌍방이 양육하는 자녀로서 공동의 자녀뿐만

---

67) 벨기에민법 제213조에 의하면 부부는 서로 동거하고, 신의를 지키며, 협조할 의무가 있는데, 여기서 동거의무에는 성적 결합의 의무도 포함된다(Heitmüller, Belgien, in: Rieck, Ausländisches Familienrecht, S. 4). 반면에 법정동거의 당사자에게는 이러한 의무 중 어느 것도 인정되지 않는다.

68) 그러나 법정동거인 일방은 언제든지 일방적인 의사로 법정동거를 해소시킬 수 있으므로, 이러한 규정의 의미가 실질적으로 그렇게 크다고 보기는 어렵다. Pintens, Partnerschaft im belgischen und niederländischen Recht, FamRZ 2000, 69/72.

아니라 상대방의 자녀를 포함한다)을 위하여 부담한 채무에 대해서 다른 일방은 연대책임을 진다.

이러한 강행규정 이외에 벨기에민법은 법정동거인 쌍방의 재산관계에 대해서 별산제를 규정하고 있는데, 이는 임의규정이므로 당사자는 이와 다른 약정을 할 수 있다(벨기에민법 제1478조).

위에서 본 바와 같이 법정동거가 성립한 경우에는 당사자 간의 재산관계에 한정하여 일정한 효력이 발생하는 데 그치며, 당사자 사이에 혼인의 일반적 효력에 해당하는 동거, 부양, 협조, 정조의무 등은 생기지 않는다. 또한 생존 동거인에게는 법정상속권도 인정되지 않는다.[69]

법정동거인 사이에서 자녀가 출생한 경우 친생추정에 관한 규정이 적용되지 않으므로, 친자관계를 성립시키기 위해서는 별도의 인지가 필요하다.

(2) 법정동거인은 공정증서의 방식으로 강행규정을 보충하거나 임의규정과 다른 내용의 계약을 체결할 수 있으나(벨기에민법 제1478조. 예를 들어 법정동거는 당사자 사이에 부양의무를 발생시키지 않지만, 당사자는 계약으로 부양에 관한 사항을 정할 수 있다. 법정동거 존속 중은 물론 동거 해소후의 부양에 관한 약정도 가능하다), 제1477조의 강행규정 및 공서양속에 위반하거나 친권, 후견, 법정상속에 관한 규정과 모순되는 조항을 두어서는 안 된다. 법정동거에 관한 계약은 주민등록부에 기입된다.[70]

4. 해 소

법정동거는 다음과 같은 경우에 해소된다(벨기에민법 제1476조 제2항). ⅰ) 일방의 사망, ⅱ) 법정동거인 일방이 혼인한 경우(법정동거의 상대방과 혼인한 경우이든 제3자와 혼인한 경우이든 관계없다), ⅲ) 법정동거인 쌍방이 공동으로 신분등록공무원에게 해소의 의사를 표시한 경우, ⅳ) 법정동거인 일방이 신분등록공무원에게 일방적으로 해소의 의사를 표시한 경우. 이 경우 신분등록공무원은 8일 내에 다른 일방에게 해소의 의사를 송달하여야 한다(벨기에민법 제1476조 제2항). 신분등록공무원은 법정동거의 해소를 주민등록부에 기록한다.

법정동거에 대해서 별산제가 적용되었던 경우에는 법정동거의 해소에 따

---

69) Nathalie Massager, Droit civil Tome I. Droit familial et droit patrimonial de la famille, droit des biens et droits réels, Anthemis, 2020, p. 69.

70) "Contrat de vie commune pour cohabitants", belgium.be, Informations et services officiels, Service Public Fédéral Belge; https://www.belgium.be/fr/famille/couple/cohabitation/contrat_de_vie_commune.

른 재산분할의 문제가 생기지 않는다. 법정동거 해소 후의 부양에 대해서 별도의 약정이 있었던 경우를 제외하면 부양청구권도 발생하지 않는다.[71]

Ⅴ 네덜란드

1. 도입과 현황

(1) 네덜란드에서는 1998년 1월 1일부터 동성 또는 이성 2인 사이에 동반자관계를 등록할 수 있게 되었다(등록동반자관계).[72] 네덜란드에서도 등록된 동반자관계의 도입에 관한 논의는 '혼인을 원하지만 혼인을 할 수 없는 사람들'(동성 간에 혼인을 원하는 사람들)을 위한 대안을 모색하는 과정에서 시작되었으나, 법안을 마련하는 과정에서 동성뿐만 아니라 이성간의 결합까지도 포용하는 것으로 귀결되었다.[73]

네덜란드의 입법자는 프랑스, 벨기에와 달리 등록동반자관계에 대해서 혼인에 준하는 지위를 인정하였다. 등록동반자관계가 성립하면 상대방의 혈족과 인척관계가 발생하고, 부부간의 권리, 의무도 똑같이 인정된다. 법정부부재산

71) Nathalie Massager, Droit civil Tome I. Droit familial et droit patrimonial de la famille, droit des biens et droits réels, Anthemis, 2020, p. 72.

72) 2001년 4월 1일부터는 동성간의 혼인도 가능하게 되었는데, 이날부터 등록동반자관계에서 혼인으로 전환이 가능하게 되었을 뿐만 아니라, 혼인에서 등록된 동반자관계로의 전환도 가능하게 되었다.

73) 1990년 10월 19일 네덜란드 대법원은 신분등록공무원으로부터 동성혼의 수리를 거부당한 2인의 여성이 제기한 취소청구를 기각하였다. 이 판결에서 네덜란드 대법원은 당시 네덜란드민법의 해석상 동성혼은 허용되지 않으며, 이러한 규정은 유럽인권협약에 반하지 않는다고 판단하였다. 그러나 이에 덧붙여 판결문의 말미에서 네덜란드 대법원은 입법론적으로 동성간의 지속적인 동거에 일정한 법적 효력을 인정하는 것은 가능하다고 본다는 의견을 제시하였다. 네덜란드의 입법자는 대법원의 이러한 의견에 따라 위원회를 구성하고 혼인 이외의 결합에 대해서 법적 효력을 인정하는 방안의 연구에 착수하였다. 1994년 6월 8일 개정안은 혼인을 할 수 있는 사람들(즉 이성간)에 대해서는 등록동반자제도가 필요하지 않다는 전제하에 등록동반자제도는 동성 간에만 허용되는 것으로 되어 있었다. 그러나 1994년 정권교체 이후 혼인을 할 수 있으나 혼인을 원하지 않는 사람들에게도 등록동반자제도가 허용되어야 한다는 논의가 이루어졌으며, 논쟁은 결국 이러한 방향으로 귀결되었다(Boele-Woelki · Schrama, Die Rechtsstellung von Menschen mit homosexueller Veranlagung im niederländischen Recht, in: Basedow, Hopt, Kötz, Dopffel(Hrsg.), Rechtsstellung gleichgeschlechtlicher Lebensgeminschaften, 2000, S. 57ff.). 이에 따라 1997년 7월 5일 법률(1998년 1월 1일 시행)은 동성커플뿐 아니라 이성커플에 대해서도 등록동반자관계를 허용하게 되었다. Pintens, Partnerschaft im belgischen und niederländschen Recht, FamRZ, 2000, 69/74f. 당시에도 등록동반자관계는 동성커플에 대해서만 허용해야 한다는 비판적인 의견이 있었다. Nuytinck, Das neue Personen- und Familienrecht in den Niederlanden, StAZ, 2000, 72/73.

제와 배우자 상속에 관한 규정도 등록동반자에게 그대로 적용된다.

(2) 2001년 네덜란드에서 성립한 혼인 중 이성간의 혼인은 79,667건이었으며, 동성간의 혼인은 2,414건으로 전체 혼인수의 약 3%를 차지하였다. 최근까지도 이러한 비율에는 큰 변화가 없다. 2019년에 성립한 이성간의 혼인수는 62,146건이며, 동성 간의 혼인수는 1,419건이었다(남성 간의 혼인수 675건, 여성 간의 혼인수 744건).

한편 등록동반자관계에서도 이성간의 결합이 훨씬 큰 비중을 차지하는 현상이 나타나고 있다. 2001년에 등록된 동반자관계는 3,337건인데, 이 중 동성 간의 결합은 16%를 차지하였으나, 2011년에 이 비율은 4.8%였으며, 2015년에는 3.45%에 머물렀다. 2020년에 등록된 24,136건의 동반자관계 중 23,366건은 이성간의 결합이었고, 동성간의 결합은 770건으로 전체의 3.2%를 차지하는 데 그쳤다.

〈혼인 · 등록동반자관계: 1998-2020〉[74]

연도	혼인			등록동반자관계		
	이성	동성	합(건수)	이성	동성	합(건수)
1998			86,956	1,616	3,010	4,626
1999			89,428	1,500	1,757	3,257
2000			88,074	1,322	1,600	2,922
2001	79,677	2,414	82,091	2,847	5,30	3,377
2002	83,970	1,838	85,808	7,774	547	8,321
2003	78,928	1,499	80,427	9,577	542	10,119
2004	72,231	1,210	73,441	10,573	583	11,156
2005	71,113	1,150	72,263	10,699	608	11,307
2010	74,045	1,354	75,399	9,084	487	9,571
2015	62,912	1,396	64,308	12,331	441	12,772
2020	49,119	1,114	50,233	23,366	770	24,136

---

74) Marriages and partnership registrations; key figures (https://opendata.cbs.nl/statline/#/ CBS/en/dataset/37772eng/table?ts=1658713430280); 네덜란드에서 동성혼은 2001년 4월 1일부터, 등록동반자관계는 1998년 1월 1일부터 시행되었다.

2. 성 립

네덜란드민법은 등록동반자관계의 성립요건을 다음과 같이 규정하고 있다. ⅰ) 등록동반자관계는 이성간의 결합이든 동성간의 결합이든 관계없이 두 사람에 한하여 허용되지만(네덜란드민법 제1장 제80조a 제1항), 이미 타인과 혼인 중이거나 등록동반자관계에 있어서는 안 된다(네덜란드민법 제1장 제80조a 제7항). ⅱ) 혼인이 금지되어 있는 근친간(직계혈족 및 형제자매)75)에는 등록동반자관계도 허용되지 않는다(네덜란드민법 제1장 제80조a 제7항). ⅲ) 원칙적으로 성년자만이 등록동반자관계를 맺을 수 있다(미성년자의 경우에는 중요한 사유가 있는 경우 법무부장관의 허가를 받아 등록동반자관계를 맺을 수 있다. 네덜란드민법 제1장 제80조a 제6항).

당사자의 신청을 받은 신분등록공무원이 동반자관계등록에 관한 증서를 작성하여 교부한 후 14일이 경과하면, 지방자치단체 관청에서 당사자 및 2인 내지 4인의 증인이 참여한 가운데 신분등록부에 동반자관계가 기재된다(네덜란드민법 제1장 제80조a 제3항, 제5항, 제6항).

3. 효 력

(1) 혼인에 준하는 효력

네덜란드의 등록동반자관계는 이성간의 결합에 대해서도 허용된다는 점에서는 위에서 본 벨기에 및 프랑스의 입법례와 같지만, 효력에 있어서는 위의 두 입법례와 상당한 차이를 보인다. 프랑스의 PACS나 벨기에의 법정동거가 혼인에 비하여 '가벼운' 결합인 반면에 네덜란드의 등록동반자관계는 혼인에 준하는 '무거운 결합'이라고 할 수 있다(즉 혼인의 효력이 등록동반자관계에서도 거의 대부분 인정된다. 따라서 등록동반자관계는 효력면에서 혼인과 별 차이가 없다).

(2) 등록동반자 사이의 관계

등록동반자와 상대방의 혈족 사이에는 인척관계가 발생한다(네덜란드민법 제1장 제3조 제2항). 또한 등록동반자는 혼인한 배우자와 마찬가지로 상대방의 성(姓)을 사용할 수 있는 권리를 갖는다(자신의 성 앞이나 뒤에 배우자의 성을 붙이는 것도 가능하다. 네덜란드민법 제1장 제9조. 네덜란드에서는 혼인 후에도 부

---

75) 네덜란드민법 제1장 제41조.

부는 각자 자신의 성을 유지하며, 다만 원하는 경우 상대방 배우자의 성을 사용할 수 있다).

부부간의 일반적인 권리와 의무에 관한 규정도 등록동반자관계에 준용된다(네덜란드민법 제1장 제80b조). 이에 따라 등록 동반자는 서로에 대하여 신의를 지키고 협조하여야 하며, 필요한 것을 제공하여야 한다(네덜란드민법 제1장 제81조). 등록동반자는 자녀의 양육비를 포함하는 일상가사에 관한 채무에 대하여 각자의 수입과 재산에 따라 책임을 진다(네덜란드민법 제1장 제84조).

등록동반자관계의 재산관계에 대해서도 부부간의 재산관계에 관한 규정이 준용된다(네덜란드민법 제1장 제80조b, 제93조). 동반자관계의 등록 전에 당사자들이 법정재산제를 배제하고 다른 유형의 재산제를 선택하는 계약을 하지 않으면, 법정부부재산제인 공유제76)가 등록동반자관계에도 당연히 적용된다. 이로써 네덜란드의 입법자는 부부관계에서와 마찬가지로 등록동반자관계에 대해서도 강한 경제적 유대관계의 토대를 마련하였다.

등록동반자는 부부와 마찬가지로 서로 부양의무를 부담하며(네덜란드민법 제1장 제80조b, 제81조), 상속법에 있어서도 배우자와 동일한 법적 지위를 갖는다(네덜란드민법 제4장 제8조).

(3) 등록동반자와 자녀의 관계

등록동반자의 일방과 상대방의 자녀 사이에는 인척관계가 발생한다(네덜란드민법 제1장 제3조 제2항). 등록동반자 쌍방은 그들의 가족에 속한 미성년자녀(공동의 자녀, 상대방 동반자의 자녀)77)를 보호, 양육하고 그 비용을 부담하여야 한다(네덜란드민법 제1장 제80조b, 제82조). 모가 단독친권자인 경우 모와 모의 등록동반자는 협의하여 법원에 공동친권을 신청할 수 있으며, 특별한 사정78)이 없는 한 지방법원의 친권등록부에 공동친권이 기재됨으로써 공동친권이 성립한다(네덜란드민법 제1장 제252조, 제253조t).

등록동반자관계에 있는 여성이 자녀를 출산한 경우 그의 남성 동반자가 자녀의 부가 된다(네덜란드민법 제1장 제199조 a호. 혼인 중에 아내가 자녀를 출

76) 이에 따라 등록동반자관계 성립 시 존재했던 재산과 등록동반자관계의 존속 중에 취득한 재산(채무 포함)은 원칙적으로 쌍방의 공동재산이 된다(네덜란드민법 제1장 제94조). 이에 대한 예외로서 상속으로 취득한 재산, 증여자가 공동재산에 속하는 것을 반대하는 의사를 표시한 수증재산이 있다.

77) Reinhartz · Vlaardingerbroek, in:Süß · Ring(Hrsg.), Eherecht in Europa, Niederlande, Rn. 148.

78) 예를 들어 모 이외에 이미 다른 친권자가 있는 경우나 등록동반자가 친권을 행사할 능력이 없는 경우 등.

산한 경우 친생추정규정에 의하여 모의 남편이 자녀의 부가 되는 것과 같다).[79] 2인의 여성으로 이루어진 등록동반자관계에서 동반자의 일방이 자녀를 출산한 때에는, 그 자녀가 익명의 정자제공에 의하여 포태된 경우에 한하여, 상대방 동반자가 자녀의 모가 된다. 따라서 이런 경우에는 자녀에게 2명의 모가 생기는 결과가 된다(네덜란드민법 제1장 제198조 제1항 b호).[80] 어느 경우이든(모의 동반자가 남성이든 여성이든) 모와 모의 등록동반자는 자녀의 부모로서 공동친권자가 된다(네덜란드민법 제1장 제253조aa).

등록동반자관계에 있는 쌍방은 자녀를 공동으로 입양할 수 있으나, 두 사람이 입양 전 3년간 동거해야만 하고 그 자녀를 1년간 부양하였을 것이 요구된다. 등록동반자 일방이 상대방의 자녀를 입양하는 경우에도 동일한 요건이 충족되어야 한다(네덜란드민법 제1장 제227조 제2항, 제228조 제1항 f호).

4. 해 소

(1) 등록동반자관계의 해소에 관한 규정 역시 대체로 혼인의 해소에 관한 규정과 유사하지만, 양 당사자가 합의한 경우 법원의 재판을 거치지 않아도 해소가 가능하다는 점(이혼의 경우에는 반드시 법원의 재판을 거쳐야만 한다)에서 이혼과 차이가 있다. 등록동반자관계는 일방 당사자의 사망 이외에 다음과 같은 사유로 해소된다(네덜란드민법 제1장 제80조c). ⅰ) 일방 당사자가 실종선고를 받은 후 다른 일방이 새로 혼인하거나 등록동반자관계를 맺은 때 ⅱ) 등록 동반자관계의 쌍방이 해소에 합의한 경우. 이 경우 당사자는 변호사 또는 공증인으로부터 서명을 받은 합의서를 신분등록공무원에게 제출하여야 하며, 당사자가 제출한 합의[81]가 신분등록부에 기록되면 등록동반자관계는 해소된다 (합의가 이루어진 때로부터 3개월 내에 신분등록공무원에게 제출되어야만 신분등록부에 기록된다. 네덜란드민법 제80조d 제3항). 다만 합의에 의한 등록동반자관계

---

79) 2013년 11월 27일 법률(2014년 4월 1일 시행)에 의하여 이성 등록동반자관계에서 자녀가 출생한 경우 혼인중의 자와 마찬가지로 친생추정을 받게 되었다. 이에 따라 이성 등록동반자관계에서 출생한 자녀와 모의 남편 사이에 법률상 부자관계가 발생한다. 이 개정에 의해서 등록동반자관계는 혼인에 더욱 근접하게 되었다고 할 수 있다.

80) Boele-Woelki, Jüngste Änderungen und Vorschläge im niederländischen Personen- und Familienrecht, FamRZ 2015, 1554/1555.

81) 이 합의에는 등록된 동반자관계가 파탄되었으며 그 관계의 해소를 원한다는 등록동반자 쌍방의 의사가 포함되어야 한다(네덜란드민법 제80조d 제1항). 이외에도 다음과 같은 사항에 대한 합의가 추가로 필요하다: 동반자관계 해소 후 스스로 생활비를 조달할 수 없는 전 동반자에 대한 부양, 임차주택에 거주했던 경우 누가 주택의 임차인이 될 것인지, 등록동반자 일방 또는 쌍방이 소유하는 주택에 거주했던 경우 누가 주택을 사용할 것인지, 공유재산의 분할, 연금에 대한 권리의 분할 등.

의 해소는 법개정에 의해서 2009년 3월 1일부터 등록동반자 쌍방에게 미성년 자녀가 없는 경우에만 가능하게 되었다(네덜란드민법 제80조c 제3항).[82] iii) 등록동반자 일방의 청구에 의하여 법원이 등록동반자관계의 해소 판결을 한 경우. 사전 별거와 같은 요건은 규정되어 있지 않으며, 당사자의 관계가 파탄되었다는 사실만 증명되면 그것으로 충분하다. 청구인이 재판절차에서 진지하고 일관되게 해소의 의사를 표시하는 것만으로도 파탄 사실이 충분히 증명되었다고 보는 것이 판례의 태도이므로, 파탄 사실의 증명은 어렵지 않다.[83] 등록동반자관계는 당사자의 신청에 의하여 신분등록부에 판결이 기록되면 해소된다(네덜란드민법 제80조e 제2항). iv) 등록동반자관계를 혼인으로 전환시킨 경우(네덜란드민법 제80조g 제3항).[84]

(2) 등록동반자관계 해소 후 부양이 필요한 일방은 상대방에 대해서 부양을 청구할 수 있으며(네덜란드민법 제80조e, 제157조), 상대방이 등록동반자관계의 존속 기간 동안 취득한 연금에 대한 권리에 대해서도 절반의 분할을 청구할 수 있다(네덜란드 연금청산법 제2조). 등록동반자관계가 해소되면 일방 당사자는 상대방에 대하여 재산관계의 청산으로서 재산분할을 청구할 수 있으며, 법정재산제인 공유제가 적용되었던 경우에는 원칙적으로 공동재산의 절반에 대해서 분할을 청구할 수 있다(네덜란드민법 제1장 제80조b, 제100조 제1항).

Ⅵ 정리와 분석 – 시사점의 모색

1. 등록동반자관계의 성격

넓은 의미에서의 등록동반자제도는 크게 동성간의 결합만을 허용하는 입법례(편의상 제1유형의 등록동반자관계라고 한다)와 동성 및 이성간의 결합을 아우르는 입법례(제2유형의 등록동반자관계라고 한다)로 나누어 볼 수 있다. 제1유형의 등록동반자관계는 처음부터 동성혼에 대한 대안으로 마련된 것이었으므로, 동성혼이 도입되면서 더 이상 존속해야 할 이유를 상실하게 되었다. 따라

---

82) 미성년자녀가 있는 때에는 법원에 등록동반자관계의 해소를 청구하여야 한다. 또한 등록동반자관계 해소 후의 자녀양육계획서를 작성하여 법원에 제출해야 한다(네덜란드민사소송법 제815조, 제828조). Reinhartz · Vlaardingerbroek, Niederlande, in:Süß · Ring(Hrsg.), Eherecht in Europa, Rn. 149.

83) Vinnen, Niederlande, in:Rieck, Ausländisches Familienrecht, S. 11f.

84) 반면에 2009년 3월 1일부터 혼인에서 등록동반자관계로의 전환은 허용되지 않는다.

서 제1유형의 등록동반자관계를 도입했던 나라들이 동성혼의 입법과 동시에 더 이상 등록동반자관계의 성립을 허용하지 않게 된 것은 예정된 수순이었다고 볼 수 있다(예외적으로 오스트리아는 동성혼을 도입하면서 등록동반자관계를 폐지하지 않고 오히려 이성간에 대해서까지 개방하는 개정을 단행하였다).

이와 달리 제2유형의 등록동반자관계는 처음부터 단순히 동성혼에 대한 대안으로서의 성격을 넘어서 전통적인 혼인제도에 대한 대안으로 고안되었다. 따라서 제2유형의 등록동반자관계를 채택한 나라에서는 동성혼이 도입된 후에도 등록동반자관계가 독자성을 지니고 존속할 뿐 아니라 그 성립율도 꾸준히 증가하는 추세를 보이고 있다.

2. 등록동반자관계의 효력과 해소 – '가벼운 결합' 또는 '무거운 결합'

(1) 한편 효력 면에서 보면 제1유형의 등록동반자관계는 동성혼에 대한 대안의 성격을 가지고 있었으므로, 각국의 입법자는 가능한 범위에서 동성의 등록동반자관계에 혼인과 유사한 지위를 인정하려고 시도하였다(예를 들어 독일에서는 등록동반자가 공동으로 자녀를 입양을 할 수 없다는 점을 제외하면 실질적으로 부부와 같은 법적 지위를 갖는다). 반면에 제2유형의 등록동반자관계를 도입한 나라들에서는 각국의 입법정책에 따라 등록동반자관계의 효력에 상당한 차이가 나타났다. 네덜란드와 같이 등록동반자관계에 혼인과 유사한 효력을 인정한 입법례가 있는가 하면, 벨기에의 법정동거와 같이 혼인과 비교하여 현저히 약한 효력을 인정한 입법례도 있다(프랑스의 PACS는 두 입법례의 사이에 위치하는데, 벨기에의 입법례에 더 가깝다고 볼 수 있을 것이다). 예를 들어 네덜란드에서는 등록동반자관계에도 법정부부재산제인 공유제가 적용되고, 관계의 해소 시에는 재산관계의 청산으로서 재산분할(연금분할 포함)이 이루어지는 반면, 벨기에의 법정동거와 프랑스의 PACS는 원칙적으로 별산제의 적용을 받기 때문에 해소 시에도 (귀속이 불분명한 재산을 제외하면) 이러한 재산관계의 청산이 일어나지 않는다. 또한 네덜란드는 등록동반자 사이에 부부와 동일한 부양의무를 인정하지만(해소 후의 부양의무도 인정된다), 벨기에의 법정동거에서는 아예 부양의무가 인정되지 않는다. 프랑스의 PACS에서는 당사자 사이에 부양의무가 인정되지만, PACS는 당사자 일방의 의사에 의해서 언제든지 해소할 수 있으므로, 상대방에 대한 부양의무에서 벗어나고 싶으면 언제든지 가능하다는 점에서 부부관계와 본질적으로 다르다(PACS 해소 후의 부양의무는 인정되지 않는다).

(2) 이러한 차이는 관계의 해소에서도 나타난다. 네덜란드에서는 등록동반자관계의 해소에 관한 규정도 이혼에 관한 규정과 거의 유사하지만(물론 당사자가 해소에 합의한 경우 – 미성년자녀가 없는 경우에 한하여 – 법원의 재판을 거칠 필요가 없다는 점에서 이혼과 차이가 있다), 벨기에의 법정동거와 프랑스의 PACS는 법원의 재판을 거치지 않고도 관계를 해소할 수 있을 뿐 아니라, 일방적인 의사로도 해소가 가능하다는 점에서 이혼과 본질적인 차이가 있다.

(3) 네덜란드, 벨기에, 프랑스의 입법례에서 볼 수 있는 위와 같은 차이점은 해당 국가에서 등록동반자관계의 성립률에 큰 영향을 미친 것으로 보인다. 앞의 통계에서 본 바와 같이 프랑스의 PACS와 벨기에의 법정동거는 최근 혼인수를 추월할 정도로 증가한 반면, 네덜란드의 등록동반자관계는 혼인수와 비교해 볼 때 여전히 낮은 비율에 머물러 있다. 이러한 사실은 해당 국가의 상당수 시민들이 혼인 이외에 '혼인보다 가벼운 제도'의 필요성을 느끼고 있다는 점을 시사하는 것이다. 우선 부담이 적은 등록동반자관계에서 출발하여 관계가 안정되고 신뢰가 쌓이면 언제든지 혼인으로 전환할 수 있다는 점도 등록동반자관계를 선택하게 하는 하나의 원인으로 작용하는 것으로 보인다.

3. 등록동반자관계의 도입과 출산율의 변화

한때 우리사회에서는 프랑스의 PACS와 같은 제도를 도입하면 출산율이 증가할 것이라는 의견이 산발적으로 제시된 적이 있다.[85] 혼인제도의 대안으로서 프랑스의 PACS와 같은 '가벼운 제도'를 도입하면 혼인을 부담스러워하는 젊은 세대가 비교적 쉽게 법적인 동거관계를 형성할 수 있으며, 그 관계에서 자녀가 태어나게 되면 자연스럽게 출산율의 증가로 이어질 수 있다는 것이 그 논거였다. 그러나 실제로 프랑스에서 PACS가 도입된 후 출산율이 증가하였는가를 살펴보면, PACS의 도입과 출산율 사이에 의미있는 인과관계를 찾기 어렵다는 사실을 알 수 있다. 프랑스에서 PACS가 시행된 것은 1999년 11월 16일이었으므로, 2000년부터 PACS가 본격적으로 성립하기 시작하였다고 볼 수 있다(1999년 이성간 PACS 성립수: 3,551, 2000년 이성간 PACS 성립수: 16,859). 이 시기 출산율의 변화추이를 보면 1999년 출생아수 744,800명, 2000년 774,800명, 2001년 770,900명, 2002년 761,600명으로 나타난다. 한편

---

85) 예를 들면, "동거커플 인정 뒤 출산율 오른 프랑스 … 한국은 실태도 몰라", 한겨레신문 2016년 12월 17일.

최근의 이성간 PACS 성립수는 1999년 도입 무렵과 비교하여 약 10배 가량 증가하였는데(2017년 188,233, 2018년 200,282, 2019년 188,014), 프랑스의 출산율은 그에 비례하여 높아지지 않았음을 알 수 있다(2017년 출산아수 730,200명, 2018년 719,700명, 2019년 714,000명). 이러한 통계에 비추어 볼 때 전통적인 혼인제도에 대한 대안으로 PACS와 같이 보다 '가벼운 관계'를 도입하는 것이 출산율을 제고시킬 것이라는 기대는 별 근거가 없음을 알 수 있다(프랑스에서도 PACS의 도입이 출산율을 높인 원인 중 하나라는 주장은 찾아볼 수 없다). 나아가 프랑스의 PACS나 벨기에의 법정동거와 같은 제도는 그 관계의 해소에 있어서도 이혼보다 훨씬 간단한 절차를 두고 있는데, 이점도 간과되어서는 안될 것이다. 우리사회에 프랑스의 PACS와 유사한 제도가 도입된다고 가정할 경우, 해소에 관하여도 현행 이혼법보다 간단한 절차가 규정될 가능성을 배제할 수 없는데, 이는 미성년자녀의 보호와 관련하여 또 다른 문제점을 드러낼수도 있다. 혼인보다 가벼운 제도를 도입함으로써 젊은 남녀의 결합을 촉진하고 이를 통하여 출산율을 제고할 수 있다는 희망을 갖는 것은 각자의 자유이겠지만, 그 관계에서 태어난 자녀의 보호 문제가 간과되어서는 안 될 것이다. 혼인보다 가벼운 제도를 도입한다면 그 해소율도 이혼보다 높게 형성될 가능성을 배제할 수 없는데, 그 가정에서 태어나 자라고 있을 자녀들의 문제를 어떻게 풀어가야 할 것인지에 대한 고민도 필요할 것이다(자녀의 출생에만 집착하지 말고 태어난 자녀의 복리에 대해서도 대책을 마련하는 것이 필요하다는 뜻이다). 네덜란드에서 처음에는 당사자의 합의에 의한 등록동반자관계의 해소가 아무 제한없이 허용되었다가 그 후 미성년자녀가 없는 경우에만 가능하도록 민법이 개정된 것은 이러한 고민의 소산이라고 볼 수 있다.

4. 우리사회의 사실혼과 등록동반자관계

위에서 본 나라들은 등록동반자관계를 도입하기 전까지 혼인 이외의 이성(혹은 동성)간의 결합에 대해서 혼인과 유사한 효력을 인정하지 않았지만,[86] 우리사회에서는 오래 전부터 일정한 요건을 갖춘 이성간의 동거에 대해서는 사실혼이라는 이름으로 혼인에 준하는 법적 효력을 인정해왔다. 즉 독일, 프

---

86) 이러한 나라들에서는 지금도 비혼생활공동체에 대해서 혼인과 유사한 효력을 인정하지 않는다. Ivo, Deutschland, in:Süß・Ring(Hrsg.), Eherecht in Europa, Rn. 125; Schür, Belgien, in:Süß・Ring(Hrsg.), Eherecht in Europa, Rn. 163; Döbereinerin, Frankreich, in:Süß・Ring(Hrsg.), Eherecht in Europa, Rn. 257-260; Reinhartz・Vlaardingerbroek, Niederlande, in:Süß・Ring(Hrsg.), Eherecht in Europa, Rn. 153.

랑스, 벨기에, 네델란드 등의 나라에서는 등록동반자관계가 도입되기 전까지 혼인이 법적으로 인정되는 유일한 이성간의 결합이었던 반면, 우리사회에는 이미 오래전부터 혼인(법률혼) 이외에 혼인에 준하는 효력이 인정되는 사실혼이 존재하고 있었다는 것이다. 이와 같이 사실혼에 의해서 혼인이라는 법적인 제도의 틀에 들어오지 않은 사람들이 상당한 수준으로 보호되고 있는 점에 비추어 볼 때, 우리사회에 군이 등록동반자관계와 같은 제도가 필요할 것인가라는 의문이 제기될 수 있다. 그러나 우리사회에서 인정되고 있는 사실혼과 위에서 본 등록동반자관계는 다음과 같은 점에서 차이가 있다. 첫째, 우리사회에서 사실혼은 이성간의 결합에 대해서만 인정되고 있지만, 등록동반자관계는 입법정책에 따라 동성간의 결합에 대해서만 인정될 수도 있고, 이성간과 동성간의 결합을 아우르는 제도로 마련될 수도 있다. 둘째, 우리나라에서 사실혼 부부 사이에는 부양의무가 인정되고 사실혼이 생전에 해소될 때에는 재산분할청구도 가능하지만, 등록동반자관계에서 당사자 사이의 부양의무나 해소 시의 재산분할이 인정되는가는 각 나라의 입법정책에 따라 다르게 정해질 수 있다. 벨기에의 법정동거에서는 부양의무나 재산분할이 인정되지 않으며, 프랑스의 PACS에서는 부양의무는 인정되지만, 해소 시의 재산분할은 원칙적으로 인정되지 않는다. 반면에 네델란드의 등록동반자관계에서는 부양의무가 인정되는 것은 물론이고 법정재산제로서 공유제가 적용되는 결과 해소 시에도 공유제의 법리에 따라 재산이 원칙적으로 균등하게 분할된다. 또한 사망으로 인한 해소 시에는 생존 등록동반자에 대해서 상속권도 인정된다. 상속권까지 인정된다는 점에서 네델란드의 등록동반자관계는 우리나라의 사실혼보다 더욱 혼인에 가까운 제도라고 볼 수 있다. 이와 같이 효력면에서 볼 때 우리나라의 사실혼은 프랑스의 PACS나 벨기에의 법정동거보다는 무거운 결합인 반면, 네델란드의 등록동반자관계에 비하면 가벼운 결합이라고 평가할 수 있다. 만약 우리사회에 등록동반자관계를 도입한다고 가정할 때 네델란드와 같은 무거운 결합을 모델로 하는 것은 실질적으로 큰 의미가 없다고 생각된다. 그러한 유형의 등록동반자관계는 효력면에서 사실상 혼인과 차이가 없기 때문에 혼인 대신 군이 등록동반자관계를 맺을 실익이 별로 없기 때문이다(전술한 바와 같이 네델란드의 등록동반자관계는 당사자의 합의에 의한 해소가 가능하다는 점에서 혼인과 차이가 있을 뿐이다). 이렇게 본다면 우리사회에서 등록동반자관계의 도입에 관한 논의는 자연스럽게 사실혼보다 가벼운 결합의 유형(예를 들어 프랑스의 PACS나 벨기에의 법정동거)에 맞추어질 가능성이 높다. 예를 들어 등록동반자 사이에 부양의무는 인정하되, 등록동반자관계 존속 시는 물론 해소 시에도 별산제의 법리를 그대로 관철시킴으로써 재산분할(연금분할 포함)청구는 인정하지 않는 방안을 생각해 볼 수 있을 것이다. 셋째, 우리나라에서 사실혼관계는 당사자의 합의나 일방적 의사에 의해서 쉽게 해소될 수 있는데, 등록동반자관계의 해소는 각 나라의 입법정책에 따라 사실혼의 해소와 같이 간단하게 규정될 수도 있고, 이혼과 유사하게 정해질 수도 있다. 프랑스의 PACS와 벨기에의 법정동거는 우리나라의 사실혼과 마찬가지로 당사자 쌍방의 합의나 당사자 일방의 일방적 의사에 의해서 해소될 수 있으며, 이혼절차와 비교하여 매우 간단하다(다만 등록동반자관계를 해소하려면 신분등록공무원에게 신고를 하여야 한다는 점에서 사실혼과 차이가 있을 뿐이다). 우리나라의 사실혼과 다른 점은 일방적인 해소의 경우에도 손해배상의무가 원칙적으로 발생하지 않는다는 것이다. 네덜란드에서는 등록동반자관계의 해소에 대해서 이혼과 유사한 규정이 적용되므로, 등록동반자관계가 파탄된 경우에 법원의 판결에 의해서 해소되는 것이 원칙이다(다만 등록동반자 쌍방이 관계의 해소에 합의한 경우에는 법원의 재판을 거치지 않고도 해소가 가능하며, 바로 이점에서 이혼과 차이가 있다. 그러나 합의에 의한 해소는 당사자에게 미성년자녀가 없는 때에만 허용된다). 우리나라에 등록동반자관계를 도입한다고 가정할 때, 위에서 본 것처럼 효력면에서 혼인보다 가벼운 관계로 설정한다면, 그 관계의 해소에 관하여도 이혼보다 간단한 규정을 두는 것이 합리적일 것이다. 따라서 사실혼과 마찬가지로 당사자의 합의나 일방적 의사에 의해서 해소할 수 있는 것을 원칙으로 하되, 다만 등록동반자 쌍방이 공동으로 양육하는 미성년자녀가 있을 때에는 법원의 개입에 의하여 자녀에 관한 법률관계(양육자 및 친권자의 지정, 양육비의 부담, 면접교섭 등)를 정하도록 할 필요가 있을 것이다. 넷째, 사실혼관계는 가족관계등록부에 기록되지 않으므로 그 존재가 공적인 증명서에 의해서 증명될 수 없는 반면, 등록동반자관계는 신분등록부 등에 기록되므로 필요한 경우 증명서를 통해 간단히 증명할 수 있다. 우리사회에서는 사실혼의 존재를 증명하기 위하여 사실상혼인관계존재확인소송과 같은 복잡한 절차를 거쳐야 하는 경우가 생길 수 있지만, 등록동반자관계에서는 이미 동반자관계가 신분등록부에 기록되어 있어서 필요한 때에는 언제든지 증명이 가능하므로 그와 같이 번거로운 절차를 거칠 필요가 없다. 따라서 등록동반자에 대해서 법률혼의 배우자와 마찬가지로 건강보험 등 각종 사회보장급여와 세법상의 혜택을 제공하는 데 행정적으로 아무런 문제가 없다. 실제로 등록동반자관계를 도입한 나라들에서는 등록동반자에 대해서 법률혼의 배우자에 준하여 각종 사회보장혜택과 세법상의 혜택을 제공하고 있다.[87] 이는 동반자관계의 등록을 전제로 해서 가능한 것이므로, 우리사회에서 사실혼관계에 있는 배우자에게 이러한 혜택을 제공하는 데에는 한계가 있을 수밖에 없다.

Ⅶ 맺음말

1980년대 후반 이후 덴마크, 노르웨이, 스웨덴, 독일 등 유럽의 여러 나라들은 동성간의 등록동반자관계를 도입하기 시작하였다(제1유형의 등록동반자관계). 동성간의 등록동반자관계는 동성혼의 대안이라는 성격이 강했기 때문에 각국의 입법자는 이에 대해서 혼인에 준하는 지위를 인정하려고 하였다. 그 결과 동성간의 등록동반자관계는 동성간의 준혼이라는 성격을 띠게 되었다. 그 후 이러한 나라들에서 본격적으로 동성혼이 입법되기 시작하면서 동성간의 준혼이라는 성격을 지닌 동성간의 등록동반자관계는 존속의 근거를 상실하게 되었다. 이러한 이유에서 동성간의 등록동반자관계를 도입했던 나라들은 대부분 동성혼의 입법과 더불어 더 이상 등록동반자관계의 성립을 허용하지 않게 되었다.

한편 1990년대 후반에 이르러 프랑스와 벨기에, 네덜란드 등 일부 국가들은 동성간과 이성간의 결합을 아우르는 새로운 유형의 등록동반자제도를 마련하였다(제2유형의 등록동반자관계). 이러한 새로운 제도는 동성간은 물론 이성간의 결합을 허용한다는 공통점을 가지면서도 구체적인 면에 있어서는 각국의 입법정책에 따라 적지 않은 차이를 보였다. 혼인과 유사한 효력을 인정한 '무거운 결합'을 선택한 입법례가 있는가 하면(네덜란드의 등록동반자제도), 혼인과 비교하여 성립과 효력, 해소에 있어서 '가벼운 결합'을 선택한 입법례도 있었다(프랑스의 PACS, 벨기에의 법정동거). 이러한 차이는 해당 국가에서 이성간 등록동반자관계의 성립률에 큰 영향을 미친 것으로 보인다. 최근에 프랑스의 PACS와 벨기에의 법정동거는 혼인수를 추월할 정도로 증가하는 경향을 보이

---

87) NK-BGB/Junggeburth, Länderbericht(Frankreich), 2021, Rn. 235, 238; 박준혁, "프랑스의 PACS에 관한 연구", 『법학논총』 제34권 제3호(2022), 137면 이하 참조; Reinhartz·Vlaardingerbroek, Niederlande, in:Süß·Ring, Eherecht in Europa, Rn. 62; Schür, in:Süß·Ring, Eherecht in Europa, Belgien, Rn. 94; Münch, Familienrecht in der Notar- und Gestaltungspraxis(3. Aufl. 2020), Rn. 376ff; 이정훈, "동성혼과 생활동반자법에 관한 연구", 『원광법학』 제32권 제2호(2016), 83면 이하 참조.

고 있는데(반면에 네덜란드의 등록동반자관계는 혼인수와 비교해 볼 때 여전히 상대적으로 낮은 비율에 머물러 있다), 이는 제2유형의 등록동반자관계가 전통적인 혼인제도에 대한 대안으로서 자리매김하고 있음을 보여주는 현상으로 이해될 수도 있다. 이러한 현상은 해당국가의 상당수 시민들이 혼인 이외에 '혼인보다 가벼운 제도'의 필요성을 느끼고 있다는 점을 시사하는 것이기도 하다. 부부간의 부양의무, 이혼 시의 재산분할(연금분할), 법원의 재판을 거쳐야만 하는 까다로운 이혼절차 등 혼인에 수반되는 부담을 꺼리는 젊은 세대가 혼인에 비하여 부담이 적은 새로운 제도를 선호하는 경향이 반영된 현상으로 해석될 수 있다.

인간사회가 오랜 기간 동안 남녀의 결합으로서 당연하게 여겨왔던 혼인제도가 도전을 받고 있다. 그 배경에는 부부간의 긴밀한 연대관계에 기초한 혼인제도에 대한 피로감이 깔려있는 것으로 보인다. 이전 세대에서는 당연하게 받아들여졌던 혼인에 대한 가치가 새로운 세대에서는 부담으로 느껴지기 시작했기 때문이다. 유럽의 일부 국가에서 혼인에 비하여 성립과 효력 및 해소에 있어서 가벼운 제도인 등록동반자관계가 도입, 확산된 배경에는 이러한 의식의 변화가 자리잡고 있다. 우리사회는 이러한 변화의 영향권 밖에 머물면서 혼인에 대한 기존의 가치관과 혼인제도를 미래에도 계속 유지할 수 있을 것인가. 앞으로 우리사회에서 혼인제도에 대한 젊은 세대의 의식변화와 그에 대한 입법적 대응이 주목된다.

〈중앙법학 제24집 제3호(2022년 9월) 수록〉

2. 최근 가족법 개정의 문제점

Ⅰ 들어가는 말

최근 10년간 친족법 분야에서 네 차례의 중요한 개정이 있었다. 친권상실 등에 관한 2014년 개정(법률 제12777호. 2014. 10. 15. 개정. 2015. 10. 16. 시행), 면접교섭권에 관한 2016년 개정(법률 제14278호. 2016. 12. 2. 개정. 2017. 6. 3. 시행), 친생추정에 관한 2017년 개정(법률 제14965호. 2017. 10. 31. 개정. 2018. 2. 1. 시행), 징계권을 삭제한 2021년 개정(법률 제17905호. 2021. 1. 26. 공포, 시행)이 그것이다. 이들 개정 법률은 모두 자녀의 복리와 밀접하게 관련이 되어 있는데, 각각 적지 않은 문제점이 있어서 재개정이 불가피하다는 비판이 제기되기도 하였다. 아래에서 위 각 개정 법률의 문제점과 개선방안을 간략히 짚어본다.

Ⅱ 친권상실에 관한 2014년 개정법

1. 개정민법의 친권상실사유 – 친권남용으로 인한 자녀의 복리침해

2014년에 개정된 제924조는 "부 또는 모가 친권을 남용하여 자녀의 복리를 현저히 해치거나 해칠 우려가 있는 경우" 친권의 상실 또는 일시 정지를 선고할 수 있다고 규정한다. 개정 전 제924조는 "부 또는 모가 친권을 남용하거나 현저한 비행 기타 친권을 행사시킬 수 없는 중대한 사유"를 친권상실의 원인으로 규정하고 있었다. 개정 전과 후를 비교해 보면, 개정 전에는 '친권의 남용', '현저한 비행', '기타 친권을 행사시킬 수 없는 중대한 사유'가 각각 독립적인 친권상실의 원인이 되어 이 중 어느 하나에 해당하면 친권상실선고를 할 수 있었으나, 개정민법 제924조에 따르면 '친권의 남용'과 그로 인한 '자녀의 복리침해'라는 두 가지 요건이 충족되는 경우에 한하여 친권의 상실(또는 일시 정지) 선고를 할 수 있다. 자녀의 복리가 침해되지 않는 경우에는 친권의 상실 또는 일시 정지의 선고를 할 필요가 없는 것이므로, 여기서 자녀의 복리 침해라는 요건은 당연한 이치를 규정한 데 지나지 않는다.

2. 친권상실사유 중 '현저한 비행'과 '친권을 행사할 수 없는 중대한 사유'의 삭제

위에서 본 바와 같이 개정 전 제924조는 '친권의 남용', '현저한 비행', '기타 친권을 행사시킬 수 없는 중대한 사유'를 각각 독립적인 친권상실의 원인으로 규정하고 있었다. 그러나 개정민법 제924조는 '현저한 비행', '기타 친권을 행사시킬 수 없는 중대한 사유'를 합리적인 이유 없이 삭제하여, 친권상실의 원인을 축소시키는 결과를 가져왔다.

친권상실의 원인 중에서 현저한 비행을 삭제한 것에 대해서는 찬성하는 의견도 있으나,[1] 이 점에 대해서는 신중한 검토가 필요하다고 생각된다. 예를 들어 친권자인 부 또는 모가 살인이나 성범죄 등을 저질러 교도소에서 복역하고 있는 경우에는 자녀의 복리를 위하여 친권을 상실시킬 필요가 인정될 수 있을 것이다. 그러나 이러한 사례에 대해서는 개정된 제924조의 요건(친권의 남용으로 인한 자녀의 복리침해)을 적용하여 친권상실선고를 할 수 없다. 친권자인 부 또는 모가 제3자에 대하여 범죄를 행한 경우를 친권의 남용에 해당한다고 볼 수는 없기 때문이다. 개정 전 제924조에 따르면 이런 경우 '현저한 비행'에 해당하는 것으로 보아서 친권상실선고를 할 수 있었을 것이다. 결과적으로 개정법에 의하면 '현저한 비행'으로 인하여 자녀의 복리가 침해된 경우에는 친권의 상실이나 일시 정지를 선고할 수 없게 되었는데, 자녀의 복리 침해라는 동일한 결과가 발생하였음에도 그 원인이 무엇이냐에 따라 친권상실 선고를 할 수 있는가의 여부가 갈린다는 것은 납득이 가지 않는다.

친권상실의 원인 중에서 '기타 친권을 행사시킬 수 없는 중대한 사유'를 삭제한 것도 문제가 있다. 개정 전 제924조의 '기타 친권을 행사시킬 수 없는 중대한 사유'란 객관적인 사정에 비추어 볼 때 친권자에게 자녀의 적절한 보호와 양육을 기대할 수 없는 경우로서 친권자의 고의나 과실 유무는 묻지 않는 것으로 해석되어 왔다.[2] 예를 들면 친권자의 소재불명, 장기간의 의식불명, 중병, 정신질환 등으로 인한 의사능력의 부족(성년후견개시 심판을 받지 않았으나 의사능력이 현저히 부족한 경우) 등이 '기타 친권을 행사시킬 수 없는 중대한

---

1) 윤진수, 친족상속법 강의, 박영사, 2018, 249면.
2) 김주수 · 김상용, 친족 · 상속법, 법문사, 2013, 428면.

사유'에 해당하는 것으로 이해되었다. 그런데 친권상실의 원인 중에서 '기타 친권을 행사시킬 수 없는 중대한 사유'를 삭제한 결과, 이제는 위에서 열거한 사정(친권자의 소재불명 등)이 있는 경우에도 친권상실선고를 할 수 없게 되었다.[3] 다만 이와 같은 경우는 개정민법 제924조의2가 친권 일부 제한의 요건으로 규정하고 있는 '친권행사가 곤란하거나 부적당한 사유'에 해당되어 친권의 일부 제한이 가능할 것이다. 그러나 자녀의 복리에 비추어 볼 때 친권 전부를 상실시키는 것이 필요하다고 판단되는 때조차도 법률의 흠결에 의하여 친권상실선고를 할 수 없고, 친권의 일부 제한을 선고할 수밖에 없다는 것은 불합리하다.

3. 대안의 제시

위에서 친권의 상실과 관련된 문제점을 살펴보았는데, 이에 대한 하나의 개선안을 제시해 본다. 친권상실 사유로서 지난 민법개정에 의해서 삭제된 '현저한 비행', '기타 친권을 행사시킬 수 없는 중대한 사유'를 다시 회복시킬 필요가 있다고 생각된다.[4] 개정민법상 친권 상실 또는 일시 정지의 요건으로 규정되어 있는 '친권의 남용'만으로는 아동의 복리를 침해하는 다양한 사건(특히 아동학대사건)에 대해서 적절하게 대응하는 것이 불가능하기 때문이다. 예를 들어 부(父)가 자녀를 강간하거나 추행한 사건에 있어서 그 부의 친권을 상실시켜야 한다는 점에 대해서는 이견(異見)이 없을 것이다. 그러나 부에 의한 자녀의 강간이나 추행이 친권의 남용에 해당한다고 보기는 어렵다. 친권은 자녀의 보호와 양육을 위하여 국가가 부모에게 부여한 권리이자 의무이며, 친권의 남용이란 친권 본래의 취지 및 목적을 벗어나 친권을 부당하게 행사하는 것을 말한다.[5] 예를 들어 부모는 친권의 일부인 징계권[6]을 행사할 수 있

---

3) 박주영, "개정 민법상 친권제한제도의 평가와 향후 과제", 『성균관법학』 제27권 제3호(2015. 9.), 141면.

4) 물론 아동복지법에는 여전히 '현저한 비행'과 '그 밖에 친권을 행사할 수 없는 중대한 사유'가 독립된 친권상실사유로 규정되어 있다(아동복지법 제18조). 그러나 아동복지법에 이러한 규정이 남아 있다고 해서 민법에 규정되어 있던 친권상실 사유를 대안 없이 삭제한 것이 합리화되거나 정당화될 수는 없다. 그런 방식의 논리를 전개한다면 민법에 친권상실선고에 관한 규정을 굳이 따로 둘 필요가 없다는 주장도 성립할 수 있기 때문이다. 친권상실 등에 관한 규정은 민법 이외에도 아동복지법, 아동·청소년의 성보호에 관한 법률, 가정폭력범죄의 처벌 등에 관한 특례법, 아동학대처벌법 등 여러 법률에 산재되어 있으나, 적어도 기본적인 민법에서 친권상실 등에 관하여 규정할 때에는 자기완결적인 구조를 갖출 필요가 있다고 본다.

5) 친권의 남용이란 친권의 본래 목적인 자녀의 복리에 현저히 반하는 방식으로 친권을 행사하는 것(적극적 남용)은 물론, 의도적으로 친권을 행사하지 않아서 자녀의 복리를 해치는 것(소극적 남용)까지를 포괄하는 개념이다. 김주수·김상용, 친족·상속법, 법문사(2023), 468면.

으나, 그것이 과도하여 친권 본래의 취지 및 목적을 벗어나 자녀의 복리를 해치는 경우에는 친권의 남용에 해당될 수 있다. 따라서 친권남용에 해당하려면 일단 친권의 행사에 해당하는 행위(법률행위와 사실행위를 포함한다)가 있어야 하고, 그 행위가 친권 본래의 취지 및 목적을 벗어나 자녀의 복리를 해치는 것이어야 한다. 그런데 부모가 자녀를 강간하거나 추행하는 행위는 처음부터 친권의 행사와는 아무런 관련이 없기 때문에 이 경우에는 친권의 행사가 있었다고 볼 수 없으며, 따라서 친권의 남용에 해당한다고 판단할 수도 없다.[7] 친권상실에 관한 법원의 실무가 부(父)에 의한 자녀의 강제추행, 강간 등의 사건에 있어서 일관되게 '친권을 행사시킬 수 없는 중대한 사유'가 있는 것으로 판단하여 친권상실선고를 해왔던 것도 이러한 해석론을 뒷받침한다.[8] 부모가 자녀를 강간하거나 추행하는 행위가 '현저한 비행'인가, 또는 '친권을 행사시킬 수 없는 중대한 사유'에 해당하는가에 대해서는 견해의 차이가 있을 수 있으나, 적어도 친권의 남용에 해당하지 않는다는 점은 분명해 보인다.

결국 2014년 개정민법 규정과 같이 친권 상실의 요건을 친권의 남용으로 한정하는 경우에는 자녀의 복리가 침해되는 다양한 사례에 대해서 대응하는 데 명백한 한계가 있을 수밖에 없으며, 이는 결국 법률의 흠결을 의미하는 것이다. 2014년 민법개정 시 친권 상실의 요건을 축소시킨 이유는 알려져 있지 않지만, 이로 인하여 발생한 법률의 흠결을 해소하려면 지난 민법개정에 의해서 삭제된 '현저한 비행', '기타 친권을 행사시킬 수 없는 중대한 사유'를 다시 회복시키는 것이 필요하다고 본다.

---

6) 민법 제915조에 규정되어 있던 징계권은 2021년 민법일부개정으로 삭제되었으나, 이와 관계 없이 부모는 친권에 근거하여 양육에 필요한 한도에서 적절히 자녀를 징계할 수 있다고 해석된다. 자세한 내용은 후술하는 V. 부분 참조.

7) 자녀에 대한 추행, 강간 등의 성적 학대에 대해서는 '기타 친권을 행사시킬 수 없는 중대한 사유'에 해당한다고 보는 견해(최금숙, "아동학대와 친권상실에 관한 고찰", 『법학논집』 제8권 제1호(2003), 95면)가 있는가 하면, '현저한 비행'에 해당한다는 견해도 있다(윤진수 편집대표, 주해친족법 제2권(집필자: 권재문), 박영사, 2015, 1128면).

8) '현저한 비행 기타 친권을 행사시킬 수 없는 중대한 사유'에 해당한다고 본 심판도 있다(예컨대 서울가정법원 2015. 7. 20. 2014느합30218 심판 등). 그러나 대부분의 심판은 '친권을 행사시킬 수 없는 중대한 사유'가 있다고 보았다(예컨대, 서울가정법원 2014. 5. 26. 2014느합30022 심판: "친권자는 자를 보호하고 교양할 권리와 함께 이를 이행하여야 할 의무가 있다고 할 것인데, 상대방은 스스로 친권자임을 포기하고 친딸인 사건본인들에게 위와 같은 반인륜적인 범죄행위를 저질렀으므로, 상대방에게는 사건본인들에 대한 친권을 행사시킬 수 없는 중대한 사유가 있다고 봄이 상당하다."; 청주지방법원 2013. 2. 4. 2012느합8 심판; 서울가정법원 2012. 10. 8. 2012느합237 심판; 서울가정법원 2011. 6. 21. 2010느합259 심판; 서울가정법원 2010. 4. 20. 2010느합12 심판 등).

Ⅲ 친생추정에 관한 2017년 개정법

1. 민법 제844조 제2항에 대한 헌법불합치 결정과 그에 따른 개정법의 주요 내용

2015년 헌법재판소는 구 민법 제844조 제2항 중 "혼인관계종료의 날로부터 300일 내에 출생한 자"에 관한 부분이 모가 가정생활과 신분관계에서 누려야 할 인격권 및 행복추구권, 개인의 존엄과 양성의 평등에 기초한 혼인과 가족생활에 관한 기본권을 침해한다고 판단하여 헌법불합치결정을 선고하였다.[9] 사안의 개요는 다음과 같다: 갑(모)이 을(전 남편)과 이혼한 후 약 8개월 만에 병(동거남)과의 사이에서 임신한 자녀 정을 출산하였는데, 당시 시행되던 법률(민법, 가족관계등록법)에 따르면 정은 전 남편 을의 친생자로 추정되어 일단 을의 자녀로 출생신고를 한 후 친생부인의 소를 거쳐야만 생부 병이 인지를 할 수 있었다. 이에 갑은 "혼인종료 후 300일 내에 출생한 자를 전 남편의 친생자로 추정하는 민법 제844조로 인하여 모의 기본권(모가 가정생활과 신분관계에서 누려야 할 인격권, 혼인과 가족생활에 관한 기본권)이 침해된다"고 주장하면서 헌법소원심판을 청구하였다.

위 헌법재판소 결정은 혼인관계 종료 후 300일 내에 출생한 자녀가 전 남편의 친생자가 아님이 명백하고 생부가 그 자녀를 인지하려는 경우에도, 모가 그 자녀를 일단 전 남편의 자녀로 출생신고한 후 친생부인의 소를 제기해야만 하는 방식의 문제점을 지적하고, 이에 대한 개선을 요구하였다.

2017년 개정민법은 이 문제를 해결하기 위하여 다음과 같은 방식을 채택하였다. ① 혼인관계 종료의 날부터 300일 내에 출생한 자녀는 모가 혼인 중에 임신한 것으로 추정하여 전 남편의 친생자로 추정한다(제844조 제1항, 제3항. 이 점에 있어서 개정법은 개정 전과 달라진 것이 없다). ② 혼인관계 종료의 날부터 300일 내에 출생한 자녀는 전 남편의 친생자로 추정되지만, 혼인 중에 출생한 자녀와는 달리 친생부인의 소가 아니라 친생부인의 허가를 받아 친생자관계를 부인할 수 있다(제854조의2 제1항 본문). 친생부인의 허가 심판은 친생부인의 소와는 달리 가사소송절차가 아니라 가사비송절차이므로 절차가 간이한 것이 장점이라고 설명되었다. ③ 혼인관계 종료의 날부터 300일 내에 출생한 자녀에 대해서 출생신고가 된 경우에는 친생부인의 허가를 청구할 수

---

9) 헌재결 2015. 4. 30. 2013헌마623.

없다(제854조의2 제1항 단서). 즉 모(母)나 모의 전 남편이 친생부인의 허가 심판을 청구하려는 경우에는 자녀의 출생신고를 미루어야 하며, 법원에서 친생부인의 허가 심판이 확정된 후에야 비로소 출생신고를 할 수 있다.

2. 개정법(민법 제854조의2)과 출생신고 규정과의 부조화

(1) 이와 같은 개정법 규정은 가족관계등록법의 출생신고 규정과 조화될 수 없다는 점에서 문제가 있다. 가족관계등록법에 따르면 출생신고는 자녀의 출생 후 1개월 이내에 하도록 되어 있는데(가족관계등록법 제44조 제1항: 출생의 신고는 출생 후 1개월 이내에 하여야 한다), 개정법 규정과 같이 친생부인의 허가 심판이 확정된 후에 비로소 출생신고를 하여야 한다면 이 기간 내에 출생신고가 이루어질 것을 기대하기는 어렵기 때문이다(물론 친생부인의 허가 청구를 하기 전에도 출생신고를 할 수는 있다. 그러나 이 경우에는 모의 전 남편을 자녀의 아버지로 하여 출생신고를 하여야 하므로, 자녀의 가족관계등록부에 모의 전 남편이 아버지로 등록되며, 모나 모의 전 남편은 친생부인의 허가 청구를 할 수 없게 되고, 친생부인의 소를 제기하여야 한다. 이렇게 되면 결과적으로 개정 전과 아무런 차이가 없게 되므로, 결국 개정의 의의가 상실된다).

친생부인의 허가 심판이 가사비송사건으로서 가사소송사건에 비하여 절차가 간이하다고 설명되고 있지만, 친생자관계의 부인이라는 중요한 문제를 다루는 재판이라는 점을 고려해 볼 때 자녀의 출생일로부터 1개월 내에 심판이 확정될 것으로 기대하기는 어렵다. 친생부인의 허가 심판을 받으려면 유전자 검사결과를 제출해야 하는데, 검사기관에 따라 차이는 있지만 국립대학병원의 경우에는 검사결과가 나올 때까지 보통 15일에서 20일 정도가 걸린다고 한다. 또한 친생부인의 허가 심판에 대해서는 즉시항고가 가능하므로(가사소송규칙 제61조의2), 즉시항고 기간이 경과하여야 심판이 확정된다(즉시항고 기간은 즉시항고를 할 수 있는 자[10]와 청구인이 심판을 고지받은 날부터 14일이다. 가사소송법 제43조 제5항, 가사소송규칙 제31조). 즉시항고 기간이 경과하여 친생부인의 허가 심판이 확정되면 비로소 자녀의 출생신고를 할 수 있게 되는데, 위와 같은 과정을 고려해 볼 때 법원에서 아무리 신속하게 심판을 한다고 해도 자녀가 출생한 날부터 1개월 내에 출생신고를 마친다는 것은 사실상 불가능하다. 2019년 1월 1일부터 2019년 8월 31일까지 친생부인의 허가 청구를 접수하여 처리(인용 또는 기각)하는 데 걸린 기간은 평균 70일인 것으로 나타났다.[11] 친

---

10) 민법 제854조의 제1항에 규정된 자(모와 모의 전 남편)를 말한다. 가사소송규칙 제61조의2.
11) 신일수, 제854조의2에 따른 친생부인의 허가 청구 및 제855조의2에 따른 인지의 허가 청구

생부인의 허가 심판이 법률상 부자관계의 소멸이라는 중요한 문제를 다루는 재판이라는 점을 고려해 볼 때 이 정도의 기간이 걸리는 것을 문제 삼을 수는 없다고 본다. 문제의 본질은 친생부인의 허가라는 제도 자체가 출생신고 기간의 위반을 전제로 하지 않으면 활용될 수 없다는 점이다.

(2) 한편 2023년에 가족관계등록법이 개정되어 출생통보제[12]가 도입되면서 친생부인의 허가 청구에 관한 민법 제854조의2 규정은 사실상 사문화될 운명에 놓여 있다. 출생통보제가 시행되면 출생신고의무자인 부모가 출생신고 기간(자녀의 출생일부터 1개월) 내에 출생신고를 하지 않은 경우에도 새로 마련된 시스템에 의해 다음과 같이 출생등록이 이루어진다. 즉, ① 자녀가 의료기관에서 출생한 경우 의료기관의 장은 출생일부터 14일 이내에 건강보험심사평가원에 출생정보(모의 성명, 주민등록번호, 자녀의 성별, 출생연월일시 등)를 제출 → ② 건강보험심사평가원은 지체 없이 시·읍·면의 장에게 출생사실을 통보 → ③ 출생통보를 받은 시·읍·면의 장은 출생신고가 되었는지 확인하고, 출생신고 기간인 1개월이 지나도록 출생신고가 되지 않으면 신고의무자에게 7일 이내에 출생신고를 할 것을 최고 → ④ 최고기간 내에 출생신고를 하지 않는 경우 감독법원의 허가를 받아 직권으로 가족관계등록부에 출생을 기록.

이와 같은 절차를 통해 일단 자녀의 출생등록이 이루어지면, 법원은 친생부인의 허가 심판을 할 수 없게 된다. 제854조의2 규정에 따르면 친생부인의 허가 심판은 출생신고가 되기 전까지만 할 수 있기 때문이다. 그런데 위와 같은 절차를 거쳐 직권으로 출생등록이 이루어지는 경우에는 제844조에 의하여 모의 전 남편이 자녀의 부(父)로 기록되므로, 모는 개정 전과 같이 친생부인의 소를 제기할 수밖에 없게 된다. 이렇게 되면 2017년 민법일부개정에 의해서 친생부인의 허가 청구를 도입한 취지는 사실상 몰각될 것이다.

3. 개정법(민법 제854조의2)에 의한 아동의 기본권 침해 문제

개정법의 위와 같은 구조는 결국 아동의 권리를 침해한다는 점에서 심각한 문제가 있다. 유엔아동권리협약에도 규정되어 있듯이(유엔아동권리협약 제7

에 관한 법원의 실무례, 현행민법상 친생추정조항의 문제점과 개선방안(한국가정법률상담소 창립 63주년 개념 심포지엄 자료집, 2019.), 94면.

12) 가족관계등록법 제44조의3-제44조의5. 법률 제19547호. 2023. 7. 18. 개정. 2024. 7. 19. 시행.

조 제1항. "아동은 출생 후 즉시[13] 등록되어야 한다. The child shall be registered immediately after birth."), 이 세상에 태어난 아동은 누구나 출생 후 신속하게 등록될 권리를 갖는다. 이러한 아동의 기본적 권리를 보호하기 위하여 각국의 법률은 출생 후 일정한 기간 내에 출생신고가 이루어질 수 있도록 일정한 범위의 사람이나 기관에 대하여 출생신고 의무를 부과하고 있다. 우리나라는 출생신고 기간을 1개월로 정하고 있는데, 이는 외국과 비교해 볼 때 이례적으로 긴 기간이라고 할 수 있다.[14] 그러나 개정법에 따르면, 출생신고 기간으로서는 이례적으로 긴 1개월이라는 기간 내에도, 친생부인의 허가 심판을 거쳐 출생신고를 하는 것은 사실상 불가능하다. 개정법의 입법자들은, 혼인관계 종료의 날부터 300일 내에 출생한 자녀가 전 남편의 친생자가 아님이 명백한 경우에도, 모가 그 자녀를 일단 전 남편의 자녀로 출생신고한 후 친생부인의 소를 제기해야만 하는 법구조가 "모가 가정생활과 신분관계에서 누려야 할 인격권 및 행복추구권, 개인의 존엄과 양성의 평등에 기초한 혼인과 가족생활에 관한 기본권"을 침해한다고 판단하여, 개선입법을 마련하였다. 이에 따라 혼인관계 종료의 날부터 300일 내에 자녀가 태어난 경우, 이제 모는 그 자녀를 전 남편의 친생자로 출생신고 하지 않은 상태에서 친생부인의 허가를 받아 모의 혼인외의 자로 출생신고를 할 수 있게 되었다. 이러한 개정을 통하여 모의 기본권 침해의 문제는 해결되었는지 모르겠으나, 아동의 기본권 침해라는 새로운 문제가 발생하였음을 간과하여서는 안 될 것이다. 모의 기본권을 침해하는 위헌적인 법률을 개정하는 과정에서 아동의 기본권을 침해하는 위헌적인 법률이 탄생한 것이다.[15] 법무부와 국회에서 이 문제를 인식하지 못하고 제854조의2 규정을 신설하였다면, 법체계 전반에 대한 이해가 부족한 상태에서 새로운 제도를 설계하였다는 비판을 피할 수 없을 것이다. 만약 법무부와 국회가 제854조의2 규정과 가족관계등록법의 출생신고 기간이 조화될 수 없다는 사실을 알면서도 이와 같은 개정을 강행하였다면, 아동의 복리에 대한 기본 인식이 결여되어 있다는 비판을 받아 마땅하다.

---

13) 유엔아동권리협약은 '즉시'가 어느 정도의 기간을 의미하는지에 대해서는 규정하지 않고 있다. 그러나 출생신고 기간이 날이나 주 단위로 정하여져야 하고, 월이나 연(年) 단위로 정하여져서는 안 된다는 점은 명확하다(Schmahl, Kinderrechtskonvention, 2017, S. 131). 이렇게 볼 때 출생신고 기간을 1개월로 정하고 있는 우리 가족관계등록법 규정은 출생등록에 관한 유엔아동권리협약의 규정을 충족시키지 못한다고 생각된다.

14) 외국은 우리에 비하여 출생신고 기간이 훨씬 짧다. 예: 독일 7일, 프랑스 3일, 일본 14일, 오스트리아 7일, 스위스 3일 등.

15) 헌재결 2023. 3. 23, 2021헌마975는 태어난 즉시 출생등록될 권리를 인간의 기본권으로 인정하였다.

4. 대안의 제시

(1) 개정민법은 혼인관계 종료 후 300일 내에 출생한 자녀를 모의 전 남편의 친생자로 추정한다(제844조 제1항, 제3항). 즉 그 자녀는 모와 모의 전 남편 사이에서 출생한 혼인중의 자의 신분을 가지게 되며, 모의 전 남편은 친생부인의 허가 심판이 확정되어 친생부인의 효력이 발생할 때까지 자녀의 법률상의 부(父)의 신분을 유지한다. 그러나 이러한 추정이 오늘날 우리사회의 현실에 어느 정도 부합하는지에 대해서는 의문이 제기될 수 있다.16) 혼인관계의 파탄과 그로 인한 이혼의 성립은 어느 날 갑자기 이루어지는 사건이 아니다. 혼인관계의 파탄은 장기간 진행되는 과정이며, 이혼으로 형식적인 혼인관계가 종료하기에 앞서 실질적인 부부관계는 이미 더 이상 존재하지 않는 경우가 대부분이다. 더구나 근래에 들어 성적 자유가 확산되고 있는 우리 사회의 분위기에 비추어 볼 때 모가 이혼 후 300일 내에 자녀를 출산한 경우, 그 자녀가 전 남편과의 혼인관계에서 임신되었을 것이라는 추정이 일반적인 경험칙에 부합하는지에 대해서는 본격적으로 논의를 해 볼 시점이 되었다고 본다.

외국에서도 이와 같은 배경에서 아내가 혼인 중에 임신하여 출산한 자녀라고 해도 남편의 자녀가 아닐 개연성이 높은 경우에는 처음부터 친생추정의 효력이 발생하지 않도록 친생추정을 배제하자는 주장이 제기된 바 있다. 이러한 주장은 모가 혼인 중에 임신하였다고 해도 이혼 후에 자녀를 출산한 경우에는 전 남편의 친생자로 추정되지 않도록 처음부터 친생추정을 배제하는 법 개정으로 귀결되었다(독일,17) 오스트리아,18) 스위스,19) 네덜란드20) 등).21)

이 나라들의 입법례에 나타난 공통점은 다음과 같이 정리될 수 있다. ① 모가 혼인 중에 자녀를 출산한 경우에는 그 남편을 자녀의 부(父)로 규정하며,

---

16) 민법 제844조 제2항 중 "혼인관계종료의 날로부터 300일 내에 출생한 자"에 관한 부분이 헌법에 합치되지 않는다고 판단한 헌법재판소 결정(헌재결 2015. 4. 30. 2013헌마623)도 이러한 문제의식을 제기하고 있다. "사회적으로 이혼 및 재혼이 크게 증가하고 법률적으로 여성의 재혼금지기간도 폐지되었으며 협의상 및 재판상 이혼에 필요한 시간이 상당히 늘어난 이상, 혼인 종료 후 300일 이내에 출생한 자가 부(夫)의 친자일 개연성은 과거에 비하여 크게 줄어들었다."

17) 독일민법 제1592조, 제1593조. BT-Drucks. 13/4899, S. 83.

18) 오스트리아민법 제144조 제1항.

19) 스위스민법 제255조.

20) 네덜란드민법 제199조.

21) 이외에 노르웨이(1981년 노르웨이 친자법 제3조), 덴마크(2001년 덴마크 친자법 제1조), 스웨덴(1977년 이후 태어난 자녀에 대해서 적용됨. Giesen, Schweden, in: Bergmann/Ferid/Henrich(Hrsg.), Internationales Ehe- und Kindschaftsrecht. Teil III A 32 v. 1.7.2013.)도 이러한 입법태도를 취하고 있다.

임신의 시기가 혼인 전이라도 관계없다(출생 시 기준의 원칙). ② 따라서 모가 이혼(혼인 취소, 무효)으로 인한 혼인관계의 종료 후에 자녀를 출산한 경우에는, 비록 혼인 중에 임신하였다고 해도, 전 남편은 그 자녀의 부가 되지 않는다. ③ 다만 남편의 사망으로 혼인관계가 종료한 경우에는 예외가 인정되어, 모가 남편의 사망 후 300일(독일, 스위스, 오스트리아) 또는 306일(네덜란드) 내에 자녀를 출산한 때에는 사망한 전 남편이 자녀의 아버지가 된다. ④ 위의 나라들도 예전에는 이혼 후 일정한 기간(스위스: 300일, 독일, 오스트리아: 302일, 네덜란드: 306일) 내에 모가 자녀를 출산한 경우 전 남편의 자녀로 추정하는 규정을 두고 있었으나, 1990년대 후반부터 2000년대 초반 사이에 이루어진 개정에 의해서 전부 삭제되었다. 그 이유로는 ① 일반적인 경험칙에 비추어 모가 이혼 후 출산한 자녀는 전 남편의 자녀일 가능성이 낮다는 점(오스트리아 신분등록청의 조사에 따르면 이혼, 혼인 취소, 무효 등으로 혼인관계가 종료한 후에 모가 출산한 자녀가 전 남편의 자녀인 경우는 매우 드물었다고 한다. 약 95%의 자녀는 전 남편이 아닌 제3자의 자녀로 밝혀졌다),[22] ② 그럼에도 불구하고 모가 이혼 후 일정한 기간 내에 출산한 자녀를 전 남편의 자녀로 추정할 경우, 일단 전 남편의 자녀로 출생신고를 한 후 친생부인 판결을 받아 자녀의 신분등록부를 다시 정정하는 절차를 밟아야 하는데, 이는 당사자에게 큰 부담이 될 뿐만 아니라 사회적으로도 불필요한 비용을 발생시킨다는 점 등을 들 수 있다.

따라서 이 나라들에서는 이혼 후 출생한 자녀는 일단 법률상의 부(父)가 없는 상태가 되므로, 출생신고를 할 때도 부는 기록되지 않는다. 법률상의 부자관계는 자녀의 출생신고 이후 생부(전 남편 또는 제3자)의 임의인지 또는 부자관계를 창설하는 재판절차를 통하여 발생한다.

(2) 위에서 본 외국의 입법례와 같이, 모가 이혼 후에 출산한 자녀를 전 남편의 자녀로 추정하지 않는다면, 출생 시에 모는 확정되지만 법률상의 부는 정해지지 않는다. 따라서 출생신고를 할 때에도 법률상의 부는 기록되지 않으며, 출생신고 후 임의인지 또는 재판상 인지에 의해서 법률상의 아버지가 확정될 것이다(모와 생부가 새로운 가정을 형성하여 공동으로 자녀를 양육하고 있다면 출생신고 후 즉시 생부가 인지할 수 있다). 이러한 방향으로 우리 민법이 개정된다면 모의 기본권도 침해되지 않고 자녀의 출생등록권 침해로 인한 문제

---

22) 296 der Beilagen zu den Stenographischen Protokollen des Nationalrates XXI.GP (Nachdruck vom 14, 12. 2000). S. 50.

도 생기지 않을 것이다.

2017년 개정민법은 이혼 후 300일 내에 출생한 자녀를 일단 모의 전 남편의 자녀로 추정하고, 자녀의 출생신고를 미루는 것을 전제로 하여 모의 기본권 침해의 문제를 해결하는 방식을 취하고 있는데, 이러한 해결방식은 자녀의 기본권인 출생등록권을 심각하게 침해한다는 점에서 도저히 받아들일 수 없는 것이다. 우리와 같은 문제를 먼저 경험한 외국에서 2017년 개정민법과 유사한 입법례를 찾아볼 수 없는 것은 결코 우연이 아니다. 이른바 선진국에서 이와 같이 아동의 기본적인 인권을 희생시키는 방식의 입법이 허용될 수 없다는 점은 명백하다. 자녀의 출생등록권은 다른 목적을 위해서 희생시킬 수 있는 성질의 권리가 아니다. 자녀의 출생등록권을 침해하는 친생부인의 허가제도(제855조의2 인지의 허가제도에도 같은 문제가 있다)를 마련한 법무부와 이를 아무런 논의 없이 통과시킨 국회는 이 점을 깊이 되새겨야 할 것이다.

Ⅳ 면접교섭권에 관한 2016년 개정법

(1) 2016년 민법개정 전에는 자녀와 부모 이외의 제3자(예컨대 조부모) 사이에 면접교섭이 허용되지 않았다. 따라서, 예를 들어, 이혼 후 부(父)가 양육자 및 친권자가 되어 실제로는 조부모가 자녀를 양육해 왔는데, 갑자기 부가 사망하여 모가 친권자가 된 후, 직접 자녀를 양육하면서 조부모와 자녀 사이의 교류를 방해하는 경우에도, 조부모에게는 면접교섭을 청구할 권리가 인정되지 않았다. 그러나 이에 대해서는 자녀의 정서적 안정과 인격의 원만한 성장을 위해서 조부모 등 자녀와 유대관계가 있는 사람들에게도 필요한 경우에는 자녀와 면접교섭을 할 수 있는 기회가 주어져야 한다는 주장이 계속 제기되었으며,[23] 하급심에서 일부 반영되기도 하였다.[24]

(2) 이러한 추세에 따라 2016년 민법개정에 의하여 부모 아닌 제3자(조부모)에게 면접교섭권을 인정하는 규정이 신설되었다(제837조의2 제2항: 자(子)를 직접 양육하지 아니하는 부모 일방의 직계존속은 그 부모 일방이 사망하였거나 질

---

23) 김상용, "면접교섭권", 『법학연구』 제40권 제1호(1999. 12.); 김수정, "자녀의 최선의 이익과 면접교섭권", 『가족법연구』 제19권 제1호(2005); 현소혜, "조부모와 계부모 기타 친족의 면접교섭권: 해석론과 입법론", 『가족법연구』 제29권 제2호(2015) 등.
24) 수원지방법원 2013. 6. 28. 2013브33 결정은 헌법상 행복추구권을 근거로 형제간의 면접교섭을 인정한 바 있다.

병, 외국거주, 그 밖에 불가피한 사정으로 자를 면접교섭할 수 없는 경우 가정법원에 자와의 면접교섭을 청구할 수 있다. 이 경우 가정법원은 자의 의사, 면접교섭을 청구한 사람과 자의 관계, 청구의 동기, 그 밖의 사정을 참작하여야 한다). 여기서 자녀를 직접 양육하지 않는 부모의 일방이 자녀를 면접교섭할 수 없는 "불가피한 사정"의 예로서 법제처 해설은 부모 일방의 중환자실 입원, 군복무, 교도소 수감 등을 들고 있다. 그런데 이 규정에 따르면 자녀를 직접 양육하지 않는 부모의 일방이 자녀에게 애정과 관심이 없어서 면접교섭을 회피하는 경우에는 조부모도 손자녀와의 면접교섭을 청구할 수 없는 것으로 해석된다. 조부모가 손자녀와의 면접교섭을 청구하려면, 자녀를 직접 양육하지 않는 부모의 일방에게 자녀를 면접교섭할 수 없는 "불가피한 사정"이 있어야 하기 때문이다. 그러나 자녀를 직접 양육하지 않는 부(父) 또는 모의 의사와 관계없이 조부모가 손자녀와의 면접교섭을 원하는 경우도 있을 수 있으므로, 조부모가 면접교섭을 청구할 수 있는 요건을 이와 같이 제한할 필요는 없다고 생각된다. 가정법원은 조부모와 자녀의 면접교섭이 자녀의 복리에 부합하는가의 여부를 고려하여 면접교섭의 허용여부를 판단할 것이기 때문이다. 따라서 "그 밖에 불가피한 사정으로 자를 면접교섭할 수 없는 경우"는 "그 밖의 사정으로 자를 면접교섭할 수 없거나 면접교섭하지 아니하는 경우"로 개정하는 것이 바람직하다고 본다. 이외에도 면접교섭을 청구할 수 있는 제3자의 범위를 부모 일방의 직계존속(조부모)으로 한정한 것은 개정법의 한계로 지적될 수 있다(예를 들어 형제자매, 이모 등에게는 여전히 면접교섭권이 인정되지 않는다).

Ⅴ 징계권 삭제에 관한 2021년 개정법

1. 징계권 삭제에 대한 문제의 제기

2021년 민법일부개정으로 징계권에 관한 민법 제915조가 삭제되었다. 이 규정이 친권자의 아동학대를 정당화하는 데 악용될 소지가 있다는 것이 그 이유였다. 입법자는 징계권 규정을 삭제하면, 친권자에 의한 아동학대가 줄어드는 효과가 있을 것이라고 기대한 듯하다. 그런데 이러한 단순한 기대에서 출발한 징계권 규정의 삭제는 다음과 같은 두 가지 의문점을 남기고 있다. 첫째, 징계권에 관한 규정이 친권자의 아동학대를 정당화하는 기능을 해왔는가에 대한 의문이다. 개정 전에도 징계권의 행사가 친권남용에 해당하면 민법

제924조 이하 규정에 따라 친권의 상실이나 일시 정지, 제한 등의 조치가 가능하다는 점에는 의문의 여지가 없었다.[25] 따라서 징계권 규정이 친권남용에 의한 아동학대를 정당화하는 기능을 하였다는 주장은 개정 전 민법체계에 대한 오해에서 비롯된 것으로 보인다. 둘째, 징계권에 관한 규정이 삭제된 현재의 법상태에서는 자녀가 어떠한 행동을 하더라도 친권자가 아무런 징계도 할 수 없는가에 대한 의문이다. 징계권이 삭제되었다고 해도 부모가 양육과정에서 자녀의 태도를 바로잡기 위해 적절한 징계를 하는 것은 불가피하고, 이는 친권에 근거하는 당연한 권리이자 의무라고 볼 수 있다. 다만 문제가 되는 점은 징계권의 행사로서 허용되는 행위와 금지되는 행위의 경계를 정하는 것인데, 개정법은 징계권에 관한 규정을 단순히 삭제하는 데 그침으로써 이에 대해서는 아무런 기준도 제시하지 않았다.

2. 징계권의 삭제와 징계의 금지

민법에서 징계권을 삭제했다고 해서 이것이 곧 모든 징계의 금지를 의미하는 것은 아니다. 징계권에 관한 규정이 없어도 부모는 친권(양육권)에 근거하여 자녀를 적절한 범위에서 징계할 수 있다고 해석되기 때문이다. 부모가 양육과정에서 자녀를 바르게 인도하기 위하여 적절히 벌을 주거나 혼을 내는 일은 불가피한데, 이러한 것은 정당한 친권의 행사로서 자녀에 대한 징계에 해당한다. 우리 사회에서 '징계'라는 용어가 주는 막연한 거부감 때문에 징계 대신 훈육과 같은 순화된 용어를 사용하자는 의견이 있을 수 있으나, 우리말에서 '징계'의 사전적 의미는 "허물이나 잘못을 뉘우치도록 나무라며 경계함"(표준국어대사전)으로서 자녀에 대한 강한 체벌이나 엄격한 처벌을 뜻하지 않는다. 예를 들어 부모는 자녀에 대하여 야간 외출금지, 게임시간 제한, 컴퓨터 사용시간 제한, 위험한 물건의 압수 등과 같은 조치를 취할 수 있는데, 이는 양육에 필요한 징계의 수단으로 이해할 수 있다. 징계의 과정에서 폭력의 사용이 가능한가의 문제가 제기될 수 있는데, 이 문제는 자녀의 복리라는 넓은 관점에서 판단되어야 할 것이다. 예를 들어 자녀에게서 담배나 마약 같은 해

---

25) 김주수·김상용, 친족·상속법, 2019, 437면; 대판 1969. 2. 4. 68도1793(피고인이 만4세인 그 아들을 대소변을 가리지 못한다고 닭장에 가두고 전신을 구타한 것은 민법 제915조가 말하는 친권자가 그 아들을 보호 또는 교양하기 위하여 필요한 징계행위에 해당한다고 볼 수 없다); 대판 2002. 2. 8. 2001도6468(친권자는 자를 보호하고 교양할 권리의무가 있고, 그 자를 보호 또는 교양하기 위하여 필요한 징계를 할 수 있기는 하지만, 인격의 건전한 육성을 위하여 필요한 범위 안에서 상당한 방법으로 행사되어야만 할 것이다).

로운 물건을 빼앗아야 하는 상황이라든가 자녀가 집에 들어오지 않고 친구들과 어울려 합숙을 하고 있어서 강제로 귀가시키는 과정에서 불가피한 폭력이 수반되는 것은 정당한 징계권 행사의 범위에 포함된다고 해석된다. 또한 자녀가 제3자에게 피해를 주는 행동을 할 때 이를 제지하기 위하여 폭력을 사용하는 것도 허용된다고 보아야 할 것이다(예를 들어 어린 자녀가 식당과 같은 공공장소에서 뛰어 다니는 것을 막기 위하여 꽉 잡는 행위). 요컨대 자녀의 보호 또는 자녀로부터 제3자를 보호하기 위하여 불가피한 경우에는 필요한 한도에서 폭력의 사용도 가능하다고 본다.

이와 같이 민법전에서 징계권을 삭제했다고 해서 부모가 자녀를 양육하는 과정에서 모든 징계수단을 사용할 수 없는 것은 아니다. 문제가 되는 점은 징계의 수단으로서 체벌이 허용될 수 있는가이다.

3. 징계권의 삭제와 체벌의 금지

(1) 2021년 민법일부개정으로 민법전에서 징계권이 삭제되었으나, 이것이 곧 체벌의 전면 금지를 의미하는 것인지는 명확하지 않다. 징계권의 삭제 이전에도 무거운 체벌(예를 들어 소리 나게 따귀 때리기, 주먹으로 때리기, 도구를 이용한 구타 등)은 친권의 남용에 해당되어 허용되지 않으며, 제924조 이하 규정에 따라 친권의 일시 정지, 제한, 상실의 원인이 될 수 있다고 해석되었다. 이점은 징계권의 삭제 이후에도 달라진 것이 없다. 즉 자녀에 대한 무거운 체벌은 징계권의 삭제 이전이나 이후나 허용되지 않는다. 문제가 되는 것은 징계수단으로서 가벼운 체벌이 허용되는가이다. 예를 들어 가볍게 따귀를 때리는 행위, 엉덩이를 때리는 행위 또는 전통적으로 많이 사용되었던 종아리를 때리는 행위 등이 양육과정에서 징계수단으로 허용될 수 있는가? 이 문제에 대해서 단순히 징계권을 삭제한 2021년 개정은 아무런 구체적인 답도 주지 못하고 있다. 만약 입법자가 이러한 가벼운 체벌까지 완전히 금지시키려는 취지였다면, 단지 징계권을 삭제하는 데 그치지 않고, 이를 넘어서 모든 종류의 체벌은 금지된다는 명문의 규정을 도입하였어야 했다. 이와 같이 명확한 규정을 도입했다면 체벌의 허용 여부에 대해서 더 이상 논란의 여지가 없었을 것이다. 그러나 입법자는 체벌금지에 관한 명문의 규정을 두는 대신 단지 징계권을 삭제하는 소극적인 대안을 선택함으로써 체벌의 허용 여부에 대한 해석의 여지를 남겨 두었다. 현재와 같은 불분명한 법 상태에서는 양육에 필요한 한도에서 자녀에 대한 체벌이 계속 허용된다는 해석이 나올 수 있다.

(2) 독일은 1957년에 민법전에서 징계권을 삭제한 것을 시작으로 1979년, 1997년에 각각 자녀에 대한 굴욕적인 양육수단의 금지, 양육과정에서 신체적·정신적 학대를 금지하는 규정을 도입하였으나, 2000년에 폭력 없는 양육을 명문으로 규정하기 전까지 양육수단으로 체벌이 허용된다는 해석이 끊이지 않았다.[26] 스웨덴 역시 1966년에 부모의 체벌권에 관한 규정을 삭제하였으나, 부모의 체벌은 계속해서 이어졌고, 학설과 판례도 부모의 체벌이 허용된다는 쪽에 힘을 실어주었다. 결국 스웨덴 의회는 1979년에 다시 친자법을 개정하여 체벌금지를 명문으로 규정하였으며, 이를 계기로 스웨덴에서 자녀에 대한 체벌은 괄목할 만한 수준으로 줄어들었다.[27] 오스트리아도 1977년에 민법을 개정하여 징계권을 삭제하였으나, 징계권의 삭제가 체벌의 금지로 받아들여지지 않았기 때문에 결국 1989년 다시 법을 개정하여 체벌금지를 명문으로 선언하기에 이르렀다.[28]

이와 같은 외국의 역사적 경험은 징계권의 단순한 삭제로부터 체벌의 전면 금지라는 해석을 이끌어내는 것이 무리라는 사실을 보여주고 있다. 민법전에서 단지 징계권에 관한 규정을 삭제한 우리의 현재 법상태는 독일의 1957년, 스웨덴의 1966년, 오스트리아의 1977년의 법상태와 비교될 수 있다. 그런데 이 나라들에서는 징계권이 삭제된 이후에도 학계와 법원에서 체벌이 허용된다는 해석이 계속해서 이루어졌고, 일반 국민들 사이에서도 체벌이 금지되었다는 인식은 미약했다.

(3) 2021년 개정 당시 국회 의사록을 보아도 체벌 전면 금지에 대한 명확한 의지는 보이지 않는다.[29] 당시 우리 사회에서 심각한 아동학대사건이 잇달아 발생하자 정치권은 아동학대방지를 위하여 무언가 가시적인 조치를 취해야 할 필요성은 느끼면서도 체벌에 대한 국민의 정서[30] 등을 고려하여, ① 징계

---

26) Salgo, Vom langsamen Streben des elterlichen Züchtigungsrechts, RdJB, 2001, S. 283ff.

27) Durrant, The Swedish Ban on Corporal Punishment: Its History and Effects, Family Violence Against Children, 1996, pp. 19-24.

28) Bundesministerium für Wirtschaft, Familie und Jugend, Familie – kein Platz für Gewalt!(?), 2009, S. 3ff.

29) 단지 개정이유로서 "친권자의 징계권 규정은 아동학대 가해자인 친권자의 항변사유로 이용되는 등 아동학대를 정당화하는 데 악용될 소지가 있는바, 징계권 규정을 삭제함으로써 이를 방지하고 아동의 권리와 인권을 보호하려는 것임"이라고 밝히고 있을 뿐이다.

30) 보건복지부가 2017년에 실시한 체벌에 대한 국민의식조사 결과를 보면 응답자의 76.8%가 체벌이 필요하다고 답변하였다(상황에 따라 필요: 68.3%, 필요: 6.5%, 매우 필요 2%, 필요 없음 18.2%, 전혀 필요 없음 5%). 서울경제신문 2019. 5. 23. 보도 참조.

권 유지, ② 징계권 삭제, ③ 체벌금지라는 세 가지 선택지 중에서 정치적으로 가장 무난하다고 판단되는 중간 항을 고른 것으로 보인다. 그러나 이 '정치적인' 선택은 아동의 체벌과 관련하여 아무런 조치도 취하지 않은 것과 다르지 않은 결과를 낳았다. 징계권 삭제 전에도 무거운 체벌은 친권의 남용으로서 허용되지 않는다는 점에 의문의 여지가 없었고, 징계권 삭제 후에도 가벼운 체벌은 전과 다름없이 허용된다는 해석이 가능하기 때문이다. 결국 징계권을 삭제한 2021년 개정은 체벌금지와 관련하여 아무런 진보도 이루어내지 못한 것으로 평가할 수 있다.

4. 체벌금지 입법의 효과

(1) 체벌을 금지하는 법개정이 폭력에 대한 국민의식에 얼마나 영향을 미칠 수 있을 것인가, 이를 통하여 양육에 관한 패러다임을 변화시키는 것이 가능할 것인가에 대해서는 회의적인 시각이 존재할 수 있다. 그러나 외국의 경험을 살펴보면 체벌금지에 관한 법개정이 국민의 의식을 변화시키는 데 있어서 매우 중요한 역할을 한다는 사실을 확인할 수 있다.

체벌을 금지하는 법개정이 국민의 의식에 미치는 영향을 분석하기 위하여 부스만(Kai-D. Bussmann) 교수 연구팀은 스웨덴, 오스트리아, 독일, 스페인, 프랑스 등 5개국을 선택하여 대면 설문조사를 실시하였다. 설문조사는 2007년 10월부터 12월까지(오스트리아는 3월초까지) 각 나라별로 1000명의 부모(18세 미만의 자녀를 가진 25세 이상의 부모)들을 대상으로 하여 직접 인터뷰 방식으로 진행되었다. 위의 다섯 나라를 선택한 이유는 체벌금지를 명문으로 규정한 나라(스웨덴, 오스트리아, 독일)와 그렇지 않은 나라(스페인,[31] 프랑스[32])에서의 체벌에 대한 국민의식을 비교함으로써 체벌금지 입법이 대중의 의식에 미치는 영향을 분석하려는 데 있었다.

먼저 체벌의 사용에 관한 설문조사 결과를 보면, 스웨덴 부모의 14%가 가볍게 자녀의 따귀를 때린 적이 있다고 답변한 반면, 오스트리아와 독일에서 이 비율은 각각 50%, 43%에 이르렀고, 스페인과 프랑스에서 이 비율은 더욱 높게 나타났다(스페인 55%, 프랑스 72%). 한편 소리 나게 따귀를 때린 적이 있

---

31) 스페인은 2007년에 민법을 개정하여 체벌을 금지하는 취지의 규정을 두었다(스페인민법 제7장 제154조. 2008. 1. 1. 시행).

32) 프랑스민법에는 원래 징계권에 관한 규정도 없었고, 체벌을 금지하는 규정도 없었으나(구 프랑스민법 제371조 제2항), 2019년 개정으로 체벌을 금지하는 규정을 도입하였다. 프랑스민법 제371-1조 제3항: 친권은 신체적 또는 정서적 폭력 없이 행사되어야 한다(L'autorité parentale s'exerce sans violences physiques ou psychologiques).

다고 답변한 부모의 비율은 스웨덴의 경우 4.0%에 그쳤으나, 오스트리아와 독일은 각각 18%, 12.7%였으며, 스페인과 프랑스에서 이 비율은 현저히 높았다(스페인 31.4%, 프랑스 32.3%). 스웨덴은 세계 최초로 체벌금지 규정을 도입하고 그에 수반하여 정부 차원에서 대대적인 홍보와 캠페인을 실시한 결과, 체벌 추방의 분야에서 대표적인 성공 사례로 꼽히고 있다. 따라서 스웨덴에서 체벌을 사용하는 부모의 비율이 다른 나라에 비하여 현저히 낮게 나타난 것은 예견되었던 결과이며, 결코 우연이 아니다. 오스트리아는 독일보다 11년 먼저 체벌을 금지하는 규정을 도입하였으나, 그에 따른 홍보와 캠페인이 미진하여 독일보다 체벌의 비율이 높게 나타난 것으로 분석된다.[33] 스페인과 프랑스는 스웨덴은 물론, 오스트리아나 독일보다도 체벌의 비율이 현저히 높게 나타나는데, 이는 체벌금지 규정이 있는 나라와 없는 나라 사이의 차이를 분명히 보여주는 결과라고 할 수 있다. 이러한 경향은 다른 질문에 대한 답변에서도 반복적으로 확인된다.

어떠한 체벌이 법적으로 허용된다고 믿는가에 관한 질문에서 스웨덴 부모의 경우 2.4%만이 소리 나게 따귀 때리는 행위가 허용된다고 답변하였는데, 오스트리아와 독일에서 이 비율은 각각 8.8%, 7.0%에 이르렀다. 반면에 당시 체벌금지 규정이 없었던 스페인과 프랑스에서는 이러한 체벌이 허용된다고 답변한 부모의 비율이 각각 22.2%, 34.5%로 나타났다.[34]

자녀가 말을 듣지 않는 경우 따귀를 때리는 행위가 폭력에 해당하는가라는 질문에 대하여 스웨덴에서는 84.5%가 그렇다고 답변하였으나, 이 비율은 오스트리아와 독일에서는 각각 61.5%, 57.0%로 나타났으며, 스페인과 프랑스에서는 각각 48.0%, 31.5%에 그쳤다.[35] 즉 스페인 부모의 약 50%, 프랑스 부모의 약 70%가 자녀의 불복종을 이유로 따귀를 때리는 행위를 아예 폭력이라고 생각하지 않는다는 것이다.

(2) 위에서 본 바와 같이 체벌금지가 명문으로 규정되어 있는 나라와 그렇지 않은 나라 사이에는 체벌을 사용하는 비율이나 체벌에 대한 태도 등에서 눈에 띄는 현저한 차이가 존재함을 확인할 수 있다. 체벌금지를 명문으로 규

---

33) Bundesministerium für Wirtschaft, Familie und Jugend, Familie – kein Platz für Gewalt!(?), 2009, S. 14f.

34) Bundesministerium für Wirtschaft, Familie und Jugend, Familie – kein Platz für Gewalt!(?), 2009, S. 22.

35) Bundesministerium für Wirtschaft, Familie und Jugend, Familie – kein Platz für Gewalt!(?), 2009, S. 26.

정한 나라 중에서도 스웨덴과 오스트리아, 독일 사이에는 또 차이가 존재하는데, 이는 체벌금지의 역사 및 홍보활동과 관련이 있는 것으로 보인다. 스웨덴은 1979년에 친자법 개정을 통하여 체벌금지를 명문으로 규정함으로써 체벌금지를 향한 개정의 역사에 종지부를 찍었으나, 그보다 훨씬 전인 1950년대부터 이미 사회적으로 체벌금지에 관한 개정논의가 이어져 왔다. 또한 1979년 개정을 계기로 정부 차원의 대대적인 체벌 추방 캠페인을 집중적으로 실시하였고, 그 후에도 주기적으로 체벌금지에 관한 홍보를 이어가고 있다. 반면에 오스트리아와 독일은 각각 1989년과 2000년에 민법개정을 통하여 체벌금지 규정을 도입하였으나, 개정시기가 스웨덴보다 늦었을 뿐만 아니라 체벌 추방에 관한 홍보와 캠페인도 스웨덴에 비하여 상대적으로 미약했던 것으로 평가되고 있다. 이러한 차이가 실제 생활에서 체벌을 사용하는 정도와 체벌을 대하는 태도에 반영된 것으로 보인다. 그러나 오스트리아와 독일도 큰 틀에 있어서는 체벌금지에 관하여 스웨덴이 걸어갔던 길을 따라가고 있다고 긍정적으로 평가할 수 있다.

한편 스페인과 프랑스에는 2007년 설문조사 당시에 체벌을 금지하는 명문의 규정이 없었는데, 체벌금지에 관한 명문의 규정을 도입한 앞의 세 나라(스웨덴, 오스트리아, 독일)와 비교할 때, 체벌의 사용 정도나 체벌을 대하는 태도에서 현저한 차이가 있음을 확인할 수 있다. 이러한 사실에 비추어 볼 때 체벌금지 입법이 체벌의 감소에 미치는 영향을 과소평가할 수 없는 것으로 보인다. 이는 곧 체벌금지 입법이 체벌을 대하는 국민들의 의식변화에 상당한 영향을 미치는 것으로 풀이할 수 있다. 물론 체벌금지 입법만으로 이러한 변화를 이끌어내는 것은 쉽지 않으며, 그와 함께 체벌 추방에 관한 정부 차원의 집중적이고 꾸준한 캠페인이 이루어지는 것이 필수적이다. 이러한 두 가지 기본 전제가 충족되지 않는다면 실제 생활에서 체벌이 감소하고, 나아가 추방되는 효과를 기대할 수는 없을 것이다.

5. 대안의 제시

무거운 체벌도 처음에는 경미한 체벌에서 시작될 가능성이 높고, 경미한 체벌도 반복되어 누적되면 자녀의 복리를 위태롭게 할 수 있다는 점에 비추어 볼 때, 2021년 개정 시 입법자는 징계권의 삭제라는 모호한 조치 대신 체벌의 전면 금지라는 명확한 기준을 세울 필요가 있었다고 생각한다. 체벌을 줄이기 위해서는 무엇보다도 체벌에 대한 국민의 의식전환이 필요하며, 이를 위해서는 국가차원에서의 대대적인 홍보와 캠페인이 수반되어야 하는데, 체벌을 금지하는 법개정은 이 모든 것들의 전제이자 출발점이기 때문이다. 즉 체벌을 명문으로 금지하는 규정을 도입하지 않은 상태에서는 체벌금지에 관한 홍보나 캠페인도 명확한 근거를 갖지 못하여 활발하게 진행되기 어렵고, 국민들에 대한 설득력도 떨어질 수밖에 없다. 실제로 우리 사회에서도 2021년 징계권 삭제 이후 체벌금지에 관한 정부 차원의 홍보와 캠페인이 이루어지기는 하였으나,[36] 대부분의 국민들은 징계권이 삭제되었다는 사실도 알지 못하는 것이 현실이다.[37] 체벌금지의 명문화가 체벌금지 국가로 나아가는 첫걸음이라는 관점에서 본다면, 우리사회는 아직 첫걸음도 제대로 떼지 못한 상태에 머물고 있다고 해도 과언이 아닐 것이다.

Ⅵ 맺음말

　최근에 개정된 가족법 규정들은 전부 자녀의 복리와 밀접한 관련이 있다. 현대 가족법의 중심이념 중 하나가 자녀의 복리실현이라는 점에 비추어 보면, 최근에 우리사회에서 이루어진 가족법 개정도 자녀의 복리를 보다 충실하게 구현하기 위한 의도에서 비롯되었을 것임은 의심할 여지가 없다. 그렇다면 최근 4차례의 가족법 개정에 의해서 자녀의 복리실현에 보다 유리한 규정이 마련되었다고 할 수 있는가? 이 질문에 대한 답변은 부정적일 수밖에 없다. 친권상실 등에 관한 2014년 개정법은 아무런 합리적인 이유 없이 친권상실의 사유를 축소시킴으로써 자녀의 복리가 침해되는 다양한 상황에 대응하는 것을 어렵게 만들었다(예를 들어 이혼 후 친권자로 지정된 모가 전 남편을 살해한 경우에도 민법상 친권상실사유에는 해당하지 않는다. 비록 친권자인 모가 패륜적인 범죄를 저질렀다고 해도 이는 친권의 남용과는 무관하기 때문이다). 친생추정에 관한 2017년 개정법은 자녀의 출생신고를 미루는 것을 전제로 하여 친생부인의 허가청구를 하도록 규정하였는데, 이는 가족관계등록법의 출생신고 규정과 충돌하는 것은 물론 자녀의 가장 기본적인 권리인 출생등록권을 침해한다는 점에서 심각한 문제가 있다. 면접교섭권에 관한 2016년 개정법은 조부모가 면접교

---

36) 보건복지부 보도자료(2021. 9. 15.), "체벌없는 긍정 양육, 함께 만들어가요" 참조.
37) 세이브더칠드런 2022. 6. 27. 보도자료: 성인 1,000명을 대상으로 한 '가정 내 체벌금지 인식 및 경험' 조사에서 78.8%가 징계권 삭제에 대해 모른다고 답변하였다. 또한 70%는 신체를 꽉 붙잡거나 때리기 등의 일부 체벌은 가능하다고 답변하였다.

섭할 수 있는 경우를 너무 제한적으로 규정하였을 뿐만 아니라 형제자매와 같은 가까운 친족을 면접교섭권자의 범위에서 배제하였다는 점에서 문제가 있다. 끝으로 징계권을 삭제한 2021년 개정법은 자녀의 양육과정에서 체벌이 허용되는가 또는 금지되는가에 대하여 어떠한 명확한 기준도 제시하지 못함으로써 체벌금지의 문제에 있어서 아무런 진보도 이루어내지 못하였다.

자녀의 복리 실현이라는 관점에서 볼 때 위 네 가지 개정 법률의 재개정을 미룰 이유는 없다고 생각한다.

〈人權과 正義의 民法學(최종길 교수 50주기 추모논문집 2023년) 수록〉

■ 김 상 용

연세대학교 법과대학 졸업
동대학원 석사 및 박사과정 수료
포스코제철장학회 해외유학장학생 제7기로 독일유학
법학박사(독일 Freiburg 대학교)
부산대학교 법과대학 교수
법무부 가족법개정위원회 위원(2003~2006, 2010~2011)
법무부 신분등록제도개선위원회 위원
법무부 남북주민 사이의 가족관계 및 상속에 관한 특례법 제정위원
법무부 민법(상속편)개정위원회 위원장
여성가족부 정책평가위원
중앙입양원이사
중앙아동보호전문기관 자문위원
중앙가정위탁지원센터 전문위원 역임
현재 중앙대학교 법학전문대학원 교수

>>> 주요 저서
친족 · 상속법(공저)
가족법연구I(2002)
가족법연구II(2006)
가족법연구III(2010)
가족법연구IV(2014)
가족법연구V(2019)
註釋大韓民國親族法(공저, 일본加除出版)
주석민법(공저, 친족편 I, II, III, IV, 상속편 I, II)
민법총칙(공저)

家族法研究 VI

2025년 4월 10일 초판 인쇄
2025년 4월 20일 초판 1쇄 발행

저 자 김   상   용
발행인 배   효   선

발행처 도서
        출판   法   文   社

주 소 10881 경기도 파주시 회동길 37-29
등 록 1957년 12월 12일/제2-76호(윤)
전 화 (031)955-6500~6 FAX (031)955-6525
E-mail (영업) bms@bobmunsa.co.kr
        (편집) edit66@bobmunsa.co.kr
홈페이지 http://www.bobmunsa.co.kr

조 판 법 문 사 전 산 실

정가 28,000원   ISBN 978-89-18-91601-9

불법복사는 지적재산을 훔치는 범죄행위입니다.
이 책의 무단전재 또는 복제행위는 저작권법 제136조 제1항에 의거, 5년
이하의 징역 또는 5,000만원 이하의 벌금에 처하게 됩니다.

※ 저자와 협의하여 인지를 생략합니다.